代理権濫用の研究

平山 也寸志

代理権濫用の研究

学術選書
177
民　法

信山社

はしがき

  1 本書は，これまで代理権濫用論に関して公刊してきた幾つかの論文等（初出一覧参照）を各編各章に体系別に配置し，一冊の本にしたものである。民法（債権関係）改正により，代理権濫用に関する明文の規定（改正法第107条）が設けられたこともあり，これを契機として，これまで公刊してきたものを一書にまとめることを通じて，これまでの研究を振り返り，これからの研究の課題を見出し，更に研究を進めるための基礎とすること等を意図している。

  2 これまでの研究経過を述べれば，柱が3つある。

  第1の柱は，水本浩先生のご指導の下で獨協大学特別研究助成にもとづく民法学史研究会の共同研究「日本民法学史」に参加させていただき，「代理論史」項目を担当させていただいたことである。この共同研究により，我が国における代理権濫用論の学史的研究を行うことができ，その後の自己の研究の基礎とすることができた。成果は，水本浩先生と平井一雄先生との共編『日本民法学史・各論』に所収された（第Ⅱ編第1章所収）。

  第2の柱は，椿寿夫先生，伊藤進先生をはじめとする研究メンバーからなる法律行為研究会の共同研究「代理の研究」に参加させていただいたことである。この共同研究により，代理権濫用論のみならず代理全体にわたる多くの論点についての会員の先生方の研究報告とそれに続く活発な議論に接する貴重な機会を得ることができた。そして，この共同研究における自己の研究成果である代理の法的構成に関する論文（第Ⅰ編第1章所収）及び代理権濫用における相手方保護に関する論文（第Ⅱ編第3章所収）は，椿寿夫先生と伊藤進先生との共編著『代理の研究』に所収された。

  そして，第3の柱は，鳥谷部茂先生のご指導の下で，広島大学において国内研修を行う機会を得ることができたことである。この国内研修で，我が国の「無権代理直接形成説」の源流と考えることができるキップ説の検討を進めることができた[1]。更に，比較法学会にて報告を行う機会が得ら

---

[1] 国内研修の成果報告として，中四国法政学会で，研究報告を行った（「キップの代理権濫用論の検討──代理権の範囲の有因性肯定説の検討序説──」中四国法政学会第50回大会（於：広島大学法学部東千田校舎，2009年10月31日）。報告要旨は，「キップの代理権濫用論の検討──代理権の範囲の有因性肯定説の検討序説──」『中四国法政学

v

はしがき

れ[2]，この報告を経て代理権濫用を「柔軟に解決」するという解決の基礎を固めることができた（第Ⅱ編第6章第1節，第2節所収論文参照）。そして，更に検討を進め，代理権濫用事例の解決については，代理制度に対する信頼を維持するためにも，相手方の「有責性」のみならず，本人の「有責性」をも考慮すべきである旨の考え（第Ⅱ編第6章第3節Ⅲ2(1)及びⅣ参照）を有するに至った。

本書に所収した各論文等は，以上の3つの柱はあるものの20年間ほどの長期間において，その時その時の問題意識の下で作成したものであるが，本書の各編各章に，自分なりの体系（第Ⅰ編：代理権濫用論の前提問題；第Ⅱ編：代理権濫用論（基本的法的構成→相手方保護範囲→代理人側の要件→本人に「有責性」ある場合））に沿って，それぞれの論文等の公刊時点での私見を示すものとして，原則として，初出のままの状態で所収した。従って，内容的に重複する部分もあり，例えば，代理権濫用の定義は，いずれの論文等においても，概ね変化はないものの，各論文ごとに示されているし，本人の「有責性の考慮」（＝履行請求権の平面での「過失相殺的処理」＝「柔軟な解決」）に関する記述なども第Ⅱ編第6章以外に各所（第Ⅱ編第3章Ⅲ4，第4章Ⅲ5，第8章Ⅴ2）に，それぞれの時点での見解が示されている（それらを踏まえた現時点での見解は，第Ⅲ編　総括Ⅰ2(2)，Ⅱ2参照）。立法資料のうち重要なもの（第9回帝国議会衆議院民法中修正委員会（明治29年3月4日）における富井政章政府委員の見解等）や判例資料のうち重要なもの（大判明治38年6月10日民録11輯919頁，最判昭和42年4月20日民集21巻3号697頁等）等の「資料」，更に，重要な学説等も，各所で重複して引用されている。また，本書で引用，参照している学説及び条文やドイツ法文献の著者の表記等は，初出時に引用，参照したもののまま[3]とした。他方，各論文を本書の各編各章へ配置するに際し，誤字・脱字等や文献の表記の仕方等の形式的な誤りは訂正した。更に，本書の編集上，必要な形式的

会誌』第2号33-33頁（2011年5月）。
(2) 「代理権濫用と相手方保護範囲――ドイツにおける過失相殺的処理の諸議論を参考に――」（比較法学会第73回総会大陸法部会（於：愛媛大学（2010年6月5日））。報告要旨は，「代理権濫用と相手方保護範囲――ドイツにおける過失相殺的処理の諸議論を参考に――」『比較法研究』72号199-199頁（比較法学会，2011年6月）。報告内容については，第Ⅲ編注(14)参照。
(3) わけても伊藤進博士は，平成23年に『代理法理の探究』（日本評論社）を刊行されておられるが，これ以前に，刊行した拙稿は，伊藤先生の旧説を参照，引用している。本書の関連個所にはその旨の「補注」を付している。

な必要最小限の修正は加えている。すなわち，初出時の「論文名」を1冊の本の「項目」として相応しくその内容を表わすように改めたものがあるし（目次及び初出一覧参照），注記については，初出では節ごとの注記であったものを通しの注記に改めたものもあり（第Ⅱ編第1章，第5章等），ドイツ法の文献引用については，文献表記の仕方を改めたものもある（第Ⅱ編第6章等）。なお，例外的に，本書に所収するにあたり，論旨を変じない範囲で，読みやすくするため，あるいは，記述の正確さを期すため，必要最小限度の修正を加えた箇所もある。また，必要に応じて〔補注〕を付して，補足説明などを加えたり，本書内での関連個所を指示したりするなどした。

＊　　　＊　　　＊

　私の研究を支えて下さった先生方は，少なくありません。上にお名前を挙げさせていただいた先生方をはじめとして，私のこれまでの研究を支えて下さいました皆様に，この場を借りて，心より御礼を申し上げます。

　そして，勤務校である下関市立大学の同僚として御指導いただいた先輩の先生方，現在，同僚として接していただいている先生方，研究報告の機会を与えていただき，ご指導を賜りました，民法学史研究会，広島大学民事法研究会，日本土地法学会中国支部研究会，法律行為研究会，ドイツ民法研究会，民法判例研究会，九州大学民事法研究会等の会員の先生方，本書の出版に御対応下さいました信山社の袖山貴氏，稲葉文子氏に重ねて心より御礼を申し上げます。

　更に，末尾ながら，本書の出版は，下関市立大学出版助成によりましたことに御礼を申し上げます。

2018年10月

平山　也寸志

目　次

はしがき

序論　はじめに——本書の構成 …………………………………… 3
 Ⅰ　「代理権濫用論の前提問題」に関する論文 …………………… 3
 Ⅱ　代理権濫用論に関する論文 ……………………………………… 5
  1　「基本的法的構成」に関する論文 ……………………………… 5
  2　「相手方保護範囲」に関する論文 ……………………………… 7
  3　「代理人側の要件」に関する論文 ……………………………… 8
  4　「本人に有責性ある場合」に関する論文 ……………………… 9
  5　そ の 他 ………………………………………………………… 11

第Ⅰ編　代理権濫用論の前提問題 ………………………………… 13

第1章　代理の法的構成論——ドイツ法を中心に—— ………… 15
 Ⅰ　は じ め に ……………………………………………………… 15
 Ⅱ　ドイツにおける代理の法的構成の概観 ……………………… 17
  1　本人行為説（Geschäftsherrntheorie） ……………………… 17
  2　代理人行為説（Repräsentationstheorie） …………………… 20
  3　共同行為説（Vermittlumgstheorie） ………………………… 23
  4　統一要件論 ……………………………………………………… 24
  5　フルーメ（Flume）説 ………………………………………… 27
  6　ボイティーン（Beuthien）説 ………………………………… 28
 Ⅲ　お わ り に ……………………………………………………… 33

第2章　任意代理権発生原因論
   ——ボアソナード来朝前までを中心に—— ……………… 35
 Ⅰ　は じ め に ……………………………………………………… 35
 Ⅱ　ボアソナード来朝前の民法学史的検討 ……………………… 41
  1　明治初期までの代理の慣習 …………………………………… 41
  2　皇国民法仮規則（明治5年完成） …………………………… 49
  3　代人規則（明治6年6月公布） ……………………………… 51
  4　明治11年民法草案（明治11年4月起草完了） …………… 54
  5　小　　括 ………………………………………………………… 57

目　次

　　　Ⅲ　お わ り に………………………………………………………………58

第Ⅱ編　代理権濫用論……………………………………………………………61
　第1章　基本的法的構成 ──我が国における学史的検討………………63
　　　Ⅰ　は じ め に………………………………………………………………63
　　　Ⅱ　第1期：ボアソナード来朝前（明治元〜6年）………………………66
　　　Ⅲ　第2期　ボアソナード時代（明治6〜28年）…………………………67
　　　　1　ボアソナード草案（明治19年）………………………………………67
　　　　2　旧民法（明治23年）……………………………………………………68
　　　　3　学　　説…………………………………………………………………68
　　　　4　小　　括…………………………………………………………………69
　　　Ⅳ　第3期：明治民法成立の前後期（明治28〜43年）……………………70
　　　　1　明治民法（明治29年制定・公布）……………………………………70
　　　　2　判　　例…………………………………………………………………71
　　　　3　学　　説…………………………………………………………………72
　　　　4　小　　括…………………………………………………………………72
　　　Ⅴ　第4期：ドイツ的解釈法学全盛期（明治43〜大正9年）……………73
　　　　1　判　　例…………………………………………………………………73
　　　　2　学　　説…………………………………………………………………75
　　　　3　小　　括…………………………………………………………………78
　　　Ⅵ　第5期：第一次大戦後の新思潮期（大正9〜昭和20年）……………78
　　　　1　判　　例…………………………………………………………………78
　　　　2　学　　説…………………………………………………………………80
　　　　3　小　　括…………………………………………………………………87
　　　Ⅶ　第6期：戦後（昭和20年の敗戦以後現在までの時期）……………87
　　　　1　判　　例…………………………………………………………………88
　　　　2　学　　説…………………………………………………………………91
　　　　3　小　　括…………………………………………………………………107
　　　Ⅷ　総　　括…………………………………………………………………108
　第2章　代理権濫用論と代理の法的構成との関係の検討
　　　　　──ドイツ的解釈法学全盛期の学説の検討を中心に──…………111
　　　Ⅰ　は じ め に………………………………………………………………111
　　　Ⅱ　ドイツ的解釈法学全盛期における学説の概観………………………114
　　　　1　中島玉吉説………………………………………………………………115
　　　　2　鳩山秀夫説………………………………………………………………117

　　　　3　曄道文芸説……………………………………………………… 120
　　　　4　石坂音四郎説…………………………………………………… 121
　　　　5　小　　括………………………………………………………… 124
　　Ⅲ　検　　討…………………………………………………………… 125
　　　　1　この時期のドイツ法の影響について………………………… 125
　　　　2　代理の法的構成の整理………………………………………… 129
　　　　3　顕名主義と代理の法的構成との関係についての整理……… 130
　　Ⅳ　おわりに…………………………………………………………… 136

第3章　ドイツにおける代理権濫用と相手方保護範囲の議論……… 139
　　Ⅰ　はじめに…………………………………………………………… 139
　　Ⅱ　ドイツの議論の状況……………………………………………… 140
　　　　1　相手方保護法理としての代理権の独立性・(範囲の)無因性の
　　　　　　概観……………………………………………………………… 140
　　　　2　近時のドイツのBGBの教科書にみられる代理権濫用論における
　　　　　　相手方保護範囲の概観………………………………………… 142
　　　　3　小　　括………………………………………………………… 146
　　Ⅲ　若干の検討と今後の検討課題…………………………………… 147
　　　　1　わが国とドイツとの法状況の異同について……………… 147
　　　　2　「明白性」の基準をわが国で採りうるか………………… 148
　　　　3　代理人に背任的意図があることを要するか……………… 148
　　　　4　過失相殺的処理の可否……………………………………… 149
　　Ⅳ　おわりに──代理の法的構成との関係………………………… 150

第4章　わが国における相手方保護範囲の議論
　　　　──心裡留保規定に依拠する説の検討を中心に──………… 153
　　Ⅰ　はじめに…………………………………………………………… 153
　　Ⅱ　心裡留保規定に依拠する学説の状況…………………………… 157
　　　　1　ドイツ的解釈法学全盛期（明治43年から大正9年）……… 157
　　　　2　第一次大戦後の新思潮期（大正9年から昭和20年）……… 159
　　　　3　この時期までの小活………………………………………… 160
　　　　4　戦　　後……………………………………………………… 161
　　　　5　戦後の学説の小括…………………………………………… 173
　　Ⅲ　総　　括…………………………………………………………… 175
　　　　1　代理権濫用の意義…………………………………………… 175
　　　　2　代理取引における相手方保護理論………………………… 176
　　　　3　代理の類型により相手方保護範囲に差異があるか……… 177

　　　　4　代理の法的構成との関係……………………………………………178
　　　　5　本人に過失ある場合――過失相殺的処理――………………………180
　　　　6　相手方保護要件に関する一般的な研究との関係……………………180
　　Ⅳ　おわりに………………………………………………………………181

第5章　代理権の客観的濫用の問題
　　　　――代理人に背任的意図がない場合――……………………………183
　　Ⅰ　はじめに………………………………………………………………183
　　Ⅱ　ドイツにおける議論の状況…………………………………………186
　　　　1　代理権濫用として相手方に異議が唱えられるためには代理人に
　　　　　背任的意図が必要であり，客観的濫用の場合には相手方に異議が
　　　　　唱えられることはないとする見解………………………………………188
　　　　2　相手方に濫用の異議を唱えることを認めるためには，代理人に
　　　　　背任的意図が存在することを要しないので客観的濫用の場合にも
　　　　　相手方に異議が唱えられうるとする見解………………………………190
　　　　3　小　　括…………………………………………………………194
　　Ⅲ　わが国における議論の状況…………………………………………196
　　　　1　代理権濫用として相手方に異議が唱えられるためには代理人に
　　　　　背任的意図が必要であり客観的濫用の場合には相手方に異議が唱
　　　　　えられることはないとする見解（大西説，中島説）………………197
　　　　2　代理権濫用として相手方に異議が唱えられるためには背任的意
　　　　　図は必要ではなく，客観的濫用の場合にも相手方に濫用の異議は
　　　　　唱えられうるとする見解……………………………………………198
　　　　3　小　　括…………………………………………………………201
　　Ⅳ　検　　討……………………………………………………………203
　　　　1　代理権濫用において原則として相手方が保護される根拠…………204
　　　　2　代理人に背任的意図があり，これについて相手方が悪意等であ
　　　　　れば代理の効果が後退するのはなぜか………………………………207
　　　　3　代理人に背任的意図がなくても相手方に濫用の異議が唱えられ
　　　　　ることはあるか……………………………………………………216
　　Ⅴ　おわりに………………………………………………………………220

第6章　本人に「有責性」ある場合の考慮
　　　　――代理権濫用と「過失相殺的処理」――……………………………223
　第1節　ドイツにおける代理権濫用と「過失相殺的処理」に関する
　　　　判例の概観……………………………………………………………223
　　Ⅰ　はじめに………………………………………………………………223

Ⅱ　ドイツの議論の状況……………………………………………………228
　　　1　代理権濫用論の前提概念：代理権の分離・独立・（範囲の）無因
　　　　性の概念の概観……………………………………………………228
　　　2　代理権濫用と過失相殺的処理に関する判例の概観……………235
　　Ⅲ　お わ り に…………………………………………………………268
第2節　ドイツ代理権濫用論における履行請求権の平面での「柔軟
　　　な解決」肯定説の概観——タンク説及びメルテンス説を中心に——…271
　　Ⅰ　は じ め に…………………………………………………………271
　　Ⅱ　タンク（Tank）説……………………………………………………274
　　　1　代理権濫用の前提問題……………………………………………274
　　　2　代理権濫用論………………………………………………………275
　　　3　小　　　括…………………………………………………………284
　　Ⅲ　メルテンス（Mertens）説……………………………………………286
　　　1　代理権濫用の位置づけ……………………………………………286
　　　2　相手方保護法理……………………………………………………286
　　　3　代理権濫用の場合の会社の保護…………………………………287
　　　4　本人の側の「共働過失（Mitverschulden）」の顧慮……………288
　　　5　小　　　括…………………………………………………………293
　　　6　メルテンス説に対する批判………………………………………294
　　Ⅳ　その他の説……………………………………………………………294
　　　1　シェッフリン（Schöpflin）説……………………………………294
　　　2　リーゼッケ（Liesecke）説………………………………………296
　　Ⅴ　お わ り に…………………………………………………………297
第3節　本人による監督措置不作為の場合についての若干の考察
　　　——ドイツ法における議論を参考にして——……………………298
　　Ⅰ　問題の所在……………………………………………………………298
　　Ⅱ　ドイツにおける議論の状況…………………………………………299
　　　1　相手方保護法理としての「代理権の無因性」…………………299
　　　2　ドイツ代理権濫用論の概観………………………………………299
　　　3　「過失相殺的処理」を行う判例…………………………………300
　　　4　判例に対する批判…………………………………………………301
　　　5　学説の展開…………………………………………………………301
　　Ⅲ　我が国における議論…………………………………………………303
　　　1　理論の現状…………………………………………………………303
　　　2　検　　　討…………………………………………………………304
　　Ⅳ　結　　論………………………………………………………………307

目　次

第7章　成年後見人の代理権濫用 ……………………………………… 309
　Ⅰ　はじめに ……………………………………………………………… 309
　Ⅱ　成年後見人の代理権濫用の法的構成 …………………………… 311
　　1　旧法下の判例・学説 ………………………………………………… 312
　　2　現行成年後見法下における判例（裁判例）・学説 ………………… 315
　　3　小　　括 …………………………………………………………… 319
　Ⅲ　今後の検討課題 ……………………………………………………… 319

第8章　民法（債権関係）改正における「代理権濫用」の明文化の
　　　　検討の覚書 …………………………………………………… 321
　Ⅰ　はじめに ……………………………………………………………… 321
　Ⅱ　民法改正研究会の改正試案及び民法（債権法）改正検討委員会編
　　　「債権法改正の基本指針」の概観 …………………………………… 322
　　1　民法改正研究会の改正試案 ………………………………………… 323
　　2　民法（債権法）改正検討委員会編「債権法改正の基本方針」……… 325
　　3　小　　括 …………………………………………………………… 330
　Ⅲ　法務省法制審議会民法（債権関係）部会の改正作業の概観 ……… 331
　　1　判例等を踏まえた明確化の方向 …………………………………… 331
　　2　代理権濫用に関する改正作業の概観 ……………………………… 333
　　3　部会の改正作業の小括 ……………………………………………… 344
　Ⅳ　学　説　等 …………………………………………………………… 345
　　1　伊藤　進説 ………………………………………………………… 345
　　2　臼井　豊説 ………………………………………………………… 348
　　3　福岡県弁護士会の提案 ……………………………………………… 350
　　4　小　　括 …………………………………………………………… 351
　Ⅴ　若干の検討 …………………………………………………………… 351
　　1　相手方保護要件について …………………………………………… 352
　　2　過失相殺的処理について …………………………………………… 352
　Ⅵ　おわりに ……………………………………………………………… 354

第Ⅲ編　総　　括 ………………………………………………………… 357
　Ⅰ　私見及び私見と改正法第107条等との関係 ……………………… 359
　　1　原則としての相手方保護のための判例 …………………………… 359
　　2　代理権濫用の基本的法的構成について …………………………… 360
　　3　相手方（不）保護要件 ……………………………………………… 362
　　4　客観的濫用論 ………………………………………………………… 363

5　代理権を濫用する代理人の相手方に対する責任……………… 363
　Ⅱ　今後の検討課題…………………………………………………… 364
　　1　原則としての相手方保護のための理論の検討………………… 364
　　2　履行請求権の平面での本人の「有責性」の考慮の可能性の検討… 365
　　3　無権代理人の責任に関する改正法第117条の適用可能性の検討… 367
　　4　そ　の　他…………………………………………………… 372

初出一覧（375）
事項索引（377）
判例索引（379）

代理権濫用の研究

序論　はじめに──本書の構成

「はしがき」にも述べた，自分なりの体系((第Ⅰ編：代理権濫用論の前提問題；第Ⅱ編：代理権濫用論(「基本的法的構成」→「相手方保護範囲」→「代理人側の要件」→「本人に有責性ある場合」))に沿って各論文を本書に所収した。

ただし，以上の体系的な位置づけは論文を配置するための一応のものであり，例えば，「本人に有責性ある場合」の考慮は，「基本的法的構成」等とも関わるものである(第Ⅲ編　総括Ⅰ2(2)参照)。

なお，下記①から⑫の所収論文により得られた私見及び私見と改正法第107条との関係については，第Ⅲ編総括に整理して示している。

以下，本書の各編各章に所収した各論文等を解説する。

Ⅰ　「代理権濫用論の前提問題」に関する論文

ドイツにおける代理の法的構成を整理した下記①論文と代理権授与行為に関する学史的検討に関する②論文を収めた。

① 「ドイツ代理法──代理の法的構成論を中心に」椿寿夫＝伊藤進編著『代理の研究』598-622頁(日本評論社，2011年3月)所収(第Ⅰ編第1章所収)

代理法上のすべての論点と関係しうる代理の法的構成について，ドイツ法における代理人行為説，本人行為説，共同行為説，統一要件論などの学説の状況を客観的に整理したものである。なお，この論文で，代理権授与行為と代理行為とを分離・独立させる「代理人行為説」の下で，代理権の無因主義が存在し，従って，代理権濫用論は，「代理人行為説」を前提とすることを簡単ではあるが，再確認できた(①論文617頁注(33)：本書第Ⅰ編第1章注(33)参照)。すなわち，代理人行為説は，代理権授与行為と委任などの内部関係とを更に分離・独立させ，相互に無因のものとする。それ故，内部関係違反であっても，代理権の踰越とはならない(代理権の(範囲の)無因性)。その修正原理が「代理権濫用論」である。

また，本論文では，前述の諸説のほかに，特に「新本人行為説」と称される

序論　はじめに

ボイティーン（Beuthien）説を紹介した[(1)]。この説は，フルーメ（Flume）説が不可能であるとした「意思の代理」を肯定する点等に特色がある。

「新本人行為説」のもとでの，「代理権濫用現象」の解決の検討は，今後の課題である。

② 「任意代理権発生原因論の民法学史的検討序説――ボアソナード来朝前までを中心に――」下関市立大学論集52巻1・2合併号11-26頁（2008年9月）（第Ⅰ編第2章所収）

民法（債権法）改正検討委員会の第2準備会で，「任意代理権の発生原因」の明文化の検討が行われたので，これを受けて，我が国における「任意代理権発生原因＝代理権授与行為」の検討が必要であると考え，学史的検討に着手したものである。最近の有力な学説は，代理権授与行為の独自性を認めないが，その根拠をこの独自性の概念の実質上の必要性がないことに求めている。しかし，高橋三知雄博士が主張されたように，任意代理権発生原因論の検討の際には，「代理権の（範囲の）無因性」の問題にも配慮すべきである。有力説は，高橋説の主張を認識していないのではなかろうか。下記③，⑦論文等でも触れているが，我が国の判例は大審院時代から，高橋説の言う「代理権の（範囲の）無因性」を肯定するのと同様の帰結を認めていると解しうる（大判明治38年6月10日民録11輯919頁ほか）。この判例をどのように合理的に説明するかの問題とも，任意代理権発生原因論の検討は関係する。

ただし，本論文公刊後，民法（債権法）改正検討委員会が，「任意代理権の発生原因」について「……最近では，いずれの見解によっても，結論に違いは出てこないため，議論の意味自体が疑われている。……」とし，「任意代理権の発生原因について，「単に「権限を本人から与えられた場合」とするにとどめ，代理権授与行為の性質決定については立ち入らないこととしている……」としており[(2)]，また，法務省法制審議会の民法（債権関係）部会においても，

---

(1) ボイティーン説については，椿寿夫博士が，「「誰が代理行為をするか」をめぐる考え方」（『書斎の窓』18頁以下（2011.10））で言及されている。また，伊藤進博士も，更に詳しく検討されている（伊藤進『代理法理の探究――「代理」行動様式の現代的深化のために』206-216頁等（日本評論社，2011年11月）参照）。

(2) 民法（債権法）改正検討委員会編『詳解・債権法改正の基本方針Ⅰ――序論・総則』185頁（商事法務，2009）参照）。

「任意代理権発生原因」を議事の対象となる個別論点として挙げられておらず(3)，この度の民法改正法において「任意代理権の発生原因」については明文化されなかったという状況もあり，ボアソナード時代以降の検討を見送っている。

しかし，この論文で任意代理権発生原因論の問題の所在を示すことはできたと考えうるので本書に所収した。

II　代理権濫用論に関する論文

1　「基本的法的構成」に関する論文

我が国の代理権濫用に関する基本的法的構成に関する③論文と基本的法的構成と代理の法的構成との関係に関する④論文がこれにあたる。

③　「代理論史──代理権濫用論を中心として──」獨協法学40号447頁-514頁（1995年3月）〔水本浩＝平井一雄編『日本民法学史・各論』41頁-98頁（信山社，1997年4月）所収〕（第Ⅱ編第1章所収）

我が国における代理権濫用論をボアソナード来朝期から戦後まで6期に分け，学史的検討を加えたものである。我が国では，代理人の負う内部的義務の範囲と代理権の範囲とが異なり得るのか，それとも一致するのかという代理権の（範囲の）無因・有因性論と代理権濫用論とを明らかに結びつけて論じた学説は，戦前では大西耕三説（昭3）と升本重夫説（昭10）だけが存在し，極めて少数にとどまったことを指摘した。その理由として，我が国には，ごく初期の段階で，下級審が代理人の背任的意図と顕名行為との関連に着目して代理権濫用を心裡留保規定に依拠して処理する裁判例があり（東控判明44年(ネ)119号判決年月日不明新聞812号16頁），その後，有力な学者（石坂音四郎，末弘厳太郎，我妻栄）も，これを支持したことが挙げられること，すなわち，代理権濫用を代理権の範囲と内部的義務との関係の問題として捉えるというよりも，代理人の背任的意図と代理意思との関係の問題であるとする捉え方が学説上，有力化したために，戦前は代理権濫用は，代理権の範囲の無因・有因性論との関係で

---

(3)　民法（債権関係）部会第12回会議（平成22年7月20日）議事録54頁以下及び部会資料13-2の72頁以下参照。

序論　はじめに

議論が深められることがなかったことを挙げた。

更に，伊藤進説，また，中島秀二説により，理論的にも利益衡量についても鋭い問題提起がなされており，代理権濫用論は一層の展開が望まれていることを指摘した。

なお，本論文は，親権者や後見人の代理権濫用については，検討の対象としていない。成年後見人の代理権濫用については，後掲論文⑪で検討した（第Ⅱ編第7章所収）。

本論文公刊後，伊藤進博士が『代理法理の探究──「代理」行動様式の現代的深化のために』（2011年）を著され，その中で，代理権濫用を「主観的信認関係」違反行為として構成されている（本書第Ⅱ編第8章Ⅳ1(5)参照）が，本論文公刊後の学説状況を本書に本論文を所収するに際し，反映させることができなかった。伊藤進説については関連個所に「補注」を付して，言及させていただいた。

④　「代理権濫用論と代理の法的構成との関係の検討──ドイツ的解釈法学全盛期の学説の検討を中心に──」下関市立大学論集48巻3号31-45頁（2005年1月）（第Ⅱ編第2章所収）

代理権濫用などの代理に関する各論的問題についても代理の法的構成との関係で検討する必要があるとの伊藤進説の指摘に示唆を受け，我が国のドイツ的解釈法学全盛期の代表的な民法学者（中島玉吉，鳩山秀夫，嘩道文芸，石坂音四郎）における代理の法的構成と代理権濫用論との関係を整理したものである。いずれも代理人行為説に立ち，代理権濫用事例を顕名主義との関係で検討し，心裡留保規定（93条）に依拠して解決していることを確認した。すなわち，代理人行為説においては代理意思とその表示により代理効が発生するが，代理人が背任的意図をもってなす代理権濫用は，この代理意思の表示についての心裡留保の問題であるとされた。つまり，代理権濫用と代理の法的構成とは顕名主義を介して間接的に結びついていることを確認した。

また，この時期（明治43年（1910年）頃から大正9年（1920年）頃まで）は，ドイツにおいて代理権濫用論が隆盛になる以前の時期であり，各説ともエルトマンのコンメンタールを参照しており，エルトマンの記述が，代理権濫用論を顕名主義との関係で解決する93条に依拠する説を生み出したことを推測でき

ることを指摘した。

2 「相手方保護範囲」に関する論文

ドイツにおける相手方保護範囲の議論に関する⑤論文，我が国における相手方保護範囲の議論に関する⑥論文がこれにあたる。

⑤ 「代理の研究——法律行為研究会《連載⑩》代理権濫用と相手方保護範囲」法律時報79巻3号75-79頁（日本評論社）（2007年3月）〔椿寿夫＝伊藤進編著『代理の研究』346-360頁（日本評論社，2011年3月）に加筆および表現上の若干の修正を行い所収〕（第Ⅱ編第3章所収）

代理を三当事者法律行為形象と解する伊藤進説に示唆を受け，代理権濫用事例においても，相手方保護範囲の確定の判断に際し，本人・代理人・相手方，三者の諸事情の総合的判断が必要である旨，指摘することを目的としたもの。本稿は，近時のドイツの教科書レベル（フルーメ，パブロフスキー，ラーレンツ＝ヴォルフ，メディクス）での議論の状況をも踏まえ，以上の観点からの相手方保護範囲の確定の必要性を指摘するものである。そして，若干の検討と今後の検討課題として，㋐我が国とドイツとの法状況の相違に鑑み，ドイツ代理権濫用論を参考にする場合には，内部的代理権を念頭に置いている部分だけを注意深く選別して対象にすべきこと，㋑相手方保護要件について，ドイツにおいて有力な明白性の基準をわが国において採用することを検討する際には，代理権の独立性・無因性概念との関係で検討がなされるべきこと，㋒代理人側の要件として，客観的濫用の問題が検討されるべきこと，㋓本人に「過失」ある場合，相手方の「過失」との間で「過失相殺的処理」を代理行為に基づく履行請求権の平面で行いうるかの問題があることを指摘し，我が国においても，金銭請求権のような債権の目的が可分給付の場合等には，同様の処理の可能性を検討すべきことや，このような処理が困難な場合などにはメディクス説などを参考にして，別方向からの処理を試みるべき旨を述べた。

⑥ 「代理権濫用論における相手方保護範囲の検討の覚書——心裡留保規定に依拠する説の検討を中心に——」松山大学論集15巻4号（高橋紀夫教授，三好登教授記念号）133-166頁（2003年10月）（第Ⅱ編第4章所収）

序論　はじめに

　代理権濫用と相手方保護範囲という問題につき，検討を進めていくための基礎資料として，現行法下での判例・通説である93条に依拠して解決する諸学説を整理・検討したものである。各説における代理権濫用の定義，代理人の背任的意図の要否，わが国における代理取引の保護法理として，ドイツにおけると同様に，代理権の（範囲の）無因性という概念を取り入れることができるのか，代理権の類型，代理取引の種類により相手方保護範囲に差が生ずるのか，そして，代理の法的構成が相手方保護範囲にどのような影響を与えるのか，そして過失相殺的処理の問題を検討することにより，代理権濫用における相手方保護範囲という問題は解決されることを指摘した。

　本稿は，わが国の心裡留保規定に依拠して解決する諸学説を整理し，今後の課題を示したものにすぎないが，この説は，更に細分化され，相手方（不）保護要件について，善意・有過失不保護説，善意・有重過失不保護説，「知りうべかりしとき」は，「知っていたとき」の認定を志向した認定判断のための安全弁的機能を持つに過ぎない説，など多様であることを示せたことは有意義であったと考える。

　また，改正法第107条の下での「知ることができたとき」の解釈の際の基礎資料にもなりうると考え本書に所収した。

3　「代理人側の要件」に関する論文

　代理権の客観的濫用の問題を扱う⑦論文がこれにあたる。

⑦　「代理権の客観的濫用に関する一考察——代理人に背任的意図がない場合——」獨協法学46号233頁-286頁（1998年6月）（第Ⅱ編第5章所収）

　ドイツ代理権濫用論を比較法の対象とする我が国の有力説は，代理人に背任的意図がない「客観的濫用」の場合にも，本人が相手方に対して濫用の抗弁を主張しうることを認める傾向にあった。そこで，客観的濫用の場合につき，ドイツにおける議論の状況，我が国の学説・判例を検討した。その結果，代理人の背任的意図は，これについて相手方が知りうべきであるにもかかわらず，代理行為に着手し，本人に代理の効果を主張していくことが権利の濫用になり，信義則違反となるか否かの判断をなす際の一要素に過ぎないと解した。

　そこで代理人に背任的意図がなくても相手方が本人に対して代理の効果を主

張していくことが権利の濫用になり，信義則違反となる場合があるのかが検討されなければならないが，本人に代理人の選任責任が強く認められる任意代理の場合において，代理人に背任的意図のない客観的濫用のときには代理人を介しない二当事者間取引とのバランスを理由として，相手方に本人が，代理権濫用の異議を唱えることを認めることは難しいと解した。

4 「本人に有責性ある場合」に関する論文

　ドイツにおける判例及び学説を整理・検討した⑧，⑨論文そして，これらを前提として我が国における「柔軟な解決」の可能性を考察した⑩論文がこれにあたる。

⑧ 「ドイツにおける代理権濫用と過失相殺的処理に関する判例の概観——代理権濫用と過失相殺的処理再論序説——(1)，(2)，(3・完)」下関市立大学論集54巻1号19-26頁（2010年5月），55巻2号13-25頁（2011年9月），56巻1号17-26頁（2012年5月）（第Ⅱ編第6章第1節所収）

　まず，本論文(1)では，ラーバントによってADHGBの規律が分析されて確立されたと言われる「代理権の無因性」概念が，現在のBGB上の判例・学説にも採り入れられ，例えば，BGBに関する1912年のStaudinger Kommmentarにおいて，すでにみられること等を指摘した。その上で，代理権濫用と過失相殺的処理に関するドイツの判例を紹介し，これに対する，学説からの批判を整理し，今後の検討課題を示した。すなわち，ドイツには，「代理人に対する必要な監督を怠ったために，代理権濫用という事態に至りえたことを契約相手が証明しうる場合には，本人の保護は，全部または一部，BGB242条（信義誠実に従った給付）により失われ，信義誠実の原則の特別な刻印であるBGB254条（共働過失）の法思想により，取引から生ずる本人に対する請求権が，場合によっては，一定の割前（Bruchteil）についてのみ理由があると判断されなければならない」旨の判断を示す判例がある（BGH1968年3月25日判決，BGH1999年6月29日判決，OLG München1995年4月25日判決）。これらの判例を紹介し，そして，ヘッケルマン説をはじめとするドイツにおける諸学説から，判例に対して，損害賠償に関するBGB254条を履行請求権へ適用できるか，処分行為の場合にBGB254条を適用することは，物権の帰属に関し

序論　はじめに

て明確な関係を要求する物権法の要請に反するのではないか，などの批判がなされていることなどを示した。その上で，まず第一に，BGH1968 年 3 月 25 日判決の「本人が必要な監督を怠った（der Vertretene die gebotene Kontrolle des Vertreters unterlassen hat）ために，代理権濫用という事態に至った」という表現により，本人の代理人に対する「監督義務」が想定されているか等について，なお，検討の余地があることなどを指摘した。そこで，本稿より後に公刊した論文（⑨，⑩など）においては，本人の「有責性」につき，「監督義務違反」ではなく，上記の BGH の判例などの表現を更に参考にして，（非難に値する）「監督措置不作為」と表現することが妥当であると考え，そのように表現している。

⑨　「代理権濫用論における履行請求権の平面での「柔軟な解決」肯定説の概観——Tank 説及び Mertens 説を中心に——」下関市立大学論集 57 巻 2 号 1-16 頁（2013 年 9 月）（第Ⅱ編第 6 章第 2 節所収）

学説においても，⑧論文で紹介した BGH1968 年 3 月 25 日判決などと同旨と解しうるタンク（Tank）説及びメルテンス（Mertens）説などの学説がある。それらの説を概観，整理し，我が国における，本人と相手方双方の「有責性」に着目した，履行請求権の平面での「柔軟な解決」の可能性を探るための基礎的な資料とすることを意図したのが本論文である。論文中で検討したタンク説については，相手方の過失の程度につき，「単純な過失か重過失に決めることよりは，第三者の注意義務をはっきりと決めることがより重要である」旨，主張していることと「過失相殺的処理」を「個々の事案がそれに適する限度」で BGB254 条によりなされうる旨，主張している点に注目されるべきであろう。そして，メルテンス説については，学説からの批判の多い BGH の判例の手法のように，BGB254 条により，履行請求権を分割することを正面から認める説ではなく，BGB254 条の適用の本質を BGB242 条による本人の濫用の抗弁を制限することにあり，その結果として，履行請求権が分割されることを認めることと同様になる説であると理解した。メルテンス説は，不可分給付の場合を除き，現在でも，わが国の解釈論に参考にしうる説であると評価した。

⑩　「〈研究報告〉代理権濫用論——本人による監督措置不作為の場合を念頭に

置いて——」『私法』76 号 190-197 頁（日本私法学会，2014 年 4 月）（日本私法学会第 77 回大会「研究報告」）（第Ⅱ編第 6 章第 3 節所収）

　これまでの自己の研究等を踏まえ，我が国における代理権濫用事例の代理行為に基づく履行請求権の平面での「過失相殺的処理」（＝「柔軟な解決」）の可能性について日本私法学会にて学会報告をした。⑩は，その報告要旨である。基本的な法的構成として，信義則規定（1 条 2 項）に依拠し，相手方が「有責」な場合にも，代理行為は，全体として「有権代理」である立場を前提に，本人にも「有責性」がある場合には，その程度に応じて，本人の濫用の抗弁の主張を信義則により制限する「柔軟な解決」の可能性を探る立場が妥当という結論を示した。代理権を濫用する代理人の背後に隠れて「有責性」ある本人が，100％，相手方に対して濫用の抗弁を主張しうることは代理制度に対する信頼維持の観点からも妥当でないとの問題意識にも基づく。

　また，メディクス説及び青野博之説などを敷衍し，代理人が，本人との雇用関係に基づく代理権が授与されている場合など，一定期間，継続する代理関係の場合においては，時的区分による解決を検討する余地があることも示した。

5　そ の 他

　⑪は，成年後見人の代理権濫用に関する論文であり，「基本的構成」及び「相手方保護範囲」と主として関係するものである。⑫は，民法（債権法）改正における「代理権濫用の明文化」に関するものである。

⑪ 「成年後見人の代理権濫用に関する検討の覚書」村田彰先生還暦記念論文集編集委員会編『村田彰先生還暦記念論文集　現代法と法システム』47-62 頁（酒井書店・育英堂，2014 年 12 月）（第Ⅱ編第 7 章所収）

　成年後見人による本人の財産（特に預貯金）の横領事件が，目立つ。そこで，後見人の横領意図を「知りうべき」金融機関が漫然と後見人に本人の預貯金を払い戻した場合，かかる払戻を代理権濫用法理により無効となし得ないかの序論的検討を行った。成年後見人の代理権濫用の法的構成についてのわが国の判例・学説の学史的検討を行い，そして，背任的意図を有する後見人への金融機関の払い戻しに代理権濫用法理の適用の可能性があるかを探った。今後の検討課題として，相手方たる金融機関が成年後見人の背任的意図を「知り得る」場

合がありうるかは，問題であり，特に，キャッシュカードによる払い戻しの場合などが問題である旨，指摘した。また，被後見人保護の観点からは，相手方の認識可能性を認め，払い戻しが無効となる可能性を認めていく方が良いので，金融実務等を踏まえた更なる検討の必要性を指摘した。

⑫　「民法（債権関係）改正における「代理権濫用」の明文化の検討の覚書」
清水元・橋本恭宏・山田創一編『平井一雄先生喜寿記念　財産法の新動向』601-636頁（信山社，2012年3月）所収（第Ⅱ編第8章所収）

　今次の民法（債権関係）改正における「代理権の濫用」の明文化についての第2ステージにおける法制審の部会（第33回会議（平成23年10月11日開催）あたりまで）における議論や資料及び学説等を検討したものである。部会は全99回開催されており，その3分の1程度について進行した時点での検討に過ぎないが，代理権濫用の明文化についての私見の基本的な立場を示しているので所収した。すなわち，代理権濫用論の本場であるドイツにおいてさえ，代理権濫用は明文化されていないのに，我が国においてこれを明文化することへの違和感等を表明した。また，相手方保護要件として，「軽過失」，「重過失」などと明確な要件を設定することには反対の旨を表明し，代理権濫用の事実につき「知りうべきとき」と明文化し，慎重にその内容の明確化を今後の学説の発展と判例の進展に委ねるべき旨を述べた。また，「過失相殺的処理」（＝「柔軟な解決」）の検討の必要性も指摘した。

　なお，改正法第107条は相手方要件につき，「重過失」等と明文化せず，「相手方がその目的を知り，又は知ることができたとき」と規定しており，本論文で示したのと同様の方向で規定されている。

第Ⅰ編

代理権濫用論の前提問題

第1章　代理の法的構成論
——ドイツ法を中心に——

I　はじめに

　ドイツ代理法における問題点は，有権代理，表見代理，無権代理のそれぞれの領域において多岐にわたる。本稿においては，それらの諸問題の基礎にあり，それらの解決と関係しうる代理の法的構成（代理の本質）の問題を中心にドイツ代理法を客観的に概観することを目的とする。

　代理の法的構成の問題の所在は，フルーメによれば，次のようなところにあった。すなわち，「19世紀のドイツ法学においては，意思理論（Willenslehre）に基づいて，代理の本質についての議論が存在した。意思理論は法律行為では，法効果を意思と直接に関係づけた。意思は自己決定（Selbstbestimmung）として，意欲する者自身についてのみ拘束を正当化しうるので，問題は，代理人の意思表示から法効果が本人の利益・不利益に生ずることは，どのようにして可能であるのかというように立てられた。任意代理（gewillkuerte Stellvertrerung）については，特に，代理人によって締結された法律行為に対して，本人の意思と代理人の意思とがどのような関係にあるのかということが争われた」[1]。

　この点につき，ドイツにおいては，本人行為説（Geschäftsherrntheorie），代理人行為説（Repräsentationstheorie），共同行為説（Vermittlumgstheorie），Müller-Freienfels の統一要件論等が主張されてきた[2]。これらのドイツの代理

---

(1) Werner Flume, Allgemeiner Teil des Bürgerlichen Rechts zwiter Band Das Rechtsgeschäft Vierte, unveränderte Auflage, 1992, §43 2 (S. 751).

(2) Vgl. Staudingers Kommentar/ E. Schilken: BGB. Buch 1: Allgemeiner Teil. Paragr. 164-240（Allgemeiner Teil 5）. 2009. Vorbem zu §§ 164ffRn. 10ff. ドイツの各説の名称には異論があり得，例えば，佐久間毅説は，Geschäftsherrntheorie を本人が法律行為の主体（当事者）となるという意味で「本人（行為）主体説」，Repräsentationstheorie を代理人が本人を任意代理の場合も法定代理の場合と同様に代表するという意味で「代表説」，Vermittelumgstheorie を代理行為において本人と代理人とが協働するという意味で「協働説」とした方がよい，旨述べられる（佐久間毅「代理学説と民法第101条の規律」岡法40巻3＝4号531頁注(4)〔1990年〕参照）。ちなみに，わが国におけるドイツ的解釈法学全盛期に，すでに，本人行為説，共同行為説という名称は，中島玉吉，

第Ⅰ編　代理権濫用論の前提問題

の法的構成論は，わが国にも，明治民法典成立の前後期から紹介，検討がなされてきた[3]。

　わが国では，この代理の法的構成をめぐる議論につき，過去の議論であるとか，議論の実益がないという捉え方がある[4]一方で，ドイツの諸議論を検討したうえで，代理の法的構成論を議論する，高橋三知雄説，遠田新一説，伊藤進説，佐久間毅説などの有力な諸研究が存在する[5]。

　ところで，椿寿夫説は，「代理の《法的構成・理論構成》においても，考究と議論が各個別問題において行き届く所まで到達しているわけではない。このテーマでは必ずといえるくらいに登場してきた代理人行為説・本人行為説・共同行為説の対立なども，学説史の広い角度からの再整理を含めて存続価値の有無と大小とに関する見解表明が望まれる」[6]と述べられ，わが国における代理の法的構成をめぐる問題点を指摘される。

　　鳩山秀夫，石坂音四郎いずれの説においても使用されていた。そして，代理人行為説は代表説という名称が用いられた（拙稿「代理権濫用論と代理の法的構成との関係の検討」下関48巻3号31頁以下〔2005年〕参照）。〔本書第Ⅱ編第2章Ⅰ参照〕
(3)　ドイツの代理の法的構成論の明治民法典成立の前後期からのわが国への影響について，辻正美「代理」星野英一編集代表『民法講座(1)』445頁以下（有斐閣，1984年）参照。
(4)　わが国の議論の状況について，伊藤進「わが国における代理の問題状況」椿寿夫＝伊藤進編『代理の研究』28頁以下（日本評論社，2011）参照。
(5)　遠田新一『代理理論の基礎的研究』（広島大学政経学部政治経済研究所，1976年），高橋三知雄『代理理論の研究』（有斐閣，1976年），遠田新一『代理法理論の研究』（有斐閣，1984年），伊藤進『任意代理基礎理論』（成文堂，1990年），佐久間毅「任意代理の法理」岡法39巻4号167頁以下（1990年），佐久間・前掲注(2)523頁以下，佐久間毅『代理取引の保護法理』（有斐閣，2001年），伊藤進「わが国における代理の法的構成論──『三当事者法律行為』形象の提言」明治大学法科大学院論集1号1頁以下（2006年），同「ドイツにおける代理の法的構成論──本人行為説・共同行為説・三面契約説の再検討」明治大学法科大学院論集3号243～280頁（2007年），同「ドイツにおける代理の法的構成論──代理人行為説の再検討」法論80巻2＝3号37頁以下（2008年），同「ドイツにおける代理の法的構成論──統一要件論の再検討」駿河台21巻2号150頁以下（2008年），同「ドイツにおける代理の法的構成論──Müller-Freienfels代理論以降の諸見解の再検討」明治大学法科大学院論集4号211～261頁（2008年），同「『代理なる法律行為』における本人の意思作用」法論81巻1号147頁以下（2008年），同「『代理・授権』規定案の検討──代理の法的構成論からみて」円谷峻編著『社会の変容と民法典』58頁以下（成文堂，2010年）他がある。
(6)　椿寿夫「代理法ではどういう問題があるか──ドイツの文献もみながら」椿＝伊藤編・前掲注(4)4～5頁参照。

本稿では，わが国における代理の法的構成をめぐる議論についての椿寿夫説のご指摘を念頭に置きつつ，ドイツの代理の法的構成論につき，すでにわが国において紹介・検討がなされているミュラー・フライエンフェルス説[7]，フルーメ説[8]，パブロフスキー説[9]等以降の現今の学説状況をも踏まえて，紙幅の制約上，任意代理を中心に，客観的に概観することを目的とする。そして，この概観を前提に，今後，代理の法的構成についての議論が，わが国における代理をめぐる諸問題についてどのような存続価値を持ちうるかにつき若干の示唆を得たい[10]。

II ドイツにおける代理の法的構成の概観[11]

1 本人行為説 (Geschäftsherrntheorie)

本人行為説の創始者はサヴィニーである[12]。サヴィニーの本人行為説[13]とし

---

[7] Müller-Freienfels, Die Vertretung beim Rechtsgeschäft, 1955. 説の概要は本稿II 4参照。

[8] Flume, a.a.O. (Fn.1), §43ff. フルーメ説については，本稿II 5参照。

[9] Hans-Martin Pawlowski, Allgemeiner Teil des BGB, 7. Auflage, 2003, §5. パブロフスキー説は，ミュラー・フライエンフェルス説（本稿II 4参照）の影響を受け，他人のための法決定である代理と私的自治との調和という問題意識の下に代理について詳論する。パブロフスキーの代理論の詳細については，伊藤・前掲注(5)明治大学法科大学院論集4号242頁以下，高橋・前掲注(5)106頁以下，佐久間・前掲注(5)岡法39巻4号178頁以下参照。

[10] なお，本稿は，本文に述べたような観点からドイツにおける代理の法的構成論に関する，学説の客観的な整理に主眼を置くものであり，BGB立法過程における代理の法的構成に関する諸議論の詳細には立ち入ることができない。代理の法的構成と関係するBGB166条に関する起草・立法理由の研究として，佐久間・前掲注(2)534頁以下がある。

[11] ドイツの学説の概観については，前掲注(5)に引用した諸文献等によるほか，主として，以下の文献等を参照した。Vgl. Soergel/Leptien, BGB (1999); Historisch-kritischer Kommentar zum BGB, Bd. I Allgemeiner Teil, §§1-240/Mathias Schmoeckel, 2003; AnwK-BGB/Stoffels, 2005; Münchener Kommentar /Schramm, BGB: Allgemeiner Teil. 5. Auflage 2006; Staudinger/Schilken, a.a.O. (Fn. 2).

[12] Vgl. Soergel/Leptien, a.a.O. (Fn. 11), Vor §164 Rz. 9; Staudinger/Schilken, a.a.O. (Fn. 2), Vorbem zu §§164ffRn. 11.

[13] サヴィニーの代理論（本人行為説）は，以下の2つの文献に述べられている。Friedrich Carl von Savigny, System des heutigen Römischen Rechts III, 1840 §113; Friedrich Carl von Savigny, Das Obligationenrecht als Theil des heutigen Römischen Rechts. Zweiter Band, 1853, §§54ff. 特に§57 (S. 59). Vgl. Volker Beuthien, Zur Theorie der Stellvertretung im Bürgerlichen Recht, in: FS Medicus, 1999. S. 2. Anm. 2.

て，特に引用される箇所(14)には，おおむね，次のような記述がなされている。すなわち，争い(15)のすべては使者と代理人とをどう区別するかにかかっているとしたうえで，幾つか例を挙げる。すなわち，「①私が馬を買おうとし，売主が100マルクを要求したので，決心できず，契約しないで別れる。その後，売手の要求に同意する旨の表示を持った使者を送る時，使者はその意味を知らずに私の承諾の言葉を伝える。彼は手紙と同様，意識も意思もない道具である。……②私が使者に事情を知らせ，したがって彼がたんに同意の言葉ではなく私の意思表示の内容を知って伝えるとき，彼はもはや意識のない道具ではないが，なお意思はない。……③私が可能なら90マルク以下で，しかたがなければ100マルクで同意することを委任すれば，使者はもはや意思のないものではない。彼には選択の自由がある。……④更に一歩進め，私が馬商人のところで，各々長所と短所をもつと思われる数等の馬を見る。私は自分より馬に詳しい知人に，私のために彼が適当と思う馬を求め，私の名で買うことを委任し，代価についていくらかの決定の自由を残したとする。ここでは，代理人はその判断と意思についてきわめて自由な活動範囲を持っている……」。

以上のような例を挙げたうえで，本人行為説とされる見解を示す。すなわち，「……これらすべての場合は，法律的にみれば，まったく同じ性質である。代理人が単純な私の決心を相手方に伝えるか，私がなした多くの決心のうちの1つを彼自身の自由な選択によって持参するかは，すなわち，代理人がより少なく，あるいはより多く独立に活動するかは問題にならない。こうしたさまざまの場合に限界を引くのは不可能であるし，理由もない。これらの場合，契約は

サヴィニーの代理論については，浜上則雄「代理理論における本人行為説と代理人行為説について(1)」阪法26号33頁以下（1958年），遠田・前掲注(5)『代理理論の基礎的研究』1頁以下，高橋・前掲注(5)14頁以下，遠田・前掲注(5)『代理法理論の研究』60頁，伊藤・前掲注(5)『任意代理基礎理論』17頁以下，佐久間・前掲注(2)550頁以下，サヴィニー〔小橋一郎訳〕『現代ローマ法体系(3)』86頁以下（成文堂，1998年），伊藤・前掲注(5)明治大学法科大学院論集3号248頁以下等参照。

(14) 近時，本人行為説を採ると評されるボイティーン説は (Vgl. HKK/Mathias Schmoeckel, a.a.O. (Fn. 11), §§164-181, Rn. 3. Anm31.)，サヴィニーの本人行為説として，特に，Obligationenrecht §57の59頁を引用する。その前後 (S. 57-60) も含めて本文中で概観した (Vgl. Beuthien, a.a.O. (Fn. 13), S. 2 Anm. 2.)。説の概観に際し，高橋・前掲注(5)17頁以下の翻訳に依拠した。

(15) サヴィニーの記述には，譲渡理論（Zessionslehre）を採るプフタ（Puchta）説等との争いが現れている（高橋・前掲注(5)20頁参照）。譲渡理論（Zessionslehre）については，Vgl. Soergel/Leptien, a.a.O. (Fn. 11), Vor §164 Rz. 9.

私によって，私の意思によって締結されており，代理人は私の意思の単なる担い手（Träger）にすぎない。したがって，この契約からの権利・義務はすべて直接に私に生じ，代理人にはまったく関係ない。それ故に反対説がこの意味において使者と代理人とを区別しようとするならば，私はこれを拒絶しなければならない」[16]。

以上のように，サヴィニー説は，「法律行為的に行為をするものは本人であり，本人は代理人を仲介者（Mittler）としてのみ利用するので，代理人の行為の効果が本人に生ずることは，意思理論（Willenslehre）に対して十分に説明された」[17]とされる。また，「……個々の行為の行為能力，錯誤または詐欺ゆえの取り消し，善意または悪意，過失，方式の必要性のような，代理における法律行為上の締結の要件のところでの実務に関する議論の余地のある問題は，独立した人格としての代理人の除去により，本人と第三者間の関係へ還元された……」[18]。

サヴィニーが唱え始めた本人行為説に対する批判として，サヴィニーは代理と使者との区別をしなかったが，代理人の独立性と判断の自由性（自由裁量）はその際，十分に考慮されているとみられなかったので，この構成は議論の余地があること[19]，そして，BGB166条1項は，「意思表示の法的な効果が意思の瑕疵（Willensmängel）又はある事情について知っているか，又は，知らなければならないことにより影響されるとき，本人の立場（Person）ではなく，代理人の立場が考慮される」[20]と規定し，はっきりと代理人の人格（Person）を考慮し，本人の人格を重要でないと言明しているので，現行法の体系と本人行

---

(16) Friedrich Carl von Savigny, a.a.O. (Fn. 13), Das Obligationenrecht, §57 (S. 57-60)。翻訳は，高橋・前掲注(5)17頁以下に依拠した。なお，サヴィニー説の内容の概観の前半部分の①〜④という数字は原典および高橋訳にはない。説の内容を把握しやすくするため本稿で付させていただいた。

(17) Soergel/Leptien, a.a.O. (Fn. 11) Vor §164 Rz. 9.

(18) Müller-Freienfels, Wolfram, Die Abstraktion der Vollmachtserteilung im 19. Jh., in: Coing/Wilhelm, Wissenschaft und Kodifikation des Privatrecht im 19, Jh. 1977. S. 156; Vgl. Staudinger/Schilken, a.a.O. (Fn. 2), Vorbem zu §§164ffRn. 11.

(19) Vgl. HKK/Mathias Schmoeckel, a.a.O. (Fn. 11), §§ 164-181, Rn. 3.

(20) 本文中のBGB166条1項の訳は，デイーター・ライポルト〔円谷峻訳〕「条文資料」『ドイツ民法総論』457頁（成文堂，2008年）を参照した。このBGB166条1項におけるWillensmängelには，BGB116条から123条の諸事例が当たる。すなわち，心裡留保（116条），通謀虚偽行為（117条），非真意表示（118条），錯誤（119条），詐欺および強迫（123条）などである（Vgl. Palandt/Heinrichs, 69. Aufl, 2010, §166Rn. 3）。

為説とは相容れない旨の批判等がなされる(21)。

近時,ボイティーンが,「民法における代理論に関する論文」(22)で,この本人行為説を復活させようとしているとされる(23)。ボイティーン説については,項目を改めて述べる(Ⅱ6参照)。

2 代理人行為説 (Repräsentationstheorie)

(1) 代理人行為説は,おおむね,「代理行為の際の法律行為的な意思は,代理人により形成され,効力のみが本人の人格において生ずる。代理権は,意思の他人効のための要件である。代理行為の要件は代理人の人格によって評価されるべきである」(24)という説である。

(2) BGBの起草者は,代理人行為説を前提としていた(25)。例えば,Motiveに,次のような記述がなされている。すなわち,「……行為は代理人の行為である。;しかし,それは本人に彼によりなされたかのように帰せしめられる。……更に,表示された意思と実際の意思との一致が問題となる限り,また,強迫,詐欺,錯誤,知ったこと及び知るべきことの重要性が問題となる限り,……代理人の人格が決定的である」(26)という記述がみられ,166条1項(前掲)は,起草者により,代理人行為説からの論理的な帰結として理解された。166条1項は,意思の瑕疵の影響の評価に関して,本人の人格が問題ではなく,代理人の人格が問題であることと,同じことが,この規定によれば,一定の諸事情の認識または知りうべかりしことの意思表示への影響に関して妥当することを明確に表現する(27)。

(3) 166条2項は,「法律行為により代理権が授与された場合(任意代理権)に代理人が代理権授与者の特定の指図により行為するとき,代理権授与者は,

---

(21) Vgl. Bork, Allgemeiner Teil des Bürgerlichen Gesetzbuchs, 2. Aufl, 2006, Rn. 1295.
(22) Beuthien, a.a.O. (Fn. 13), S. 1ff.
(23) Vgl. HKK/Mathias Schmoeckel, a.a.O. (Fn. 11), §§ 164-181, Rn. 3. Anm31.
(24) Staudinger/Schilken, a.a.O. (Fn. 2), Vorbem zu §§ 164ffRn. 11. ドイツにおける代理人行為説の詳細については,伊藤・前掲注(5)法論80巻2=3号37頁以下参照。
(25) Vgl. Flume, a.a.O. (Fn. 1), §43 3; Staudinger/Schilken, a.a.O. (Fn. 2), Vorbem zu §§164ffRn. 15, 32.u§166 Rn. 1.
(26) Motive I S.226ff. Motiveのこの部分に関する翻訳として,遠田・前掲注(5)『代理理論の基礎的研究』35頁以下,佐久間・前掲注(2)534頁以下を参照した。その他,行為能力も代理人の人格により評価される(Vgl. Bork, a.a.O. (Fn.21), Rn. 1294)。
(27) Vgl. Staudinger/Schilken, a.a.O. (Fn. 2), §166 Rn. 1.

第 1 章　代理の法的構成論

自ら知っていた事情を考慮して，代理人が知らなかったことを主張することができない。同じことは，知らなければならなかったことが知っていることと同じく評価される限りで，任意代理権の授与者が知らなければならない諸事情についてもあてはまる」[28]と規定する。念頭に置かれる具体例は，例えば，Aが所有する乗用車に瑕疵あることを知り，それゆえ，瑕疵担保請求権を求め得ない本人Bが，瑕疵について善意の代理人Cに，この乗用車を買うように指図し，代理人Cがこの指図に基づいてAから乗用車を購入した場合，本人Bは，乗用車の瑕疵についての代理人Cの不知を援用できないというようなものである[29]。

この166条2項についての代理人行為説からの説明は様々であるが，例えば，ラーレンツ＝ヴォルフは，「代理人行為説は166条2項を1項の例外として理解する。実際には，166条は1項及び2項において，意思の形成を行い，決定的な判断をなす者の知っていることの状態及び認識の状態（der Wissens-und Kenntnisstand）は決定的であるべきであるという統一的な原理に従う」[30]という記述をなしている。

代理人行為説の下でも，今日では，「特定の指図」の要件は広い解釈が必要であると評価されるが[31]，本人の単なる不誠実性（認識または知りうべかりしこと）のみでは足りないとされる[32]。

(4)　代理人行為説の下では，本人の利益・不利益での効力の発生は，任意代理の場合，任意代理権の授与行為ならびに授与された任意代理権に基づいてなされた代理人の行為という互いに厳格に分離されるべき2つの法律行為に基づくとされる（いわゆる分離主義〔Trennungsprinzip〕）[33]。

---

(28)　デイーター・ライポルト・前掲注(20)457頁参照。
(29)　Vgl. Larenz/Wolf, Allgmeiner Teil des Bürgerlichen Rechts, 9. Aufl, 2004, §46Rz. 109.
(30)　Larenz/Wolf, a.a.O. (Fn. 29), §46Rz. 109.
(31)　Vgl. Staudinger/Schilken, a.a.O. (Fn. 2), §166 Rn. 33.
(32)　Vgl. Staudinger/Schilken, a.a.O. (Fn. 2), §166 Rn. 27.
(33)　Vgl.AnwK-BGB/Stoffels, a.a.O. (Fn. 11), §164Rn. 6. なお，シルケン (Schilken) も，「完全に支配的な見解は代理人行為主義（Repräsentationprinzip）とそこから導かれる分離理論（Trennungstheorie）を堅守する」と指摘する。Vgl. Staudinger/Schilken, a.a.O. (Fn. 2), Vorbem zu §§164ffRn. 32）. 分離理論につき，伊藤・前掲注(5)法論80巻2＝3号59頁参照。なお，Repräsentationprinzipをデイーター・ライポルト・前掲注(20)288頁を参考にし，代理人行為主義とした。代理人行為主義については，後掲注

21

(5) 代理人行為説における代理制度と，自己決定，法律行為論との関係について，ミュンヘナー・コンメンタール〔第5版〕（2006年）の著者のシュラム（Schramm）は，法律行為と代理との関係につき，「代理人行為主義（Repräsentationsprinzip）[34]からは代理権授与行為と授与された任意代理権に基いて締結された代理行為との明確な分離が導かれ，法律行為的な代理は，代理権の授与の際の本人の自己決定により正当化される旨，述べ，代理人行為主義の下では，代理権授与行為自体が本人の自己決定になることを指摘する[35]。シュタウディンガー・コンメンタール（2009年）の著者のシルケン（Schilken）も，代理人行為主義は，私的自治の原理違反を意味せず，代理権授与の際の本人の自己決定により法律行為的な代理が正当化される旨，指摘する[36]。

このように，現今のBGBに関する代表的なコンメンタールにおいて代理人行為主義の立場では，法律行為的な代理は代理権授与行為の際の本人の自己決定との関係で正当化されることが指摘されていることには注目されるべきであ

---

(34)参照。
　さらに，代理人行為説の下では，代理権の無因主義（Abstraktionprinzip）も存在する（AnwK-BGB/Stoffels, a.a.O.（Fn. 11），§166Rn. 1）。これに関し，ラーバント（Laband, Paul: Die Stellvertretung bei dem Abschluß von Rechtsgeschäften nach dem allgemeinen Deutschen Handelsgesetzbuch, in: ZHR, 10. Band, 1866, S.203ff.）が，代理権の（範囲の）無因性概念を確立した。ラーバント説については，高橋・前掲注(5)170〜175頁，伊藤・前掲注(5)『任意代理基礎理論』201頁，遠田・前掲注(5)『代理法理論の研究』192頁以下等参照。ラーバント説は，代理人行為説に分類される（Vgl. Flume, a.a.O.（Fn. 1），§43 2（S. 752Anm. 7））が，「契約意思は代理人の人格において作り出されるが，この意思は法的には本人の意思と認められる」（Laband, a.a.O. S.186f）という記述に，擬制説的考えが垣間見られると指摘される（伊藤・前掲注(5)法論80巻2＝3号42頁参照）。なお，代理権の無因性（抽象性）について，林幸司「わが国における代理権の無因性または抽象性」椿＝伊藤編・前掲注(4)98頁以下，拙稿「代理権濫用と相手方保護範囲」椿＝伊藤編・前掲注(4)346頁以下〔本書第Ⅱ編第3章所収〕参照。
(34)　代理人行為主義（Repräsentationprinzip）は，「164条及び166条に表現を見出す中心的な原理であり，これによれば，代理人により締結された行為に関して，原則として，その人格が問題であり，その行為の効力のみが本人へ関係付けられる」旨の概念である（Staudinger/Dilcher, Kommentar zum Bürgerlichen Gesetzbuch, 12. Aufl., 1979, vor §164Rn. 32）。
(35)　Münchener Kommentar/Schramm, a.a.O.（Fn. 11），Vor §164Rn. 68.
(36)　Staudinger/Schilken, a.a.O.（Fn. 2），Vorbem zu §§164ffRn. 32. シルケンは，Flume, a.a.O.（Fn. 1），§43 3を引用する。レプティーエン（Leptien）もフルーメ説と同旨である。Vgl. Soergel/Leptien, a.a.O.（Fn. 11），Vor §164Rn. 12.

ろう⁽³⁷⁾。

　(6) 代理人行為説に対し，ミュラー・フライエンフェルスは，代理人行為説において，代理効果の発生が，代理権授与行為と代理人の行為という２つの独立する法律行為に基づくとする分離主義を採ること，さらに代理人行為主義を採ることとに反対する。そして，後述（Ⅱ４）のごとく，代理権授与行為と代理人の行為とが一緒になって１つの法律行為を形成するとし⁽³⁸⁾，また，法律行為の概念には自己実行（Selbstvornahme）が必要であり，代理人の行為は法律行為ではないなどの批判をなす⁽³⁹⁾。近時においても，後述のボイティーン等による批判（Ⅱ６参照）がある。

3　共同行為説（Vermittlumgstheorie）

　ミッタイスは，おおむね，「……代理人を唯一の行為者としてみなし，本人を価値のない人に下げることで十分でなく，同じく，主人（Dominus）の人格にすべての重点を置き，代理人の行為を彼の意思の単なる持参人（Zeiger）となすことも許容できない場合，第三の考えうる見解のみが可能なものとして残っている，つまり，これは：存在する法的な行為を代理人と本人との間で分担させること，そして，法律行為をそれらの共同により成立させること。；換言すれば，代理人だけが，そして本人だけが，排他的に法的に行為をするのでなく，常に，彼らは両方とも法的に真には行為をし，両者が法律行為の生産者である。……」⁽⁴⁰⁾と述べる。本人と代理人とが共同して法律行為をし，両者と

---

(37)　現今の学説で代理人行為説に分類される説は以下のとおり。Enneccers/Nipperdey, Allgemeiner Teil des Bürgerlichen Rechts, 14. Aufl., 1955, §182Ⅱ (S. 781f); BGB-RGRK/Steffen, 12. Aufl., 1982, vor §164Rz. 4u6; Heinz Hübner, Allgemeiner Teil des Bürgerlichen Gesetzbuches, 2. Aufl., 1996, §45BI Rn. 1169; Soergel/Leptien, a.a.O. (Fn. 11), vor §164Rn. 10ff; Larenz/Wolf, a.a.O. (Fn. 29), §46Rz. 1, 89, 109.; Münchener Kommentar/Schramm, a.a.O. (Fn. 11), vor §164Rn. 67; Bork, a.a.O. (Fn. 21), Rn. 1294ff; Palandt/Heinrichs, a.a.O. (Fn. 20), Einf.v. §164Rn. 2.; Staudinger/Schilken, a.a.O. (Fn. 2), Vorbem. zu §§164Rn. 32. 代理人行為説への分類については，下記の文献を基本的には参考にした。Vgl. AnwK-BGB/Stoffels, a.a.O. (Fn. 11), §164Rn. 6. Anm. 7.

(38)　Müller-Freienfels, a.a.O. (Fn. 7), S. 202ff. 代理人行為説に対する批判の概要については，以下の文献参照。Vgl. AnwK-BGB/Stoffels, a.a.O. (Fn. 11), §164Rn. 6; Staudinger/Schilken, a.a.O. (Fn. 2), Vorbem zu §§164ff Rn. 32.

(39)　Müller-Freienfels, a.a.O. (Fn. 7), S. 211.

(40)　Mitteis, Die Lehre von der Stellvertretung nach römischem Recht, 1885, §13 (S.

もに法律行為の締結者であるとする説である[41]。デルンブルク（Dernburg）も同旨であるとされる[42]。

　この説に対する批判としては，この説は，本人自身が行為無能力（handlungsunfähig）である法定代理を説明することが不可能であることが指摘されている[43][44]。

4　統一要件論

　ミュラー・フライエンフェルスにより，1955年に唱えられた[45]。この説は，「……代理が法律行為において許される限り，代理もまたこの自己決定の理念に服さなくてはならない。根本問題は，法律行為の要素としての意思表示が，本人ではなく，それを委任された代理人が行うということが，かかる法律行為の一般原則と相容れるかどうかである」との問題提起の下に提唱された[46]。

　ミュラー・フライエンフェルス説の概要は，「ミッタイス説にならって，代

109f).

(41) Vgl. Beuthien, a.a.O. (Fn. 13), S. 3Anm. 4. ミッタイス説の詳細については，高橋・前掲注(5)39頁以下，遠田・前掲注(5)『代理理論の研究』61頁以下，佐久間・前掲注(2)557頁以下，伊藤・前掲注(5)明治大学法科大学院論集3号265頁以下参照。

(42) Dernburg, Pandekten, BdI, 3Aufl. 1892. §117 (S.274Anm. 9); Vgl. Beuthien, a.a.O. (Fn. 13), S. 3Anm. 4.

(43) Vgl. Beuthien, a.a.O. (Fn. 13), S. 3Anm. 4; Bork, a.a.O. (Fn. 21), Rn. 1296. ボルクは，法定代理の場合，本人はまったく行為していないと指摘する。その他の批判については，前掲注(41)引用の諸文献参照。

(44) ボルクは，ミッタイス等が主張する，「代理人と本人とが共同して法律行為を行う」という理論はBGBの立法手続（Gesetzgebungsverfahren）で，明らかに拒まれた理論である旨，述べている。Vgl. Bork, a.a.O. (Fn. 21), Rn. 1296Anm. 7. ボルクは，Mugdan I, 738ff. ほかを参照する。

(45) Müller-Freienfels, a.a.O. (Fn. 7). ミュラー・フライエンフェルス説については，浜上則雄「代理理論における本人行為説と代理人行為説について(2)完」阪法28号48頁以下（1958年），遠田・前掲注(5)『代理理論の基礎的研究』11頁以下，高橋・前掲注(5)75頁以下，伊藤・前掲注(5)『任意代理基礎理論』44頁以下，遠田・前掲注(5)『代理法理論の研究』70頁以下，佐久間・前掲注(5)岡法39巻4号153頁以下，前田泰「ミュラー・フライエンフェルスの法定代理論」徳島大学社会科学研究第7号195頁以下（1994年），伊藤・前掲注(5)駿河台21巻2号150頁以下等により，すでに詳細に紹介，検討がなされている。ミュラー・フライエンフェルス説の詳細については，これらの先行業績を参照。

(46) 伊藤・前掲注(5)駿河台21巻2号43頁。Vgl. Müller-Freienfels, a.a.O. (Fn. 7), S. 1ff. ミュラー・フライエンフェルスの問題意識について，さらに，佐久間・前掲注(5)岡法39巻4号153頁以下参照。

理権授与行為と授与された任意代理権に基づいて締結された代理行為との間の分離を克服し，両者を統一的な要件の要素として理解することを欲する。それ自体，法律行為である代理権授与と，それ自体は法律行為でない代理人の行為とが一緒になって1つの法律行為を形成する。代理の法律要件は，代理権授与と代理人の行為とからなる統一要件（Gesamttatbestand）である。代理権授与は，それ自体法律行為であると同時に代理権授与と代理人の行為とからなる法律行為の法律要件構成事実（Tatbestandteil）をも構成する」[47]というものである。

ミュラー・フライエンフェルス説は，166条に関して，「代理人の助力を得て締結された法律行為の評価に関して，代理人の知らざること（Unkenntnis）もしくは認識（Kenntnis），善意（Gutgläbigkit）もしくは悪意（Schlechtgläubigkeit）が重要であるか，または，本人のそれらが重要であるか，または，それどころか，両者（beider）のそれらが重要であるか否かという問題」に関して，当時の多数説が代理人行為説に基づいて答えられるべきであるとしているのに対して[48]，この問題は，論理の問題ではなく，合目的性の問題であるとして，「任意代理権は全体的な構成要件の要素であるのか否かという体系的な問題についての立場から推定されるのでなく，また，その他の理論又は大前提（Obersätzen）から論理的な包摂において「結論として出される」のではなく，様々な関与している利害関係の考慮において，その都度，個々の法律的な規定の意義及び目的に従って決定されなければならない」[49]旨の見解を示している。

また，法律行為の概念は，通常行われている説明では，代理人が「法律行為」を締結すると誤解されている[50]ことを指摘する。そして，「法律行為」を代理権授与行為と代理行為とが共同して形成しうるのであり，代理人の行為そ

---

(47) Vgl. Müller-Freienfels, a.a.O. (Fn. 7), S. 202ff. ミュラー・フライエンフェルス説の概要については，Vgl. Staudinger/Schilken, a.a.O. (Fn. 2), Vorbem zu §§ 164ffRn. 32.
(48) ミュラー・フライエンフェルスは，当時の多数説として，代理人行為説に立つ，Staudinger-Riezler; v. Tuhr, Der Allgemeine Teil des Deutschen Bürgerlichen Rechts, II, 2 § 84IV (S. 351). の各説などを特に検討している。Vgl. Müller-Freienfels, a.a.O. (Fn. 7), S.390ff.
(49) Müller-Freienfels, a.a.O. (Fn. 7), S. 392 . Vgl. Beuthien, a.a.O. (Fn. 13), S. 12Anm. 34. ミュラー・フライエンフェルス説の166条の具体的な解釈論については，遠田・前掲注(5)『代理法理論の研究』144頁以下参照。
(50) ミュラー・フライエンフェルスは，その例として，Palandt, Bürgerliches gesetzbuch, Einf. V. §164; Lehmann, Allgem. Teil, 7. Aufl., 1952, § 36 I 4 (S. 279) 等を挙げている。Vgl. Müller-Freienfels, a.a.O. (Fn. 7), S. 210Anm. 80.

れ自体は法律行為ではない旨，述べている。その理由として，「『法律行為』の普遍妥当な概念には，当然・自己実行（Selbstvornahme）が必要だからである。法律行為は社会的な自己決定の理念に資する。利害関係人は自己のイニシアティヴと形成により自由にその法律関係を規律するべきである。法律行為の適用領域はそれ故，私法の適用領域と重なり，それは，『私的な自己活動による法律関係の自己決定の思想』により支配される。自己選択と自己決定のこの理念と法律行為は運命を共にする。；なぜなら，法律行為的な秩序の意義は個人に，その範囲内において自ら，自己の責任のもとで，それが彼に関係する限度で，社会的な生活を処理することをアピールすることにあるからである。……他人が私の法律関係を規律する場合，これは，まさに，法律行為により行われえない。なぜなら，法律行為は，その相互の法律関係に関する法的仲間（Rechtsgenossen）の任意の自己決定の法的承認を意味するからである。そこで，代理人の行為それ自体は，自己決定の行為でないので，法律行為としてみなされえない」[51]。

　おおむね，以上のように述べ，法律行為の概念には，自己実行が必要であるので，代理人の行為は法律行為でないことを論証している[52]。

　ミュラー・フライエンフェルス説に対しては，「代理人行為主義（Repräsentationsprinzip）から，代理権授与行為と授与された任意代理権に基づいて締結された代理行為との明確な分離が導かれ，法律行為的な代理は代理権の授与の際の本人の自己決定により正当化され，……法律行為の概念に必ずしも自己実行（Selbstvornahme）は必要でない」[53]旨の指摘がなされ，またミュ

---

(51) Müller-Freienfels, a.a.O. (Fn. 7), S. 211. 浜上・前掲注(45)53頁，遠田・前掲注(5)『代理法理論の研究』73頁以下，佐久間・前掲注(5)岡法39巻4号163頁，伊藤・前掲注(5)駿河台21巻2号47頁以下参照。

(52) ミュラー・フライエンフェルスは，代理権授与行為と授与された任意代理権に基づいて締結された代理行為との間の分離を克服し，両者を統一要件（ein einheitlicher Gesammttatbestand）の要素として理解するが，この点において，一定の修正を伴い，ジーベンハール（Siebenhaar）とティエレが従うとされる（Vgl. Staudinger/Schilken, a.a.O. (Fn. 2), Vorbem zu §§164ffRn. 32)。ジーベンハール説（AcP162 (1962), 354ff.）については，高橋三知雄「代理と私的自治」阪法72＝73号275頁以下（1970年）参照。ティエレ説（Tiele, Die Zustimmung in der Lehre von Rechtsgeschäft, 1966, S. 56ff u246ff.）については，高橋・前掲注(5)95頁以下，伊藤・前掲注(5)明治大学法科大学院論集4号227頁以下参照。

(53) Münchener Kommentar/Schramm, a.a.O. (Fn. 11), Vor §164Rn. 68.

ラー・フライエンフェルス説が正しい場合,「第三者との行為に関して規定された形式は,167条2項に反して,任意代理権授与にも適用されなければならないであろう。；その場合,形式を整えられた任意代理権のみ形式が必要な行為をする資格を与えるであろう」[54]という批判等が加えられる。

5 フルーメ（Flume）説

フルーメ説は,ミュラー・フライエンフェルスの問題意識,すなわち,代理と私的自治との調和を正当であると評価している[55]。代理と私的自治との関係につき,法律行為的行為と法律行為的行為の結果としての法律行為の規律との分離[56]を前提として,「私的自治の原則によれば,個人は,法律関係を形成するところの規範（Regelung）を自己決定において設定する。法秩序が一般的に代理を認めているのは,何が法的に妥当すべきかを自分のために決定することを自己決定に基づき他人に許容することを意味する」[57]旨の見解を示す。このように,フルーメ説は,法律行為的な代理は,代理権授与の際の本人の自己決定により正当と認められるとする[58]。そのうえで,フルーメは,「……代理人は代理行為の際には法律行為的に行為をする者（der rechtgeschäftlich Handelnde）であり,または受動代理の場合には行為を受ける者である。この行為の結果としての法律行為は,しかし,本人の規律である。なぜならば,代理人は本人のために行為をし,それについて権限を与えられているからである。

---

(54) Vgl. RGRK/Steffen, a.a.O. (Fn. 37), vor §164Rz. 6. この批判に関して,浜上・前掲注(45)64頁以下参照。

(55) Vgl. Flume, a.a.O. (Fn. 1), §43 3 (S. 753) Amn. 12. フルーメ説については,すでに詳細に紹介・検討がなされている。詳細については,高橋・前掲注(5)87頁以下,佐久間・前掲注(5)岡法39巻4号167頁以下,伊藤・前掲注(5)明治大学法科大学院論集4号212頁以下,奥田昌道「奥田昌道先生に聞く(2)――恩師,民法学,スポーツ」法時82巻11号68頁以下(2010年)他参照。また,フルーメが,意思の代理を排除することについて,本稿Ⅱ6(3)参照。

(56) Vgl. Flume, a.a.O. (Fn. 1), §6 (S. 78ff). このフルーメによる区別にシルケンは賛意を表する。Vgl. Staudinger/Schilken, a.a.O. (Fn. 2), Vorbem zu §§164ff Rn. 32. フルーメの法律行為論については,高橋三知雄「Flumeの法律行為論」関法16巻4～6号435頁以下(1966年),山下末人「フルーメの法律行為論」関学44巻2号1頁以下(1993年)ほか参照。

(57) Flume, a.a.O. (Fn. 1), §43 3 (S. 753f). 訳は,高橋・前掲注(5)87頁,伊藤・前掲注(5)明治大学法科大学院論集4号212頁参照。フルーメ同旨の説として,Vgl. Soergel/Leptien, a.a.O. (Fn. 11), Vor §164Rn. 12.

(58) Vgl. Staudinger/Schilken, a.a.O. (Fn. 2), Vorbem zu §§164ffRn. 32.

例えば，代理人が他人の名で代理権をもって売買契約を締結した場合，代理人はなるほど法律行為的に行為をする者である。法律行為的行為の結果としての売買契約は，規律として，代理人のものではなくて，本人のものである。買手または売手は本人であって代理人ではないのである。……理由書[59]は代理（Stellvertretung）を『意思における代理』（Vertretung im Willen）と理解していた。そして，今日でも学説・判例において，なお，しばしば『意思における代理』ということが論じられる。このことは19世紀の意思理論と関連している。『意思における代理』は，けれども奇跡信仰（Mystizismus）である。代理は『意思における代理』ではなくて，法律行為の実行の際の代理（Vertretung beim Vollzug eines Rechtsgeschäfts）なのである。代理人は法律行為を実行する。すなわち，代理人は自己の人格において法律行為の要件を実現し，例えば，契約を締結する。締結された要件としての法律行為は，けれども本人の規律であり，代理人の規律ではない」[60]という見解を示す。フルーメ説は，後述のごとく（Ⅱ6(3)参照），ボイティーン説により，意思の代理を避けるものであると批判されている。

6　ボイティーン（Beuthien）説

ボイティーンのBGBの代理に関する1999年の論文[61]は，サヴィニーの本人行為説を復活させようとするものであると評される。ボイティーンは，Staudinger, Münchenerなどの有力なコンメンタール，教科書等で引用されており[62]，近時のドイツ代理法に与える影響を無視できない有力な見解であると

---

(59)　フルーメはMot.I 223 (Mugdan I, 475) を引用する。

(60)　Flume, a.a.O. (Fn. 1) §43 3 (S. 753f). 訳は，佐久間・前掲注(5)岡法39巻4号168頁以下参照。フルーメが，「意思における代理」を奇跡信仰（Mystizismus）であるということの意味について，例えば，Rosenberg, Stellvertretung im Prozess, 1908（フルーメはこの書を§43 4 (S. 756) Anm. 19で引用する）の210頁にある，「……意思における代理の可能性は否定されることが欲された。なぜなら，意思は内心の，心理的な事象であり，それを他人が我々のために行う（vornehmen）ことはできないからである……」という記述が参考になろう。ただし，ローゼンベルク（Rosenberg）は，この考慮は，あまりにも言葉の文字どおりの理解に基づくと評している。意思の代理について，佐久間・前掲注(5)岡法39巻4号198頁以下参照。

(61)　Beuthien, a.a.O. (Fn. 13), S. 1ff.

(62)　わけても，StaudingerコンメンタールOではーは，多くの箇所で引用されている。Vgl. Staudinger/Schilken, a.a.O. (Fn. 2), Vorbem zu §§164ffRn. 11, 15, 32, §166Rn. 1, 17, 27.

第 1 章　代理の法的構成論

解されるので以下で概観する。

　(1)　ボイティーンは，本人行為説と代理人行為説との間の歴史的な争いについて，「……19 世紀において支配的であった意思理論によれば，法律行為的意思表示は，意思表示をした者が，基礎となる効果意思をみずから形成した場合，そして，それを理由として，意思表示をした者の利益・不利益にのみ効力を生じた。この個人的な意思理論（Willensdogma）と，ある者が，何かを他者のために意図しうるということは両立しないように思われた。けれども，代理は分業経済においてすでに当時避けられなかったので，概念的に不可能であると評価された，意思における代理（Stellvertretung im Willen）を回避することが必要であった」……「従って，表示における代理（Stellvertretung in der Erklärung）が存在するが，意思における代理（Stellvertretung im Willen）がないという観念が，両方の理論（本人行為説と代理人行為説）の後ろに控えている。それゆえ，両者は意思における代理を除外することを試みる。意思と表示のこの分離はフルーメの法律行為論の変化された形式において生き残っている」[63]と述べる。

　(2)　ボイティーンは，164 条 1 項 1 文（「代理人がその権限内において本人の名においてした意思表示は，本人の利益及び不利益において，直接に本人に対してその効力を生ずる」）は，本人行為説の思考アプローチ（Derkansatz）と調和するとして，「本人（Vertretenen）は法的取引において，自ら，何かを代理人を用いて述べた。代理人の意思の表明（Willensäuerung）は，彼に，法的に全体として自分自身の意思表示として帰属させられる。それ故に，自分自身の意思表示を自ら述べるか，または，代理人により述べさせることができる」[64]という見解を示す。そして，「代理は，代理人の第三者に効力を及ぼす他人の行為ではなく，代理人という表示助力者（Erklärungshilfe）を用いた本人の間接的な自分自身の行為である」[65]旨，述べている。

　この見解（Sichtweise）では，「なるほど，代理人が，効果意思（Geschäftswill）を形成し，意思表示の内容を具体化し，それを述べるが，代理人は，自分自身の意思表示を形成し，述べるのではなく，法的に他人の意思表示（を形成し，述べる）」[66]という。

---

(63)　Beuthien, a.a.O. (Fn. 13), S. 2f.
(64)　Beuthien, a.a.O. (Fn. 13), S. 5.
(65)　Beuthien, a.a.O. (Fn. 13), S. 6.
(66)　Beuthien, a.a.O. (Fn. 13), S. 6.

そして，164条1項1文は次のように理解されるべきであるという。すなわち，「代理人により述べられた意思表示は，彼が権限があり（befugtermaßen），他人の名においてそれを述べるゆえに，法的には，初めから，本人の意思表示であると。……」[67]。

(3) さらに，ボイティーンは，フルーメが，前述のごとく，「『意思における代理（Stellvertretung im Willen）』は，奇跡信仰（Mystizismus）である。代理は『意思における代理』ではなくて，法律行為の実行の際の代理なのである。……代理人は法律行為を実行する。すなわち，代理人は彼の人格において法律行為の要件を実現し，例えば，契約を締結する。締結された要件としての法律行為は，けれども本人の規律であり，代理人の規律ではない」[68]旨述べ，意思の代理を避けていることを批判しつつ，自説を述べている。すなわち，おおむね，「本人に法的に意思表示が全体として帰属させられるべきである。それゆえ，代理法上，意思も表示も帰せしめられなければならない。……まさに，法律行為的に行為をする者，つまり，意思表示を述べ，本人を法律行為締結の際に，代理する者が代理人である場合，代理人により述べられた意思は，規律（Regelung）として本人に帰属されるべき法律行為へと入り込む。それゆえ，このようにして，意思における代理を避けることができると信ずることは誤った推論（Trugschluß）である」[69]と述べる。

(4) 本人行為説は，代理と使者とを同一視し，両者の区別をしない点が批判されることはすでにみた（Ⅱ1参照）が，この点に関し，ボイティーン説は，どのような見解であろうか。彼は，おおむね，「……代理人と使者とは明白に異なる機能を果たす。代理人は意思表示を実質的に本人のために形成する。；彼はその表示の助力者（Erklärungshelfer）である。これに対して，使者は行為主体（Geschäftsherrn）をただ完成した意思表示の伝達の際に支援する。；彼はただその到達補助者（Zugangshelfer）にすぎない。代理と使者とはつまり，明らかに，それぞれに果たされるべき任務から境界付けられる」[70]という見解を示し，使者と代理とを区別する。

(5) 166条に関して，「BGB166条1項と166条2項とは，決して原則——例

---

(67) Beuthien, a.a.O. (Fn. 13), S. 6.
(68) Flume, a.a.O. (Fn. 1) §43 4. 本稿Ⅱ5参照。
(69) Beuthien, a.a.O. (Fn. 13), S. 8.
(70) Beuthien, a.a.O. (Fn. 13), S. 10.

外関係に互いに立つのではなく，166条は3つの規定を含む（1項ケース1・1項ケース2・2項）。これらは，実質的に異なる規律対象と関連し，全部，代理人行為説の『論理的な帰結』であることは証明されない。評価されるべき利害関係という周囲の状況に基づいて，さらに，代理人行為主義（Repräsentationsprinzip）なしで説明されうる」[71]旨述べる。

(a) まず，166条2項の本人の知りたることまたは知るべかりしことについて，悪意（Bösgläubigkeit）の本人が善意の代理人を派遣し，分業による代理から濫用的に利益を引き出すことを防止することが規律目的である旨，述べており，そして，代理人に対する本人の指図の後ろ盾になっている本人の不誠実性が問題であり，本人が詳細な指図を与えなかった場合にも166条2項は準用されるべきであるとする[72]。ボイティーンは，代理人行為主義（Repräsentationsprinzip）は，それが本人の不誠実を締め出すことが重要である限りで役に立たず，その限りでは，本人行為説の思考アプローチが優れている旨，述べる[73]。

(b) 次に，代理人の知りたることまたは知りうべかりしこと（166条1項ケース2）について，おおむね，「代理人が知り又は知らなければならないことを行為主体（Geschäftsherr）もまた，自分自身の知りたること又は自分自身の過失により知るべかりしこととして帰責されなければならない。知りたることの帰責規範として，166条1項ケース2は，その限りでは278条1文と等しい。代理人の悪意（Bösgläubigkeit）は，法定代理人又は履行補助者の過失が債務者の自分自身の過失として妥当するのと同様に，本人に自分自身の悪意（Unredlichkeit）として帰せられる。その際，278条1文は166条1項ケース2と同じ帰責根拠に基づく。それぞれの場合で，業務執行者（der Geschäftsführer）は分業の経済の利益を享受するだけではなく，それと結びつく危険をも負担すべきである。……」[74]旨，述べる。そして，ボイティーンは，166条1項ケース2も本人行為説の思考アプローチから説明され得，代理人行為主義

---

[71] Beuthien, a.a.O. (Fn. 13), S. 12. 代理人行為主義については，前掲注(34)参照。
[72] Beuthien, a.a.O. (Fn. 13), S. 13, 15, 22.
[73] Beuthien, a.a.O. (Fn. 13), S. 15.
[74] Beuthien, a.a.O. (Fn. 13), S. 15f. 278条は履行補助者の過失に関する条文であり，「債務者は，法定代理人及び義務の履行のために使用する者の過失について，自己の過失と同一の範囲において責任を負う。……」と規定する（椿寿夫＝右近健男『ドイツ債権法総論』135頁〔日本評論社，1988年〕）参照。

(Repräsentationsprinzip) はその限りで必要ない旨述べる[75]。

(c) そして，代理人の意思の瑕疵（166条1項ケース1）について，おおむね，次のように述べる。すなわち，「ここでは，本人をありうる法的な代理の不利益から守ることが問題であり，166条2項，166条1項ケース2と同じく，166条1項ケース1は，分業的に経済活動に従事する本人を彼自身が行為した場合と同じ状態にするべきであり，その場合には，彼は自ら相手方（Dritten）により詐欺され，又は強迫されたであろう（123条1項）。さらに，彼が表示行為において間違い（119条1項ケース2），彼の表示の意味において判断を誤まり（119条1項ケース1），または，人又は物の取引において本質的な性質に関し，錯誤したであろう（119条2項）という危険（Gefahr）が成立したであろう。それ故，彼に代理人の介入が取消法上，何等不利益をもたらさないべきである」[76]と。そして，166条1項ケース1の法効果は，すでに164条1項1文の帰属効果（Zuordnungswirkung）から結論として出てくるものであり，166条1項ケース1は，164条1項1文に対して明らかにする機能のみを有する旨，述べる[77]。

(6) ボイティーンはヨーロッパ各国法との比較法的検討をした後，帰結として，①代理は第三者効のある代理人の他人の行為ではなく，代理人という表示助力者（Erklärungshilfe）を用いた，本人の間接的な自己行為である。代理人は，本人の表示の仲介者（Erklärungsmittler）である。このようなものとして，彼は自分自身のではなく，他人の（他人効のあるではない）意思表示を述べる。表示をする者は，法的意味において行為主体（Geschäftsherr）としての本人（der Vertretene）である。②代理人により述べられた意思表示は本人に全体として，すなわち，すべてのその構成要素において責任に帰せられるべきである。それ故，あらゆる代理（Stellvetretung）は意思における本人の代理（die Vertretung des Geschäftsherrn im Willen）を含む。③意思における代理（die Stellvertretung im Willen）を避けるすべての思考上の探求は，不必要で無益である。これはフルーメの法律行為論にも妥当する。④164条1項1文も166条も代理人行為説なしに説明されうる」[78]等と自説をまとめる。

---

(75) Beuthien, a.a.O. (Fn. 13), S. 16.
(76) Beuthien, a.a.O. (Fn. 13), S. 16.
(77) Beuthien, a.a.O. (Fn. 13), S. 16f.
(78) Beuthien, a.a.O. (Fn. 13), S. 23.

(7) 以上のように，ボイティーン説は，代理の法的構成との関係で大きく扱っているのは，意思における代理を含むか否かという問題と 166 条の代理行為の瑕疵の問題である。以上に概観したほか，ボイティーン説は，授権との関係（S. 9），国法上の代表との差異（S. 10f），代理人の行為能力の問題（S. 17f）等について項目立てをし，立場を示している。ボイティーンは，代理をめぐる幅広い論点を代理の法的構成との関係で検討する姿勢を示す。

ボイティーン説に対する批判としては，彼の 164 条の理解と意思の代理を肯定することに向けられている[79]。

Ⅲ　おわりに

BGB 起草者は代理人行為説に従ったとされ（Ⅱ 2 参照），共同行為説は法定代理を説明することが不可能である理論であるとされる（Ⅱ 3 参照）。ミュラー・フライエンフェルス説は，自己決定，法律行為と代理とが相容れるのかという問題意識の下，共同行為説にならって代理人行為説の分離主義を克服し，代理の法律要件は代理権授与行為と代理行為とからなる統一要件であるとした（Ⅱ 4 参照）。ミュラー・フライエンフェルスの問題意識は，フルーメをはじめ，現今の代理の法的構成論に大きな影響を与えていると評される。近時のボイティーンの民法における代理論に関する 1999 年の論文は，サヴィニーの本人行為説（Ⅱ 1 参照）を復活させようとするものであると評され，代理人行為説によらずに，164 条 1 項 1 文・166 条を説明する。また，ボイティーン説は，意思における代理を含むべきであるとし，意思における代理を避けるフルーメ説を批判する（Ⅱ 6 参照）。ボイティーン説は，シュタウディンガー・コンメンタールの著者であるシルケン説により批判的にではあるが多くの箇所で引用され，ドイツ代理法に影響を与えつつあるといえよう。

ところで，冒頭に挙げたようにフルーメによれば 19 世紀ドイツ法学において意思理論との関係で代理の法的構成の議論が存在したが，フルーメは，ミュラー・フライエンフェルスに賛意を表しながら，この問題設定は，「代理が認められてからも変わらず必要であり，私的自治の原理に基づく法秩序における代理の本質というものはどのようなものであるのかということが重要であ

---

(79) Vgl. Shilken, a.a.O. (Fn. 2), Vorbem zu §§ 164ffRn. 32 (S. 18).

る」[80]旨，述べている。そしてBGBに関する現今の代表的なコンメンタールであるシュタウディンガー・コンメンタールの著者のシルケンおよびミュンヘナー・コンメンタールの著者のシュラムが，19世紀における問題設定を現代においても維持するフルーメ説に影響を受け[81]，代理権授与の際の本人の自己決定により法律行為的な代理は正当化されると言及する[82]。

以上のような，ドイツにおける代理の法的構成論の概観から，ドイツにおいては，現代においても，自己決定，私的自治の原理，意思理論，法律行為論との関係で代理の法的構成が論じられることの重要性が着実に浸透しつつある段階にあるということができよう。

以上の概観からわが国代理法への若干の示唆を得るとすれば，わが国においても，代理人の意思表示の効果が本人と相手方との間で帰属することを自己決定，私的自治の原理，意思理論，法律行為論との関係でどのように説明するかにより，わが民法の代理の冒頭規定である99条，代理行為の瑕疵に関する101条の説明が変わってくる可能性がある。さらに，代理取引における相手方保護法理や本人の意思に反する代理行為の効力が問題となる代理権濫用事例など諸問題の解決も変わってこよう。したがって，代理の法的構成論は過去の議論であると捨て去ることはできず，存続価値があり，さらに，広く議論され続けていくことが望ましいといえよう[83]。

(初出：2011年3月)

---

(80) Flume, a.a.O. (Fn. 1), §43 3 (S. 753).
(81) 前掲注(36)参照。
(82) シルケンおよびシュラムの指摘から，従来の代理人行為説が，代理の法律効果の発生要件に対する代理権授与の意義を正当に位置づけず看過していたことからの変化が看取されよう。従来のドイツにおける代理人行為説について，伊藤・前掲注(5)法論80巻2＝3号37頁以下，わけても65頁参照。
(83) わけても，現在，伊藤進説が，精力的に，代理の法的構成を論じられ，代理を本人・代理人・相手方三当事者の意思表示の等価値的結合からなる，いわゆる「三当事者法律行為」形象とみるべきことを主張されている。伊藤・前掲注(5)引用文献参照。〔補注〕伊藤進博士は，『代理法理の探究——「代理」行動様式の現代的深化のために』（日本評論社，2011）を著わされ，その第4部で，「代理法理についての私見の展開」として「三当事者法律行為」形象の提唱をされている。

第2章　任意代理権発生原因論
——ボアソナード来朝前までを中心に——

I　はじめに

　1　現在，債権法改正に向け様々な研究がなされている。改正の検討の対象は債権法に関する諸制度を中心に多岐にわたる可能性があると思われるが，例えば，「民法（債権法）改正検討委員会」の第2準備会では，代理の基本原則に関する問題が検討され，例えば，任意代理権の発生原因を明文化すべきか，代理権濫用についてすでに判例・学説が確立しているので，それを受けてどうするかなどという問題について検討が行われたことが「民法（債権法）改正検討委員会」のHP上[1]で公開されている。

　また，2008年度の日本私法学会シンポジウムでは，「日本民法典財産法編の改正」と題するシンポジウムが行われ，資料として『日本民法改正試案』が示された。そこでは，現行民法にない，任意代理権の発生に関する規定が設けられている[2]。

　2　任意代理権発生原因に関して，わが国における民法学史上には，まず，明治民法典の編纂時に梅謙次郎が主張した，委任者（本人）と受任者（代理人となる者）との間で締結される委任契約から直接，任意代理権も発生するとす

---

[1]　民法（債権法）改正検討委員会ホームページアドレスは，http://www.shojihomu.or.jp/saikenhou/indexja.html である。本文中の議事については，ホームページで公開されている，全体会議（第3回：2007年7月24日）議事録の第2準備会の審議状況の箇所を参照した。
[2]　第72回日本私法学会シンポジウムを主催した民法改正研究会による代理権の発生に関する条文案は，59条「①代理権は，契約によるほか，本法その他の法律の規定に基づいて発生する。②契約に基づいて代理権を有する者を任意代理人，契約によらず本法その他の法律の規定に基づいて代理権を有する者を法定代理人という。」である。これに関して，学界全体としては「無名契約説」が有力である点を踏まえて，学界の動向に従い，任意代理の場合，契約により代理権が発生するという「無名契約説」をとることを明らかにした旨，解説されている（民法改正研究会／加藤雅信『日本民法改正試案　第1分冊：総則・物権』66頁以下（有斐閣，平20）参照）。

第Ⅰ編　代理権濫用論の前提問題

る任意代理権授与行為[3]の独自性を否定する説[4]がある。それから，任意代理権授与行為の独自性を肯定する説には，単独行為説がある。この説は，第三者に対する意思表示によって他人（代理人となる者）に，代理権を授与することが可能であるとするもので，明治民法典の代理の節の起草担当者であった，富井政章がこの立場で明治民法109条の原案の起草をしていた[5]。更に，委任契約等の内部関係とは別個の無名契約である任意代理権授与契約が本人と代理人との間で締結されていると解する（我妻栄説等が主張する）無名契約説が存在する[6]。

　最近の学説状況を理解する上で重要であると思われるのは，高橋三知雄説のように，ドイツ法を検討したうえで，外部的任意代理権授与をも肯定する説[7]と森島昭夫説に代表されるように，委任契約，雇用契約，請負契約などから直

---

[3]　任意代理権発生原因としての任意代理権授与行為である。任意代理権発生原因の独自性という語が用いられることはあまりない。以下，本稿では，任意代理権発生原因と任意代理権授与行為という両方の語を文脈の中で適宜，使用する。

[4]　梅謙次郎『民法要義巻之一』207頁以下（明29）（復刻叢書法律学篇，信山社，平4）参照。

[5]　明治民法編纂時の法典調査会での議論を見ると，明治民法109条の規定から任意代理権が発生すると代理の節の起草担当者である富井政章は解していたようである。同様に解する委員（田部芳委員，高木豊三委員ほか）も多数派を占めなかったが，存在した（法務大臣官房司法法制調査部監修『日本近代立法資料叢書1　法典調査会　民法議事速記録1』104頁以下，116頁（商事法務研究会，昭58）参照）。また，民法修正案の理由説明（『未定稿本／民法修正案理由書』（広中俊雄編著『民法修正案（前3編）の理由書』162頁以下（有斐閣，昭62）参照）の109条の部分には，「既成法典其他仏法系ニ属スル諸国ノ法典ニハ第三者ニ対スル意思表示ニ依リテ他人ニ代理権ヲ授与スルコトヲ得ル規定アルナシ是レ一ノ欠点ナリト信ス蓋シ吾人カ第三者ニ対シテ或人ニ代理権ヲ授与スル意思ヲ表示シタルトキハ単ニ代理権授与ノ事実ヲ第三者ニ告知シタル場合ト異ナリ之ニ依リテ代理権授与ノ結果ヲ生セシメントスル意思ヲ有スルモノト言ハサル可カラス此場合ニ於テハ本人ト代理人トノ間ニ委任契約ノ関係ナキニ係ラス右ノ意思表示ニ付スルニ代理権授与ノ効力ヲ以テスルコト実際ニ於テ極メテ必要ナリトス是レ独逸民法草案ニ倣ヒテ本条ノ規定ヲ設ケタル所以ナリ」という理由説明がなされており，この理由書はこの規定を当時のBGB草案にならって，第三者に対する意思表示による代理権授与に関する規定であるとしていた。

[6]　我妻栄『新訂民法総則』334頁以下（岩波書店，昭40）参照。本文に挙げた諸説の他，近時，伊藤進説は代理権授与行為という概念を用いず，代理許諾意思表示という概念を提示されている。伊藤進説の詳細については，伊藤進「わが国における代理の法的構成論──「三当事者法律行為」形象の提言」法科大学院論集第1号1頁以下参照。

[7]　高橋三知雄「委任と代理」『代理理論の研究』167頁以下所収（有斐閣，昭51）（初出：「委任と代理の関係について」法学論集20巻2号（昭45）参照。

接に代理権が発生するとする任意代理権授与行為独自性否定説に分類される融合契約説[8]との対立が昭和30年代から50年代頃にかけて生じたことであろう。これらの説の対立点は，任意代理権授与行為を本人・代理人間の委任契約などのいわゆる内部的関係から独立して観念する概念上の必要性，実質上の必要性があるか否かという点に求められると思われる。

最近の学説の状況を概観すると，任意代理権授与行為独自性否定説が有力であり[9]，更に，任意代理権発生原因論に意味がないという説も有力である[10]。

3　本稿は，現在，任意代理権発生原因の明文化[11]の検討が行われていることに鑑み，明文の規定を設ける必要があるのか，もし明文の規定を設けるとすればどのような規定であるべきかということを先ずは，わが国の学史的検討をなすことにより探ることを目的とする。

その際，現在まで諸学説等はどのような事案を念頭にどのような論拠でそれぞれの任意代理権発生原因論を主張してきたのか，わけても，任意代理権授与行為の独自性を否定する説の根拠，肯定する説の根拠などを歴史的に辿り，検討することは有益であろう。

――――――――――

(8)　森島昭夫「委任と代理」契約法大系刊行委員会編『契約法大系Ⅳ（雇傭・請負・委任）』297頁以下（有斐閣，昭38），同「代理権授与行為の性質」『別冊ジュリスト続学説展望』64頁以下（昭40）参照。なお，融合契約説という呼称は，幾代通説が便宜上，つけたものである（幾代通『民法総則』323頁（青林書院，第2版，昭59）参照）。

(9)　近時，公刊された教科書・体系書等のうち，代理権授与行為独自性否定説をとると解される説として，幾代・前掲注(8)327頁，佐久間毅『代理取引の保護法理』44頁（有斐閣，平13），四宮和夫＝能見義久『民法総則』308頁（弘文堂，第6版，平14），加藤雅信『新民法大系Ⅰ』296頁以下（有斐閣，第2版，平17），平野裕之『民法総則』323頁（日本評論社，平15），河上正二「民法総則講義37」法セミ618号69頁（平18）他がある。三林宏説は，今後は直接発生説（代理権授与行為独自性否定説）の方へ収斂していくことを予想される（三林宏「委任と代理」椿寿夫＝新美育文編著『解説関連でみる民法Ⅰ』112頁以下（日本評論社，平19）所収参照）。椿寿夫説は「……いまや《直接発生説》の常識に近い簡明さを好む学説が増えてきたと言えそうに思う。もっとも，この立場でもうまく説明しにくい問題は残っている……」と述べられる（椿寿夫『民法総則〔第2版〕』182頁（有斐閣，平19）参照）。

(10)　辻正美『民法総則』284頁（成文堂，平11），内田貴『民法Ⅰ』138頁（東京大学出版会，第4版，平20）参照。

(11)　わが国の民法の第1編総則　第5章　法律行為　第3節　代理の規定中には，任意代理権発生原因の明文の規定が欠けていると通説的には認識されている。任意代理権発生原因であるとされる可能性があるのは，注(5)で述べたごとく，民法109条であるが，中島玉吉の「表見代理論」京都法学会雑誌5巻2号（明43）以降，民法109条は表見代理に関する規定であると通説的には解されている。

第Ⅰ編　代理権濫用論の前提問題

　ところで，最近の有力な学説においては，任意代理権授与行為の独自性を肯定する必要性を認めないものが多いが，これらの学説の多くは，制限能力者に任意代理権が授与された場合に制限能力者が委任契約等を取り消したときに，いかに相手方保護をはかるかという問題を主に念頭に置いているように思われる。しかし，任意代理権発生原因論を検討する際には，高橋三知雄博士が主張されていたように，「代理権の範囲の無因性」の問題にも配慮するべきであろう。すなわち，例えば，代理人が，本人から授与された任意代理権の範囲内で行為をしたが，その実，代理人に背任的意図がある場合には，本人と代理人との間の委任契約などの内部関係から生ずる善管注意義務（644条）などに代理人は故意に反して行為をしているといえよう。このような場合に，代理人の意図的な善管注意義務違反等が代理権の範囲にどのような影響を与えるかという問題である。この問題は任意代理権発生原因論においては無視されえないものであると解される。これに，わが国の諸学説等はどう対応してきたかということにも配慮されなければならない[12]。

---

(12)　代理人が背任的意図をもって行為をしても，このことは，原則として代理権の範囲に影響を与えないという趣旨の判例が現在，最高裁で確立していると解される。このような判例は銀行の支配人が個人として振り出した手形を裏書譲渡し，対価を得て私消したという事案においてであるが，既に大審院時代に存在していた（大判明38年6月10日民録11輯919頁参照。同趣旨の最高裁の判例として，最判昭38年9月5日民集17巻8号909頁，最判昭42年4月20日民集21巻3号697頁他多数。商法上の代表権，支配権などの事例が多い。最近，親権者の代理権濫用の事例で商法上の代理権，代表権の事例より本人保護に厳しい立場をとったと解されうる最高裁の判例も出た。最判平4年12月10日民集46巻9号2727頁参照。この判例の研究として，福永礼治「代理の類型と代理権濫用についての覚書──最高裁平成4年12月10日判決を契機として──」品川孝次先生古稀記念『民法解釈学の展望』71頁以下（信山社，平14）参照）。これらの判例を委任契約説の立場では説明しにくいのではないかという趣旨の主張をボアソナード来朝期（明治元～6年），ボアソナード時代（明治6～28年）明治民法典成立の前後期（明治28～43年）について，拙稿「わが国における代理権の範囲の無因性に関する一考察──明治民法典の成立の前後期までを中心として──」下関45巻1号11-20頁（平13）参照）で試みた。本稿は，このような問題にも配慮する（代理権の範囲の無因性・代理権濫用の問題以外に，代理権授与行為の独自性肯定説の実益を示すものとして，半田吉信『民法コンメンタール　総則3』468頁以下〔川井健ほか編〕（ぎょうせい，平元）参照）。しかし，本文で述べたように，任意代理権発生原因論がどのような事案が念頭に置かれ，どのような根拠で議論がなされてきたかを客観的に把握することにむしろ重点を置く。なお，代理権の無因性に関する最近の論文として，林幸司「代理の研究──法律行為研究会《連載⑮》わが国における代理の無因性または抽象性」法時79巻9号71頁以下参照。また，大判明38年6月10日と同趣旨の諸判例を「代理の無因

現在に至る諸学説等は、いずれも代理に関する、各々の時点での民法の規定の解釈論を中心とするものであるが、その中にあって、法理論、立法論に言及する説もあり(13)、任意代理権発生原因の明文化が検討されている現在においては得るものがあるのではないかとも考えている。

4　学史的検討をする際には、時代区分が問題となるが、一般的な時代区分としては、第1期：ボアソナード来朝前（明治元～6年）、第2期：ボアソナード時代（明治6～28年）、第3期：明治民法成立の前後期（明治28～43年）、第4期：ドイツ的解釈法学全盛期（明治43～大正9）、第5期：第一次大戦後の新思潮期（大正9～昭和20年）、第6期：戦後（昭和20年以降の現在までの時期）という時代区分に依拠したい(14)。

性」という用語で説明することが妥当か否かは、尚、今後の検討課題としたい。この点に関し、遠田新一『代理理論の研究』161頁以下（有斐閣、昭59）参照。
(13)　例えば、明治民法典成立の前後期の学説では、富井政章『民法原論第1巻総論』495-501頁（有斐閣書房、大11）、平沼騏一郎『民法総論』538頁以下（有斐閣書房、明38）、松岡義正『民法論　総則』491頁以下（清水書店、明40）など参照。
(14)　水本浩「序論」水本浩＝平井一雄編『日本民法学史・通史』1頁以下所収（信山社、平9）参照。この時代区分と併せて、本稿のテーマでは、中島玉吉の「表見代理論」（明43）の出現と戦後の森島昭夫「委任と代理」（昭38）の出現が学説史的に見れば、意味を持ちうるのではないかと推測している。すなわち、本稿注(5)で述べたように、明治民法編纂時には、任意代理権発生原因論は、総論的にも論じられたが、逐条的に見ると、明治民法109条の規定をめぐり大いに論じられ、代理の節の起草担当者である富井政章は、当時のBGB草案にならって単独行為説的な立場で明治民法109条を起草し、委任契約説を採る梅謙次郎委員と対立した。明治民法典成立後の学説状況を概観すると、明治民法109条の解釈論としては梅謙次郎説、富井政章説（明治民法成立後、改説した）をはじめとして委任契約説を採るものが多かったが、単独行為説を採る少数説があり、また、富井政章のように解釈論としては委任契約説を採らざるを得ないが、立法政策として単独行為を優れていると評価する者が少なくなかった。しかし、109条を委任契約説的な立場から「表見代理」であるとする中島玉吉の学説が明治44年に出現し、これが通説化すると、109条の規定をめぐる任意代理権発生原因論においては、単独行為による代理権授与の規定であると解釈する説をとることにマイナスの影響を与えたであろうし、ひいては、109条の規定の解釈を離れた一般的な任意代理権授与行為の性質論にも影響を与えたであろうことが推測しうるからである。また、中島玉吉の「表見代理論」の出現後も、例えば末弘厳太郎は、単独行為説を主張したが（中島説の影響は不明であるが）、109条の規定をめぐる議論ではなく、禁治産者による代理権授与行為の取り消しからの相手方保護の問題を念頭において、単独行為説を唱えている（末弘厳太郎「代理権授与行為の性質について」『民法雑記帳〔上〕』182頁以下（日本評論社、昭28）参照）。そして、昭和30年代に代理権授与行為の独自性を否定する森島昭夫「委任と代理」が出現した後は、ドイツ法的な単独行為説あるいは無名契約説は少数説に留まり、

第Ⅰ編　代理権濫用論の前提問題

　ただ，第１期から第６期までのこのテーマに関する著書，論文等は膨大であり，また，紙幅の都合上，本稿は，まずは，ボアソナード来朝（明治６年11月15日）[15]前までを中心に検討の対象とする。この後の時期の学史的検討は他日に期す。

　任意代理権発生原因について盛んに議論されるようになるのは，明治民法典成立の前後期からである。しかしながら，表見代理の解釈論について，それ以前の明治初期の民法草案，太政官布告や指令，民事慣例・商事慣例，明治前期大審院判例等を検討することの重要性を遠田新一説は指摘され，それらにつき詳細な検討を加えられている[16]。任意代理権発生原因論に関する現在までの学史的検討を試みる本稿でも，同様に，明治初期までの代理の慣習，民法の諸草案等の諸資料[17]の概観から検討を始めることはこの後の時期の学史的検討のために必要であるし有意義であろう。

　検討の順序についてであるが，明治初期までの代理の慣習及び代人規則は現

　　　任意代理権授与行為の独自性を否定する説がかなり有力になってきていると思われる。以上のように，任意代理権授与行為独自性否定説がわが国で有力になった原因として以上の２論文の影響が大きいのではないかと現時点では推測している。詳細な検討は別稿にゆずる。

(15)　大久保泰甫「ボワソナド」潮見俊隆＝利谷信義編著『日本の法学者』所収36頁以下（日本評論社，昭49）参照。なお，本稿ではボアソナード来朝後の明治11年民法草案も検討の対象とする。その理由は本稿Ⅱ４で述べる。

(16)　遠田新一説は，表見代理の解釈論についてであるが，「……従来の諸学説が右の解釈論を展開する場合，現行法の草案理由の法命題にのみ立法者の意思を認めようとし，不明な点は，せいぜい旧民法の関係条文を引用する程度で，すぐ，外国の判例や学説に依拠し勝である。外国法の固有のファンクション（機能）を紹介することもさることながら，日本法については，先ず，明治初期の民法草案に立ち還り，当時の太政官布告や指令，さらに，当時の社会的基盤としての民事慣例や商事慣例を検討し，これらを背景とする条理裁判として集積した明治前期大審院判例における代理をめぐる問題状況等を明らかにすることの方が，旧民法の規定およびその起草者であるボアソナードの見解を理解する一助になることはもちろん，現行民法草案理由の法社会的背景，ひいては，立法者の意思の不明瞭な妥協点を具体的に理解するために必要なことと思われる。」と述べられる（遠田新一『代理理論の基礎的研究』185頁-186頁（広島大学政経学部政治経済研究所，昭51）参照）。

(17)　加えて，遠田説が指摘されるように，明治前期の判例の検討も必要である。『明治前期大審院民事判決録』は，明治８年頃からの判例を所収している。また，国際日本文化研究センターが，明治前期の民事判決原本をデータベース化している（林家礼二＝石井紫郎＝青山善充編『明治前期の法と裁判』11頁（信山社，平15）参照）。今回，それらの検討をなすことはできなかった。他日に期したい。

実にわが国の社会で適用をみた規範であり、皇国民法仮規則及び明治11年民法草案はそうではないということで、前2者を優先的に検討するという手法も考えられるが、本稿では、現実に適用をみたか否かには留意しつつも形式的に、出現順に検討することにする[18]。

以下、本稿では、「任意代理権」の発生原因に検討の対象を限定し、法定代理権の発生については原則として念頭に置かないので、代理という用語[19]は原則として任意代理を指すことにする。

II ボアソナード来朝前の民法学史的検討

明治6年11月にボアソナードが来朝した頃までの[20]代理の慣習、皇国民法仮規則、代人規則、明治11年民法草案等の任意代理権発生原因に関係する部分を概観すると以下のとおりである。

1 明治初期までの代理の慣習[21]

(ア) 民事においては、代理は「名代」と呼ばれるのが、慣習であったようであり、頻繁には行なわれず稀に行われたとされる[22]。これに関する明治初期の慣習[23]としては、次のようなものが見られる。すなわち、「名代人ハ組合又ハ

---

(18) 明治初期までの代理の慣習の検討は、本稿注(23)、(24)にも述べるが、『全国民事慣例類集』(明治13年刊)、『商事慣例類集』(明治17年刊)に依拠した。特に後者は、明治14年以降の調査に基づくものである。しかし、後者で取り扱われた慣習は、明治以前より一般に行われた商業慣習であるという改題が付されており、その内容は、明治5年完成の皇国民法仮規則よりも古いともいえるので、最初に取り上げることにする。
(19) 任意代理と法定代理との区別に関し、学説が分かれているが(我妻・前掲注(6)330頁以下参照)、本稿では、本人の意思で選ばれるのが任意代理で、それ以外のものを法定代理であるという区別に従う(椿・前掲注(9)154頁参照)。
(20) 水本＝平井編・前掲注(14)3頁参照。
(21) 明治初期における名代に関する慣習について、長尾治助『表見代理論序説』157頁以下(成文堂、昭46)、明治初期における代理の慣行と表見代理について、遠田・前掲注(16)209頁以下参照。
(22) 長尾・前掲注(21)157頁参照。
(23) 司法省蔵版『全国民事慣例類集』(明治13年7月印行)参照。本稿では、法務大臣官房司法法制調査部監修の復刻版(商事法務研究会、平元)487-493頁に依拠した。『全国民事慣例類集』の目次を見ても、「名代」というのは、見当たらない。「第3篇 契約 第2章 義務ノ証 第2款 証人受人ノ権利義務」が、名代に関する部分であると思われる(長尾・前掲注(21)157頁参照)。

第Ⅰ編　代理権濫用論の前提問題

親類ノ内ヲ以テスト言ヘトモ稀ニハ他人ニ依托スルコトモアリ其事務ノ重キハ契約証書ヲ取替セ其旨趣ヲ名主許ヘ届ケ軽キハ口約迄ニテ名主ヘ届出ルコトナシ……」という慣習が東海道に見られる。この慣習によれば，重要な事務の名代については契約証書の「取替セ」と「名主許」への届出が必要であるということになる。

名代人となる者の年齢制限等については，「年齢十五歳以下六十歳以上ノ者ハ名代人トナサル例ナリ名代ハ口上ヲ以テ頼ミ肝煎或ハ官ヘ届クル等ノコトナシ　陸前国遠田郡」というものがあり，名代は「口上ヲ以テ頼」むことにより成立するが，年齢15歳以下60歳以上は名代人となれない旨の慣習が存在した。

(イ)　商事の慣習については，日本各地における商業習慣を当事者，商業団体，及び地方官庁へ諮問した答申書及び直接対談の筆記等を纂集したもので，明治以前より一般に行なわれた商業習慣を一切網羅した『商事慣例類集』[24]が刊行された。そこでは，代理の商事の慣習に関して6つの諮問[25]に対する答申が

　　なお，本稿は，任意代理権の発生原因論をテーマとするので，現在の法定代理に相当すると解される，「第1篇　人事　第9章　後見ノ事」の部分は検討の対象とせず，他日に期す。また，『全国民事慣例類集』等，以下で参照する古い文献を引用する際には旧字体，旧仮名遣いを新字体，新仮名遣いに改めた部分がある。

(24)　本文中に述べた，『商事慣例類集』についての説明は，司法省編纂・慶応大学教授法学博士瀧本誠一校閲『日本商事慣例類集』（白東社，昭7）1頁以下の「日本商事慣例類集解題」を参照した。これによると，『商事慣例類集』は，明治14年に太政官中に商法編纂委員が設けられ，商法取調委員が置かれ，その当時，右委員が法案制定の参考として，各方面へ諮詢して得た答申を整理，分類し，印行したものと思われるとされている。代理の部分について，『商事慣例類集第3編下巻』229-381頁（明治17年4月印行）参照。本稿は，法務大臣官房司法法制調査部監修（商事法務研究会，平2）の復刻版による。なお，『商事慣例類集』は，司法省編纂・慶応大学教授法学博士瀧本誠一校閲の前掲書1043頁以下にも復刻されている。

(25)　6つの諮問とは以下の通りである。すなわち，第1条　商業取引ニ付テノ嘱托ハ別ニ委任状ノ手続ヲ為ササルモ代理セシムルモノト為スコトハナキヤ（『商事慣例類集第3巻下巻』229頁以下参照），第2条　代理人本人ノ為メニ為ス取引ニ付テハ其相手方ニ対スル権利義務ハ代理人本人ノ内孰レカ直接ニ之ヲ有スルヤ　相手方代理人ナルコトヲ知ラスシテ取引ヲ為シタルトキハ本人其相手方ニ対スル権利義務ハ如何（『商事慣例類集第3巻下巻』250頁以下参照），第3条　代理人其権限ヲ踰ヘタル所為アリテ相手方其情ヲ知ラサルトキハ其契約ハ成立スルヤ否ヤ　其契約成立スルナレハ其権限ヲ踰ヘタルカ為メニ本人ノ蒙リタル損失ハ如何之ヲ処置スルヤ（『商事慣例類集第3巻下巻』284頁以下参照），第4条　本人名義ヲ以テ為タル取引ニ付代理者独リ其責任ヲ受ル場合ニ於テ既ニ本人ノ手ニ帰シタル物件アレハ本人ハ其儘之ヲ有スルコトヲ得ルヤ又ハ取戻サ

なされている。以下では，本稿のテーマに即して，これらのうち2つの諮問に対する答申を概観する。

(a) まず，「第2条 代理人本人ノ為メニ為ス取引ニ付テハ其相手方ニ対スル権利義務ハ代理人本人ノ内孰レカ直接ニ之ヲ有スルヤ……」との諮問である(26)。本稿のテーマにより近い諮問である第1条を概観する前提として，第2条を簡単に概観すると以下の通りである。

まず，東京府下の各業種の問屋の答申(27)を見ると，「鰹節問屋答　例ヘ代理人ト雖トモ本人ノ為ニ為スヘキ取引ハ都テ本人ノ義務権利ナルヘシ」，「正開組紙問屋答　相手方ニ対スル権利義務ハ本人直接ニ有ス……」，「蚊張問屋答　代理人本人ノ為メニナス取引ハ権利義務共本人ニアリ……」，「薪炭問屋答　本条代理人本人ノ為メニ為ス取引ニ付テハ其相手方ニ対スル権利義務ハ本人間接ノ姿ナレトモ時宜ニ因リテハ本人直接ニ権利義務ヲ行フコトアルナリ……」など，東京府下の各業種問屋等の答申だけでも，直接代理に関するものともみられうる慣習の存在が看取される(28)。同様の慣習は，東京府下の区域別の答申にもみられる(29)。

他方で，「醤油問屋組合答　一項代理人本人ノ為ニナス取引ニ付直接ノ権利

ルルヤ　其取戻ハ代理人之ヲ為ス可キカ如シト雖トモ或ハ相手方直接ニ之ヲ為スコトナキヤ（『商事慣例類集第3巻下巻』314頁以下参照），第5条　代理ノ委任ハ本人又ハ代理人ノ死亡ニ因テ自ラ終ルモノナルヤ（『商事慣例類集第3巻下巻』342頁以下参照），第6条　代理人随時ニ其委託サレタル事件ヲ他人ニ代理セシムルコトヲ得ルヤ又ハ本人ノ承諾アルトキニ限ルヤ（『商事慣例類集第3巻下巻』362頁以下参照）。本稿では，以上のうち，第1条と第2条を検討する。

(26) 第2条は，注(25)にも挙げたが，「代理人本人ノ為メニ為ス取引ニ付テハ其相手方ニ対スル権利義務ハ代理人本人ノ内孰レカ直接ニ之ヲ有スルヤ　相手方代理人ナルコトヲ知ラスシテ取引ヲシタルトキハ本人其相手方ニ対スル権利義務ハ如何」というものである。遠田新一説は，「右の質問事項は，質問の設定方法が不適当であり，回答としても不適確である」とされる（遠田・前掲注(16)215頁参照）。第2条の諮問は2項に別れ，第2項は，現行民法でいえば，代理人が顕名しない場合（100条参照）に相当する事案を念頭に置いたものであるように解される。本稿では，参考までに，第1項の諮問に対する答申に限定して概観する。

(27) 『商事慣例類集第3巻下巻』250-284頁参照。

(28) 同旨のものとして，陶器問屋答，畳表問屋答等。海手組薪炭問屋答は，代理人を雇人（所謂手代）に限定し，他人に委託して一時代理人とするものでないとした上で，同旨である。

(29) 麹町区，京橋区，浅草区，南足立区，下谷区，赤坂区，麻布区，本郷区（『商事慣例類集第3巻下巻』258-262頁参照）。

第Ⅰ編　代理権濫用論の前提問題

義務ハ代理人ニ在リ……」[30]というものがあり，現在で言う間接代理となる旨の答申も見られる。東京府下の区域別の答申にも同様のものが見られる[31]。

　この他，「呉服屋答　本条権利義務ハ代理人即チ総理ナレハ代理人若クハ部理代人ナルトキハ本人ヘ対シテ直接ス……」として，代理人の種類により分けて扱う旨の答申もある。

　更に，「砂糖問屋答　代理人本人ノ為メニ為ス取引ハ相手方ノ信用スル處ニ因テ権利義務トモニ有スルモノナレハ何レニアリト定メ難シ……」，「米穀三業組合答　其時々適宜ノ示談ヲ以テスルコトナレハ一定ノ慣習ト認ムヘキナシ」[32]と言う答申もある。

　そして東京府下以外の全国の答申[33]を見ると，結論として，本人に帰属する旨の答申[34]，代理人に帰属するとの答申[35]，その他の趣旨のものなど存在する[36]。

---

(30)　『商事慣例類集第3巻下巻』251頁参照。同旨のものとして，薬種問屋答，己卯組紙問屋答，油問屋答，石問屋答，藍問屋答，材木問屋答，材木渡世組合答，千住材木組合答，酒類問屋答等。

(31)　日本橋区，四谷区，牛込区，本所区（『商事慣例類集第3巻下巻』258-262頁参照）。

(32)　その他，東京府下の酒問屋答は，「相手方ニ対スル権利義務ハ本人代理人トモ同シ……」とする。東京府下の銅鉄物問屋答，下神田区の答申のように，趣旨が読み取りくい慣習も存在する。

(33)　『商事慣例類集第3巻下巻』262-284頁参照。

(34)　千葉県（安房郡，平郡，朝夷郡，長狭郡，香取郡，海上郡，匝瑳郡），神奈川県勧業課，栃木県，栃木県（下都賀郡，寒川村，足利郡），三重県（鈴鹿郡，一志郡，名張郡，伊賀郡，北牟婁郡），愛知県（知多郡，愛知郡，海東郡，海西郡），岐阜県（武儀郡，安八郡，恵那郡，加茂郡，厚見郡岐阜町，大垣，羽栗郡竹ケ鼻村，羽栗郡笠松村，安八郡神戸村，恵那郡岩村，可兒郡御嵩村，恵那郡明知村，本巣郡北方村）他。

(35)　千葉県（山辺郡，武射郡，東葛飾郡），茨城県（西葛飾郡，猿島郡），神奈川県（三浦郡，橘樹郡），愛知県（中島郡，渥美郡，丹羽郡，葉栗郡），静岡県，静岡県（有渡郡，安倍郡，引佐郡，鹿玉郡，加茂郡，那賀郡ほか），岐阜県（不破郡，厚見郡，各務郡，方縣郡，上石津郡，大野郡，池田郡，加茂郡（材木商のみ），可兒郡，恵那郡中津川村，下石津郡高須町，不破郡垂井村，大野郡三輪村，加茂郡細目村，土岐郡高山村，加茂郡太田村，海西郡下石津郡，郡上郡）。

(36)　例えば，岐阜県（厚見郡，各務郡，方縣郡）の答申は，代理人に直接帰属するが，「……代理人ノ本法ヲ履ム十中ノ一二ニ過キス多クハ手代番頭ヲ代理セシムルモ本人ノ直取引ニ異ナラス……」である。同県多芸郡，上石津郡も同旨であると解される。なお，東京府下以外の全国各地域の答申のうち，文字が不鮮明なもの，趣旨が読み取り難いもの（岐阜県山縣郡高富村，大野郡高山町，武儀郡上有知村等）は，今回取り上げることができなかった。それらの検討は他日を期す。

第2章　任意代理権発生原因論

以上，整理すると，いずれとも分類し難い慣習も存在するが，直接代理と理解しうる慣習も間接代理と理解しうる慣習もいずれも存在していたということができるのではなかろうか。

(b)　上の諮問（第2条）に先立ち，「第1条　商業取引ニ付テノ嘱托ハ別ニ委任状ノ手続ヲ為ササルモ代理セシムルモノト為スコトハナキヤ」[37]ということが諮詢されていた。これに対する東京府下の各業種の問屋等の答申[38]として以下のようなものが見られる。すなわち，「醬油問屋組合答　別ニ委任状ノ手続キヲナササルモ代理セシムルモノトナス事アリ」とし，委任状は不要であるとするものがある[39]。また，「酒問屋答　商業取引ニ付テハ委任状ノ手続キヲナササルモ豫テ信認ノ者ナレハ少シモ疑ハス取引ヲナスノ習慣ナリ」，「呉服問屋答　本条委任状ノ手続ヲササルモ代理セシムルコトアリ尤モ其代理人ノ真偽ニ因ル」というように，「信認ノ者ナレハ」，「尤モ其代理人ノ真偽ニ因ル」という条件付の答申もある。

次に，「薬種問屋答　雇人代理セシムルトキハ委任状手続無之事」，「海手組薪炭問屋答　雇人ナレハ（手代ト唱フル者）委任状ナキモ代理セシムルコトアリ」，「米穀三業組合答　委任状ノナキ以上ハ代理ト看做スコトヲ得スト雖トモ米商人ノ如キハ全ク甲ノ店ニ年久シク雇人トナリ居リシモノニシテ乙店ニ於テモ常ニ取引上ニ甲店ノ代理ナシ得ルモノハ代理人ト看テ取引ヲ成シ得ルコトアリ然レトモ組合仲間判然セサル故ニ代理人ノ規約ヲ未タ立ルコトアラス」というように，一定の雇用関係があれば，委任状は不要であるとする旨のものがある[40]。

そして，「石灰蠣殻問屋答　商業取引金員及ヒ物価請取ヲ為スニ委託状ヲ托セス商法印鑑（俗ニ仕切判ト言フ）並ニ懸取代印ヲ以テ是ヲ請取ル」というように，委任状以外の仕切判，懸取代印というものによる旨の答申もある。

以上，委任状の要否についての東京府下の各業種問屋等の答申を概観すると，委任状を不要とするものが目立つ。特に，「信認の者」の場合，雇用関係にある場合，など，本人と代理人との間に信頼関係が維持されている場合などには，

---

(37)　『商事慣例類集第3巻下巻』229頁参照。
(38)　『商事慣例類集第3巻下巻』229-250頁参照。
(39)　醬油問屋組合のように簡単な答申で，同旨のものとして，油問屋答，石問屋答，陶器問屋答，正開組紙問屋答，材木問屋答，材木渡世組合答，千住材木組合答，畳表問屋及び蚊帳問屋答（このようなことが多いとの答），酒類問屋答，己卯組紙問屋答等。
(40)　同旨のものとして，銅鐵物問屋答。

第Ⅰ編　代理権濫用論の前提問題

委任状は不要であるという傾向をみてとることができるように思われる。

(c)　続いて，東京府下の地域別の答申(41)について概観する。まず，「慣行ニ於テハ別段ニ委任状ノ手続ヲ為サス　日本橋」(42)というように，委任状を不要とする簡潔な答申が存在する。

「商業取引ニ付テノ嘱託」を詳しく述べるものとして，「商業取引ニ付テノ嘱託乃チ店主ヨリ其手代又ハ番頭ニ托シテ掛ケ先ヲ巡回シ及物品ヲ仕入スル等ノコトヲ代理セシムルトキハ別ニ委任状ノ手続ヲ為ササルヲ以テ却テ通例トス　本郷区」という答申がある。

委任状を不要とする場合について，条件を付して限定する答申も多い。すなわち，「委任状無クシテ代理スルコトアリ　但雇人ニシテ予カシメ取引先ヘ通知シタルモノ乎又ハ雇入広告シタルモノニ限ル　京橋区」というように，雇人を予め取引先へ通知又は雇入広告をしたという場合に限定する答申，「商業取引上ニ付他人ニ嘱託スルハ其嘱託人ノ性質ヲ熟知スルモノニ非スンハ托セス故ニ別段委任状ノ手続ヲ為スコトナシ……北豊島郡」として，嘱託人への強い信頼がある場合には，委任状の手続きは不要である旨と解される答申もある。

更に，民事上の取引に言及する答申もある。すなわち，「商業取引上ニ付テハ多ク各商ノ支配人若クハ番頭手代等ノ者ヲ以テ代理セシムルモノナレハコレカ嘱託ハ別ニ委任状ヲ要スルコトナシ併シ場合ニヨリ支配人等ノ者ニ非スシテ他人ニ嘱託ヲ為ストキハ委任状ノ手続ヲ要スルコト民事上ニ異ナルコトナシ　下谷区」という答申があり，この答申からは，番頭手代による商事取引上ではなく，民事上，他人に嘱託をなすときは，委任状の手続きが必要であると言う慣習が読み取れる。「商業取引ニ付テノ嘱託ト雖トモ雇人等常代理人ノ外ハ必ス委任状若クハ添書ヲ付与スルヲ例トス　四谷区　牛込区」との答申もこれと同旨のものと解される。

以上，東京府下の各地域の答申を通じてみると，商事の場合には，雇人，わけても手代，番頭，支配人のように雇用関係があり，信頼関係にある者のときには，委任状の手続きは不要であると言う傾向がみてとれるのではなかろうか。これに対し，例えば，民事の場合には，委任状が必要であると言う慣習の存在

---

(41)　『商事慣例類集第3巻下巻』234-250頁参照。
(42)　若干の相違があるが，結論として，委任状を不要とする答申として，浅草区，本所区，荏原郡，東多摩郡，南豊嶋郡，南足立郡，神田区（委任状を交付する場合は僅少であるとする）がある。

を意味する答申もある（下谷区，四谷区，牛込区）。

(d) 更に，東京府下以外の全国の答申[43]をみても委任状の手続きは不要であるとするものが目立つ[44]。そして，例えば，岐阜県には，「商業取引ニ付テノ嘱托ハ別ニ委任状ノ手続ヲ為サス商業取引ノ嘱托ヲ為スモノト其嘱托ヲ受クルモノトノ口約ヨリ為スモノナリ　多芸郡　上石津郡」という，委任状の手続きは不要だが「口約」が必要である旨を明言する答申が存在する。

栃木県の，「商業取引ニ付テノ嘱托ハ別ニ委任状ノ手続ヲ為サス代理セシムルノ慣行ナリ此代理人ハ番頭手代ノ類ニ限ル若シ他人ニ代理セシムルハ委任状ノ手続ヲ為スノ慣行ナリ　栃木県」という答申は，番頭手代等による商業取引には委任状の手続きは不要であるが，他人に代理させる場合は必要である旨の答申である。

また，愛知県に，「商業取引ニ付テノ嘱托ハ別ニ委任状ノ手続ヲ為サスシテ代理セシムルト雖トモ其人ヲ信スルノ後ニ非ラサレハ為ササルナリ　丹羽郡　葉栗郡」という答申がある。これは，商業取引について委任状手続きが不要である背景には，「其人」に対する信頼が存在する旨を述べるものである。愛知県の「商業上ノ代理タル民法ノ代理ト異ナリ多ク縁故アル者信用上ヨリ嘱托スルヲ以テ委任状ノ手続キヲ必要トセス　有渡郡　安倍郡」という答申は，信用の背景には，縁故があることを示すものと解される。また，静岡県に，「手代番頭ト唱フルモノ或ハ父兄弟ヲシテ代理セシムルトキハ委任状ヲ要セサルコトアリ　賀茂郡　那賀郡」と言う答申がある。これは，手代番頭あるいは父兄弟のように，信用上より嘱托され，縁故ある者が選ばれる場合は，委任状は不要である旨を示すものであろう。

相手方の必要に応じて，委任状を渡すこともあるとするのは，静岡県の，「商業取引ニ付テ代理者ニ委任状ヲ渡スコト無シ但相手方ニテ委任状ヲ要スルトキハ特別ニ代理者ヘ委任状ヲ渡スコトアルヘシ　佐野郡　城東郡」という答

---

(43) 『商事慣例類集第3巻下巻』238-250頁参照。
(44) 千葉県（山辺郡，武射郡，海上郡，匝瑳郡，東葛飾郡），神奈川県（三浦郡，橘樹郡，足柄下郡），三重県（一志郡，名張郡，伊賀郡他），愛知県（中嶋郡，名古屋区，知多郡，南設楽郡，渥美郡，海東郡，海西郡，愛知郡），岐阜県（武儀郡，安八郡，不破郡，厚見郡，各務郡，方縣郡，大野郡，池田郡，羽栗郡，中島郡，加茂郡，厚見郡岐阜町，大垣，羽栗郡竹ケ鼻村，武儀郡上有知村，羽栗郡笠松村，不破郡垂井村，大野郡三輪村，安八郡神戸村，恵那郡岩村，加茂郡細目村，土岐郡高山村，可見郡御崇村，加茂郡太田村，郡上郡）他。

47

第Ⅰ編　代理権濫用論の前提問題

申である。

　その他，特色のあるものを見ると，例えば，千葉県に，「商業取引ニ付代理ヲ他人ニ嘱スルモ委任状ヲ渡スコトナシ大金ノ授受歟又ハ先方ニテ面識ナキ代人ヲ出ストキハ添書ヲ付シテ代人タルヲ知ラシムルコトハアリ　安房郡平郡朝夷郡長狭郡」との答申に見られるように，一定の重要な取引や先方に面識のない代人を出すときは添書を付するという答申がある。

　また，栃木県に，「当地代理ハ支店ヲ托スル支配人ニノミ委任状ヲ渡セリ其外出張仕入ヲ為スニハ従来ヨリ仕用セシ雇人等ノ内信任スヘキモノヲ代理トス其代理ニハ別ニ委任状ヲ渡サス唯商法印ナルモノヲ持タセ代理セシムルノミ　足利郡梁田郡」という答申がある。この答申は，支店の支配人には委任状を渡し，信任する雇人による出張仕入の代理には商法印を持たせる旨のものである。

　最後に，「委任状ノ手続ヲ為ササレハ代理セシムルコトナシ　茨城県　西葛飾郡　猿島郡」，同様に，「商業取引ニ付テノ嘱託ハ別ニ委任状ノ手続キヲ為ササレハ代理人トナスコトヲ得サルナリ　岐阜県　本巣郡北方村」との答申のように，委任状の手続きが必要であるとの答申もある。

　以上，東京府下以外の各地の慣習においても商業取引の代理のために委任状の手続きは不要であるという答申が多い。この際，「口約」が必要である旨，明言する答申がある（岐阜県多芸郡，上石津郡）。また番頭手代等の代理には委任状の手続は不要だが他人に代理させるには委任状手続きが必要である旨の答申がある（栃木県）。そして，商業取引の嘱託に委任状手続きが不要とされる背景には信頼関係の存在がある旨，述べる答申（愛知県丹羽郡，葉栗郡），信用の背景には縁故があることを示す答申（愛知県有渡郡，安倍郡）がある。その他，相手方の必要上，特別に委任状を代理人に渡す（静岡県佐野郡，城東郡），支店支配人には委任状が必要である（栃木県），そして，委任状が必要である（茨城県西葛飾郡，猿島郡）などの答申がある。

　(ｳ)　明治初期までの代理の慣習の小括

　以上を通じて概観すると，民事上の代理においても，商事代理の場合でも，代理の効力が生ずるためには，代理をする者とされる者との「口約」など，意思的要素は必要とされたであろうと解される。これに加えて，委任状の手続等が必要かと言うことが諮問されたのであろう。民事代理（名代）の場合，一般に委任状の手続きが要求され，特に，重要な事務の名代は契約証書の作成を要し，名主許への届出が必要であるとされる旨の答申が見られた。手代番頭，支

配人，雇人などによる商業取引の場合は，大まかな傾向として，特に委任状の手続きをとる必要がない。しかし，相手方の必要上，委任状を代理人に渡す旨の答申も存在する。端的に委任状が必要とする答申もある。

　明治初期までの慣習においては，そもそも代理権という概念は見られず，任意代理権発生原因に関する議論のための素材をここから得ることは困難かもしれない。しかし，これらの慣習を概観することにより，商事代理において直接代理とも理解しうる慣習が存在していたこと，そして，民事代理（名代）の場合には，委任状の作成等一定の手続きが必要な場合が慣習上，存在していたことも認識しえた。そして，委任状作成などの手続きを代理の効力を発生させる為の独自の行為と見るか，代理をすることについての「口約」などの存在の単なる証拠とみるかということは今後の検討課題としたい。

2　皇国民法仮規則（明治5年完成）

　法曹養成を任務とした明法寮が明治4年9月17日に司法省内に設けられ，この明法寮においても民法典の編纂が行われた。明法寮の民法草案は，第1次草案→改刪未定本→第3次草案→慶応義塾大学本→皇国民法仮規則という順序であるとされている[45]。このように，明法寮における最終案が皇国民法仮規則である[46]。皇国民法仮規則は，ボアソナード以前の初期民法編纂史において極めて重要な地位を占めるとされる[47]。特色としては，財産法は原則としてフランス民法の包括的な模倣であることなどが挙げられている[48]。

　996条以下の「名代ノ証書」に関する規定（996条-1020条）が代理に関する規定であると解される。これらの規定は名代ノ証書（996-1001条），名代人ノ義務（1002-1007条），本人ノ義務（1008-1012条），名代ノ任ノ終ル事（1013-1020条）の部分からなる[49]。

---

(45)　石井良助『民法典の編纂』188頁以下（創文社，昭54）参照。
(46)　前田達明編『史料民法典』362頁（成文堂，平16）参照。
(47)　利谷信義編『日本近代法史研究資料集　第1　皇国民法仮規則』2頁以下（東京大学社会科学研究所，昭45）参照。利谷説は，この草案の内容は，ほぼ後の左院の民法草案に引き継がれ，更に，旧民法・明治民法という形で発展していく民法典の骨格を最初に示していると述べられる（利谷編・前掲書4頁参照）。
(48)　前田編・前掲注(46)363頁参照。皇国民法仮規則の各規定とフランス民法との関係については，遠田・前掲注(16)189頁以下参照。
(49)　皇国民法仮規則の条文は利谷編・前掲注(47)，及び，前田編・前掲注(46)362頁以下に復刻されている。

第Ⅰ編　代理権濫用論の前提問題

　皇国民法仮規則における「代理」および「表見代理」の規定については，すでに，遠田新一説により詳細に検討が加えられている[50]。本稿では，皇国民法仮規則における諸規定のうち，代理権発生原因と関連すると解される部分を中心に簡潔に概観する。

　まず，冒頭の996条は次のような規定である。「名代ノ証書トハ一方ヨリ他ノ一方ニ己レノ名義ヲ以テ事ヲ為ス可キノ権ヲ授クル証書ヲ言フ　其契約ハ名代人ノ承諾アル上ニ非サレハ之ヲ為ス可カラス」。次の997条は，「名代人ヲ任スルコトハ総テ証書ヲ以テ之ヲ為スヘシ」と規定する。この両条を併せて読むと，名代人を任ずることは名代人の承諾が必要な契約であり，「総テ」証書によってなされなければならない旨が規定されているものと解される[51]。

　1001条に，「婦人ト雖トモ夫ノ承諾ヲ得シ上ハ名代人トナルヲ得ヘシ」と規定されていた。これは，契約能力のない有夫女（410条参照）も夫の承諾を得れば，代理人となることが認められると言う趣旨である[52]。

　名代の権限について，第999条で，「名代ヲ任スルコトハ本人ノ特定メタル一箇ノ事務又ハ数個ノ事務ニ管シタルコトアリ又ハ総テ本人ノ諸般ノ事務ニ管シタルコトアリ」と規定し，特定する一個の事務または数個の事務に関して（特定代理）とすべて諸般の事務（包括した事務）に関して（包括代理），名代を任ずることができる旨のことを規定していた[53]。

　「名代人ノ義務」として，例えば，（1002条）「名代人ハ其任ヲ受ケタル時間名代ノ事務ヲ執行フ可シ若シ之ヲ行ハサルニ因リ本人為メ損失ヲ生シタル時ハ之ヲ償フ可シ……」，（1003条）「名代人ハ己レノ為ス所ノ詐偽ノ責ニ任ス可キノミニ非己レノ過失ノ責ニモ亦任ス可シ……」，（1004条）「名代人ハ総テ己レノ行フタル所ヲ本人ニ算計シ且其本人ノ為メ受取リタル諸件ヲ本人ニ渡ス可シ……」等という規定がある。

　「本人ノ義務」として，「本人ハ其名代人ニ授ケタル権利ニ因リ名代人ノ他人ト契約シタル義務ヲ自ラ執行フ可シ　名代人其本人ヨリ受ケタル権利外ニ於テ為シタルコトニ付テハ本人之ヲ許シタル時ノ外其事ヲ担当スルニ及ハス」（1008条）とあり，名代人が本人から授与された権利内で他人となした契約か

---

(50)　遠田・前掲注(16)189頁以下参照。
(51)　遠田・前掲注(16)189頁参照。
(52)　遠田・前掲注(16)190頁参照。
(53)　「特定代理」，「包括代理」という用語について，遠田・前掲注(16)189頁を参照した。

ら生じた義務を本人は自ら執行しなければならない旨の，直接代理的な規定が置かれていた。

皇国民法仮規則においては，「一方ヨリ他ノ一方ニ己レノ名義ヲ以テ事ヲ為ス可キノ権」（996条参照）の発生原因は，本人と名代人との契約であり，かつ，これが証書によって為されなければならない（997条参照）という規律であったと解される。

3 代人規則（明治6年6月公布）

代理法を有する諸国との交易上の必要性に促され，明治6年6月18日に太政官布告215号により代人規則が公布された[54]。代人規則については，長尾治助説，遠田新一説により既に詳細な研究がなされている[55]。本稿では，任意代理権発生原因に関すると解される部分を中心に両説に依拠しながら概観する。

代人規則1条は，「凡ソ何人ニ限ラス己レノ名義ヲ以テ他人ヲシテ其事ヲ代理セシムルノ権アルベシ……」と規定する。ここで言う，「己レノ名義ヲ以テ他人ヲシテ其事ヲ代理セシムルノ権」は，現在の，代理権に相当する用語であると解される。

2条は，「凡ソ他人ノ委任ヲ受ケ其事件ヲ取扱フ者ハ代人ニシテ其事件ヲ委任スル者ハ本人ナリ故ニ代人委任上ノ所行ハ本人ノ関係タル可シ」と規定する。この規定によれば，委任を受けその事件を取り扱えば代人となることになる。また，直接代理的効力がこの規定により認められていると解される。

3条では，「凡ソ代人ハ心術正実ニシテ二十一才以上ノ者ヲ撰ムヘシ」と規定され，代人は成人であることを要する旨，定められていた。親族の内外と男女の如何を問わなかった[56]。

代人には総理代人と部理代人という区別があり，総理代人は「其本人身上諸般ノ事務」を代理する者で，部理代人は特にその委任する部内の事務を代理する者であるとされた（4条参照）[57]。

そして，代人の権限に関し，「……委任ノ事件ニ付キ代人ノ失錯損害等ハ勿

---

(54) 長尾・前掲注(21)158頁，遠田・前掲注(16)198頁参照。
(55) 長尾・前掲注(21)157頁以下参照。遠田・前掲注(16)198頁参照。代人規則の規定については，長尾・前掲書159頁以下に復刻されており，これに依拠した。
(56) 長尾・前掲注(21)161頁以下，市岡正一編纂『現行民法契約篇全』122頁以下（博聞社，明19）参照。
(57) 長尾・前掲注(21)159頁参照。

論本人ノ関係タルヘシト雖モ若シ代人タル者権限外ノ行為ヨリ失錯又ハ損害等ヲ生セシメタルトキハ代人一己ノ責ニ任シ本人ノ関係セサルモノトス……」と述べ，権限内の代人の行為から生じた損害は本人が負担すべきだが，代人の権限外の行為により損害等が生じた場合，代人の責任となり，本人は関係しない旨の註釈が見られた[(58)]。

5条は，「凡ソ本人ヨリ代人ヲ任シ他人ト契約取引等ヲ為サント欲スル時ハ必ス実印ヲ押シタ委任状ヲ与フ可シ但シ其家業取扱フ場所ニ於テ通常ノ事務ヲ取扱ハシムルノ類ハ別段委任状ヲ与フルニ及ハス」と規定され，代人に他人（第三者）と契約取引をさせるためには，原則として実印を押した委任状を交付すべき旨を規定する。長尾治助説によれば，委任状は，第1に，本人が第三者に対して，委任状に代人と表示した者の権限を証するために交付された[(59)]。第2に，委任状の交付は，代理権授与行為の成立要件ではなく，委任状は当事者間では代理権授与の証拠書面に過ぎなかった。第3に，他人に対する関係においては，委任状の交付の有無が代理権の存否についての重要な証拠であった[(60)]。

---

(58) 市岡編纂・前掲注(56)123頁参照。

(59) 長尾・前掲注(21)164頁参照。明治16年4月2日の山形県質疑第1条に対して示された，同年5月5日の参事院の見解，すなわち，委任状は，「……甲ノ本人ヨリ乙ノ代人ヘ与ヘ乙ヨリ丙ノ関係者ヘ一覧致サス可キモノ」と言う見解が引用されている。長尾・前掲書169頁の注(10)には，原典は早稲田大学図書館所蔵の局典類纂186頁とある。

(60) 長尾・前掲注(21)169頁の注(11)に，委任状の交付の有無が代理権の存否について重要な証拠とする旨の明治7年7月25日大分県伺及び明治7年10月18日司法省指令が引用されている。これは，次のようなものである。「〔司法省指令〕7年7月25日大分県伺　明治6年6月第215号太政官御布告代人規則第5条凡本人ヨリ代人ヲ任シ他人ト契約取引等ヲ為ント欲スルトキハ必実印ヲ押シタル委任状ヲ與フヘシトアリ然レハ代人ヲシテ他人ト契約取引等ヲ為サシムルニ委任状ヲ與ヘスシテ其取引等ノ事ヨリ紛議ヲ生シ訴出ルトキ約定書面代人ノ名ノミニテ代人ノ譯記載無之ト雖モ代人タル事該人及代人ヲ委任シタル本人ヨリ確然申出ルトキハ其訴訟ハ其代人ニ掛リ裁判致シ其委任状ハ不興廉ハ其本人刑法ノ処分ニ及可然哉　十月十八日指令　代人ヲ委任シタル事及ヒ代人ノ委任ヲ受ケタルコト代人并ニ本人ノ申口符合シ相手方ノ者ニ於テモ之ヲ承諾シタル時ハ格別ナレトモ若シ相手方ニ於テ承諾ヲ為ササル時ハ代人ヲ委任シタルコト及ヒ委任ヲ受タルコトハ独リ本人ト代人ノ間ニ証スヘクシテ相手方ニ対シテハ証拠ニ相立サルニ付約定証書面名前ノ者ニテ其義務ヲ担当ス可キ事」。原典は，長尾・前掲注(21)169頁の注(11)に，法例彙纂民法(2)854頁，855頁とあるが，本稿では，『法例彙纂』（史官編纂，明治8年）631-633頁を参照した。〔補注〕本稿で参照した『法例彙纂』は，博聞社刊である。その14頁に，法例彙纂民法之部第二篇目録畢とある。『法例彙纂』には太政官刊と博文社刊があることにつき，松村光希子「明治初年法令資料目録」参考書誌研究第

第 2 章　任意代理権発生原因論

委任状の書式については，第 7 条に規定されている[61]。委任状に関しては，すでに，遠田説により表見代理の研究の観点から検討が加えられている，次のような明治 9 年の伺指令がある。これは，本人から貸金の催促の権限を授与された代人が，本人の最初の意思に反してしまうような貸金取立てをしてしまうような事案をめぐるものであると解される。すなわち，「人民名代人ヲ以テ契約取引等致候儀ニ付六年第弍百拾五号ヲ以テ公布相成候以来本人代人ノ間委任状記載ノ不充分ナルヨリ種々ノ弊害相生苦情不少候例ヘハ本人要用有之ニ付代人ヲ以テ貸金催促セシムルノ際無頼ノ代人等窃ニ借主ニ馴合幾分ノ金ヲ領収シ自己ノ費用ニ充テ残金ハ月賦又ハ年賦又ハ用捨引棄等ノ新約ヲ結ヒ本人ハ大ニ最初ノ意望ニ違ヘ共尋常ノ人民知人ノ明ニ乏キト委任状普通書法ノ粗漏ナルヨリ如何トモスルナキノ始末ニ及フ者間々有之加之訴答文例中奥書ノ式モ勝手ニ任セシ上ハ猶更委任状ノ権限区分肝要ニ相成候就テハ委任ノ廉々細密ニ委任状中ニ記載シ（例ヘハ金穀受取催促等ノ委任状ナレヘ利足用捨ハ本高幾分沈用捨ハ又ハ延期割済云々ノ廉ヲ本文ニ記載スルカ或ハ別紙ニシテ奥ヘ置クモ苦シカラス）代人ニ於テモ十分熟議ノ上委任状可受取候様御布達有之度（九年月日闕東京裁判所伺）」[62] とある。司法省指令 10 月 12 日の内容は，「明治六年第弍百拾五号公布ハ本人不得止ノ事故アリテ代人ヲ可用時ノ規則ヲ定メラレタルモノニシテ委任状記載ノ不充分ナルヨリシテ書面申出ノ如キ事実有之モノハ必スシモ委任状ニ拘泥セス情理ニヨリ曲直ヲ推糺シ直者ノ権利ヲ伸張セシムヘキ様裁判可致尤記載ノ充分ヲ要スルハ可然儀ニ付尚可詮議事」[63] である。すなわち，委任状記載が不十分であることから生ずる申出のような事実については，委任状に拘泥せず，直者の権利を伸張させるべきである旨，述べていると解される。本人・(借主たる) 相手方間でいずれが「直者」であるかにより解決すべきである旨述べたものと解される[64]。

以上概観したように，代人規則の下では，代人による直接代理的効力が認められ，「其事ヲ代理セシムルノ権」(1 条参照) の発生原因は，委任であると解される (2 条参照)。5 条で，実印を押した委任状の交付が原則として必要とされているが，委任状の交付は代理権発生のための成立要件ではなく，委任状は証拠書面である旨，長尾治助説により解されている。また，代人規則のもとで

---

　　　54 号 18 頁（平 13）参照。なお，本稿公刊後，信山社より，『法例彙纂』の復刻版が刊行されている。
(61)　委任状の書式については長尾・前掲注(21)159 頁以下，164 頁以下参照。
(62)　遠田・前掲注(16)202 頁，市岡編纂・前掲注(56)124 頁以下参照。
(63)　市岡編纂・前掲注(56)125 頁参照。
(64)　遠田・前掲注(16)203 頁参照。

第 I 編　代理権濫用論の前提問題

も，権限内の代人の行為から生じた損害は本人が負担すべきであるという註釈がなされている。更に，委任状に関する伺指令において，本人から貸金催促の権限が授与された代人が，借主と馴合い，幾分かの金を受け取り自己の費用に当ててしまうと言うような事案が問題とされており，この場合には，「直者」の権利が伸張されるべきことが司法省指令で述べられていた。

4　明治 11 年民法草案（明治 11 年 4 月起草完了）

本稿は，冒頭に述べたように，ボアソナード来朝（明治 6 年 11 月 15 日）前の時期を中心に検討の対象とするが，ボアソナード来朝後に起草が完了した明治 11 年民法草案（明治 11 年 4 月 17 日起草完了）(65)も本稿の検討の対象とする。その理由として，この草案は，大木喬任司法卿の命により明治 9 年 6 月に箕作麟祥と牟田口通照とが民法編纂委員として編纂に着手したとされ，ボアソナードはこの民法編纂に全く無関係であったとは言い切れないものの，この民法編纂委員ではなかったことがまず挙げられる。そして，この明治 11 年民法草案は，あまりにもフランス民法の翻訳的であり，日本の慣習をほとんど顧慮しなかった点を理由に施行に堪えないとされ(66)，明治 13 年 1 月の民法編纂会議で不採用(67)となり，そして，同月より新たな民法の編纂がボアソナードも参画して開始されることになった。以上の事情からも(68)，この明治 11 年民法草案は，ボアソナード来朝後の民法草案ではあるが，次の時代区分であるボアソナード時代の民法草案として検討するよりも，この時代の草案として，ここで

---

(65)　前田編・前掲注(46)481 頁参照。

(66)　明治 11 年民法の編纂については，星野通『民法編纂史研究』26 頁以下（昭 18）（日本立法資料全集別巻 33，信山社出版，平 6）参照。星野通は，「……全編をあげてフランス民法の翻訳法典，しかも 13 年翻訳局述印書局印行の仏蘭西法律書の訳文に比してさへ一段と劣る稚拙な（誤訳とさへ含むと思はれる）翻訳法典であって，……これはまたまさしく大木の志図を裏切った実施など思ひもよらない恐るべき不完全翻訳法典だったのである。勿論日本色など何処にも発見できなかった。……」と述べ，続けて上述のことについて若干の考証検討を試みている（星野通・前掲書 28 頁以下参照）。

(67)　大木喬任が明治 11 年民法不採用の断を下すに際しては，ボアソナードの意見が徴されたとされる（手塚豊『明治民法史の研究(上)』222 頁（慶応通信，平 2）参照）。

(68)　明治 11 年民法草案の編纂史については，注(66)，(67)で挙げた文献の他，石井・前掲注(45)202 頁以下，前田編・前掲注(46)480 頁以下参照。また，明治 11 年民法草案の起草過程を組織的な面から検討するものとして，岩村等「明治 11 年民法草案の歴史的背景と起草組織について」創立 20 周年記念論文集発刊部会編集『法学の諸課題』203 頁以下（大阪経済法科大学出版部，平 4）参照。

検討することも許されるのではなかろうかと考えたからである。

明治11年民法草案においては,「第13巻 名代ノ契約」というタイトルのもと,「第1章 名代ノ契約ノ性質及ヒ方式（1566‐1572条）」,「第2章 名代人ノ義務（1573‐1579条）」,「第3章 本人ノ義務（1580‐1584条）」,「第4章 名代ノ任ノ終ル方法（1585‐1591条）」という章立てで,名代に関する諸規定が設けられている。

本稿のテーマと関連すると解される限度で幾つかの規定を概観すると次の通りである[69]。

まず,1566条は,「名代ノ契約トハ甲者自己ノ名目ヲ以テ事ヲ為ス可キノ権ヲ乙者ニ授ケ乙者ニ於テ之ヲ承諾スル契約ヲ言フ　名代ノ任ヲ受ケシ者之ヲ承諾シタル旨ヲ別段申述セスト雖モ自カラ其名代ノ事務ヲ執行フタル時ハ黙諾シタリトス可シ」と規定する[70]。この規定で,「名代ノ契約」という語が用いられていることと,規定内容からして,名代は契約として構成されていると解される。そして,「甲者自己ノ名目ヲ以テ事ヲ為ス可キノ権」がこの契約から発生するということになる。

1567条は,「名代ノ委任ハ公正ノ証書又ハ私ノ証書又ハ書状ヲ以テ之ヲ為シ或ハ口上ヲ以テ之ヲ為スコトヲ得可シ然レコト口上ヲ以テ名代人ヲ任シタル時ハ十円ニ過キタル金額ニ付テハ証人ヲ以テ証ヲ立ツルコトヲ許サス」[71]と規定

---

(69) 明治11年民法草案の「第13巻名代ノ契約」は本文中で示したように,1566条から1591条まで（前田編・前掲注(46)585頁以下に復刻）であり,フランス民法典中の「第13章委任（Du mandat）の1984条から2010条までに対応するものと解される。

(70) 本文中に挙げた明治11年民法草案1566条は,委任の定義に関する,フランス民法1984条「委任又ハ委任状トハ人ガ他人ニ対シ委任者ノ為ニ且委任者ノ名ニ於テ或事ヲ為スノ権限ヲ付与スル行為ヲ謂フ。委任契約ハ受任者ノ承諾ニ因リテ成立ス。」及び1985条2項「委任ノ承諾ハ黙示ナルコトヲ得,又受任者ガ委任ニ付テ為ス執行ヨリ推認スルコトヲ得」に対応すると解される。本稿において,フランス民法典の委任の規定の翻訳及び規定の見出しについて,神戸大学外国法研究会編『現代外国法典叢書(18)仏蘭西民法〔V〕財産取得法(4)』71-113頁（有斐閣,昭31）に依拠した。『現代外国法典叢書』刊行の昭和31年（1956年）までに,フランス民法典中の「第13章委任（Dumandat）」の1984条から2010条までの規定自体についての改正はないようである（北村一郎編『フランス民法典の200年』（有斐閣,平18）519頁以下所収の〈付録〉「フランス民法典改正年表」参照）。

(71) 明治11年民法草案1567条は委任の方式及び証明に関するフランス民法1985条1項「委任ハ公証書若ハ私署証書ニ依リ,亦書状ニ因リテ之ヲ付与スルコトヲ得。口頭ニテスルモ亦之ヲ付与スルコトヲ得；但シ証人ノ証明ハ「契約即チ一般合意上ノ義務」ノ章ニ従フ場合ニ於テノミ之ヲ許ス。」に対応すると解される。

し，「口上ヲ以テ」することもできる。明治初期までの慣習，皇国民法仮規則，代人規則の規定は名代，民事代理の場合に，委任状の作成，届出などを要求していたので，この点では，規定上は，緩やかになっていると解される。

1569条は，名代の権限に関し，「名代ノ委任ハ本人ノ特定シタル一箇ノ事務又ハ数箇ノ事務ニ関スルコトアリ又ハ総テ本人ノ諸般ノ事務ニ関スルコトアリ」と規定し，特別委任と一般委任とがあることを想定していた[72]。

1572条は，受任者の能力について，「結婚シタル婦及ヒ幼者ヲ名代人ニ任シタル時ハ其名代人タル無能力者ノ其本人ニ対シテ負フ可キ義務ハ総テ無能力者ノ有能力者ニ対シテ負フ可キ契約上ノ義務ヲ定ムル法則ニ循フ可シ」とし，結婚した婦及び幼者も受任者となりうるとしたものであると解される[73]。

名代人の義務については，例えば，(1573条)「名代人ハ其任ヲ受ケタル間ハ名代ノ事務ヲ執行フ可ク若シ之ヲ執行ハサルニ因リ本人ノ為メニ損害ヲ生シタル時ハ之ヲ償フ可シ……」[74]，(1574条)「名代人ハ其委任セラレタル事務ヲ執行フニ付キ詐欺ノ責ニ任ス可キノミナラス過失ノ責ニモ亦任ス可シ……」[75]，そして (1575条)「名代人ハ総テ本人ノ為メニ受取リタル所ト費用シタル所ヲ本人ニ計算シ且本人ノ為メ受取リタル諸件ヲ本人ニ渡ス可シ」[76]，(1578条)

---

[72] 明治11年民法草案1569条は，一般委任及び特別委任に関する，フランス民法1987条「委任ハ委任者ノ一個若ハ特定範囲ノ事務ノミニ関シ特別的ナルカ，又ハ其ノ総テノ事務ニ関シ一般的ナルモノトス。」に対応すると解される。

[73] 明治11年民法草案1572条は，当事者の能力に関する，フランス民法1990条「妻及親権ノ解除ヲ受ケタル未成年者ヲ受任者トシテ之ヲ選任スルコトヲ得；但シ委任者ハ未成年者ノ受任者ニ対シテハ未成年者ノ義務ニ関スル一般規定ニ従ヒテノミ訴権ヲ有シ，夫ノ許可ナクシテ委任ヲ承諾シタル妻ニ対シテハ「夫婦財産契約及夫婦相互間ノ権利」ノ章ニ定メタル規定ニ従ヒテノミ訴権ヲ有スルモノトス。」を参考にし，起草したと解される。文言上，フランス民法1990条は，「妻及親権ノ解除ヲ受ケタル未成年者」を受任者として選任する場合を規定し，明治11年民法草案1572条は，「結婚シタル婦及ヒ幼者」を名代人に任じた場合を規定する。後者が「幼者」を名代人に任じうるとしている点に特色がある。

[74] 明治11年民法草案1573条は，委任事務処理義務に関するフランス民法1991条「受任者ハ委任ヲ託セラレタル限リ，之ヲ実行スル義務ヲ負ヒ，且其ノ不履行ニ因リテ生ズル損害ヲ賠償スルノ責ニ任ズ。……」に対応すると解される。

[75] 明治11年民法草案1574条は受任者の責任の条件に関するフランス民法1992条「受任者ハ詐欺ニ付其ノ責ニ任ズル外，事務ヲ処理スルニ付犯シタル過失ニ付テモ亦其ノ責ニ任ズ……。」に対応すると解される。

[76] 明治11年民法草案1575条は，計算義務及び受取った物を引き渡す義務に関する，フランス民法1993条「受任者ハ総テ其ノ事務処理ニ付計算ヲ為シ，且委任ニ因リテ受

「名代人ハ本人ノ金額ヲ自己ノ用ニ供ス可カラス若シ之ヲ自己ノ用ニ供シタル時ハ其時ヨリ以来ノ利息ヲ払フ可シ……」[77]などという規定がある。名代人と本人間の法律関係を規律すると解される規定（1573条，1574条，1575条参照）が多いが，名代人と契約の相手方との間の法律関係をも規定するものもある（1579条参照）[78]。

第3章の「本人ノ義務」の冒頭の1580条は，「本人ハ其名代人ニ授ケタル権ニ因リ名代人ノ他人ト契約シタル義務ヲ自カラ執行ス可シ……」[79]と規定し，直接代理と同様の効果を認めていたと解される。

この明治11年民法草案のもとでは，「甲者自己ノ名目ヲ以テ事ヲ為ス可キノ権」が名代の契約から直接発生すると解される（1566条参照）。名代の契約は必ずしも公正証書などの書面でなされる必要はない（1567条参照）。

5 小　括

この時期，明治初期までの代理の慣習について，民事代理である名代の場合，『全国民事慣例類集』をみると，軽いものは「口約迄」ということで，名代の効力を生じされるためには，本人と代人との合意が必要とされていたと解され

取リタル一切ノモノヲ委任者ニ引渡スコトヲ要ス，……」に対応する規定であると解される。
(77) 明治11年民法草案1578条は，利息支払い義務に関するフランス民法1996条「受任者ハ自己ノ為ニ使用シタル金額ニ付テハ，此ノ使用ノ日以後利息ヲ負担ス……」に対応すると解される。
(78) 明治11年民法草案1579条は，「名代人己レト契約ヲ結ハント為ス者ニ其委任ノ権限ヲ明カニ告知セシ上其者名代人ノ権限外ノ事ニ付キ契約ヲ結ヒタル時ハ後ニ名代人其契約ノ如ク行フコトヲ得スト雖モ其者名代人ヲシテ其責ニ任セシムルコトヲ得ス但シ名代人其責ニ任ス可キコトヲ別段約定シタル時ハ此限ニ非ス」というものである。これは，受任者の第三者に対する義務に関するフランス民法1997条（「受任者ガ其ノ資格ニ於テ為ス契約ノ相手方ニ対シ，自己ノ権限ニ付充分ナル認識ヲ与ヘタルトキハ，権限外ニ付テハ担保ノ責ニ任ゼズ，但シ受任者ガ自ラ担保ヲ負担シタルトキハ此ノ限ニ在ラズ」」）に対応するものと解される。
(79) 明治11年民法草案1580条は委任者の第三者に対する義務に関する，フランス民法1998条「委任者ハ受任者ガ付与セラレタル権限ニ従ヒテ契約シタル義務ヲ履行スルコトヲ要ス。……」に対応するものと思われる。
　以上，明治11年民法草案は，フランス民法典の翻訳法典であると言う従来の指摘（本稿注(66)参照）を確認するために，幾つかの規定をそれぞれ対応させて概観したが，明治11年民法草案とフランス民法典との対応すると解される規定の内容は一字一句，同じではないが，確かに，大きく異なるものではないように思われる。

る。重要な事務の名代は契約証書の作成を要し，名主許への届出など一定の手続きを要した。『商事慣例類集』中にも，民事代理に関する記述がみられ，東京府下（下谷区，四谷区，牛込区）に，委任状を要するものが存在した。商事代理については，手代番頭，支配人，雇人などによる商業取引の場合は，代理する者とされる者との間の信頼関係を背景にして委任状を不要とするものが全国的にみても多いが，相手方の必要上，委任状を代理人に渡す場合もある。皇国民法仮規則においては，「一方ヨリ他ノ一方ニ己レノ名義ヲ以テ事ヲ為ス可キノ権」（996条参照）の発生原因は本人と名代人との契約であり，証書をもってなされなければならなかった（997条参照）。代人規則においては，「其事ヲ代理セシムルノ権」（1条参照）の発生原因は，2条により委任であると解される。実印を押した委任状の交付が原則として必要とされていたが（5条参照），これは証拠書面であると長尾治助説により解されている。明治11年民法草案の下では，「甲者自己ノ名目ヲ以テ事ヲ為ス可キノ権」（1566条参照）は名代の契約から直接発生すると解される。この名代の契約は必ずしも公正証書などの証書でなされる必要はない。

Ⅲ　おわりに

1　民事代理である名代及び商事代理の明治初期までの慣習において「代理権」という概念は見られない。皇国民法仮規則においては，現在の代理権に相当する用語として「一方ヨリ他ノ一方ニ己レノ名義ヲ以テ事ヲ為ス可キノ権」（996条参照）という表現がみられ，代人規則では「其事ヲ代理セシムルノ権」（1条参照）という表現が，明治11年民法草案の下では，「甲者自己ノ名目ヲ以テ事ヲ為ス可キノ権」（1566条参照）という表現がみられる。これらの権利の発生原因について，この時期には学説間で詳細な議論がなされていたわけではない。これらの現在の（有権）代理権に相当する権利が発生する原因は，それぞれ，契約，委任，名代の契約である。

そして，書面の作成についてであるが，明治初期までの民事代理の慣習においては重要な事務の名代については，「契約証書」，委任状の作成等が求められた。また，皇国民法仮規則の下では，名代の証書の作成が，代人規則の下では委任状の付与が原則として求められた。明治11年民法草案の下では名代の契約は，口上をもってなしえたが，公正ノ証書又は私ノ証書又は書状の作成を

第 2 章　任意代理権発生原因論

もってなされることも予定された。これらのうち，代人規則において求められる委任状は，長尾治助説により，証拠書面であると解されている。この時期の民事代理の慣習，民法の諸草案における書面の作成についても同様に解することができるか否かについては，今後，再度検討を加える機会を持ちたい。

2　また，既に見たように，代人規則に関する注釈に，「……委任ノ事件ニ付キ代人ノ失錯損害等ハ勿論本人ノ関係タルヘシ……」というものがあり[80]，これは代人の権限内の行為から生じた損害は本人が負担すべきである旨の記述であると解せられる。どのような事案を念頭においているのかは，これ以上のことが述べられていないので不明であるが，例えば，代人が行った代理行為から生じた本人に不利益となる効果も本人が引き受けるべきであるという趣旨であれば，本稿の冒頭で述べた高橋三知雄説が問題意識の念頭におく代理権の範囲の無因性が問題となる事案と重なる。更に，代人規則に関する明治 9 年の東京裁判所の伺に出てくる事案も，貸金催促の代人が，借主と馴れ合って，幾分かの金を自己の費用に当ててしまうなどして本人の最初の意思に反してしまうことが生じるという事案と解されるものである。このような事案も同様に，高橋三知雄説の問題意識が念頭におく事案と重なると解される。この伺に対する 10 月 12 日の司法省指令は，既に見たように，「……必シモ委任状ニ拘泥セス情理ニヨリ曲直ヲ推糺シ直者ノ権利ヲ伸張セシムヘキ……」というものである。これにより，妥当な結論は導けたであろう。ただし，これは，委任状記載の文言をめぐる伺指令であると解され，そこでは，代人の権限の範囲に代人の背任的意図がどのような影響を与えるかという観念的な議論がなされているのではない[81]。

---

(80)　本稿項目 II 3 参照。
(81)　ちなみに，皇国民法仮規則 1008 条，明治 11 年民法草案 1580 条が参照していると解されるフランス民法 1998 条（条文は，本稿注(79)参照）についての，神戸大学外国法研究会編・前掲注(70) 97 頁の註をみると，「……受任者がその権限の範囲内に於て委任者の名に於て為したる法律行為は委任者自身の行為と看做され，従って之によって生ずる権利義務は直接に委任者に帰属する。……但しこの原則には一の制限がある。受任者が第三者と合議の上代理権を濫用して形式上のみ代理権限に属する行為を為すによりて第三者に対し委任者を義務付けんとするも，委任者は之により第三者に対して義務を負ふものではない（Aubry et Rau, §415note 1 quinguies）。蓋し形式上受任者の権限の範囲に属するも実は委任の目的に反する行為，例之委任が委任者の利益の為にのみ與へられた場合に，受任者の利益の為に為された行為（例之，無制限なる抵当権設定の権限を與へられた受任者が自己の債権者の利益の為に委任者の財産上に抵当権を設定した場

第Ⅰ編　代理権濫用論の前提問題

　3　今後は，冒頭に述べたように，本稿で検討した後の時代，すなわち，ボアソナード時代，明治民法典成立の前後期，ドイツ的解釈法学全盛期，第一次大戦後の新思潮期，戦後そして現在において，任意代理権発生原因論はどのように議論されてきているのかにつき，更に学史的検討を進めていき，任意代理権発生原因をいかに明文化すべきかの手がかりを得たい。

（初出：2008 年 9 月）

合の如し）は，本条第二項により委任者に対しては合意せられなかったものと看做されねばならぬからである（Aubry et Rau, §415 note 12)」。」という記述がある。この記述は，形式上，受任者の権限の範囲に属するが，実は受任者が第三者と合議の上で，委任の目的に反する行為をする場合には，権限外の行為（フランス民法1998条2項参照）となる旨を意味するものである。この記述からも，フランス民法の下においても，受任者の個人的利益追求という意図が受任者の権限の範囲に影響を与えるという解釈が存在することを認識しうる。このことは，代理権（権限）の範囲に代理人（受任者）の背任的意図がどのような影響を与えるかという問題はドイツ法に特有のものではないということも意味すると解される。

第Ⅱ編
代理権濫用論

第1章　基本的法的構成——我が国における学史的検討

I　はじめに

　日本民法学史の一環として代理理論全般の歴史をとらえるとすれば，それについての主要な論題も多岐にわたり，かつ各論題に関する明治初年から今日までの著書・論文は膨大である。そこで本稿では，代理権濫用の史的考察に限定することにし，他の論題に関する史的考察については別の機会に譲ることにする。

　代理権濫用とは，「抽象的形式的に観察すれば代理権の範囲に属する行為が，実質的には，本人の利益のためではなくて代理人その他の者の利益のためになされる場合」[1]を言う。代理権濫用にあたる場合には，代理人は，善管注意義務（644条），受取物引渡し等の義務（646条1項）などの内部的に負う義務に違反していることは勿論であるが，更に，行為時に本人以外の者の利益を図る意図（背任的意図）をもって代理行為をなしているのである。そして，相手方が，この代理人の背任的意図について悪意であったような場合には，代理行為の効力は本人に及ばないと解するのが，一般的な理解であると考えられる。

　このような理解を現在の最高裁の判例は，心裡留保規定（民法93条）を類推適用することによって実現している。これは，「代理人が自己または第三者の利益をはかるため権限内の行為をしたときは，相手方が代理人の右意図を知りまたは知ることをうべかりし場合に限り，民法93条但書の規定を類推して，本人はその行為につき責に任じないと解するを相当とする」[2]というものである。民法学説上も心裡留保規定を類推適用する立場が通説的地位を占めているといわれている[3]。

　ところで，近時の諸研究は，内部的義務の範囲と代理権の範囲とが異なりう

---

(1)　川島武宜『民法総則』380頁（有斐閣，昭和40年）。
(2)　代理権濫用のリーディングケースといわれる最判昭和42年4月20日民集21巻3号697頁から引用。戦後の最高裁判所の判例は，全部この立場である。戦後の最判の詳細については，本稿項目Ⅷ1(1)で述べる。
(3)　心裡留保類推適用説の詳細については，Ⅷ2(1)(a)で述べる。

るのか，それとも一致するのかという代理権の範囲の無因・有因性論と代理権濫用論との関係に着目して立論している[4]。すなわち，代理権の範囲と内部的義務の範囲とが一致する（代理権の範囲の有因性）ならば，内部的義務違反行為は代理権の範囲外の行為となると解することができるので，内部的義務違反行為である代理権濫用行為は代理権の範囲外の行為となり[5]，これは，無権代理・表見代理説など[6]へとつながる。両者の範囲が異なる（代理権の範囲の無因性）ならば，内部的義務違反行為は，必ずしも代理権の範囲外の行為になるとは解されないので[7]ので，代理権濫用行為は，代理権の範囲内の行為であることになり，このことから生ずる不都合を除去する理論[8]が他に考えられなければならない。このように，代理権の範囲の無因・有因性論は，代理権濫用論の分水嶺とも言うべき役割を果たすということが，近時の諸研究により認識されているのである。

　ドイツにおいては，「19世紀時代の概念法学の影響のもとに，Labandが代理権を内部的な債務関係から分離し，かつ無因なものとして独立させ」，「この代理権の内部関係からの分離と無因・独立性の理論は一般的に承認され，そのことによって，本人と代理人間の内部関係での指図・義務・利益違反は代理権に影響を及ぼさないとの命題もまた承認された」[9]。「しかし，いかなる場合にも，この原則をかかげて，内部関係での指図・義務・利益違反に際し代理行為の効力に影響が及ばないといえるかが問題とされることにな」[10]り，代理権濫用問題が認識され論議されたといえるのである[11]。

---

(4) 高橋三知雄『代理理論の研究』230頁（有斐閣，昭和51年），伊藤進「ドイツにおける「代理権の濫用」理論」明大法論49巻5号102頁（昭和52年），福永礼治「代理権の濫用に関する一試論(1)」上智法論22巻2号132頁（昭和53年）参照。

(5) 福永礼治「代理権の濫用に関する一試論（2・完）」上智法論22巻3号209頁（昭和54年）参照。

(6) 無権代理・表見代理説は，代理権の範囲の有因性を認めるものであると解しうるが，これらの説の詳細については，本稿Ⅶ2(3)参照。

(7) 福永・前掲注(5)209頁参照。

(8) 例えば，心裡留保規定に依拠する説，権利濫用・信義則・悪意の抗弁説，相手方に，本人に対する付随義務違反を問う説などは，代理権の範囲の無因性を前提とする説であると解しうるが，これらについては，本稿項目第Ⅶ2(1)(2)(7)参照。

(9) 伊藤・前掲注(4)78頁。ラーバントの理論の詳細については高橋・前掲(4)170頁以下，遠田新一『代理法理論の研究』192頁以下（有斐閣，昭和59年）参照。

(10) 伊藤・前掲注(4)78頁。

(11) ドイツ代理権濫用論の詳細については，高橋・前掲注(4)205頁以下，伊藤・前掲注

第1章　基本的法的構成

　我が国においては，代理権の範囲の無因性という概念は，最近まで明確に示されることはなく，したがって，この代理権の範囲の無因性が明確に意識されて，この代理権の範囲の無因性との関係で代理権濫用が論じられるようになったのは，つい最近のことであると思われる[12]。それでは，我が国における代理権濫用論は，どのように理論的に展開してきたのであろうか。本稿では，我が国における代理権濫用論の歴史的展開を学説史的に検討することを目的とする[13]。

　なお，時代区分に関しては，獨協大学民法学史研究会により策定されたものに依拠する[14]。すなわち，第1期：ボアソナード来朝前（明治元～6年）第2期：ボアソナード時代（明治6～28年），第3期：明治民法成立の前後期（明治28～43年），第4期：ドイツ的解釈法学全盛期（明治43～大正9年），第5期：第一次大戦後の新思潮期（大正9～昭和20年），第6期：戦後である。

　もっとも，第1期：ボアソナード来朝前，第2期：ボアソナード時代については，ほとんど文献が見当たらないので，たまたま私が見つけることができた文献の範囲内で簡単に触れることしかできないことをお断りしておく。

---

(4)175頁以下，福永・前掲注(4)143頁以下，同・前掲注(5)178頁以下，石原全「支配人の権限濫用について」一論95巻251頁（昭和61年），青野博之「代理権濫用と過失相殺的処理」判タ671号40頁（昭和63年）などを参照。

(12)　我が国でも代理権の独立性・無因性という理論が論じられることはあったが，その実際的な効果としては，代理権濫用の場合ではなくて，もっぱら無能力者に代理権を授与する場合や表見代理が念頭に置かれていたのである。海老原明夫「ドイツ法学継受史余滴　有権代理・表見代理・無権代理……その2」ジュリ990号10頁（平成3年），同「……その3」ジュリ992号10頁（平成3年）参照。この点について福永論文は，我が国において，従来なぜ代理権の範囲について有因・無因が論じられてこなかったのか，代理の本質や我が国の代理法の沿革的側面から詳細に検討した上で判断すべきであると思われると述べられ，詳細な検討を別稿に譲られている。福永・前掲注(5)210頁参照。

(13)　本稿においては，相手方保護範囲，客観的濫用論，本人に過失ある場合，親権者の権限濫用，転得者保護などの論点についての検討に立ち入ることはできない。これらの論点については他日を期したい。

(14)　水本浩「我妻民法学の発足——方法論の確立——」獨協大学法学会編『獨協大学法学部創設25周年記念論文集』88-90頁（第一法規，平成4年）。

II 第1期:ボアソナード来朝前(明治元~6年)

この時期の民法及び商法等の様々な立法準備作業[15]の中で、明治6年6月に、民法の中の代理関係の法規だけが優先的に規定された[16]。すなわち、明治6年6月18日に、代人規則(太政官布告215号)の公布をみたのである[17]。

代人規則においては、その第2条において、代理は次のように定義されている。すなわち、「凡ソ他人ノ委任ヲ受ケ其事件ヲ取扱フ者ハ代人ニシテ其事件ヲ委任スル者ハ本人ナリ故ニ代人委任上ノ所行ハ本人ノ関係タル可シ」[18]。これに示されているように、代人規則においては、委任と代理との区別がなく、代理は委任に基づいて行われた[19]ので、代理行為の相手方・本人間の外部関係(代理関係)と委任者・受任者間の内部関係との概念的区別はなされていなかった。また、代人規則には代理権濫用に関する規定は存在していなかった[20]。さらに、代理権濫用論もこの時期にはまだ見当たらない。

---

(15) 石井良助教授によれば、全体としての明治民法編纂史は、(1)ボアソナード以前の初期民法編纂史、(2)旧民法編纂史(民法典論争史を含む)、(3)明治民法編纂史、の3部に分けられるという。利谷信義編『日本近代法史研究資料集 第一 皇国民法仮規則』(東京大学社会科学研究所 特定研究「日本近代化」研究組織、昭和45年)2頁参照。石井良助教授による(1)ボアソナード以前の初期民法編纂史の時期が、本研究での第1期のボアソナード来朝前の時期にあたるわけである。この時期には、10以上の民法草案が編纂された。これらの草案の検討をなすことは今回できなかった。別稿に譲りたい。ボアソナード以前の初期民法草案の一覧については利谷・前掲5-8頁参照。
(16) 明治当初の立法準備作業と代理法規優先の事情については、遠田新一『代理と意思表示論』9-17頁(法律文化社、昭和60年)参照。
(17) 代人規則が公布される以前の代理制度に関する我が国の民事の慣習や人民の意思については、長尾治助『表見代理論序説』157頁以下(成文堂、昭和46年)を参照。
(18) 代人規則は、長尾・前掲注(17)159-160頁に全文復刻されている。
(19) 遠田新一『代理法理論の研究』12頁(有斐閣、昭和59年)。
(20) ところで、代人規則の第3条には、「凡ソ代人ハ心術誠実ニシテ二十一才以上ノ者ヲ撰ムヘシ」という規定を置き、代人の資格として、代人は成人にして誠実な人格である者を選ぶことが要請されていた。この規定に違反して、誠実ではない者を代人として選び、その結果、本人に損害が生じた場合をどのように処理するかは、代理権濫用と類似した問題であるといえなくもない。この点に関し、長尾治助教授は、「「心術誠実」なることは、とりたてて規定するほどのことがらではないから、この文言は立法者がこれによって訓示的な意味を盛らせたかったものと解せられる」といい、代人規則第3条に違反しても、代理行為の効力には別段の影響がない旨の見解を示されている。長尾・前掲注(17)161頁。

III 第2期 ボアソナード時代（明治6〜28年）

この時期については，ボアソナード草案，旧民法，学説について検討する。

1 ボアソナード草案（明治19年）

ボアソナード草案（G.E.Boissonade,Projet de Code Civil pour l'Empire du Japon）の925条から955条が代理の規定にあてられていた[21]。ボアソナード草案において，代理は，「一個ノ契約ニ一方ノ者依テ以テ他ノ一方ノ者ニ委任者ノ名義ヲ以テ其利益ノ為メ即其計算ノ為メ或ル事物ヲ為スコトヲ委任スルモノナリ」（925条，再閲修正民法草案注釈1425条）という定義が与えられていた。そして946条（再閲修正民法草案注釈1446条）[22]で，代理人が委任者の名義をもって，かつ自己の権限内において第三者と結約した時には，委任者においてこの結約より生ずる直接の責任を負うべきことが規定されていた[23]。

ボアソナード草案においても，925条の定義で明らかになっているように，代理を委任契約そのものであるとしているので，代理行為の相手方・本人間の外部関係（代理関係）と委任者・受任者間の内部関係との概念的区別は意識されていなかった。

また，ボアソナード草案には，「代理人ハ代理ヲ盡スニ善良ナル管理者ノ為スヘキ一切ノ注意ヲ為ス可キモノトス」という代理人の義務に関する規定が存在していた（935条1項，再閲修正民法草案注釈1435条第1項）[24]。背任的意図を有してなす代理権濫用行為は，この義務に違反することになる[25]。しかし，代

---

(21) ボアソナード草案の内容については，本稿では，ボアソナード氏起稿『再閲修正民法草案注釈第3編下巻』第20章代理（1425〜1450条）によった。

(22) ボアソナード草案946条（再閲修正民法草案注釈1446条）は次のような規定である。「代理人其代理契約ニ依憑シ委任者ノ名義ヲ以テ第三者ト結約シタルトキハ委任者ハ其第三者ニ対シ右ノ結約ニ基因スルー切ノ義務ヲ負担ス可キモノトス」。

(23) ボアソナード氏起稿・前掲注(21)340頁。

(24) このボアソナード草案935条1項違反の効果は明文化されていないが，この規定はフランス民法1992条第1項を継受するものであり（ボアソナード氏起稿・前掲注(21)305頁），フランス民法1992条違反の効果は，受任者が損害賠償義務を負うものと解されているので（川上太郎『現代外国法典叢書フランス民法V財産取得法(2)』87頁（有斐閣，昭和16年），ボアソナード草案935条1項においても同様に解することができる。よって，この草案の下では，代理権濫用の場合には，受任者は委任者に対して損害賠償責任を負うことになったであろうということが推測できる。

(25) 背任的意図を有してなす代理権濫用行為は，代理人が負う内部的義務に違反するこ

67

理人の背任的意図が代理関係にどのような影響を及ぼすかという代理権濫用に関する規定は存在しなかった。

2 旧民法（明治23年）

旧民法は，財産取得編第11章（229-259条）において，「代理」という表題で，委任者と代理人（受任者）との関係及び第三者（代理行為の相手方）と委任者または代理人（受任者）との関係を併せて規定していた。この旧民法の229条に代理の定義が示されている。すなわち，「代理ハ当事者ノ一方カ其名ヲ以テ其利益ノ為メ或ル事ヲ行フコトヲ他ノ一方ニ委任スル契約ナリ」。そして，「委任者ハ代理人カ委任ニ従ヒ委任者ノ名ニテ約束セシ第三者ニ対シテ負担シタル義務ノ責ニ任ス」るものとされた（250条1項）。このように，旧民法においても，代理という言葉は委任契約そのものであり，委任者・受任者間の内部関係と代理行為の相手方・本人間の外部関係とが区別されていなかった[26]。

代理人の義務に関しては，代理人は委任の本旨に従い，自己の了知した委任者の意思を斟酌して委任事件を成就する責めに任ずる旨の規定があった（237条1項前段）[27]。この義務に違反した場合，代理人は本人に対して損害賠償を負担することとなった（237条1項後段）[28]。自己または第三者の利益を図る意図をもって代理人が行為をなす場合，代理人は，この義務に違反することになるが，このような場合に，委任者と相手方との間の代理関係がどのようになるのかということに関する規定は旧民法典中にも存在しなかった。

3 学　　説

この時期の学説で，代理権濫用にあたり得る事案について論述している者としては，私が調べたところでは，富井政章しか見当たらない[29]。富井政章は

とになる。しかし，代理人が内部的に負う義務に違反する場合に，常に代理行為が代理権濫用になるわけではない。代理権濫用となるためには，代理人が内部的に負う義務に反することと併せて，代理人に，本人以外の者の経済的利益を図るという故意（背任的意図）がなければならない。

(26)　森島昭夫「委任と代理」『契約法体系Ⅳ 雇用・請負・委任』300, 303頁（有斐閣，昭和38年）。

(27)　旧民法237条1項前段「代理ノ終了セサル間ハ代理人ハ委任ノ本旨ニ従ヒ且明示ナキモ自己ノ了知シタル委任者ノ意思ヲ斟酌シテ委任事件ヲ成就スル責ニ任ス」。

(28)　旧民法237条1項後段「此ニ違フトキハ損害賠償ヲ負担ス」。

(29)　ちなみに，この時期（ボアソナード時代）の代理法に関する書物としては，次のよ

『代理法講義』（明治20年）において，「委任者ハ外人ニ対シテ其代理者ノ過失詐欺ノ責ニ任セサル可カラス」という見解を示している。その理由として，次のようなことを挙げている。すなわち，相手方（外人）が代理人と契約したのは，代理人を信用したためではなくて，委任者その人を信用したことによる。換言すれば，委任者が相手方に向かって自ら選任した代理人と安んじて契約すべきであると告げたのであるから，代理人が信用に背いても相手方がその責に任ずべきいわれはなく，委任者が代理人の選択を誤った責任を負うべきであるからであるという[30]。責任を負うとは，代理行為上の責任を指すものであるか否かは不明である。この富井政章の記述は，代理権濫用にあたる事案を念頭に置いていたのかどうかはわからないが，代理権濫用も，代理人の真意は，自己または第三者の経済的利益を図るところにあるのに，表面上，本人の経済的利益を図るがごとく装っている点に，相手方に対する欺罔行為があるといえるので，代理権濫用行為は詐欺行為でもあるといえる。それゆえ，この富井政章の述べることは代理権濫用についても妥当するとも解し得る。

4 小　括

　この時期には，ボアソナード草案（935条）と旧民法（237条1項前段）において，代理人が代理行為に際して一定の義務を負うことが明らかにされた。旧民法典中には，内部的な義務違反の効果についての規定も設けられた（237条1項後段）。代理人が，自己または第三者の利益を図る代理行為をなす場合には，これらの内部的な義務違反になるが，この代理人の背任の意図が代理関係にどのような影響を与えるかという点についての規定はいずれにも設けられていなかったのであった。学説では，富井政章が代理権濫用にあたりうる場合についての若干の記述をなしていた。

　　うなものが存在する。山田喜之助著・横井鋤太郎記『英米代理法』（博文社，明治19年），伊藤松男・元田直閲『代理法要論』（伊藤松男代言事務所，明治20年），松野貞一郎述『代理法・民法上詐欺ノ観察』（明治21年），山田喜之助『英米代理法』（博文社，訂2版，明治21年），岡野敬次郎述・永滝久吉編『代理法　東京法学院23年度第1年級講義録』。
(30)　富井政章『代理法講義』43頁（中央法学会，明治20年）。

Ⅳ 第3期：明治民法成立の前後期（明治28〜43年）

この時期については，明治民法，判例，学説について検討する。

1 明治民法（明治29年制定・公布）

すでに述べたように[31]，旧民法（財産取得編第11章）においては，委任と代理とが混同されて，契約の名称として「代理」という文字が用いられていた。明治民法においてはこれを改め，明らかに代理と委任とを区別し，代理は総則編にこれを規定し，債権編において委任契約関係を規定した[32]。

ところで，明治民法の委任の規定の中にも，受任者の注意義務の規定が存在する。すなわち，「受任者ハ委任ノ委任ノ本旨ニ従ヒ善良ナル管理者ノ注意ヲ以テ委任事務ヲ処理スル義務ヲ負フ」(644条)。また646条1項には，受任者の受取物引渡し等の義務が規定されている。すなわち，「受任者ハ委任事務ヲ処理スルニ当リテ受取リタル金銭其他ノ物ヲ委任者ニ引渡スコトヲ要ス其収受シタル果実亦同シ」。委任契約が締結されれば必ず代理権も授与されるとは限らないが[33]，代理権が授与されている場合に，代理人が自己または第三者の利益を図る背任的意図をもってなす代理権濫用行為は，以上の委任契約上の義務に反することになる。それゆえ，内部的には，代理人は本人に対して損害賠償義務を負うことになる。

対外的には，このような場合に，どう処理されるかについては，第9回帝国議会衆議院民法中修正案委員会（明治29年3月4日）の審議の中で若干述べられている。すなわち，丁稚をもって金を取りにやったところが，相手方が丁稚であるからということで金を渡したが，その丁稚は金を取って主人に渡さずに逃げてしまったという場合の適用について，中島又五郎委員が質問をしたのに対して，富井政章政府委員は，丁稚は通常，代理人であり，丁稚が主人のためにすることを示して行為をした場合には，無論民法99条によってその法律行為は主人に対して直接に効力を生ずる[34]という見解を示している。

すなわち，富井政府委員は，代理人が自ら費消するなど，自己の利益を図る

---

(31) Ⅲ 2参照。
(32) 梅謙次郎『民法要義　巻之三　債権編』725頁（有斐閣書房，34版，大正3年）。
(33) 梅謙次郎『民法要疑　巻之一　総則編』253頁（有斐閣書房，37版，大正4年）。
(34) 廣中俊雄編著『第9回帝国議会の民法審議』128頁（有斐閣，昭和61年）。

ような代理行為の効果も，民法99条により本人に及ぶと判断しているのである。かかる判断は，委任契約上の義務違反は勿論のこと自己の利益を図るという代理人の背任的意図の存在も代理権の範囲に影響を与えないということを前提としていると解される。

2 判 例

この時期から代理権濫用に関する判例が出現した。すなわち，(ア)第9回帝国議会衆議院民法中修正案委員会の審議の中で示された富井政章委員の見解と同じく，代理人が地位を濫用し不正に自己の利益を図ろうとする場合であっても民法99条の適用があるとするもの（大判明治38年6月10日民録11輯919頁。同旨の判例として，東控判明治38年11月21日新聞323号20頁，大判明治39年3月20日民録12輯275頁，東地判明治43年(ワ)935号及び同年(ワ)934号判決年月日不明新聞683号25頁）(35)と，(イ)親権者の濫用の場合に，相手方が悪意のときには親権を行う者と相手方との直接関係になるとするもの（大判明治35年2月24日民録8輯2巻110頁）(36)とである。これは，相手方悪意の場合には，かかる相

---

(35) 代理人が地位を濫用し不正に自己の利益を図ろうとする場合であっても民法99条の適用があるとするもの。

大判明治38年6月10日民録11輯919頁は，Y銀行の支配人AがA個人として振り出した手形を上告人Xに裏書譲渡し，上告人Xより金銭を得てこれを私消したという事案において，民法99条は「第三者保護ノ為メニ設ケラレタルモノニシテ代理人ノ為シタル意思表示カ其権限内ノ事項ニ関スル事実ト其意思表示ハ之ヲ本人ノ為メニスルコトヲ示シタル事実トアル以上ハ代理人ノ真意カ果シテ本人ノ為メニアリシヤ或ハ又タ其地位ヲ濫用シ不正ニ自己ノ利益ヲ計ラントスルニ在リシヤ否ヤヲ問ハス常ニ必ス同条ノ規定ヲ適用スヘキモノトス」と判示している。

支配人は営業主に対して，雇用および委任の規定に基づき善管注意義務（民法644条），受取物引渡し義務（民法646条1項）を負うので，この判例の事案のように，代理人が，相手方から得た金銭を私消したという場合には，代理人はこれらの義務に反することになる。そして，この判例は，このような場合でも常に必ず民法99条の適用があると判示しているのであるから，この判例も，内部関係上の義務違反，代理人の背任的意図は代理権の範囲に影響を与えないという判断を前提としているといえる。このような判例理論によって，代理人の真意が地位の濫用にあるような代理行為であってもその相手方は保護されることになる。

(36) 相手方が悪意の場合には本人との直接関係になるとするもの。

大審院の明治35年2月24日民録8輯2巻110頁の判例は，親権濫用の事案において，親権者と取引をなす相手方（第三者）において，「第三者カ親権ニ服スル子ト親権者ト取引ヲ為ストキ其親権者ノ行為カ親権ノ濫用ナルコトヲ知ラサル場合ニ於テハ其行為カ親権ノ濫用ニ基ケルコトヲ以テ第三者ニ対抗スルヲ得サルコトハ上告人所論ノ如シト雖

手方と代理人との直接関係になり，代理行為の効果が本人に帰属しないのだと構成することによって本人を保護し，悪意の相手方を排除しているものである。

3　学　　説

岡松参太郎説（明治29年）は，代理権濫用行為の相手方を109条で保護するという解決をなす。すなわち代理権の授与は単独行為であって，①代理人となるべき者に対し，あるいは，②代理人とある行為をなすべき第三者に対して本人が意思表示をなすことによって与えるものであるという。①については「当然云フヲ俟タサルヲ以テ」規定はないが，②の場合は従来の立法の認めないところであるので，109条で規定されたのだという[37]。そして，例えば債権者乙が債務者甲に対し，丙を代理人とすると通知したが，乙・丙間ではまだ委任契約が締結されていない時点で，甲が丙に金銭の支払をなし，丙はこれを費消したという事案では，109条により債権者乙は債務者甲に対し再び請求をなすことができないという[38]。なお岡松説は，109条にいう第三者は善意・悪意を問わないと解しているので，相手方が悪意の場合も同様に解するようである[39]。

4　小　　括

明治民法の立法の過程で，代理権濫用にあたる事案に関する質疑応答があり，そこでは，代理権濫用の場合には民法99条の適用があるとの見解が示されていたのであった。ここでは，代理人の義務違反が代理関係にどのような影響があるのかという議論の立て方はされていないが，民法99条の適用を認めると

モ親権者ト取引ヲ為ス第三者ニ於テ親権者ノ行為カ親権ノ濫用ナルコトヲ知リタル場合殊ニ親権ヲ濫用スルコトニ加功シタル場合ニ於テハ其行為ハ親権ヲ行フ其人自身ト第三者トノ直接関係ニシテ親権ニ服スル子ト第三者トノ間ニ為サレタルモノト云フコトヲ得サル可シ」といい，親権者と取引をなす相手方において親権者の行為が親権の濫用であることについて悪意である場合には，その行為は親権を行なう者その人と相手方との直接関係となる，と判示している。

なお，この時期の親権者も，財産管理権を行使するにあたって「自己の財産に於けると同一の注意を以て子の利益を謀る義務」（明治民法889条）を負った（梅謙次郎『民法要義　巻之四　親族編』361頁（有斐閣，復刻版，昭和59年〔初出 明治45年〕））。この義務違反と，この義務違反に対する相手方の加功行為とが代理行為の成立に影響を及ぼすことを示した判例であるとも言える。

(37)　岡松参太郎『注釈民法理由』219頁（有斐閣書房，明治29年）。
(38)　岡松・前掲注(37) 244頁。
(39)　岡松・前掲注(37) 244頁。

いうのであるから，義務違反，代理人の背任的意図の存在は代理権の範囲に影響を与えないことを前提としていると解される。判例中にも，これと同旨の大審院の判例（大判明38年6月10日）が存在する。また，親権濫用について悪意の相手方は保護されないという判例も存在したのであった。学説としては，岡松説が，代理権濫用の場合には109条を適用して代理の効果を認めている。

V 第4期：ドイツ的解釈法学全盛期（明治43〜大正9年）

この時期については判例，学説を検討する。

1 判 例

この時期には，次のような判例が存在する。

(1) 民法99条に依拠するもの　代理人のなした意思表示が，①その権限内の事項に関すること，②これを本人のためにすることを示してなしたことの二つの事実が存在する以上は，代理人の意思が真に本人のためにするにあるか，またその地位を濫用して，不正に自己の利益を図ろうとするにあるかを問わず，常に民法99条の規定により，本人に対しその効力を生ずるとするものが存在する（大判大正4年2月15日民録21輯99頁。同旨のものとして大判大正6年7月21日民録23輯1168頁）。これは，第3期の大判明治38年6月10日と同趣旨のものである。

(2) 心裡留保規定（民法93条）に依拠するもの　これは，この時期の下級審の判例で初めて出現した（東京控判明治44年㈱119号判決年月日不明新聞812号16頁。同旨のものとして，東京地判大正2年11月12日新聞911号21頁）(40)。この

---

(40) 東京控訴院明44㈱119号判決年月日不明（新聞812号（大正元年9月15日発行）16頁）は，控訴会社Xの専務取締役Aが，自己の金融を図るために約束手形に控訴会社の取締役であることを表示して裏書きをしBに交付したという事案で，次のように判示した。

「民法第九十三条ノ規定ニ依レバ意思表示ハ表示者ガ其真意ニアラザルコトヲ知リテ為スモ其効力ヲ妨ゲラルルコトナキヲ本則トシ只相手方ガ表意者ノ真意ヲ知リ又ハ知ルコトヲ得ベカリシトキニ限リ其意思表示ヲ無効ト為スモノニシテ此規定ハ代理ニ依リテ為ス意思表示ニモ均シク適用セラルルニ因リ仮令代理人ニ於テ本人ノ為メニスル意思ヲ有セザルモ苟モ代理人其権限内ニ於テ此意思ヲ表示スルトキハ相手方ニ於テ代理人ニ其本人ノ為メニスル意思ナキコトヲ知リ又ハ知リ得ベカリシ場合ノ外代理行為ハ茲ニ有効ニ成立シ本人ハ代理人ニ本人ノ為メニスル意思ナカリシコトヲ主張シテ其行為ノ効力ヲ

73

立場は，後述するように（Ⅶ(1)）心裡留保規定を類推適用するというように理論的に修正されて，戦後，最高裁がとるところとなった。

　(3)　民法110条に依拠するもの　代理人が他人の利益を図る目的をもってなした行為は権限外の行為となるが，第三者が権限ありと信ずべき正当の理由があるときは民法110条の規定するところとなるというもの（大阪控判大正3年4月16日新聞951号27頁)(41)。

　　争ふことを得ざるものと云ふべく而して控訴会社の取締役が手形の振出裏書を為す権限を有することは前示各証人の証言に徴して疑ひなきを以て控訴会社の取締役たるAが同会社の為めにすることを示して為したる前示の手形裏書行為は其被裏書人に於ける右Aは控訴会社の為にする意思なきことを知りたるか又は知ることを得べかりし事情の存在なき限り控訴会社に対して其効力を生ずるものと云ふべく」。

　　これをみればわかるように，この判例は，代理人が自己の利益を図るという真意を有する場合には，本人のためにする意思が欠けると見ている。それにもかかわらず代理人が本人のためにする意思を表示しているので，そこに表示と意思の意識的な齟齬が生じているとみて，心裡留保規定を適用するという解決手法を採用しているといえる。この判例は，代理権濫用を代理権の存在という要件に関連させているのではなくて，代理意思とその表示という要件に関連させて解決しているとみることができる。

　　次に掲げる東地判大正2年11月12日新聞911号21頁は，同じく心裡留保規定に依拠して処理している。そして，この判例は，更に，授権行為は第三者に対する関係においてこれを判断すべきものであり，代理行為の本人に及ぼす利害得失または代理人の意思の善悪邪正をもって限界を定めるものではないという判断をも示している。事案は，被告会社Yの専務取締役Aが，会社の営業に関係なくA個人の金融のために手形を振り出したというものであるが，次のように判示した。

　　「Aが其権限内に於て被告会社の代理資格を表示して手形を振出したる場合に於ては同人の真意が会社の為めにするにあらずして自己の金融を計るにありとするも相手方が同人の真意を知り又は知ることを得べかりし場合にあらざれば其振出行為を無効とする能わざるなり何者民法第九十三条の規定は代理によりて為す意思表示にも等しく適用せらるるものなればなり故に手形の振出行為を為すことが業にAの権限に属すること前示認定の如くなる以上其代理資格を以てする手形の振出は相手方に於てAが被告会社の為めにする意思なきことを知り又は知ることを得べかりし事情の存せざる限り常に其権限内の行為にして被告会社に対し其効力を生ずべきものとす蓋し授権行為は第三者に対する関係に於て行為の種類に付て之を判断すべきものにして其代理行為の本人に及ぼす利害得失又は代理人の意思の善悪邪正を以て之が限界を定むべきものにあらざればなり」。

(41)　大阪控判大正3年4月16日新聞951号27頁は，他人の金融を図る目的をもって支配人が手形を振り出したという事案で，その手形は，支配人たるの資格が濫用され，権限外において振り出されたものと認められるが，代理人がその権限外の行為をなした場合においても，これによって第三者が権限ありと信ずべき正当の理由があるときは，民法110条の規律するところとなるので，第三者たる控訴人において支配人に手形発行の権限ありと信ずべき正当の理由があるときは，被控訴人において手形上の債務を負担す

(4) 未成年者の支配人が，営業上必要がないのに手形を発行したという事案で，支配人登記が存在していたことを理由に手形取得者の請求を認めたもの（大判大正3年4月22日民録20輯322頁）。

(5) 会社の清算人が，その職務の執行に必要でない行為であるにもかかわらず，これを必要であるとした場合に，相手方が清算人の真意を知りまたは知りうべき場合の他，会社自ら第三者に対しその責に任じなければならないとするもの（大判大正4年6月16日民録21輯953頁）。

この時期の判例は，以上のように様々に理論構成され，統一されていなかったといえる。

2 学　説

この時期の学説には，(1)民法99条を適用する説，(2)心裡留保規定を直接適用する説，(3)清算人が自己の目的のためにする意思を有し，相手方が悪意である場合には，清算人の行為は背任罪を構成し，相手方はこれを幇助するものであるからその行為は無効となるとする説が存在した。

べきであるという旨の判断を示している。

また，この判例は，本件のように代理人が権限を濫用した場合には，民法93条にいわゆる真意にあらざる行為をなしたことになるという旨の被控訴代理人の抗弁を，自己または第三者の利益を図るという代理人の真意（目的）は，代理権限内の行為であるか否かを決するに重要な事実であるにとどまり，これをもってただちに真意にあらざる意思表示をなしたものであると論断できないとして退けた。

「本件係争の手形八通は何れもAが訴外Bの依頼に基き単に同人の為めに金融を図る目的を以て振出されたるものにして……本件係争の手形は何れもAが被控訴人の大阪支店支配人たるの資格(ママ)を濫用し其権限外に於て振出されたる者と認むるを相当とす……然れども代理人が其権限外の行為をなしたる場合に於ても之に因りて第三者が権限ありと信す可き正当の理由を有するときは本人に於て其責に任ぜざる可からざるとは民法第百十条の規定する所なるを以て本件係争の手形は何れも訴外Aが支配人たるの権限外に於て振出されたるものなることは叙上の認定の通りなるも第三者たる控訴人に於て同人に手形発行の権限ありと信す可き正当の理由あるときは被控訴人に於て手形上の責務を負担す可きや当然の筋合なりとす。……凡そ代理人は其権限内に於て本人の為めにすることを示して意思表示をなすときは直接に本人に対して其効力を生ずることは民法第九十九条の明定する所にして同条に所謂本人の為めにすることを示して為したる意思表示とは畢竟代理人の意思表示によりて法律上の効果を受く可き責任者即ち本人の何人たるやを示して為す意思表示の義に外ならざるを以て苟も本人の名に於て代理人が意思表示を為すときは仮令其目的は自己若くは第三者の利益を図るにありとするも之唯代理権内の行為なりや否やを決するに重要なる事実たるに止まり之を以て直に真意にあらざる意思表示をなしたるものと論断するを得ざるや言を俟たず」。

(1) 民法99条を適用する説

鳩山秀夫は『法律行為乃至時効』（明治45年）[42]で，代理権濫用を民法99条に定められた代理の要件のうち「本人ノ為メニスルコトヲ示スコト」という代理意思の表示の要件と関連させて，おおむね次のように論じている。すなわち，民法は「為メニスル」という字句を二葉の意義に用いており，1つは本条のように，法律上の効果の帰属に関する形式的な意義で用いており，本条における「本人ノ為メニスル」というのは，その法律行為の直接の効果を本人について生ぜしめるという意味である。そして，「判例カ代理人ノ其地位ヲ濫用シテ自己ノ利益ヲ図ラントシタル場合ニ尚本条ヲ適用シタルハ正当ナリ」[43]と述べて，代理権濫用の場合にも民法99条を適用する旨の判断を示しているのである。

(2) 心裡留保規定を直接適用する説

石坂音四郎説は，前述の東京控訴院明44(ネ)119号判決と同様に，心裡留保規定を直接適用することによって代理権濫用を解決している。石坂説は，大判大正4年2月15日（民録21輯99頁以下）の判例批評（大正5年）[44]において，この問題に取り組んだ。

石坂説の構造を示せば次のようになる。すなわち，代理の観念には，代理行為の法律上の効果たる権利義務が本人に帰するをもって足り，その事実上の利益が代理人に帰しても良いので，代理人が代理行為をなすにあたり，本人の名義を用いている以上は，たとえ自己の利益のためにする意思をもって代理行為をなしても，代理行為の法律上の効果が本人に帰することを妨げないので代理は有効に成立する[45]。しかし代理行為の事実上の結果である利益を本人に帰せしめなければならない場合には，表面上，本人の名義を用いていても真に本人の名義を用いる意思があるか否かは明白ではないという[46]。すなわち，代理人が自己の利益のために代理行為をなす場合を①代理行為の事実上の結果たる利益を本人に帰せしむることを要しない場合と，②帰せしむることを要する場合との二つの場合に分け，②の代理行為の事実上の結果たる利益を本人に帰せし

---

(42) 鳩山秀夫『法律行為乃至時効』261頁（厳松堂，明治45年）。
(43) 鳩山・前掲注(42)261頁。
(44) 石坂音四郎「判批」法協34巻12号129頁（大正5年）。
(45) 石坂・前掲注(44)131頁。
(46) 石坂・前掲注(44)133頁。

むることを要する場合には，代理人には，本人の代理人として代理行為をなす意思があるとはいえないとするのである。そこで，このような場合には，代理人は本人に効果を帰属させる意思を有しないのに本人に効果を帰属させることを示していることになるので，心裡留保に関する民法93条の適用によることになるという(47)。したがって，もし相手方において代理人の意思を知りうべきときには，その意思表示は無効となるという(48)。

このように石坂説は，代理人に背信的な意図が存在するときは，同時に本人のためにする内心的効果意思を有しえないのだと構成して，代理権濫用をもっぱら代理意思とその表示との齟齬の問題と捉えているのである。

ちなみに石坂説も，代理人が本人のために借り入れた金銭を消費するような場合には本人に対する基本関係上（例えば委任）の「債務違反」となる(49)と解しているが，このような場合でも，権限内の行為であることを異論なく認めている(50)。

中島玉吉説（大正3年）も，代理権濫用にあたる場合には，代理人の意思表示について心裡留保が生ずるとみていたようである(51)。ただ，相手方が悪意である場合についての検討はなされていない。

(3) 清算人が自己の目的のためにする意思を有し，相手方が悪意である場合には清算人の行為は背任罪を構成し，相手方はこれを幇助するものであるからその行為は無効となるとする説

毛戸説も，大判大正4年2月15日の判例批評（大正5年）(52)で，清算人の権

---

(47) 石坂・前掲注(44)134頁。
(48) 石坂・前掲注(44)136頁。〔補注〕嘩道文芸説が石坂説よりわずかに先行して（石坂説は，嘩道説を引用する〔石坂・前掲注(44)135頁参照〕），代理権濫用事例を念頭に置いて，相手方が，悪意・有過失の場合に，93条ただし書を代理意思の表示に適用し，代理関係が成立しない旨の見解を示していたことにつき，第Ⅱ編第2章Ⅱ3, 4参照。
(49) 石坂・前掲注(44)132頁。
(50) 石坂・前掲注(44)132頁。
(51) 中島玉吉『民法釈義』552頁（金刺芳流堂，訂正4版，大正3年）には，次のような記述がなされている。すなわち，「代理人ニ本人ノ為メニスルノ真意アルヲ要スルヤ，曰ハク然ラス客観的ニ本人ノ為メニスルコトヲ示ス事情存スレハ代理行為トナル，右ノ如キ真意アルヲ要セス，蓋シ外形上ニ於テ本人ノ為メニスルコトヲ示シ内心自己ノ為メニスルノ意思アリト雖モ其内部ノ意思ノ効力ヲ認ムルハ取引ノ安全ニ害アレハナリ（93（同論 38, 6, 10 大審院判決）」。
(52) 毛戸勝元「判批」京都法学会雑誌 11 巻 1 号 86 頁（大正 5 年）。

限濫用の場合について論じている。すなわち，清算人の権限は清算の範囲に限定され，ある行為が清算の範囲にあるかどうかは，各場合の事情によって決すべきではなくて，その行為が性質上，当該会社の清算の範囲に入るか否かによって決すべきであり，清算人が清算会社を代表してなした行為が，その性質上，清算の目的に属する時は，たとえ清算に必要でない行為であっても会社に対して効力を生ずる。しかし，清算人が自己の目的のためにする意思を有し，相手方がこれについて悪意である時は，清算人の行為は背任罪を構成し，相手方はこれを幇助するものであるから，その行為は無効となるという。

3　小　括

この時期になって，判例中に，心裡留保規定に依拠するものが初めて現れたのであった。この心裡留保規定に依拠する立場は，次の時期（第一次大戦後の新思潮期）には大審院の判例中にも現れ，戦後には最高裁の判例として固まるのである。また，民法110条に依拠する下級審の判例も存在した。民法110条に依拠する判例は，この後，現在まで見当たらない。しかし，学説上は，戦後，110条説は有力に唱えられるに至るのである。

学説においては，石坂音四郎説は，心裡留保規定を直接適用する説を採用した。この説は，代理人が自己に利益を帰属させるという意図は，本人に行為の効果を帰属させる意思（代理意思）を欠落させると見る説であり，もっぱら代理意思との関係で代理権濫用を論ずる説であった。清算人が自己の目的のためにする意思を有し，相手方が悪意である場合には，清算人の行為は背任罪を構成し，相手方はこれを幇助するものであるから，その行為は無効となるとする毛戸説も存在した。

Ⅵ　第5期：第一次大戦後の新思潮期（大正9～昭和20年）

この時期についても判例と学説とを検討する。この時期から理論構成は極めて多彩になってきた。

1　判　例

(1)　大判大正9年7月3日民録26輯1042頁[53]は，理事の個人的な利益を

---

(53)　産業組合の理事が，その資格を濫用し私利を営もうとして手形を振り出し，これに

第 1 章　基本的法的構成

図るという目的は代表権の有無に影響を与えないと判示した。これは，前述の第 4 期（ドイツ的解釈法学全盛期）の東京地判大正 2 年 11 月 12 日と同趣旨である(54)。

(2)　99 条に依拠するもの　大判大正 9 年 10 月 21 日民録 26 輯 1561 頁は，民法 99 条の「本人の為めにすることを示して為す」というのは，代理行為から生ずる権利義務を本人に帰せしむるという意味であり，本人に事実上の利益を与えることを必要としないから，代理人が自己の地位を濫用して不正に私利を図るために代理行為をなす場合も本人に対して効力を生ずるという(55)。このように，代理権濫用を代理権の範囲の問題とせずに代理意思と明らかに結びつけて 99 条を明示して処理した判例は，これが最初である。学説としては，第 4 期に鳩山秀夫がこのような見解を唱えていた(56)。

(3)　心裡留保規定に依拠するもの　大判昭和 16 年 5 月 1 日新聞 4712 号 14 頁(57)は，前述の第 4 期の東京控判明治 44 年(ネ) 119 号などと同様に

　　付帯する契約を締結したという事案で，「組合ノ事務ナルヤ否ヤハ之ヲ抽象的ニ観察スヘキモノニシテ縦令個々ノ行為ハ其実理事個人ノ利益ヲ計ルヲ目的トシテ為サレタリトスルモ性質上組合ノ事務ニ関スルモノタルコトヲ得ヘキトキハ理事カ其資格ニ於テ組合ノ為メニスルコトヲ示シテ為シタル行為ノ効力ハ原則トシテ組合ニ及フモノト謂ハサル可カラス若シ夫レ然ラスシテ理事ノ真意如何ニヨリ代表権限ノ有無ヲ定メ其行為ノ効力ヲ決スヘキモノトセムカ第三者ハ不測ノ損害ヲ蒙ムルニ至リ何人モ安シテ理事ト取引ヲ為シ得サルカ如キ不都合ナル結果ヲ生スルニ至レハナリ」と判示された。なおこの時期の同旨の判例として，東京控判大 12 年 6 月 29 日新聞 2176 号 18 頁がある。

(54)　第 4 期の東京地判大正 2 年 11 月 12 日は，心裡留保規定に依拠した判例であるが，前提問題として代理行為の本人に及ぼす利害得失または代理人の意思の善悪邪正によって代理権の限界を定めるべきではないとの判断も示していたのであった。V 1(2)参照。

(55)　「組合理事ノ名義ヲ使用セル借用証書ニ基キ金員ヲ借入ルルニ當リ金員ヲ自己ノ為メニ騙取スルノ意思ヲ以テ之ヲ為シタリトテ代理人カ本人ノ為メニスルコトヲ示シテ意思表示ヲ為シタルモノト認ムルノ妨ケトナルモノニアラス何トナレハ民法九十九条ニ本人ノ為メニスルコトヲ示シテ為ストイフハ本人ノ代理人タルコトヲ示シテ代理行為ヨリ生スル権利義務ヲ本人ニ帰セシムルノ謂ニシテ必スシモ本人ニ事実上ノ利益ヲ興フルコトヲ要セサルモノナレハ代理人カ自己ノ地位ヲ濫用シ不正ニ私利ヲ計ル為メ代理行為ヲ為ス場合ニ於テモ其権限内ノ事項ニ属スル限リ本人ニ対シテ其効力ヲ生スルモノナレハナリ」（民録 26 輯 1561 頁）。

(56)　V 2(1)参照。

(57)　事案は次のとおり。会社 X は大正 14 年 12 月 28 日，訴外 A 銀行に対し定期預金として金 20 万円を預け入れた。その後，会社 X の取締役 B は，大正 15 年 3 月 10 日，会社を代表して金額 20 万円の約束手形を訴外 A 銀行にあてて振り出し，これによって同人自身がさきに同銀行から融通を受けた金 20 万円の手形債務を消滅させることに A 銀

⁽⁵⁸⁾，民法 93 条の心裡留保規定に依拠しているが，心裡留保規定を直接に適用しているのではなく，「準拠」して解決している。

(4) 民法 54 条に依拠するもの　大判昭和 10 年 3 月 10 日新聞 3833 号 18 頁は，代表権濫用を代表権の内部的制限に関する規定である民法 54 条すなわち，「理事ノ代理権ニ加ヘタル制限ハ之ヲ以テ善意ノ第三者ニ対抗スルコトヲ得ス」という規定に依拠して解決する判例である。すなわち，自己の利益を図る目的をもって代表行為をなしたという事由は，内部関係において問題となるにとどまり，善意の相手方にはこの事由を対抗できないが，悪意の相手方に対しては，この事由を対抗し得るとするのである。このような判例は，この時期に初めて出たものである。

(5) この他にも，現在では理論的に克服されているが，会社代表者の権限濫用の場合に，会社の目的と結びつけて解決するものが存在した⁽⁵⁹⁾。

この時期の判例も，以上のように様々に理論構成され，統一されていなかった。

2　学　　説

この時期の学説としては，(1)心裡留保規定直接適用説，(2)権利濫用説，(3)信義誠実違反説，(4)民法 90 条違反説，(5)民法 54 条説，(6)会社の目的と関連させ

行と合意をし，同時に会社の手形債務を担保するために，会社 X を代表して本件定期預金債権を同銀行に質に入れその預金証書を同銀行へ引き渡した。このような事案のもとで，次のように判示された。「然レトモ本件記録ニ依レハ前上告審ハ株式会社ノ取締役カ会社ノ為メニスル意思ヲ有セス自己ノ利益ノ為メ表面上会社代表者トシテ法律行為ヲ為シタル場合ニ於ケル該法律行為ノ効力ハ民法第九十三条心裡留保ニ関スル法律ニ準拠シテ之ヲ決定スヘキモノト做シ以テ前控訴審カ訴外株式会社 A 銀行ニ於テ被上告会社ノ取締役 B カ自己ノ利益ノ為メ権限ヲ濫用シタル事実ヲ了知シテ本件手形取引ヲ為シタルヤ否ヤハ本件手形債務ノ発生ニ影響ナシト解シタルハ心裡留保ニ関スル法理ヲ誤解シテ裁判ヲ為シタル違法アルモノトシ之ヲ理由トシテ前控訴審判決ヲ破棄シ本件ヲ原審ニ差戻シタルモノナルコト明ラカナリ然ラハ原審カ本件ニツキ裁判ヲ為スニ当タリテハ前上告審ノ右法律上ノ判断ニ覊束セラルヘキモノト云ハサルヘカラス果シテ然ラハ前論旨ヲ判断スルニ当リ説示シタルカ如キ事実ヲ原審カ適法ニ認定シタル上心裡留保ノ法理ニ準拠シテ B カ大正十五年三月十日被上告会社（X）ノ取締役トシテ本件二十万円ノ約束手形ヲ振出タル行為ヲ無効ナリト判断シタルハ相当ナリトス」。

(58)　V 1 (2)参照。

(59)　大判大正 10 年 1 月 21 日民録 27 輯 100 頁，大判昭和 13 年 2 月 7 日民集 17 巻 1 号 50 頁。この手法は，今日では理論上克服されているといわれる。於保不二雄「判批」民商 50 巻 4 号 59 頁（昭和 39 年）参照。

る説等が存在する。

(1) 心裡留保規定直接適用説

心裡留保規定を適用する立場は，すでに見たように，判例・学説上，ともに第4期（ドイツ的解釈法学全盛期）にすでに現れていたのであった[60]。また，この第5期にも心裡留保規定に「準拠」して処理している大審院の判例が存在していたのであった。

心裡留保規定に依拠するこの時期の学説は，心裡留保規定を直接に適用していた。(a)末弘厳太郎，(b)我妻栄，(c)大浜信泉の各説が存在した。

(a) 末弘厳太郎説

いうまでもなく，末弘厳太郎は，ドイツ的解釈法学全盛期に対する批判と，これを受けた民法学の展開を直接にもたらした学者である。この末弘厳太郎による2つの仕事が民法学の展開をもたらしたといわれているが，そのうちのひとつである民法判例研究会『判例民法　大正10年度』の中で，末弘は，代理権濫用の判例研究を行なっている。この研究の対象となった大判大正10年1月21日は，代理権濫用を法人権利能力範囲の問題として処理したのであったが，末弘説は，「代理人が本人の名において意思表示を為せるに拘らず実質上自己の為めを計れる場合の代理の効果は尚本人に及ぶべきものなりや否やの問題と関連して研究せらるべき問題で，会社の取締役が自己の名義で手形を振出して置きながら更に自ら会社の名義で之に保証を与ふるやうな場合には反対事実存在せざる限り，其行為の相手方は表意者（取締役）の真意を「知ルコトヲ得ベカリシ」ものとして（九三条但書）自己の不明に因る損失を負担せねばならぬことになるのだと思ふ」[61]と述べて心裡留保規定に依拠して解決すべき旨の判断を示していたのであった。

(b) 我妻栄説

我妻栄は，『民法総則』（昭和5年）において，代理権濫用論について，99条の「本人ノ為メニスル」の要件と関連させておおむね次のように論じている。すなわち，この「本人ノ為メニスル」ことを示すことも代理行為たる意思表示

---

(60) 判例については，Ⅴ1(2)，学説についてはⅤ2(2)参照。
(61) 末弘厳太郎「判批」『判例民法第一巻　大正10年度』13頁以下〔民法判例研究会編〕（有斐閣，5版，昭和4年）。

第Ⅱ編　代理権濫用論

の一部であるから，意思表示の原則の支配を受け，代理人が効果を本人に帰属せしめまいとする意思を内心に蔵していても 93 条によって代理として効果を生ずる妨げとならない。代理人が権限を濫用せんとする意思を有する場合にも，この理由に基づき，原則として代理の効果を生じ，諸般の事情から代理人の不正な意思が相手方から知りまたは知りうべきものであるときは 93 条ただし書によってその効力を生ぜず，したがって代理行為として成立しないと[62]。

この時期の我妻説[63]も，代理人が不正な意思を内心に蔵しているときには，代理人に「本人のためにする」意思が欠缺することになるとみているようである。これは前の時期の石坂説[64]と同趣旨の見解である。

(c)　大浜信泉説

大浜説（昭和 10 年）は，大判昭和 9 年 5 月 15 日民集 13 巻 1123 頁の判批において，産業組合の理事の資格冒用の事案について検討している。大浜説は，まず，産業組合の理事がその資格を冒用して，私利を営む目的に出た行為も，理事の権限内の行為ということができるかということを問題にしている。この点について，法人の代表者が法人の名においてなした行為が，その権限内の行為に属するか否かは，その代表者の意思によって定まるべき問題ではなく，もっぱらその行為の種類乃至性質に鑑みて客観的にこれを判断すべきであり，いやしくもその性質上，組合の事務に属する行為である以上は，その実，理事個人の利益のためになされた場合であっても，これをもって組合の事務に属せず，したがって理事の権限内の行為ではないというべきではない[65]という。

更に，権限内の行為であるとしても，もし相手方において，その理事の真意が組合のためになすのではないということについて悪意である場合には，無効とすべきではないかということを問題とする。そして，この問題を心裡留保の問題として取り扱うべきであるとする。すなわち，代表者による行為にあっては，本人のためにする意思，すなわち代理意思が必要であるが，代理意思は，

---

[62]　我妻栄『民法総則』479 頁（岩波書店，昭和 5 年）。

[63]　戦後になって，我妻説は，代理人が権限を濫用し背任的な行為をするときでも行為の法律的効果を本人に帰属させようとする意思を代理人は有しているのだという認識を有するに至った。Ⅶ 2(1)(a)参照。

[64]　Ⅴ 2(2)参照。

[65]　大浜信泉「判批」民商 1 巻 2 号 49 頁（昭和 10 年）。〔補注〕大判昭和 9 年 5 月 15 日については，本書第Ⅱ編第 5 章Ⅳ 1 参照。

①本人の利益のために意思表示をなし，そして，②直接本人についてその効力を生ぜしめようとする意思を指すにほかならないとする。それゆえこの代理意思については，①の部分について，その表示と代理人の真意とは一致しない場合が生じ，よって，本人のためにする真意なくして，外観上，本人のためにする意思があるがごとくに装い，本人の名において意思表示をしたことになり，この代理意思の部分について心裡留保を生ずるという[66]。

このように，大浜説は，代理意思（本人のためにする意思）について，第4期の石坂説と異なり，独特の理解を示している。石坂説は，「「本人ノ為メニスルコトヲ示シテ」ト云フカ故ニ或ハ代理人ハ本人ニ事実上ノ利益ヲ帰セシムル意思ヲ以テ代理行為ヲ為スコトヲ要スルモノト解スヘキカ如シ然レトモ「本人ノ為メ」ナル文字ハ上述セルカ如キ「本人ニ事実上ノ利益ヲ帰スルカ為メ」ナル意義ヲ有セス独民法百六十四条ノ「本人ノ名義ニ於テ」ト云フト同シク他人ノ代理人タルコトヲ示スコトヲ云フニ外ナラス」[67]と述べていることから明らかなように，代理意思について本人の利益のために意思表示をなすことを要素としていないのである[68]。石坂説は，前述したように，代理人が背任的な意思をもって行為をなすときには，本人に効果を帰属させる効果意思が欠缺するのに，代理人が，本人に効果を帰属させる意思を示している点に心裡留保を認めていたのであった[69]。他方，大浜説は，代理意思について，本人の利益のために意思表示をなすことを一つの要素としているのである。そして，本人の利益を図っているがごとき外観と本人以外の者の利益を図るという代理人の真意との間に意識的な齟齬を認め，心裡留保規定を直接に適用しているのである。このように，大浜説と石坂説とは心裡留保規定を適用するという点においては同類であるが，どこに心裡留保を認めるのかという点について異なるのである。

(2) 権利濫用説

権利濫用説は，前述の心裡留保説よりも遅れて登場した。権利濫用説が登場したのは，大正5年に学説上，心裡留保説が登場したのに遅れること20年余りの昭和13年のことであった。信義則説を最初に唱えたのは竹田省博士で

---

(66) 大浜・前掲注(65)66頁。
(67) 石坂「判批」法協34巻12号131頁（大正5年）。
(68) 我妻・前掲注(62)479頁も同旨。
(69) 石坂・前掲注(67)134頁。

あった。竹田説は，会社代表者，支配人の権限濫用の場合を念頭に置いておおむね次のような見解を示した(70)。

すなわち，支配人または会社代表者の代理権または代表権の範囲は，客観的に当該行為の性質によって定まる。すなわち，会社の代表機関たる代表社員，取締役等は，「会社の営業に関する一切の裁判上裁判外の行為をなす権限を有す」る。また，支配人も「主人に代わりてその営業に関する一切の裁判上の行為をなす権限を有す」るが，法文にいわゆる「営業に関する行為」とは，客観的に営業関係行為と見るべき行為ということであって，具体的場合の事情を見るべきではないとする。それは「法律が，支配人・会社代表者の権限につき一定の範囲を定め且つこれを登記せしめる所以のものは，登記さへ見ておけば安心してこれと取引をすることが出来，具体的の事情を探究して代理権の有無を調べる必要なからしめるためであって，営業に関する行為なりや否やを判断するに当り，一々具体的の事情の調査を要するものとすれば，法律が，支配人等の代理権の範囲を法定した趣旨はすべて蹂躙されることになるからである」(71)という。そして，例えば取締役がその資格で個人用の金を借りだすというような行為も当然その権限内の行為であり，会社が責任を負うのは当然だということになる。

そして悪意の第三者に対しては，この場合であっても「取締役の権限内の行為たることは同じであるが，第三者がそのことを主張することが，法の保護の目的を超脱して権利の濫用だということになるのであると考へる」(72)という。

(3) 信義誠実違反説

大隅健一郎説は，会社の無限責任社員が会社名義を用いて他人に転売の目的で重油を買い入れたという事案の大判昭和13年2月7日民集17巻50頁の判批（民商7巻6号26頁）（昭和13年）では，相手方に代表者の権限濫用につき悪意あるときは，会社はこれを証明して責任を免れることができるとする理由として，「会社代表者の行為につき客観的立場に於て会社の責任を定むるは，専ら其の行為の相手方従って取引の安全を保護するに在るが，此の点に於て悪

---

(70) 竹田省「判批」民商7巻2号160頁以下（昭和13年）。
(71) 竹田・前掲注(70)164頁。
(72) 竹田・前掲注(70)164頁。同旨の学説として，田中誠二「判批」法協56巻12号173頁（昭和13年），実方正雄「判批」民商9巻1号85頁（昭和14年）。

意者を保護すべき理由はないからである」として，信義誠実を理由に挙げていなかったが，その後の大判昭和13年6月11日民集17巻1239頁の判批では，「相手方の行為の職権濫用であり，違法なることを知りつつ之と契約を締結したる当事者が，その行為の効力を主張することは信義誠実の要求に反し，法の保護の目的を逸脱すと認めらるることにその理由を求むべきであろう」[73]といい，信義誠実を理由に挙げている。

(4) 民法90条違反説

　大西耕三説（昭和3年）がこれを主張する。この説は，内部関係から生ずる代理人の義務と代理権の範囲の関係について明らかにしている。すなわち，代理人に向かって表示された授権の範囲は，原則として本人・代理人間の内部関係と一致すべきであり，内部的法律関係によって代理人がなすことを禁止されている法律行為は，同時に代理権の範囲外の行為となる[74]。しかし，内部的法律関係から生ずる代理人の義務のすべてが代理権の範囲を制限するとは考えられず，このことは特に，受任者または事務管理者の注意義務についてそうであるという。例えば，代理人が一層の注意を払い，またはより経験を有していたならばもっと高価に売却ができたであろう場合にも，これより低価の売却は代理権外の行為ではない[75]。そして代理人が内部的法律関係より生ずる義務に反していることを行為時に相手方が知りもしくは知りうべきときでも代理行為の効力に影響を及ぼすものではない。しかし，代理人が単に義務に違反するのみならず，故意に本人に対して損害を加える意図を有し，相手方がこの意図を知って行為を共にした場合にも，行為は代理権の範囲内であるが，本人は民法90条に抵触するものとして行為の無効を主張できるという[76]。

　大西説は，内部から生ずる注意義務違反に反する場合と，注意義務に反しているだけではなく，故意に本人に対して損害を加える意図をも有している場合とを分けて論じ，いずれの場合も代理権の範囲内の行為であることを明らかにしていて，代理権の範囲と義務違反との関係に言及しており，最近の学説の傾

---

[73] 大隅健一郎「判批」『商事法判例研究(3)昭和13年度』51頁〔商法研究会編〕（有斐閣，昭和15年）。
[74] 大西耕三『代理の研究』274頁（弘文堂，昭和3年）。
[75] 大西・前掲注(74)275頁。
[76] 大西・前掲注(74)276頁。

向と一致している点で特筆すべき見解であるといえる。

(5) 民法54条説

升本重夫説（昭和10年）は，大判昭和9年5月15日（組合理事の資格冒用による手形の裏書きの事案）の判比で，民法54条の規定の精神によって，この問題を解決すべきであるとした[77]。すなわち，組合の理事は，株式会社の取締役ないしは支配人と同様，組合との内部関係においては代表権または代理権の行使を制限されるべきであり，また明示の制限がなくても，委任または雇用関係上，代表権を濫用してはならないという暗黙の制限に服するが，このことによって外部に対する代表権または代表資格がそれだけ当然縮小する関係にあるものではない[78]として，内部関係上の制限は，原則として外部関係に影響を与えないとする。しかし，代表権の行使が内部的に制限されていても，このために対外的代表権の縮小を必然に伴うべきではないと解したのは，取引きの安全保護の見地に由来するもので，無用に理事の権限を拡大しようとするものではないという[79]。そこで，理事の代理権に加えた制限は善意の第三者には対抗できないが，悪意の第三者に対してはこの制限を以て対抗し得ることは法の明らかに予定するところである（産業組合法32条，民法54条）ので，専務理事の資格冒用によってなされ，内部的には正当に代表されない組合の裏書きであることについて悪意である第三者には，組合は代理権濫用の人的抗弁を以て手形責任を拒否し得るという[80]。

この升本説も，内部関係上の制限が，代表権にどのような影響を与えるかという点に着目して立論されている。

(6) 会社の目的と関連させる説

会社の目的と代表権濫用とを関連させる判例がこの時期には存在したことはすでに述べたが，学説にも，会社の目的と関連させる説が存在した。納富義光説（昭和13年）は，おおむね次のような見解である。すなわち，代表者の代表権の範囲が登記簿上，抽象的客観的に確定される範囲において代表権が存在す

---

(77) 升本重夫「判批」新報45巻2号136頁（昭和10年）。
(78) 升本・前掲注(77)139頁。
(79) 升本・前掲注(77)141頁。
(80) 升本・前掲注(77)141頁。

るべきであるが，このことは，登記制度が善意者を保護することを目的とすることから，悪意者に対する関係では維持する必要がない。そこで，取締役等が代表行為の形式で，特定の行為をしたが，内実は自己の金融を図る目的のもとにかかる行為がなされたという場合には，このような行為は客観的抽象的には会社の目的の範囲内の行為であるとしても，悪意者に対する関係においては目的の範囲外のものとされなければならないと[81]。

3 小 括

判例には，第4期の下級審に初めて現れた，心裡留保規定に依拠して解決する手法を引き継ぐ大審院の判例が存在したほか，民法54条に依拠するもの，会社代表者の権限濫用の場合に，会社の目的と結びつけて解決するものなどが初めて現れた。判例は統一されていなかった。

学説には，心裡留保規定直接適用説，権利濫用説，信義則違反説，民法90条違反説，民法54条説，会社の目的と関連させる説が，この時期に存在した。心裡留保説は，第4期から学説上存在するものであったが，代理人の背任的意図を代理権と結びつけて解決するというよりも，代理意思とその表示との関係で代理権濫用を捉える傾向が強いものであった。権利濫用説，信義誠実違反説は，この時期になって初めて現れたものであるが，代理人の背任的意図は，代理権の範囲に影響を与えないという原則論を前提として貫くものといえる。民法90条違反説も，この時期になって初めて登場したが，この説は，内部関係の義務違反が代理権の範囲にどのような影響を与えるかということに配慮していた。民法54条説もこの時期になって初めて登場したが，この説は，代表権を濫用してはならないという内部関係上の暗黙の制限が代表権にどのような影響を与えるかという点に着目されて立論されているのであった。民法90条違反説とこの時期の民法54条説は最近の代理権濫用論の傾向と一致している説であるといえる。

Ⅶ 第6期：戦後（昭和20年の敗戦以後現在までの時期）

この時期については判例・学説を検討する。

---

[81] 納富義光『商事法判例研究(3)昭和13年度』202頁〔商法研究会編〕（有斐閣，昭和15年）。

第Ⅱ編　代理権濫用論

1　判　　例

戦後の判例としては，(1)心裡留保規定に依拠するもの，(2)一般悪意の抗弁ないし権利濫用・信義則規定によるもの，(3)代表権の内部的制限に関する規定（民法54条）に依拠するものなどが存在する。心裡留保規定に依拠するものと民法54条に依拠するものとは，戦前（第4期）までに既に現れていたが，一般悪意の抗弁ないし権利濫用規定によるものは，この時期になって初めて登場した。

(1)　心裡留保規定に依拠する判例

すでに繰り返し述べたように，心裡留保規定に依拠する判例は，戦前にも存在した。すなわち，東京控訴院明治44年(ネ)119号判決に始まり，その後，東京地判大正2年11月12日，大判昭和16年5月1日が心裡留保規定に依拠したのであった。

戦後は，最高裁が昭和38年9月5日民集17巻8号909頁で，代表権濫用について心裡留保規定ただし書を類推適用することによって解決する旨の判断を初めて示したのであった。これが，戦後の判例に明確な方向づけを与えたといわれる[82]。

事案は，代表権濫用に関するものであった。すなわち，Aが登記簿上，上告会社Xの代表権限があるのを幸い，自己の利益のために上告会社X所有の建物を被上告会社Yに売り渡したというものである。このような事案のもとで最高裁は，「株式会社の代表取締役が，自己の利益のため表面上会社の代表者として法律行為をなした場合において，相手方が右代表取締役の真意を知りまたは知り得べきものであったときは民法九三条但書の規定を類推し，右の法律行為はその効力を生じないものと解するのが相当である」（民集17巻8号910頁）と判示したのであった。

その後，最判昭和42年4月20日民集21巻3号697頁[83]は，「心裡留保の

---

[82]　昭和38年に最高裁が代表権濫用について民法93条ただし書を類推適用する旨を明らかにする以前にも，戦後の下級審において，心裡留保規定に依拠するものは存在した。名古屋高判昭和28年8月20日高民集6巻586頁，高松高判昭和29年6月9日下級民集5巻6号844頁。

[83]　最判昭和42年4月20日は次のようなものである。「代理人が自己または第三者の利益を図るため権限内の行為をしたときは，相手方が代理人の右意図を知りまたは知ることをうべかりし場合に限り，民法93条但書の規定を類推して，本人はその行為につ

第 1 章　基本的法的構成

類推を，法人の代表機関とか商業使用人の権限にかぎらず，広く代理権の濫用の問題として一般的に立論」[84]したといわれる。最近，親権者による法定代理権の濫用の場合も心裡留保規定の類推適用によって解決するという判例も現れた（最判平成 4 年 12 月 10 日民集 46 巻 9 号 2727 頁）。

最高裁のこの問題に関する判例は，すべて民法 93 条ただし書を類推適用する立場に立っており[85]この立場は，現在では，最高裁の判例としてほぼ固まったものと評されている[86]。

(2)　一般悪意の抗弁ないし権利濫用・信義則規定により解決する判例
戦前には，一般悪意の抗弁ないし権利濫用・信義則規定により解決する判例

　き責に任じないと解するを相当とするから（株式会社の代表取締役の行為につき同趣旨の最高裁判所昭和 35 年(オ)第 1388 号，同 35 年 9 月 5 日第一小法廷判決，民集 17 巻 8 号 909 頁参照），原判決が確定した前記事実関係の下においては，被上告会社に本件売買取引による代金支払の義務がないとした原判示は，正当として是認すべきである」（民集 21 巻 3 号 698 頁）。〔補注〕最判昭和 42 年 4 月 20 日については，本書第Ⅱ編第 5 章Ⅳ 2 (1)(ii)も参照。

(84)　小林一俊「判批」金判 525 号 3 頁（昭和 52 年）。
(85)　代理権濫用に関する戦後の最高裁の判例としては，本文中に挙げた最判昭和 38 年 9 月 5 日，最判昭和 42 年 4 月 20 日の他，次のようなものがある。最判昭和 42 年 7 月 6 日金判 67 号 16 頁，最判昭和 44 年 4 月 3 日民集 23 巻 4 号 737 頁，最判昭和 44 年 11 月 14 日民集 23 巻 11 号 2023 頁，最判昭和 51 年 10 月 1 日金判 512 号 33 頁，最判昭和 51 年 11 月 26 日判時 839 号 111 頁，最判昭和 53 年 2 月 16 日金判 547 号 3 頁，最判昭和 54 年 5 月 1 日金判 576 号 19 頁。
(86)　中島秀二「濫用代理論批判」幾代通先生献呈論集『財産法学の新展開』79 頁（有斐閣，平成 5 年）参照。
　なお，直接の相手方からの転得者と本人間の関係は，最高裁の判例によれば，次のように解決されることになる。すなわち，転得者が，①一般の法律行為によって権利者となった場合，および通常の流通方法によらないで手形を取得した場合と，②手形的譲渡方法によって手形を取得した場合，③小切手を取得した場合とで異なる解決をするということになっている。
　①の場合には，民法 94 条 2 項の類推適用により，本人は，第三者が自己の善意を立証しない限り責を免れる（最判昭 44 年 11 月 14 日民集 23 巻 11 号 2023 頁）のに対し，②の場合には，本人は第三者が手形法 17 条ただし書にいう害意の取得者であることを自己が立証しない限り責を免れないことになり（最判昭和 44 年 4 月 3 日民集 23 巻 4 号 737 頁），③の場合には，小切手法 22 条ただし書により本人は，代理人の知情につき第三者が悪意の取得者であることを主張・立証した場合にはじめて小切手上の責任を免れることになる（最判昭 54 年 5 月 1 日判時 931 号 112 頁）。以上，直接の相手方からの転得者と本人間の関係については，田邊光政「代理権の濫用と手形抗弁」『セミナー法学全集 9 商法Ⅲ』144 頁（日本評論社，昭和 49 年）参照。

は見当たらなかったが，戦後の下級審の中に幾つか，このような理論によって解決するものが見受けられるようになった(87)。例えば，名古屋高判昭和51年11月29日判時851号198頁は，代理人が自己の利を図るために弁済金を受領することを知って，あえて右代理人に弁済金を交付した場合について，「代理人が自己の利をはかるため，本人を代理して弁済金を受領することは，代理人の権限濫用行為というべきであり，このことを熟知しながら，あえてその代理人に弁済金を交付したものは，信義則上本人に対し弁済行為の有効なることを主張し得ないものと解するのが相当である」と判示した。

なお，最高裁の判例でこの立場に立つものは存在しないが，最判昭和42年4月20日民集21巻3号697頁，最判昭和44年4月3日民集23巻4号737頁の両判決には，この立場をとる裁判官大隅健一郎の意見が付されている。すなわち，代理人が何人の利益をはかる目的をもって行為をしても権限内の行為であって，この場合に，相手方が権限濫用であることについて悪意であっても，権限内の行為であることに変りはないが，「このような場合に，悪意の相手方がそのことを主張して契約上の権利を行使することは，法の保護の目的を逸脱した権利濫用ないし信義則違反の行為として許されないものと解すべきである」(88)という。

(3) 民法54条に依拠する立場

戦前，大審院の判例の中に民法54条により解決する判例が存在したことは前述したが，戦後の最高裁の中には，このような解決をするものは存在しない。しかし，下級審の判例の中には，幾つか民法54条に依拠して解決するものが存在する(89)。例えば，大阪高判昭和35年5月14日判時229号38頁は，X会

---

(87) 最判昭和44年11月14日の第一審である福井地判昭和36年2月26日と原審である名古屋高金沢支判昭和42年3月29日とは，悪意取得の抗弁理論を採用している（民集23巻11号2057頁・2069頁）。また，最判昭和44年4月3日の第一審である名古屋地判昭和40年10月25日は，組合の参事が権限を濫用して手形を振り出した場合には，これを知って手形を取得した所持人に対して組合は一般悪意の抗弁または権利濫用の抗弁をもって対抗し得るとの判断を示している（民集23巻4号753頁）。大阪地判昭和51年6月9日も，代表者がその代表権限を濫用して振り出した手形であることを知って同手形を受け取った所持人が振出人に対して右手形金を請求することは信義則上許されないという判断を示している（金判511号33頁）。

(88) 民集21巻3号697頁。

(89) 大阪高判昭和35年5月14日判時229号39頁，大阪高判昭和36年4月12日高民

社の当時の代表取締役であるＡが，同会社の資金繰りのため，Ｙ等から金員を期限を確定せず借り入れたという事案で，「金員借入行為は，定款にいかなる目的を定めた株式会社にとっても，会社の目的遂行に必要な行為として会社の目的範囲内であり，金員借入行為が代表者の権限濫用行為である場合でも会社の目的範囲外となるものではない。金員借入行為が代表者の権限濫用行為である場合に相手方が悪意であれば，商法 261 条第 3 項，第 78 条，民法 54 条により，会社に責任がないというに過ぎぬ」と判示した。

2 学　　説

戦後の学説としては，(1)心裡留保規定（民法 93 条）に依拠する説，(2)権利濫用，信義則，悪意の抗弁説，(3)表見代理説，(4)無権代理直接形成説，(5)民法 108 条説，(6)民法 54 条説，(7)相手方に，本人に対する付随義務違反を問う説がある。(1)，(2)，(6)説は，すでに戦前から存在していたが，(3)，(4)，(5)，(7)説は，学説上は戦後になって初めて登場した[90]。

(1) 心裡留保規定（民法 93 条）に依拠する説

心裡留保規定に依拠する立場は，すでに見たように，戦前から下級審，大審院の判例で採用されることのあったものであり[91]，戦後は最高裁の判例として，ほぼ確定したものと評されているものである[92]。学説においても，戦前から石坂音四郎（大正 5 年），末弘厳太郎（大正 10 年），我妻栄（昭和 5 年），大浜信泉（昭和 10 年）により唱えられていたのであった。

戦後においても，多くの学者によってこの説は唱えられている。この説は，更に，(a)権限を濫用する代理人にも代理意思が存在するので，この規定を直接適用することは出来ないとして擬律，類推，準用，ないし仮託する説，(b)心裡留保規定に新たな機能を与えることによって代理権限濫用を解決する説に分類され得る。

集 14 巻 4 号 257 頁。

[90] 表見代理規定に依拠する判例は，戦前（第 4 期）にすでに存在したことは前述した（Ⅴ1(3)参照）が，学説として現れたのは戦後になってからである。

[91] 東京控判明治 44 年(ネ)119 号判決年月日不明新聞 812 号 16 頁，東京地判大正 2 年 11 月 12 日新聞 911 号 21 頁，大判昭和 16 年 5 月 1 日新聞 4712 号 14 頁。Ⅴ1(2)，Ⅵ1(3)参照。

[92] 戦後の最高裁の判例についてはⅦ1(1)参照。

(a) 心裡留保規定擬律，準用，類推適用，仮託説　　戦前の石坂説，我妻説，大浜説が，代理意思の理解の仕方に相違があるにせよ[93]，代理権濫用の場合には，代理人に代理意思が欠けるとみて心裡留保規定を直接に適用していたことはすでに述べたとおりであるが[94]，これに対して，戦後の心裡留保規定を擬律，準用，類推適用する学説は，権限を濫用する代理人にも代理意思が存在することは否定しえないので，心裡留保規定を直接に適用することは不可能であるということを前提とする。すなわち，石坂説，我妻説は，権限を濫用する代理人は，事実上，本人に代理行為の効果を帰属せしめる代理意思をもって行為をしていないのであるという旨の見解であったが，於保不二雄博士（昭和39年）は，権限濫用行為をなす代理人に代理意思，すなわち，本人に法律効果を発生させる意思が存在するかという点に関し，次のように述べて，既述の石坂説，旧我妻説の理解の仕方と反対の理解を示している。すなわち，「代理人・代表機関が権限冒用行為をする場合には，むしろ積極的に代理行為・代表行為をする意思をもって行為するのであって，代理行為・代表行為をする意思がないことを心裡に留保して行為するということは事実に反する」[95]と。また，大浜説は，代理意思を，①本人の利益のために意思表示をなし，②直接本人についてその効力を生ぜしめんとの意思をさすとして，代理意思が存在するというためには，本人の利益のためにすることを必要としていたが[96]，この理解の仕方に対しては，「代理行為が有効であるためには，本人に法律効果が発生すべきこと，すなわち，代理意思をもってすれば必要かつ十分であって，本人の意思に従うこと，本人の利益のためにすることは必要ではない。自己または第三者の利益をはかる意思を心裡に留保することが代理行為を心裡留保ならしめるとみることは理論に反する」[97]と批判する。

　このように於保不二雄説は，権限を濫用する代理人であっても代理意思を有しており，したがって代理意思とその表示とが存在しているので心裡留保はなく，心裡留保規定を直接に適用することはできないとしているのである。

------

(93)　大浜説は，本人の利益のために意思表示をなすことを代理意思の要素としていたのに対して，石坂説，我妻説は，代理意思について本人の利益のために意思表示をなすことを要素としていないのであった。Ⅵ2(1)(c)参照。

(94)　Ⅴ2(2)，Ⅵ2(1)参照。

(95)　於保不二雄「判批」民商50巻4号60頁（昭和39年）。

(96)　Ⅵ2(1)(c)参照。

(97)　於保，前掲注(95)60頁。

そして，於保説は，民法93条ただし書の規定を類推適用する最判昭和38年9月5日（民集17巻8号909頁）の見解を「判例の見解は，権限冒用行為が心裡留保であると解するのではなく，相手方が知りまたは知りうべきときは無効である，という一般法理をとりあげ，これを単に民法93条但書に擬律したにとどまるのであろう。この意味においてはこの見解は別に非難するには当らない」[98]と評しているのである。於保説のように，代理人が権限濫用行為をなす場合にも代理意思が存在するので，心裡留保は存在しないが，相手方が知りまたは知りうべきときは無効であるという一般法理をとりあげ，民法93条擬律，準用，類推適用，仮託説をとるという立場が，戦後は，支持を受け心裡留保説の中で主流を占めるのである[99]。

また，我妻栄説は，以前（昭和5年）には，代理人が権限を濫用しようとする不正な意思を有する場合には，代理人は効果を本人に帰属させる意思はないのだと解し，心裡留保規定を直接に適用していた[100]が，戦後（昭和40年）になって，代理人が権限を濫用し，背任的な行為をするときでも，行為の法律的効果を本人に帰属させようとする意思は存在すべきであるので，代理人が「背任的意図をもっていることを相手方が知りまたは知りうべかりしときは相手方の立場を考慮することなく，本人の利益をはかることが適当である。そこで第93条但書の趣旨を類推して，代理行為の効力を否認すべきことになる」[101]と述べて，93条ただし書類推適用説に変更している。

---

[98] 於保，前掲注(95)60頁。〔補注〕於保説は，更に，「権限冒用行為を無効ならしめる本体は「権限」の問題にある」と述べておられる。

[99] 心裡留保規定を準用，類推適用する立場，あるいは心裡留保規定に擬律，仮託するという立場をとる説は以下のとおりである。於保不二雄『民法総則講義』219頁（有信堂，昭和34年），松坂佐一『民法提要 総則』203頁（有斐閣，新版，昭和39年）・258頁（第3版増補，昭和56年），我妻栄『民法総則』344頁（岩波書店，昭和40年），星野英一「判批」法協82巻4号95頁（昭和41年），淡路剛久「判批」法協85巻4号155頁（昭和43年），東孝行「判批」神戸18巻1号149頁（昭和43年），松田二郎『会社法概論』220頁（岩波書店，昭和43年），幾代通『民法総則』311頁（青林書院新社，昭和44年），星野英一『民法概論Ⅰ』136頁（良書普及会，改訂版，昭和55年），森泉章『公益法人の現状と理論』112頁（勁草書房，昭和57年），辻正美「判批」別冊法教『民法の基本判例』36頁（昭和61年），川井健ほか編『民法コンメンタール総則3』308頁〔半田吉信〕（ぎょうせい，平成元年），近江幸治『民法講義Ⅰ』206頁（成文堂，平成3年）。

[100] Ⅵ 2(1)(b)参照。

[101] 我妻・前掲注(99)344頁。

第Ⅱ編　代理権濫用論

ところで，権限を濫用する代理人の行為には心裡留保は存在しないことを認めるにもかかわらず，なお，心裡留保規定に擬律，仮託し，または，この規定を準用，類推適用する根拠は，論者により異なる。

星野英一説（昭和41年）[102]は，これを主に実質的判断に求めている。すなわち，星野説は代表権濫用の事案を念頭に置いているのであるが，相手方が代表機関の真意を知っていた場合に法人に効果が帰属しないとする点にはまず異論がないとされ，相手方がこれを「知り得べきものであったとき」をどう解するかが問題であるとして，相手方にどの程度の注意義務を課するのが妥当かを更に良く考え，かつ民法57条とのバランスをも考え，「相手方としては，進んで代表機関が私利をはかるために代表行為をしているか否かについてまで調査する必要はないが，といって，特に何もしなくても代表機関の私利をはかろうとの真意が通常人なら当然わかるような場合」[103]には保護に値しないとする。この実質的判断を基礎にして，「悪意の者のみ保護されないとする権利濫用論でなく，民法93条が，同じ結果を認めたものとして，これを類推適用してもまあよいであろう。ただ，同条は，「心裡留保」の規定で，本件とは予定している事態がかなり異なる。従って同条を持ち出すのは，ただ何等かの規定をあてはめるだけのことで，むしろこれを引き合いに出さない方が良いと思うが，特に咎めることもあるまい」[104]とする。

東孝行説（昭和43年）は，代理権濫用の場合は，民法93条ただし書を類推する基礎がある（類似性がある）ということを根拠とする[105]。すなわち，我々が重要としている事項が，真意として内心に留保されていることは，代理権濫用の場合も心裡留保の場合も同じであり，単にその事項が意思表示の内容となるか否かが異なるに過ぎないということをひとつの根拠とする。更に，このような重要とする事実を相手方が知り得た場合に，これを通常の原則的な法的保護のレベルから降ろす理由が，もしこれをそのレベルにとどめると信義に反し，我々の法感情に反する点も，心裡留保の場合も代理権濫用の場合も共通であることをも根拠としている[106]。

---

(102)　星野・前掲注(99)539頁。
(103)　星野・前掲注(99)543頁。
(104)　星野・前掲注(99)543頁。
(105)　東・前掲注(99)156頁。同旨，森泉・前掲注(99)111頁，半田・前掲注(99)307頁。
(106)　東・前掲注(99)156頁。同旨，淡路前掲注(99)649頁。

(b) 心裡留保規定に新たな機能を与えることによって代理権限濫用を解決する説　中舎説は，93条が，ある意思表示がなされた場合に，その背後にある事情を相手方に主張し得るか否かに関する規定であると捉え，代理人の権限濫用の問題も，ある代理行為がなされた場合に，代理行為の背後にある代理関係，すなわち内部関係（例えば委任では善管注意義務違反など）を相手方に主張できるか否かという問題であると捉えて，93条ただし書を適用する[107]。このような問題の捉えかたは，表見代理説の問題の捉え方に近い。すなわち，表見代理説も，内部関係上の制限の対第三者効を考えているのにほかならないといい得るからである[108]。

(c) 以上に見たように，戦後の93条に依拠する学説は，戦前の93条に依拠する学説と理論的には若干異なるものといえる。

(2) **権利濫用，信義則，悪意の抗弁説**
悪意の相手方からの権利主張を封ずる理論構成として，権利濫用（民法1条3項）を根拠にする説は，戦前の第一次大戦後の新思潮期に竹田説（昭和13年）によって初めて唱えられたことは前述した[109]が，戦後にも，この流れをくむ説が多数存在する。これらは，あるいは，権利濫用を根拠にし，あるいは信義則を根拠にし，あるいは悪意の抗弁を根拠にする[110]。これらの説は，当初は別のものとして唱えられた[111]。しかし，現在では，権利濫用説と信義則説とは，ともに基底をほぼ同じくする一般条項に準拠するもので，本質的な差異のない見解と解されている[112]。悪意の抗弁説もこれらと同旨の見解であると解されている[113]。

このカテゴリーに属する説を戦後初めて唱えたのは，山中康雄説[114]（昭和30年）であった。山中説は，債権取立ての代理権ある者が権限を濫用し，着服横

---

(107) 中舎寛樹「代理人の権限濫用行為と民法93条の役割」名法90号92頁（昭和57年）。
(108) 中舎・前掲注(107)92頁以下参照。
(109) Ⅵ2(2)参照。
(110) 本稿注(119)参照。
(111) Ⅵ2(2)及び(3)参照。
(112) 松岡正美「判批」法時33巻1号111頁（昭和36年）。
(113) 松本恒雄「代理権濫用と表見代理」判タ19頁（昭和56年）。
(114) 山中康雄『民法総則講義』286頁（青林書院，昭和30年）。

領の意図をもって取り立てたというような場合には，「代理人は授権の原因たる委任契約その他の契約上の義務違反の責任を負うべきことは当然だが，代理権授与を委任類似の無名契約と解する立場においても，けだし代理人が代理行為をなすことにつき注意義務を負うのは右授権契約ではなく，原因たる契約にもとずくのであるから，右授権契約上の義務違反と見るべきではない」[115]と述べている。このように山中説は，代理権濫用は，授権の原因である委任契約その他の契約上の義務に違反することを明らかにしている。また，注意義務を負うのは授権契約ではなく，原因たる契約に基づくことを明らかにしている。山中説は，授権行為は代理権濫用の場合であっても瑕疵のない有効なものであると解しているので，善意の相手方は有権代理で保護されることになる[116]。

相手方が代理人の背任横領の意図について悪意・重過失のときの本人保護の理論としては，「右弁済の有効を本人に対して主張することが信義誠実則にもとるかどうかということで判断し，信義誠実則に違反するときは，相手方は右弁済の有効なることをもって本人にたいして対抗しえぬと解したい」[117]と述べて，信義則説をとることを明らかにした。

なお，山中説は，相手方に単なる過失ある場合に濫用の抗弁を本人に認めることになる93条ただし書類推適用説を批判して，「九三条但書の類推説は，相手方に代理人の背任的意図がないかどうかにつき不当に高い注意義務をおわせることになるのではないかという疑問を私は禁じえない」[118]と述べている。山中説は，以上にみたように，代理権濫用は授権の原因である委任契約その他の契約上の義務違反であることを明らかにし，かつ授権行為は瑕疵のない有効なものであると解しているのである。

山中説以後，現在まで，この権利濫用，信義則，悪意の抗弁を根拠とする学

---

(115) 山中・前掲注(114)286頁。
(116) 菅原説も，権限濫用は会社と機関担当者との内部関係たる善管注意義務違反の問題に過ぎないので，対外的には機関の権限内において代表資格を示して行為がなされる以上，常に機関の代表行為が存在するという。菅原菊志「判批」法学28巻4号118頁（昭和39年）。米沢説も，権限濫用行為は内心的な忠実義務違反の問題であり，代表権限内行為であることに変りはなく，いずれも代表権の制限にはならないという。米沢明「判批」関学15巻2号78頁（昭和39年）。小橋一郎「判批」民商62巻2号291頁（昭和45年）も同旨。権利濫用，信義則，悪意の抗弁説は，代理権濫用の場合であっても，授権行為は瑕疵のない有効なものであると解しているといえる。
(117) 山中・前掲注(114)286頁。
(118) 山中・前掲注(114)287頁。

説が多数出現した⁽¹¹⁹⁾。その中でも高橋三知雄説（昭和51年）⁽¹²⁰⁾は，ドイツの

---

(119) 本文中で述べたように，権利濫用を根拠にする説も，信義則を根拠にする説も，悪意の抗弁を根拠にする説も，現在では本質的な差異のない見解であると解されているが，以下に，便宜上，①権利濫用を根拠とする説，②信義則を根拠にする説，③信義則と権利の濫用の両方を根拠とする説，④悪意の抗弁を根拠とする説，⑤権利濫用か一般悪意の抗弁によって解決をはかる説，⑥信義則，権利濫用，悪意の抗弁をすべて根拠とする説に分けて挙げておく。

①権利の濫用を根拠とする学説としては，柿崎栄治「判批」法学37巻1号183頁（昭和48年）。石田満「判批」手形小切手判例百選（新版・増補）265頁（昭和51年），堺一郎「判批」法時590号136頁（昭和54年），栗山徳子「代表取締役の代表権と代表取締役の専断的行為・代表権制限違反行為」立正17巻4号47頁（昭和58年），土橋正「代理権の濫用」森泉章教授還暦記念論集『現代判例民法学の課題』129頁（法学書院，昭和63年）。

②信義則説をとるものとして，山中・前掲注(114)286頁，野津務「代表取締役」田中耕太郎編『株式会社法講座　第3巻』1111頁（有斐閣，昭和31年），松本・前掲注(113)18頁，四宮和夫『民法総則』240頁（弘文堂，第4版，昭和61年），平井一雄「代理権の濫用」法セ385号40頁（昭和62年）。

③信義則と権利濫用の両方を根拠とする説として，亀井秀夫「代表取締役の代表権の踰越と濫用」『末川先生古稀記念・権利の濫用　中』187頁（有斐閣，昭和37年），菅原・前掲注(116)119頁，米沢・前掲注(116)79頁，米沢明「会社の代表権限濫用行為（2・完）」関学16巻1号69頁以下（昭和40年），蓮田良憲「判批」ジュリ昭和44年度重要判例解説85頁（昭和44年），米沢明「判批」判時612号136頁（昭和46年），黄清渓「判批」法研51巻8号84頁（昭和49年），高橋・前掲注(4)236頁，柴田保幸「判批」金法832号30頁（昭和52年），高森八四郎「代理権限の濫用」法セ267号98頁（昭和52年），米沢明「代表取締役の代表権限と違法行使の効果」末川先生追悼論集『法と権利2』290頁（有斐閣，昭和53年），畑肇「判批」ジュリ昭和53年度重要判例解説120頁（昭和53年），川井健『無効の研究』90頁（一粒社，昭和54年），田沼柾「わが国における代理権濫用」中央大学大学院研究年報9号11頁（昭和54年），上田宏「判批」判時951号177頁（昭和55年），石田満「判批」手形小切手法判例百選（第3版）57頁（昭和56年），倉沢康一郎「判批」法研55巻10号104頁（昭和57年），並木和夫「判批」法研56巻1号111頁（昭和58年），菅原菊志「判批」ジュリ818号102頁（昭和59年），稲田俊信「手形行為と権限濫用」染谷義信博士古稀記念論文集『法と現代司法』153頁（昭和64年），米沢明「代表取締役の権限濫用行為の効力」関学43巻4号1頁（平成4年）。

④悪意の抗弁説をとるものとして，上柳克郎「会社の能力」田中耕太郎編『株式会社法講座第1巻』101頁（有斐閣，昭和30年），小橋一郎「判批」民商62巻2号291頁（昭和45年）。

⑤権利濫用か一般悪意の抗弁によって解決をはかるものとして，境一郎「法人の手形能力」鈴木竹雄・大隅健一郎編『商法演習Ⅱ』108頁（有斐閣，昭和35年），柿崎栄治「判批」法学37巻1号176頁（昭和48年）。

⑥高鳥説は，悪意者が権利を会社に対して主張することは信義則または権利濫用とし

代理権濫用理論をほぼそのまま採用してもさしつかえないとし[121]、そのような観点から論じられている。高橋説は、心裡留保規定の準用によっては問題は解決しないとし、残された道として、代理権が濫用され、相手方がその事実を知りうべき限りにおいて無権代理となると解するか（内因的解決）、それとも、有権代理であることには変りないとしつつ悪意の抗弁によって本人の責任を否定するか（外因的解決）のいずれかを挙げられている[122]。そして、相手方の故意とか過失によって代理権そのものが限界づけられると考えるべきか、それとも代理権そのものは依然として存在するべきかは優れて理論的な問題であるが、理論構成という点からすれば後者、従って権利濫用ないし信義則違反によって処理する見解の方がよりすぐれているとされたのであった[123]。

(3) 表見代理説

戦前（第4期：ドイツ的解釈法学全盛期）の下級審の判例のなかに、代理人が他人の利益を図る目的をもってなした行為は権限外の行為となるが、第三者が権限ありと信ずべき正当な理由があるときは民法110条の規定するところとなるという立場をとるもの（大阪控判大正3年4月16日）が存在したことは、前述した[124]。

学説においては、我が国では戦前には表見代理説は存在しなかったのであり、戦後になって初めて登場した。これを最初に唱えたのは、舟橋諄一説（昭和29年）である。舟橋説は、代理行為の成立要件である「本人の為めにする」意思

　て許されず、会社は相手方に一般悪意の抗弁をもって対抗しうるといい、信義則、権利濫用、悪意の抗弁をすべて織り込むような理論構成をする。高鳥正夫「法人代表行為の病理現象」法研44巻3号33頁以下（昭和46年）。同旨、山口幸五郎「代表取締役の権限濫用行為及び専断的行為の効力」ジュリ増刊『商法の争点』96頁（昭和53年）。

　更に、服部栄三「判批」法学42巻3号369頁（昭和53年）は、権限濫用自体を独立のカテゴリーと考えて、本人は悪意の相手方に対しその悪意を立証して、権限濫用を対抗できると考える。その根拠は、権限濫用という一種の違法行為について悪意である者は違法行為の協力者とも認められるので、本人はこの者の権利行使を拒むことができるという点にあるという。この説は、権利濫用ないし信義則説に近いが同じではなく、権限濫用を独立のカテゴリーとなす説であるという。

(120)　高橋・前掲注(4)205頁。
(121)　高橋・前掲注(4)232頁。
(122)　高橋・前掲注(4)234頁。
(123)　高橋・前掲注(4)236頁。
(124)　Ⅴ1(3)参照。

第1章　基本的法的構成

を,「その行為を本人が直接したと同様の効果を事実上発生させようとする意思」[125]と解するのであるが,「代理人が, 私利をはかろうとして権限を濫用し, 背任的行為をした場合, 例えば, 持ち逃げをしようとして, 金銭を代理受領した場合につき, かかる代理意思の存否が問題とされているが, 私見によれば, この場合にも, 前述の意味の代理意思の表示は存在し, ただ, 正当な代理行為のため與えられた代理権を濫用したものとして, その濫用となる範囲において, 代理権が存在しないこととなるため, 無権代理となり, したがって, 相手方は, 表見代理の規定によって, 保護を受けることとなるのである」[126]として, 代理権濫用は無権代理であり, 相手方は表見代理で保護されるという見解を示す。この表見代理説は, その後何人かの学者により支持された[127]。

---

(125)　舟橋諄一『民法総則』131頁（弘文堂, 昭和29年）。
(126)　ところで舟橋説は, 任意代理権の発生原因について本人・代理人間の内部的事情によって代理行為の相手方たる第三者に迷惑をかけることをできるだけ避けて取引きの安全を図ろうとする見地から単独行為説を採用し, この授権行為を単独行為とする趣旨を徹底するため, 授権行為を基礎的法律関係の効力から切り離し, これに独自的存在を認めて, 内部的関係を発生させる基礎的法律関係が, 代理人たる者の意思表示によって無効または失効しても授権行為はその効力を失わないとして, 授権行為の無因性を認めている。
　このように舟橋説は, 内部的関係を発生させる基礎的法律関係の無効・失効の場合には授権行為の無因性を認めている一方で, 内部的義務違反の行為である代理権濫用の場合には, 授権行為の無因性を認めず, 濫用となる範囲において無権代理となるとして授権行為の範囲における有因性を認める説である。舟橋・前掲注(125)127頁。
(127)　同旨の説として, 川島・前掲注(1)380頁。川島説は,「問題となるのは, 抽象的形式的に観察すれば代理権の範囲に属する行為が, 実質的には, 本人の利益のためではなくて代理人その他の者の利益のためになされる場合である。言うまでもなく, そのような行為は, 代理権の範囲には属しないと解すべきであるが, 取引の相手方がそのような実質的側面を知らず, 且つ知らないことが「正当の理由」を有するときは110条によって保護されるのである」という。
　ところで, 川島・前掲注(1)322頁以下によれば, 川島説は, 授権行為を単独行為と構成する。そして授権行為の原因たる雇用・委任等の契約の無効取消し, 解除等は, これと結びついた授権行為の効力にいかなる影響を及ぼすかについては, 授権行為が独立の別の意思表示によってなされた場合でも, 授権行為を原因関係から分離された独立の法律行為（無因行為）として取り扱うべき旨の規定がない以上, 当事者の通常の意思解釈上, 授権行為と原因関係とは有因関係にある。すなわち, 後者の無効は前者の無効をきたし, また取消し, 解除によって前者は失効すると解すべきであるという。川島説は, 内部関係の成立, 存続, 終了のすべての段階で, 代理権の有因性を貫く見解であるといえる。
　舟橋説, 川島説と本文中に挙げる伊藤, 福永説のほか表見代理説をとる学者は次のと

第Ⅱ編　代理権濫用論

　特に伊藤進説（昭和52年），福永説（昭和53・54年）は，ドイツ代理権濫用論を詳細に検討された上で表見代理説を採用されている。

　伊藤説は，代理権濫用の問題は，代理における内部関係と外部関係との分離，無因論と密接にかかわりを持っており，分離・無因論をどのように捉え評価していくかということと切り離すことのできない問題であるとして，その法的解決のための理論構成をおおむね次のように試みられている(128)。すなわち，代理理論を本人の効果形成意思や本人の私的自治の観点から捉えることを法律行為論の中に代理を正当に位置付けるものとして評価し，かかる観点から，代理効果の帰属に関する本人の意思や目的が決定的なものとして位置付けられ，代理においては，その内部関係は本人への効果帰属にあたり重要な要因として位置付けられることになる。このことから，少なくとも代理権の濫用問題と関連する代理権の範囲に関しても，代理権の消滅の場合と同様に，代理権とその原

　　おりである。木村常信「外部的授権と代理権の濫用」鹿法2号14頁（昭和41年），下森定・別冊ジュリ民法判例百選Ⅰ総則・物権74頁（昭和49年），鈴木禄弥『民法総則講義』164頁（創文社，昭和59年），青野博之「代理権の濫用と過失相殺的処理——西ドイツ・連邦裁判所1968年3月25日判決を参照して——」判タ671号38頁（昭和63年），小林一俊「判批」金判525号5頁（昭和52年），石田穣『民法総則』442頁（悠々社，平成4年），椿寿夫『民法総則講義（下）』244頁（有斐閣，平成6年）。〔補注〕本稿公刊後，薬師寺志光『日本民法総論新講　第3冊』（明玄書房，昭和29年10月）に接した。薬師寺説は，110条説である（薬師寺・前掲書657-658頁参照）。薬師寺著の奥付によれば，舟橋諄一著（舟橋・前掲注(125)の奥付によれば，昭和29年4月初版発行）より公刊が，半年程度後である。薬師寺説は，代理権濫用の意義につき，任意代理権の場合と法定代理権の場合とを分ける。前者の場合，たとえ本人の利益に反しなくても，本人の意思に反して代理権を行使することは，代理権の濫用となり，本人の「主観的利益」に奉仕すべき旨，述べ，後者の場合は，本人の「客観的利益」に奉仕すべき旨，述べている。そして，「権利又は権限が濫用されるところ，既に権利又は権限なしといわねばならないから……代理権者が，代理権の目的又は本人の指図と矛盾することを意識して形式的にはその権限に属する事項につき，代理権を行使する場合には，これ実は代理権の行使ではなく，従ってその者の為した代理行為は，代理権に基かないいわゆる無権代理行為となる……」。「しかし，相手方が過失に因らないで代理権濫用の事実を知らないときは，一一〇条に依り，本人に対し代理人の行為につき，責任を問うことが出来る」と述べる。

(128)　伊藤・前掲注(4)54頁，伊藤教授は代理権濫用に関して，「代理権の濫用」金判559号52頁以下（昭和54年），「表見代理，代理権の濫用」法教144号34頁以下（平成4年）も著されている。〔補注〕伊藤説は，『代理法理の探究』（日本評論社，平成23年）を著わされ，代理権濫用に関する見解を改説されている（本書第Ⅱ編第8章Ⅳ1参照）。

因たる内部関係につき有因としてみていくことが妥当であるとする。このことによって，内部関係の義務等違反，執行権限踰越は常に代理権自体の踰越となり，無権代理となることから出発し，表見代理理論によって第三者の信頼保護を図り，代理制度を利用して取引の安全を求めていくという解決をとられている。

伊藤説は，代理権濫用の問題は，代理における内部関係と外部関係の分離・無因論と密接にかかわりを持つことを明確に認識し，代理理論について本人の形成意思を重視することによって代理権の範囲についての有因性を認めたものである。

福永礼治説[129]は，おおむね次のような理論を提示される。すなわち，代理権濫用の問題とは，直接規律する明定法規の存在しない代理権濫用という現象をいかに法的に処理し，かつそれを理論構成するかという問題であるとされ，このような代理権の濫用の問題を実質的な観点から把握するならば，代理権濫用行為という代理人の内部的義務違反行為によって生じる危険を本人または相手方のどちらが負担すべきか，またどのような事情のもとで，本人あるいは相手方にその危険を負担させることが合理的かつ妥当であるかといった，危険の分配の問題として捉えることができると述べられる[130]。

そして，このように危険の分配の問題として捉えるならば，その解決を検討する際に，代理権濫用を一律に論じることは妥当ではないので，内部的義務違反といった代理人による危険に本人が関与し，その危険を防止したり除去したりすることが可能な「任意代理・機関代理」の類型の場合と，それができない「法定代理」の類型の場合とに類型化し，それぞれの類型ごとに，どのような事情の下ではどの程度の危険を本人あるいは相手方に負担させることが合理的であるかを検討されている[131]。

本人の関与可能性のない「法定代理」の類型の場合には，代理の効果を否定して法定代理の実質的目的の追求を一貫させる一方，相手方の保護を代理の

---

[129] 福永・前掲注(4)「代理権の濫用に関する一試論(1)」129頁以下，同・前掲注(5)(2・完)177頁以下。なお福永教授は，代理権濫用に関して，「代理権の濫用と相手方保護」ロースクール30号24頁（昭和56年），「判批」ジュリ1048号98頁（平成6年）も著わされている。

[130] 福永・前掲注(5)210頁以下参照。

[131] 福永・前掲注(5)211頁以下参照。

効果発生による方法とは別の手段によって試みる[132]。すなわち，たとえ相手方が善意であっても無権代理であり，代理の効果は生じないが，右の場合には，相手方は本人との間で契約締結上の過失責任に基づき損害賠償法上保護されると解することが妥当な法的処理とする[133]。

本人の関与可能性のある「任意代理・機関代理」の類型の場合の法的処理については，濫用行為であっても代理の効果は発生すべきであるが，相手方において代理人の行為が濫用行為であることを知っている場合や過失によって知らない場合には，相手方に危険を負担させるべきであり，代理の効果の発生は否定されるべきものと解されており[134]，相手方が善意・無過失であれば民法110条の表見代理が成立し，代理の効果が発生するとされる[135]。

また，代理関係と内部関係との間をいかに把握するかという問題については次のように述べられる。すなわち，代理権が存在するというのは，単に何らかの代理権を有するというだけではなく，当該の代理行為が代理権の範囲内にあることを意味するのであるから，代理権の発生を有因と解するならば，その範囲についても有因性が貫かれると解すべきである。すなわち，代理権の発生を内部関係と一体の法律行為によるものとする融合契約説や別個の法律行為としながらもその牽連性を認める説においては，義務違反行為のように本人の欲しない代理権の授与はあり得ないということから，内部的義務違反行為は代理権の範囲外の行為であると解すべきであると。このように代理権の範囲についての有因性を認めておられる[136]。福永説は，代理権の範囲についての有因性を認める見解である。

(4) 無権代理直接形成説

浜上則雄説（昭和46年）が，これを唱えた。すなわち，代理権は，それが授与される原因となった法律関係（委任，雇用，組合など）とは別のものであり，それの無効によって影響を受けないが（代理権の独自性と無因性），代理人による代理権の濫用の場合には，相手方がそれを知っているか，もしくは過失に

---

(132) 福永・前掲注(5)216頁以下参照。
(133) 福永・前掲注(5)219頁以下参照。
(134) 福永・前掲注(5)212以下, 217頁以下参照。
(135) 福永・前掲注(5)222頁以下参照。
(136) 福永・前掲注(5)208頁以下参照。

よって知らないときには，代理行為の独自性と無因性はその限定を受けるもの（有因）と解するのである(137)。この見解は，代理権濫用の場合に，相手方が，悪意・有過失の場合には代理権の独自性と無因性を否定して無権代理となり，善意・無過失である場合には代理権の独自性と無因性とを肯定し，相手方を有権代理で保護する見解であると解される。前述の表見代理説との違いは，次のような点に存する。すなわち，表見代理説は，相手方が濫用であることについての相手方の主観（善意・悪意）にかかわらず，濫用であれば代理権の範囲の有因性を認め無権代理となると解するのに対して，この無権代理直接形成説は，相手方が濫用であることについて悪意・有過失である場合に限って，代理権の範囲の無因性を否定して，無権代理となるとしている点に存するのである。

(5) 民法108条説

この立場は，戦後，谷口知平説（昭和37年）によって唱えられた。すなわち，代理人が本人を良俗に反する方法で害するために第三者と故意に協力したり，代理人が自己自身の利益のために代理権を濫用した場合，形式的には相手方代理や双方代理の禁止（民法108条）に違反しないとしても，この趣旨を類推して，本人について無権代理と見て，本人の追認を俟って本人への効力を認めるという見解である(138)。また相手方がこの代理権の濫用を知りうべきであったか否かにより区別し，知りうべきであった場合のみ本人を拘束せず，知りえなかった場合には本人を拘束するという見解もとりうるという(139)。

その後，この立場は，遠田新一説（昭和60年）によってもとられている。すなわち，代理人の権限濫用について相手方が悪意または重過失の場合には，自己契約・双方代理行為禁止の法理（民法108条）または利益相反行為禁止の法理（民法57条等）から，代理人の行為を狭義の無権代理行為とし，利益または不利益の帰属について本人に追認するか否かの自由を認めるべきであり，しかもこの場合，悪意または重過失の相手方に対しては本人から優先的な追認拒絶

---

(137) 浜上則雄『注釈民法(4)』20頁（有斐閣，昭和42年），同「判批」ジュリ増刊民法の判例第3版32頁（昭和46年）。同旨の説として篠田四郎「共同支配（代表）と支配権（代表権）の濫用」名城法学別冊長尾還暦記念281頁（昭和61年）。
(138) 谷口知平『民法論 第一巻 総則・物権の研究』70頁以下（有斐閣，昭和63年）（初出「権利濫用の効果」末川博先生古稀記念『権利の濫用 上』（昭和37年））。
(139) 谷口・前掲注(138)72頁。

103

権の行使を認めるべきであるとする[140]。

(6) 民法54条説

この立場をとる大審院の判例が，第5期の第一次大戦後の新思潮期に存在し（大判昭和10年3月10日），戦後にも下級審裁判例の中にこの立場に立つものが存在した（大阪高判昭和35年5月14日，大阪高判昭和36年4月12日）ことは前述した。学説としては，やはり第5期に升本重夫（昭和10年）がこれを主張していたのであった[141]。

戦後にも，民法54条説をとる学説は幾つか存在する[142]が，論者によって若干のニュアンスの違いがある。

戦後，初めてこの説を主張した矢澤惇説（昭和33年）は，代表取締役の代表権濫用を念頭に置いて，おおむね次のような見解を示した。すなわち，代表取締役が客観的には代表権の範囲内の行為を主観的には会社の損害において，自己または会社以外の第三者の利益を図る意思でなしたという取締役の背任行為は，会社との関係においては，明らかに主観的・具体的に会社の目的を逸脱するものであって，当然，対外的業務執行権限外の行為である。したがって，善意の第三者に対する関係では，客観的・抽象的に判断して，法定の代表権の範囲内に属するものとして会社が責に任ずるとしても，悪意の第三者に対する関係では，対外的業務執行権限外の行為として会社が責に任じないと解しうるであろう（商法261条3項）[143]と。矢澤説は，以上のように，この問題を会社の活動の限界内における代表権の制限の問題として扱っているのである

江頭憲治郎説（昭和46年）は，代表機関の権限濫用行為を類似のシチュエイションと比較して，軽過失があるにすぎない相手方は保護されるべきであるとしたうえで，法律構成を民法54条によらせている[144]すなわち，会社・取締

---

(140) 遠田新一『代理と意思表示論』43頁（法律文化社，昭和60年）。同『代理法理論の研究』112頁（有斐閣，昭和59年）。

(141) Ⅵ1(4)，Ⅶ1(3)，Ⅵ2(5)参照。

(142) 本文中に挙げるもののほか，54条説をとるものとして，服部栄三「代表取締役」法セ昭和34年12月号31頁，喜多了祐「判批」金判75号4頁（昭和42年），同『外観優越の法理』692頁（千倉書房，昭和51年），同「判批」判時1061号198頁（昭和58年），山本為三郎「代表権濫用行為の効力」慶應義塾大学大学院法学研究科論文集21号87頁（昭和59年），前田庸『会社法入門』326頁（有斐閣，第3版，平成5年）がある。

(143) 矢沢惇「代表取締役の代表権の限界」法セ30号38頁（昭和33年）。

(144) 江頭憲治郎「判批」法協88巻1号105頁（昭和46年）。

役の利害対立が外見上明らかである間接取引（取締役が会社を代表して取締役個人の債務を引き受ける，あるいは保証するといった外観上明らかに会社と取締役との利害が対立している場合）に関する判例（最判昭43年12月25日民集22巻13号3511頁）が，軽過失を問題としていないのに，他方，取締役が，対価は自己のために費消する意図で会社財産を売却してしまうなどの，利害対立が外見上は明白でない代表権濫用の場合に軽過失を問題とするのは不合理であるという実質的判断を前提としているのである。

石原全説（昭和61年）は，支配人の権限濫用について検討している。すなわち，権限濫用とは営業主と支配人との間の内部関係たる義務違反の問題であることからいえば，商法38条3項の内部的制限との類似性は肯定できるとして同項を類推適用する説である[145]。

(7) 相手方に本人に対する付随義務を問う説

最後にとりあげるのは，ごく最近に中島秀二「濫用代理論批判」（平成5年）によって主張されている，付随義務ないし信義則違反を理由とする取消権を承認する説である[146]。

中島説は，代理権濫用論をめぐる従来の諸議論が，「悪意の相手方が代理の有効であることを主張するのは道義上許されない」とする基本的判断に無批判に従っているが，この基本的判断には利益衡量上疑問があるとするという立場に立っている。すなわち，Yの代理人Aが，横流しの目的で仕入権限を濫用してXに商品を発注し，Xの担当者Bはこれを知りながら納入して結果的にAの横流し遂行を助けたという例で，X自身はなんら不正を知らず，彼には悪意者との道義的非難を帰すべき理由はないし，道徳的評価において当然にXをBと同視することはできないし，本人は代理人の危険を負担すべしとの原理は，ここではXについてよりも，むしろ自らの代理人に裏切られたYにこそ妥当し，他方でYをAの背任行為の被害者というのならXもまたBの不始末の被害者であるといってよく，その意味でXとYとはいわば相子の関係であり，少なくともAの背任行為による損失をすべてX一方に転嫁するのは片手落ちであるという立場に立たれている[147]。

---

(145) 石原全「支配人の権限濫用について」一論95巻2号137頁（昭和61年）。
(146) 中島・前掲注(86)76頁。
(147) 中島・前掲注(86)89頁。

そして，新たな濫用代理論が克服しなければならないポイントとして，①当該代理人との本人の関係ないしかかわり方が特に帰責性ないし代理危険の観点から考慮されなければならないこと，②相手方についても悪意・重過失あるいは有過失かどうかではなく，その帰責性の程度が，本人のそれとの相関において問われるべきこと，③悉無律的解決は不当であり，右の相関的評価が効果にも反映されなければならないことなどを挙げている[148]。

法律構成としては次のように構成される[149]。

すなわち，代理権限濫用が実際に問題となる状況は契約関係であるが，契約関係に立つ当事者はいわゆる付随義務（相手方保護義務）によって相互的に規律されている。この付随義務は，契約が相互的信頼関係に基づいてはじめて成立可能な関係であることから当然に承認される特殊な信義誠実原則にその根拠が求められる。またこの義務は，将来の契約締結の可能性にむけて両当事者が折衝を始めた段階から認められる義務であり，その意味では狭義の契約上の義務ではなく一般的義務であるという。

以上のことを代理権限濫用の状況に重ね，代理権限濫用行為の相手方に，本人に対するこの付随義務違反を問うという法律構成をとられる。

そして，中島説は，代理人Aが代金横領の意図で本人Y所有不動産甲の売買契約をXの代理人Bと締結したという「双方に代理人がいる設例」で検討を進められる。

この場合，紛争は次の２つの形で発生するという。すなわち，①甲引渡し未了でXが原告となってその履行を請求するという場合と，②引渡し後にYのほうから甲の返還を請求するという場合とである。

まず①の未履行の場合については次のように解決される。すなわち，代理権限濫用は有効な代理行為であり，Bの悪意はそれに消長をもたらさず，YはXに対する引渡し義務を免れることはできないが，Xは，履行補助者たるBがAの意図を知りながら漫然と，あるいはこれに乗じて，締結に至ったことによって，Yに対する付随義務（相手方保護義務）に違反しており，Yは，付随義務違反を理由とする契約解除権を行使することによって甲の引き渡しを免れる。原状回復として，YはXに対してAが着服した既払い代金の返還義務を負うが，他方で，この場合にもYはXに対し付随義務を理由とする損害賠償請求権を有

---

[148] 中島・前掲注(86)92頁。
[149] 中島・前掲注(86)93-100頁。

する。

　そしてこの損害賠償の算定について過失相殺が問題となるが，まず最初に，Bの悪意がXの有責性とどのようにかかわるのかを明らかにする。これについては，代理権限濫用を代理の問題ではなく，付随義務の問題として位置付ける場合，Bは代理人としてでなく履行補助者としての属性においてXの責任範囲に取り込まれるとする。

　このように解すると，Bの悪意をX自身の悪意と擬制する従来の解釈と次の3点において決定的な差異を生ずることになるという。すなわち，ⓐ本人Yの側の寄与が等閑に付されることなく，過失相殺の過程で顧慮される点，ⓑそのときAの背任行為がY自身の過失と並んでYの過失相殺の範囲に取り込まれる点，ⓒ契約主体たるX・Y自身の有責性をそれぞれの履行あるいは受領補助者たるB・Aの背後に完全に埋没してしまうことなく，それ自体過失相殺の一内容として顧慮されるという点である。

　以上のようにして，中島説は，付随義務違反の損害賠償算定における過失相殺に代理権限濫用をめぐるX・Y間での損失分配の機能を担わせるのである。

　②の甲が引渡し済で，Yがその取戻しを求めるという場合も，X・Y間の問題としては右の解除権行使の場合の法律関係に準じて考えれば足り，原状回復として甲返還と既払い代金返還が相互に行われる一方，損害賠償が過失相殺による調整を経てYに認められるという解決をする(150)。

　以上に述べた中島説は，従来の議論には利益衡量の点で重大な疑問があり，それを看過している諸説はその立論を問わず，いずれも衡平・正義にかなった結論を導出していないと考え，議論全体の抜本的な見直しを提案するものである(151)。

3　小　括

　判例には，心裡留保規定（民法93条）に依拠するもの，一般悪意の抗弁ないし権利濫用・信義則規定により解決するもの，内部的制限違反に関する規定である民法54条により解決するものが存在した。最高裁の判例は，心裡留保規

---

(150)　以上は，「双方に代理人がいる類型」についてのものである。中島説は，続けて，「相手方が悪意という代理権限濫用論の基本類型」についても検討されているが，本稿では省略させて頂く。

(151)　中島秀二「私法学会第58回大会　資料Ⅰ　研究報告要旨」9頁（平成6年）。

定に依拠する立場にほぼ確定しているといってよい状況である。

　学説においては，心裡留保規定に依拠する説，権利濫用・信義則・悪意の抗弁説，表見代理説，無権代理直接形成説，108条説，内部的制限違反説，相手方に，本人に対する付随義務の違反を問う説などが存在したのであった。表見代理説に立つ伊藤説，福永説は，代理権の範囲の無因性・有因性との関係で代理権濫用を詳細に検討されている。

VIII　総　括

　我が国では代理権濫用論は，第1期のボアソナード来朝前（明治元～6年）と，第2期のボアソナード時代（明治6～28年）には見当たらなかったのであった。

　第3期の明治民法成立の前後期（明治28～43年）における，第9回帝国議会衆議院民法中修正案委員会（明治29年3月4日）において，代理権濫用にあたる事案，すなわち，代理人が本人のために受領した金銭を着服した事案についても民法99条の適用があるという見解が，富井政章委員によって示されたのであった。ここでは，代理人のかかる義務違反（民644条参照）及び背任的意図が代理権の範囲についてどのような影響を与えるかという議論はされていない。しかし，民法99条の適用を認めるということは，代理人の義務違反，背任的意図は代理権の範囲に影響を与えないし，代理意思の存在にも影響を与えないということを意味するものといえる。この時期の大審院の明治38年6月10日の判例もこれと同趣旨の判断を示していた。

　そして，第4期のドイツ的解釈法学全盛期（明治43～大正9年）には，心裡留保規定に依拠する下級審の裁判例が初めて出現した。また，民法110条に依拠する下級審の裁判例も存在した。この時期の学説としては，心裡留保規定を直接適用する説を石坂音四郎（大正5年）が唱えていた。この心裡留保説は，代理人の背任的意図と顕名行為との関係に着目するものであって，代理人の背任的意図と代理権との関係についてはあまり配慮をしない見解であった。

　第5期の第一次大戦後の新思潮期（大正9～昭和20年）にはいって，心裡留保規定に依拠する大審院の判例が現れた。また，民法54条に依拠する判例，会社代表者の権限濫用の場合に，会社の目的と結びつけて解決するものも存在し，判例は統一されていなかった。学説においては，初めて明確に代理権の範

第 1 章　基本的法的構成

囲と内部的法律関係から生ずる代理人の義務との関係について論ずる学説が現れた。すなわち，大西耕三説（昭和 3 年）が，内部的法律関係から生ずる代理人の義務のすべてが代理権の範囲を制限するとは考えられず，代理人が義務に反していることを行為時に相手方が知りうべきときでも代理行為の効力に影響は及ばないが，代理人が単に義務に反するのみならず故意に本人に対して損害を加える意図を有し，相手方がこの意図を知って行為を共にした場合にも行為は代理権の範囲内であるという見解を示していたのであった。また，升本重夫説（昭和 10 年）も，内部関係上の制限が，代表権にどのような影響を与えるかという点に着目して立論し，代表権の内部的制限に関する規定（民法 54 条）に依拠する説を唱えていた。なお，この時期には，他に心裡留保説をとる末弘説（大正 10 年），我妻説（昭和 5 年）や権利濫用説をとる竹田説（大正 5 年），信義誠実違反説，会社の目的と関連させる説などが現れた。

　戦後になって，判例には，心裡留保ただし書を類推適用するもの，一般悪意の抗弁ないし権利濫用・信義則規定によるもの，民法 54 条に依拠するものが存在した。現在では，ほぼ最高裁の判例は心裡留保ただし書を類推適用する立場に固まっているといえる。学説においては，心裡留保規定に依拠する説，権利濫用，信義則，悪意の抗弁説，表見代理説，無権代理直接形成説，108 条説，内部的制限違反説，相手方に，本人に対する付随義務を問う説が存在する。特に，学説上は，権利濫用ないし信義則違反説に属する高橋三知雄説（昭和 51 年），表見代理説に属する伊藤進説（昭和 52 年），福永礼治説（昭和 53～4 年）は，ドイツ代理権濫用論を詳細に検討し，代理権濫用論と代理権の範囲の無因性・有因性論とが密接にかかわる旨を本格的に説いたのであった。

　以上にみてきたように，我が国では，代理人の負う内部的義務の範囲と代理権の範囲とが異なり得るのかそれとも一致するのかという代理権の範囲の無因・有因性論と代理権濫用論とを明らかに結びつけて論じた学説は，戦前では大西耕三説（昭和 3 年）と升本重夫説（昭和 10 年）だけが存在し，極めて少数にとどまったといえる。その理由として，我が国では，ごく初期の段階で，下級審が代理人の背任的意図と顕名行為との関連に着目して代理権濫用を心裡留保規定に依拠して処理する裁判例を出し（東京控判明 44 年(ネ)119 号判決年月日不明新聞 812 号 16 頁）その後，有力な学者（石坂音四郎，末弘厳太郎，我妻栄）も，これを支持したことが挙げられるのではなかろうか。すなわち，代理権濫用を代理権の範囲と内部的義務との関係の問題として捉えるというよりも，代

第Ⅱ編　代理権濫用論

理人の背任的意図と代理意思との関係の問題であるとする捉え方が学説上有力化したために，戦前は代理権濫用は，代理権の範囲の無因・有因性論との関係で議論が深められることがなかったのではないかと推測されるのである。そして，代理権の範囲の無因・有因性論との関係で本格的な検討がなされるようになったのはすでに述べたようについ最近のこと（高橋，伊藤，福永説）なのであった。

　このような状況のもとで，伊藤進説は，一般的に，19世紀ドイツ代理理論を承継し，分離・無因性論を承認してきた我が国の民法学において，代理権の濫用の問題は，ドイツにおけると同様に，代理の理論との関係でもっと議論されるべきであったであろうという見解を示している[152]。また，中島秀二説は，従来の議論には利益衡量の点で重大な疑問があり，それを看過している諸説は，その立論を問わず，いずれも衡平・正義にかなった結論を導出していないということを理由に，議論全体の抜本的な見直しを提案している[153]。このように，現在，理論的にも利益衡量についても鋭い問題提起がなされているので，今後の代理権濫用論は一層の展開が望まれているといえる。

〔あとがき〕本稿は，獨協大学特別研究助成制度にもとづく共同研究「日本民法学史」における研究成果の一環として，各自が負担した項目に関する論稿である。

［追記］平成18年5月26日成立（同年6月2日公布）のいわゆる公益法人制度改革3法により，民法54条は削除された。現在，これに対応する規定は，一般社団法人及び一般財団法人に関する法律第77条5項である。本書に表記されている民法54条は，民法旧54条である。

（初出：1995年3月）

---

(152)　伊藤・前掲注(4)105頁。
(153)　中島・前掲注(151)9頁。

第2章　代理権濫用論と代理の法的構成との関係の検討
　　——ドイツ的解釈法学全盛期の学説の検討を中心に——

I　はじめに

　代理権濫用とは，例えば，債権取立ての代理権のある者が，自分で消費するつもりで取り立てるなど，代理人が，代理権の範囲内で背任的意図をもって代理行為をする場合を指す[1]。このような場合，代理行為の相手方が代理人の背任的意図について知りうべきであるときには，民法93条ただし書類推適用により相手方から本人への代理行為の効果の主張を認めないのが，判例である[2]。現在，この代理権濫用事例を念頭において，検討を進めているが[3]，最近，わが国における代理権濫用論を相手方保護範囲という観点から，93条に依拠する説を中心に整理して，今後の検討課題を示すという作業を拙稿においてしたとき，93条に依拠する説においては，代理権濫用論と代理の法的構成との関係の検討は，一部の学説を除いては，一般的にはなされていないのではないか

---

(1)　我妻栄『新訂民法総則』345頁（岩波書店，昭40）参照。代理権濫用は，現在，次のような問題として捉えられている。すなわち，代理の効果（他人効）が生ずる要件として，①意思表示を「本人ノ為メニスルコトヲ示シテ為」すこと（顕名），②代理権の範囲内の行為であることが要件となる（99条）が，代理権濫用は，顕名があり，かつ代理権の範囲内でなされたが，代理人に背任的意図がある場合の問題である（平井一雄「代理権の濫用」法セ385号40頁（昭62）参照）。

(2)　93条類推適用により解決する判例は，最判昭42年4月20日民集21巻3号697頁他多数ある。判例の詳細は，拙稿「代理論史——代理権濫用論を中心に——」獨協46号484頁以下（平7）〔水本浩＝平井一雄編『日本民法学史・各論』（信山社，平9）所収，72頁以下〕〔補注〕第II編第1章Ⅶ1(1)参照。

(3)　現在までに，代理権濫用事例を念頭において，次のような研究物を公表してきた。拙稿「代理権限濫用行為と過失相殺——本人に監督義務違反ある場合——」獨協37号141頁以下（平5），拙稿・前掲注(2)「代理論史」〔第II編第1章所収〕，拙稿「代理権の客観的濫用に関する一考察——代理人に背任的意図がない場合——」獨協46号233頁以下（平10）〔第II編第5章所収〕，拙稿「わが国における代理権の範囲の無因性に関する一考察——明治民法典成立の前後期までを中心として——」下関45巻1号11頁以下（平13），拙稿「代理権濫用論における相手方保護範囲の検討の覚書——心裡留保規定に依拠する説の検討を中心に——」松山15巻4号133頁以下（平15）〔第II編第4章所収〕ほか。

111

という感触を得た[4]。ここでいう代理の法的構成とは，意思表示をなした当事者間にその効果が帰属するのが原則であるが，代理などの場合，代理人の意思表示の効果が本人に生ずるのはなぜか，その法的根拠をどこに求めるのかについての議論のことである[5]。これに関しては，代理人の行為を本人の行為と擬制する本人行為説，本人の代理人に対する意思と代理人の相手方に対する意思との結合で効力を生ずるとなす共同行為説，代理において，法律行為をなす者は，代理人自身であって本人はその効果を受けるだけであるとする代理人行為説などが存在する[6]。

　ところで，伊藤進教授は，次のような見解を明らかにされている。すなわち，「代理の法的構成は，代理法規の解釈適用にも重大な影響を及ぼすものである。たとえば，代理類似の3面関係現象をどこまでとりこめるか，代理権濫用をどうみるかなどを考える基礎的出発点の問題でもあるのである。この点，往々にして，個別問題の解釈論が先行し代理の法的構成と関係なく主張されている傾向がないわけではないが，法理の一貫性からみて問題が残る。そこでこのような場当たり的解釈に陥らないためにも，このような解釈論との関係で整理することも必要である」[7]と。更に，「代理に関しては，代理権の濫用や表見代理の有権代理化など各論的法律関係については，相当の議論が行われていることから，それにより代理法理は変容していないのかどうかの検証と理論的整理の必

---

(4)　拙稿・前掲注(3)「代理権濫用論における相手方保護範囲の検討の覚書」155頁参照〔第Ⅱ編第4章Ⅲ4参照〕。

(5)　伊藤進「代理の法的構成に関する覚書」明大法論74巻第4・5合併号95頁（平14）参照。代理の法的構成は，代理理論，代理学説，代理の本質論，代理の性質などと言う名称でも呼ばれる。本稿では，伊藤教授の用語法に従わせていただく。代理の法的構成の問題の捉え方の整理につき，伊藤・前掲論文112頁以下参照。なお，伊藤説は，代理の法的構成について，広く，代表，授権，使者などの「代理等」を視野に入れられている（伊藤・前掲論文94頁参照）。

(6)　代理の法的構成の概略については，我妻・前掲注(1)329頁，348頁を参照した。代理の法的構成の詳細については，遠田新一『代理理論の基礎的研究』（広島大学叢書，広島大学政治経済研究所刊，昭51），高橋三知雄『代理理論の研究』（有斐閣，昭51），遠田新一『代理法理論の研究』（大阪市立大学法学叢書(38)，有斐閣，昭59），伊藤進『任意代理基礎理論』（成文堂，平2），佐久間毅『代理取引の保護法理』（有斐閣，平12）他参照。

(7)　伊藤進「代理の法的構成に関する議論は，どういう方向で整理すればよいか」椿寿夫編『講座・現代契約と現代債権の展望第4巻代理・約款・契約の基礎的課題』6頁（日本評論社，平6）参照。

第 2 章　代理権濫用論と代理の法的構成との関係の検討

要，成年後見制度の導入による任意代理の法定代理化ともいえる代理法理の変容化現象についての検討の必要などのために，代理についての総合的検討の必要が議論されつつある。このような総合検討は，個々の具体的法律関係の検討から出発することになるわけであるが，それは代理の法的構成と密接に関連することが想定される」[8]と。このように，代理権濫用などの代理に関する各論的問題の検討に際しても，代理の法的構成との関係で検討することの必要性が述べられている[9]。

---

(8) 伊藤・前掲注(5)92頁参照。田沼柾教授も，「わが国における代理権の濫用」中大院第9号1頁以下（昭54）において，代理権濫用を検討されているが，その際，「一般に，社会経済上の問題を新たな法律問題として採り上げるとき，その特質を法的に評価することが，理論上，第一の作業というべきである。そして当該問題が，ある制度にかかわる事象であるときには，その法的評価は当該制度を構成するに際して基礎となった本質的認識からなされるべきである。そうだとすれば，本問題が，代理理論との関係において評価考察されることも必要であるといわざるをえない。各説とも，その採用する代理理論からの内在的制約の下に構成されているはずであるが，これを自覚的に考察するものは必ずしも多くはない」と述べられ，更に，「代理理論はむしろ代理の有効性を主張する前提としての法律行為論との整合性の問題であり，代理制度の法律構成の基礎となり，また代理にまつわる紛争処理の判断指標ともなるものである。したがって，いまなお代理理論は価値あるものというべきである」（田沼・前掲論文1-2頁参照）とされ，代理の法的構成（代理理論）の価値を強調されている。

(9) この代理の法的構成（代理理論）との関係で代理権濫用論を田沼説は，前掲注(8)論文（5-7頁）で概ね次のように検討されている。すなわち，「代理理論に関し，代理人意思を中心に構成する通説（第1説），代理人のなす意思表示は，代理人自身の権利変動についての自己決定ではないから，それだけで1個の法律行為として評価しえず，代理効果を取得しようとする効果意思を内容にもつ本人の代理権授与行為と合わせてはじめて1個の法律行為たりうるとするという旨の統一要件説（第2説），原則的に統一要件説と同じ立場により，ただ，対外的にも代理権は量的質的に本人意思により制限され，相手方は外観法理によって救済されるとする構成（第3説）がある。代理人の非難可能性と相手方の要保護性の喪失が認められる場合の処理として，第1説では，義務違反は代理権に影響をもたず，代理意思を問題にすることができれば，代理人意思を中心に構成する立場としてその点で一応の一貫性が認められる。他方，相手方の要保護性を問題の中心とすれば相手方が本人に請求するのは権利濫用信義則違反という立論になる。第2説では，抽象性は相手方保護のためであるので，相手方の要保護性が否定されるところでは，抽象性が破られ代理権に内在化されていた義務が顕在化し，義務は代理権を制限するとして無権代理とするか，または，代理権の範囲に変化はないとし，権利濫用信義則違反として，相手方の要保護性喪失を中心に処理しうる。第3説では，直ちに無権代理となり，相手方が善意無過失のときに表見代理によって救済される」と。なお，本稿では，検討の時期を主に，大正9年ごろまでの学説に限定するので，その後，現れた，統一要件説の検討については他日に期す。統一要件説の詳細については，本稿注(6)の

そこで，本稿では，伊藤進教授らの御指摘に示唆を受け，わが国における代理権濫用論と代理の法的構成との関係を検討することを目的とする。ところで，以上のような問題に関し，現在，検討するに際しても，学説史的な認識が前提となると解する。そこで，まず，ドイツ的解釈法学全盛期にあって，わが国独自の見解であると思われる心裡留保規定（93条）に依拠する説がはじめて唱えられたという意味で学説史的に注目すべき時期である，明治43年頃から大正9年ごろまで[10]の代表的な諸学説を主に検討の対象にし，学説史的に整理・検討を加え，今後のこの問題を検討する際の資料としたい。

以下では，この時期のわが国の代表的な民法学者が代理の法的構成および代理権濫用論に関しどのような説をとっていたのかを概観し，そして，そこでは，代理の法的構成と代理権濫用論とがどのように関連させて検討されているのか，この時期にドイツ法がわが民法学に与えた影響，この時期の代理の法的構成，顕名主義と代理の法的構成との関係を整理し，代理権濫用論と代理の法的構成との関係を探っていく。

II　ドイツ的解釈法学全盛期における学説の概観

代理権濫用論は特にドイツにおいて発展してきた理論である[11]。わが国におけるドイツ的解釈法学全盛期において代理に関するドイツの理論がどのように取り入れられたのかという点でこの時期はとても興味深いといえる。この時期に，代理権濫用事例に言及しているのは，中島玉吉，鳩山秀夫，嘩道文芸，石坂音四郎の各説である[12]。ここでは，これらの各説について，代理の法的構成，

諸文献参照。
(10)　学説史的検討をなす際に，時代区分をどのようにするかということについては，いろいろと試みられているようである（水本浩＝平井一雄編『日本民法学史・通史』5頁注(3)（信山社，平9）参照）。明治43年から大正9年頃の時期は，水本浩博士によれば，梅謙次郎が逝去した頃，川名兼四郎，中島玉吉，石坂音四郎などが，留学を終えてドイツから帰国し，驚くべき精緻な解釈理論を包蔵する内容となっていった時期とされる。
(11)　ドイツ代理権濫用論については，高橋・前掲注(6)205-246頁，伊藤・前掲注(6)175-230頁，福永礼治「代理権の濫用に関する一試論(1)，(2・完)」上智法論22巻2号143-167頁（昭53），3号178-226頁（昭54）他参照。
(12)　各説については，既に拙稿・前掲注(2)「代理論史」〔第II編第1章V 2参照〕等でとりあげたが，「代理論史」では，代理権濫用論それ自体の学史的検討を為したのに対して，本稿では，代理権濫用論と代理の法的構成との関係に着目して検討するものであ

代理権濫用論，この両者の関係等について整理していく。

1　中島玉吉説

中島玉吉は，この時期までに代理に関し様々な研究物を著している[13]。この時期には，『民法釈義巻之一総則篇』[14]を著しているが，代理の法的構成に関し，「代理行為ノ性質」という項目を掲げて[15]，検討を加えている。そこでは，本人行為説，共同行為説，代表説の紹介がなされ，検討が加えられている。まず，本人行為説については，「代理行為ノ基礎ヲナスモノハ代理人ノ意思ニ非スシテ本人ノ意思ナリ，代理行為ノ真ノ当事者ハ本人ナリ，本人ハ言語又ハ書面ニヨリ意思表示ヲナスト同一ノ意義ニ於テ代理人ヲ中間人トシテ意思表示ヲナス」[16]という説明が加えられている。この本人行為説に対しては，中島説はおおむね以下のような理由を挙げて支持できない旨の見解を示している。すなわち，①本人が，法人または意思無能力者であるときは，代理人によって法律行為をなすことができない結果となる。②錯誤，詐欺，強迫，善意，悪意，過失の有無等一身の事情で意思表示に影響を及ぼす事実は本人につき判定する結果となるが，本法（101条1項）はこれに反する。③本人行為説によれば，本人は授権行為のときにあたり代理行為上の確定した意思を有することが必要であるが，このようなことは必要でないし，実際上稀である。④本人が代理人に指図を与えた場合に，代理人がこれに反して法律行為をなすときは，本人に対し効力を生じないことになるが，これでは，取引の安全を害すると。

共同行為説については，「本人ノ意思ト代理人ノ意思ト協合シテ一体トナリ

り，検討の視点が異なる。
(13)　中島玉吉は，この時期に先んずる，明治民法成立の前後期に「代理ニ就テ」京都法学会雑誌2巻7号19頁以下（明40），「表見代理論」京都法学会雑誌5巻2号（明43）などを著している。「代理ニ就テ」においては，ラーバント，ゼーラー，シュロスマンなどドイツの学説を豊富に引用しながら，代理権の性質，代理権授与行為の性質，代理の法的構成などを詳細に論じている。代理の法的構成に関しては，当時のドイツにおける多数説であるとして，ヴィントシャイト，イェーリング，ラーバント，フプカなどの著作物を引用し，代表説（分離説，擬制説ともいう）に賛意を表している。
(14)　中島玉吉『民法釈義巻之一総則篇』（金刺芳流堂）。初版発行は明治44年である。本稿では大正3年発行の訂正4版によった。
(15)　中島・前掲注(14)549頁以下参照。
(16)　中島・前掲注(14)550頁参照。

代理行為上ノ意思ヲ作ル」[17]というものであるが，この説に対しても，本人行為説に対すると（全部に対すると一部に対するとの差があるのみで），同一の非難を加えることができるとされる。

代表説については，「意思表示其モノト其効力トハ全ク主体ヲ異ニシ意思表示ハ全然代理人ノ意思ノ表示ニシテ其効力ハ全然本人ニ帰スルモノトナス」[18]ものであるとされる。わが民法の採用するものであるとされ，「其証ハ第101条1項ニ在リ」[19]とする。そして，代理人が本人の指図に従い行為をしたときは本人はその自ら知りたる事情につき代理人の不知を主張し得ないとする101条2項は，本人行為説を助ける材料となるように見えるけれども，そもそも事実の知・不知は法律行為意思の内容をなすものではない[20]などとされて，101条2項の存在は，代理人行為説を破るものではないとされている。

以上のように，中島説は，代表説に立つのであるが，代理権濫用事例に関しては，代理行為の要件という項目[21]のところで，「代理人ニ本人ノ為メニスル真意アルヲ要スルヤ，白ハク然ラス（Oertmann 509, Leonhard. Vertretung bei Farnisserwerb S. 6ff 参考）客観的ニ本人ノ為メニスルコトヲ示ス事情存スレハ代理行為トナル，右ノ如キ真意アルヲ要セス，蓋シ外形上ニ於テ本人ノ為メニスルコトヲ示シ内心自己ノ為メニスル意思アリト雖モ其内部ノ意思ノ効力ヲ認ムルハ取引ノ安全ニ害アレハナリ，（九三（同論三八，六，一〇大審院判決））[22]と

---

(17) 中島・前掲注(14)550頁参照。
(18) 中島・前掲注(14)551頁参照。後掲の鳩山説によれば，代表説を代理人行為説とも呼ぶようである。本稿注(32)及び鳩山秀夫編『注釈民法全書第2巻法律行為乃至時効』218頁（巌松堂書店）参照（なお，この書は，加藤雅信編修代表『日本民法施行100年記念民法学説100年史』739頁（三省堂，平11）によれば，第1・2分冊が，それぞれ明治43，44年に出版されている。本稿で用いたのは，奥付の記載によれば，第1冊第7版（明45）合本初版，第2冊第5版（大4）合本3版の下に第2巻合本とあるものを用いた）。
(19) 中島・前掲注(14)551頁参照。なお，同書585頁の，101条の説明の箇所でも，本条は代表説をとった結果を示す旨の記述がなされている。
(20) 中島説は，101条2項は代理人行為説を破るものではないことの根拠として次のように述べている。
「抑モ事実ノ知不知ハ法律行為意思ノ内容ヲナスモノニ非ス，故ニ法律行為意思ハ代理人独断ニテ之レヲ決定シ，只其効力主体タル本人ニ前述ノ事実存スルトキハ外部ヨリシテ其ノ効力ニ影響ヲ生シ，本人ハ代理人ノ知，不知，ヲ主張スルヲ得ストナス独立別体ノ効力ヲ生スルモノト解ス可ケレハナリ」（中島，前掲注(14)551頁参照。）
(21) 中島・前掲注(14)551頁以下参照。
(22) 中島・前掲注(14)552頁参照。中島説が参照している，大判明38・6・10民録11輯

いう見解を示している。これは，心裡留保に関する規定である93条を参照条文として示していることから，代理行為の要件として，本人の為にすることを示すことを要するのである（顕名主義）が，外形上，本人のためにすることを示していれば[23]，代理人にこれに対応する効果意思としての，本人のためにする意思がなくても心裡留保規定（93条）により，代理効果が発生する旨の見解を示しているものと解される。代理人が自己のためにする意思あることについて相手方が悪意等である場合についての言及はない。また，エルトマン（Oertmann）の見解を参考にしている点も興味深い点である。

以上のように，中島説においては，代理の法的構成について代表説をとり，代理権濫用事例を代理行為の要件（本人ノ為メニスルコトヲ示スヲ要ス）に関連し，代理人に本人のためにする真意があることを要するかという問題として捉えている。代理の法的構成と代理権濫用論との関係についての記述は見当たらない。

2　鳩山秀夫説

鳩山秀夫は，石坂音四郎と並んで，この時期のチャンピオンというべき民法学者と評される[24]。この時期，鳩山秀夫は代理に関する幾つかの研究物を著している[25]。これらのうち，主に，鳩山秀夫『註釈民法全書第2巻　法律行為乃至時効』に依拠して，鳩山説の代理の法的構成に関する見解を見ると以下のようである。すなわち，本人行為説，共同行為説，代表説（代理人行為説）を紹介した上で，わが民法およびドイツ民法は代理人行為説によってのみ解釈しう

　　919頁は，概ね，Y銀行の支配人Aが手形をXに裏書譲渡し，Xより金銭を取得し，これを私消したという事案である。
(23)　中島説は，「本人ノ為メニスルコトを示ス」には，①本人の名においてなす場合，②自己の名において行為をなし同時にその効力は本人に対して生ずべきことを示す場合，②の場合はさらに⒜本人の何人たるかを示し，代理人の名において意思表示をなす場合，⒝本人の名を指さずに単に本人のあることを示す場合（undisclosed principal）とがある旨述べる（中島・前掲注(14)551頁以下参照）。
(24)　水本＝平井・前掲注(10)8頁参照。
(25)　鳩山秀夫は，「無権代理人の責任を論ず」『梅博士追悼記念論文集』（明44）所収，「民法百十条ノ適用範囲」法協34巻1号107頁（大5），「民法第44条に所謂理事その他の代理人の意義」志林19巻10号（大6），「代理権授与行為と基本関係」法協36巻6号148頁（大7），「使者および代理人」『富井還暦祝賀法律論文集』（大7）所収等を著している。他に注釈書として，鳩山・前掲注(18)『註釈民法全書第2巻　法律行為乃至時効』215-382頁に代理に関する詳細な記述がある。

べきものであるとされ，この点についてわが民法学者中異論を聞かないとされる⁽²⁶⁾。ちなみに，鳩山説によると，本人行為説，共同行為説，代理人行為説の内容は次のとおりである⁽²⁷⁾。すなわち，本人行為説はドイツにおいてサヴィニーが主として唱えたものであるが，「代理人ハ本人ノ授権行為ニ基キテ意思表示ヲ為スモノナレハ代理人ノ為ス所ノ意思表示ハ畢竟本人ノ意思表示ニ過キス本人ノ意思表示ナルカ故ニ本人ニ付テ効果ヲ発生スルニ外ナラス」⁽²⁸⁾というものである。鳩山説によれば，①この本人行為説は，ローマ法に拘泥して意思表示はただ表意者のみを拘束するという原則を株守するに過ぎない，②法定代理をこの理論は説明できない，③事実に反して法理を説く欠点がある，④代理による意思表示について意思の欠缺，瑕疵の問題を代理人について決することができず，結果に於いてすこぶる不当であるなどの批判を加えている⁽²⁹⁾。

共同行為説は，主としてドイツでミッタイスが唱えたものであるが，「法律行為上ノ意思ハ分割ヲ許スモノナレハ代理行為ニ於テハ其一部ハ本人自ラ授権行為ニ由リテ之レヲ表示シ他ノ一部ハ代理人之ヲ表示シ両者相共同シテ代理行為ヲ成立セシムルモノナリトス」⁽³⁰⁾というものである。これに対しては，委任代理について，委任者の意思が代理行為に基礎を与えることは明らかであるが，この意思は代理によって成立する法律行為を組成する意思ではなく，ただ，代理権を成立させるに過ぎない，本人の授権行為を代理における意思表示の組成

---

(26) 鳩山・前掲注(18)216頁以下参照。

(27) 中島説の検討の箇所（項目Ⅱ1）で，代表説，本人行為説，共同行為説などの，代理の法的構成の各説の内容については，すでにみたが，中島説と鳩山説とでは微妙に各説の説明の仕方などに相違点があるので，資料として鳩山説の代理の法的構成の整理の部分も本文中に挙げておく。

(28) 鳩山・前掲注(18)216頁参照。本人行為説をとるものの中に，事実上本人の意思表示とするものと法律上本人の意思表示と擬制するものと細別があるとする。サヴィニーの代理理論については，浜上則雄「代理理論における本人行為説と代理人行為説について(1)」阪大法学26号33頁以下（昭33），高橋・前掲注(6)14頁以下，遠田・前掲注(6)『代理法理論の研究』60頁等参照。〔補注〕サヴィニー説については，第1編第1章Ⅱ1参照。

(29) 鳩山・前掲注(18)216頁参照。②，③，④の根拠は，中島玉吉の根拠①，②，③とほぼ同旨であろう（本稿項目Ⅱ1参照）。

(30) 鳩山・前掲注(18)217頁参照。ミッタイスの代理理論については，高橋・前掲注(6)39頁以下，遠田・前掲注(6)『代理法理論の研究』61頁以下ほか参照。鳩山説は，デルンブルヒ（Dernburg）も共同行為説をとることを述べている。

分子とするのは誤りである旨の批判を加えている(31)。

代表説は，代理人行為説ともいい，イェーリングその他の有力な学者が主張したものであり，「事実ヲ其儘ニ説明シ代理ニ於テ意思表示ヲ成立セシムル者ハ代理人ニシテ其効力ヲ受クル者ハ本人ナリ而シテ意思表示ヲ成立セシムル当事者ト之レニ付テ効力ヲ受クル当事者トヲ分離スルモ敢テ法理ニ反スルコトナシトナス」(32)というものである。続けて，普通の法律行為において自己について私法的法律関係を成立させようとする当事者の行為意思(33)を認知保護してその当事者について法律行為的効果の発生を認めるように，代理人による法律行為において，本人に付て私法的法律関係を成立させようとする当事者の行為意思を認知保護して本人について法律的効果の発生を認めても「寧ロ怪ムルニ足ラサルナリ」とする。その理由として，法律効果を発生せしむるか否かに付いて，法律は全権を有し，意思表示を成立させた者についてのみ法律行為的効果を発生させるという先天的原則は存在しないので，意思表示の成立に原因を与えた者とその効果を受ける者とを分離しても「亦固ヨリ法律ノ権内ニ属スル」からであるという旨のことを挙げている。そして，我民法およびドイツ民法はただこの説のみによって解釈しうるとされている(34)。

代理権濫用に関しては，代理の要件である「本人ノ為メニスルコトヲ示スコ

---

(31) 鳩山・前掲注(18)217頁参照。
(32) 鳩山・前掲注(18)218頁参照。鳩山説によると，「代表説（Repräsentationstheorie）ハ又代理人行為説ト云フ」とあり，本文中に述べたように，代表説の別名が代理人行為説であるとする。代表説（代理人行為説）を主張する者として，鳩山説は，イェーリング（Jhering）のほか，Wendt, Enneccrus, Hupka等を挙げている。ドイツの代表説，代理人行為説について，高橋・前掲注(6)10頁以下，遠田・前掲注(6)『代理法理論の研究』61, 62-65頁参照。
(33) 鳩山説は，行為意思について，「意思表示ノ主観的要素タル意思ハ二個ノ分子ヨリ成立ス一ハ法律行為ヨリ生スヘキ私法的効果ニ対スル意思ニシテ之ヲ行為意思（Geschäftswille）又ハ効果意思（Erfolgswille）ト称スヘク，一ハ此意思ヲ外部ニ表示スルコトニ対スル意思ニシテ表示意思（Erklärungswille）ト称スヘシ」（鳩山・前掲注(18)15頁参照）という記述をし，行為意思を効果意思と同義のものとして使用している。更に，行為意思は，「法律行為ニ由リテ一定ノ私法的効果ヲ生セント欲スル意思ニシテ外部に対スル関係ニ於テハ表示意思ヨリモ間接ノ位置ニ立ツ」ものであるとする（鳩山・前掲注(18)15頁参照）。わが民法の解釈上，意思表示の要素として原則として行為意思を必要とすることは疑いを容れることなく，この点に我が民法学者中異説を聞かないとされる（鳩山・前掲注(18)16頁参照）。
(34) 鳩山・前掲注(18)218頁以下参照。

ト」(顕名主義)に関連させて論述している(35)。この解釈について，細かく分析した後，「唯其意思表示ヲシテ本人自ラノ意思表示ト同一ノ効力ヲ生セシメント欲スル旨ヲ表示スルコト」であるとし，このほか本人の利益を図る意思は不要であるとされ，判例（大判明治38年6月10日民録11輯919頁）が，代理人の地位を濫用して自己の利益を図ろうとした場合になお99条を適用したのは正当であるとする。代理人の背任的意図について相手方悪意等であっても代理人の行為の効果が本人に帰属してしまうという不当な結論を回避する代理権濫用論については言及がみられない。

以上のように，鳩山説は，代理の法的構成に関し，代表説（代理人行為説）をとり，代理権濫用事例については，顕名主義との関係で検討を加えている。代理権濫用論と代理の法的構成とを直接に関連させて検討しているわけではない。

3 嘩道文芸説

嘩道文芸説は，『日本民法要論第1巻』を大正9年に著している。この書物においては，中島玉吉，鳩山秀夫の書物に比較すると，代理の法的構成に関する記述部分は簡潔で，各説を紹介した上で検討するということはなく，代理人行為説を前提とした記述になっている。例えば，次のような記述がある。すなわち，「自動代理ノ場合ニ於ケル代理人ニ依ル意思表示ハ代理人カ作成スル所ノ意思表示ナリ。即チ表意者ハ代理人ナリ。……途中筆者省略……代理人カ意思表示ヲ作成スルニ際シ其効果ニ影響ヲ受クベキ事実（意思ノ欠缺，意思ノ瑕疵，或事実ヲ知リ又ハ過失ニヨリテ知ラザリシコト等）ナカリシコトヲ要ス。而シテ此等ノ事実ノ有無ハ固ヨリ代理人ニ付キ之ヲ定メザルベカラズ。蓋シ代理人ハ表意者ナレバナリ」(36)。この記述からは，自動代理の場合，代理人行為説にたっていると解される

代理権濫用論については，大判大正4年2月15日21輯99頁の判例批評（大5）(37)でエルトマンのコンメンタールなどを引用しながら，概ね以下のよう

---

(35) 鳩山・前掲注(18)258頁以下，261頁参照。
(36) 嘩道文芸『日本民法要論第一巻』453頁（弘文堂書房，大9）参照。受動代理の記述もあるが，本稿では，自動代理（能動代理）の場合に検討を限定する。代理において能動代理は意思表示をすることをいい，受動代理は意思表示を受けることを言う（我妻・前掲注(1)329頁参照）。
(37) 嘩道文芸「判批」京都法学会雑誌11巻4号80頁以下（大5）参照。大判大4年2

な見解を唱えている(38)。すなわち，民法99条にいう「本人ノ為メニスル」ということは，代理意思を表示してということを表し，本人の利益を計らんとすることを示してということをあらわすものではない。代理意思は，代理人が表意者としてなす意思表示よりなる法律行為の効果を直接に本人に帰せしめんと欲する意思であり，代理による法律行為の効果意思の内容をなす。代理による法律行為の成立には代理意思の表示を要し，代理意思の表示がなければ，代理関係は成立しない。代理意思の表示については意思表示に関する規定は原則として適用される。意思表示の効力について意思主義を原則とする民法のもとでは，代理意思の表示に相当する内心的代理意思あることを原則とする。民法93条の適用があるゆえ，代理人が真に本人のためにする意思（内心的代理意思）を有せさるも，本人の為にすることを表示するときは（表示上の代理意思），代理の効果を生ずるものといわざるを得ない。そして，代理人の意思が真に本人のためにするに在らざることを意思表示の相手方が知り又は過失によりて知らざりしときは代理関係は成立しない（民法93条但書）。さらに，大審院の立場では，代理関係の成立を不当に広く認めることとなる欠点があるという見解も明らかにしている(39)。

概ね以上のような見解である。嘩道説は，代理の法的構成につき，代理人行為説を前提とし，代理権濫用事例を「本人ノ為メニスルコトヲ示ス」の意義との関係で検討している。代理人の背任的意図について相手方悪意・有過失の場合に93条但書を適用することを初めて明言した説である。代理権濫用論と代理の法的構成との関係についての言及はない。

4 石坂音四郎説

石坂音四郎(40)が代理の法的構成に関してどのような見解を有していたのか

月15日の事案は，Y村の前戸長が，村総代Aなどと共謀の上，権限を濫用して公借名義を詐り，Xから金員を騙取したというものである。
(38) 嘩道説は，「本人ノ為メニ」という解釈に際して，Oertmann, I S. 509；Staudinger I 7.-8. Auf 1. S. 619 を引用しており，エルトマン，シュタウデインガーの学説を参照している。嘩道・前掲注(37)80頁以下参照。
(39) 嘩道・前掲注(37)82頁参照。
(40) 石坂音四郎の民法学については，辻伸行「石坂昔四郎の民法学とドイツ民法理論の導入——ドイツ民法理論導入全盛期の民法学の一断面——」水本＝平井編・前掲注(10)『日本民法学史・通史』105頁以下参照。この時期の石坂音四郎の代理に関する著作物としては，同「代理人の虚偽の意思表示」京都法学会雑誌9巻10号102頁（大3），同

121

については，石坂音四郎（述）『民法総論下巻』(41)が参考になる。この著作物中には，代理の法的構成に関し，「代理の性質」という項目中に，本人行為説，共同行為説，代表説の説明がなされ，代表説が，今日（当時）の通説であり，わが法典も代表説による旨が述べられている(42)。

代理権濫用事例に関しては，石坂説は，嘩道説と同様，大判大正4年2月15日の判例評釈において検討を加えている。嘩道説がわずかに先行して，相手方悪意・有過失の事例まで念頭において心裡留保規定に依拠する説を唱えていたが，石坂説は，わが国およびドイツの当時の諸学説を引用しつつ，更に詳細に検討を加え，概ね次のような趣旨の見解を示している(43)。すなわち，まず，

「第百十条ノ適用範囲」『民法研究』第4巻（有斐閣書房，大6）所収等がある。

(41) 石坂音四郎（述）『民法総論下巻』は，国立国会図書館所蔵の口述筆記の書物である。書誌情報の注記に大正5年度の東京帝国大学の講義とある。なお，石坂音四郎は，『民法総論』（有斐閣）を大正5年に公刊していることが知られる（加藤雅信編修代表・前掲注(18)739頁参照）。この『民法総論』を今回，入手することができなかった。この検討は他日に期したい。

(42) 石坂（述）・前掲注(41)401-403頁参照。『民法総論下巻』中の「代理ノ性質」に述べられている各説の説明についても，既述の中島玉吉『民法釈義』，鳩山秀夫『法律行為乃至時効』に収められているところと重複する部分もあるが，説明の仕方が微妙に異なる点もあるので，資料として以下に挙げておく。すなわち，石坂音四郎によれば，本人行為説，代表説は，概ね次のようなものとされる（共同行為説については口述筆記の謄写版であることもあり判読困難な箇所もあるため割愛する）。本人行為説において代理における意思表示は，本人の意思表示であり，代理人は単に本人の機械にすぎない。この説の欠点としては，①代理人と使者とを混同するものである，②法定代理を説明できない。蓋し，意思能力を有するものでなければ他人をして代理せしむることができない結果となるからである，③この説によれば，任意代理において，代理人の意思をまったく認めない結果となるが，実際には，代理人が行為をなす際に，本人がまったく関与しない場合が少なくないことが挙げられている。②，③については，中島玉吉，鳩山秀夫も指摘しており（本稿項目Ⅱ1，Ⅱ2参照），①については，この時期においては，石坂説のみが指摘する。代表説は，代理行為そのものとその行為より生ずる効力とを分かち，代理行為は代理人の行為であり，その効力は本人に生ずるとする。代理行為における意思は代理人にのみ存する。必竟，代理人は意思を代表するものであり，この説は，今日（当時）通説として認められ，わが法典もこの説に従うとされている。

(43) 石坂音四郎「判批」法協34巻12号129頁以下（大5）参照。石坂説は，拙稿・前掲注(2)「代理論史」56頁以下〔第Ⅱ編第1章Ⅴ2(2)参照〕及び前掲注(3)「代理権濫用論における相手方保護範囲の検討の覚書」137頁〔第Ⅱ編第4章Ⅱ1(2)参照〕でもとりあげた。93条に依拠する説を詳細に展開していること，この時期のチャンピオンとも言うべき民法学者であることなどから，重要であるので，本稿でも，より詳細に石坂説を紹介しておく。

第2章　代理権濫用論と代理の法的構成との関係の検討

「代理ノ観念ニハ代理行為ノ法律上ノ効果タル権利義務カ本人ニ帰スルヲ以テ足リ其事実上ノ利益カ代理人ニ帰」してもよいので，代理人が代理行為をなすにあたり本人の名義を用いる以上はたとえ自己の利益のためにする意思をもってその行為をしてもよい。99条の「本人ノ為メ」というのは，ドイツ民法164条の「本人ノ名義ニ於テ」と同じく，他人の代理人たることを示すことを言い，代理人が，その行為の事実上の結果たる利益を本人に帰せしむる意思をもって代理行為をなすことを要しない。そこで，代理人が自己の利益のため代理行為をなしても代理人が本人の代理人であることを示してその権限内の行為をなすものであるので，行為の効力が直接に本人に対して効力を生ずる(44)。

しかし，この判例評釈の基礎になっている事案のように，代理行為の事実上の結果である利益を本人に帰せしめることを要する場合に，代理人が自己の利益のために代理行為をなすときには，果たして代理人は本人の代理人として行為をなす意思を有しているのかという疑いが生じ，代理人が本人のためにする意思がないのに本人のためにすることを示した場合に，心裡留保に関する93条の適用があるか否かの問題が生ずるとする。この点に関し，概ね，次の様な見解が示されている。すなわち，「本人のためにする意思は本人の代理人たるの意思であり，代理人のなす意思表示が直接に本人に対して効力を生ずべきことを欲する意思である。この意思が表示されるがゆえに，代理人のなした意思表示は，その権限内であることを前提に，本人に対して効力を生ずるのである。故に，本人のためにすることの表示は意思表示たる性質を有する。且，本人のためにすることの表示が，代理人が第三者に対してなす意思表示の一部をなす点からみても本人のためにする表示は意思表示であることは明らかである。代理人が本人のためにする意思を有せず，意識的に本人のためにすることを表示した場合には心裡留保規定（93条）の適用がある。そして，もし相手方が代理人の真意を知りまたはこれを知ることをうべかりしときはその意思表示を無効

---

(44) 以上の部分，石坂・前掲注(43)129-132頁参照。「本人ノ為メ」の解釈を本文中のように解することについては，当時のドイツにおける一般の見解，判例も同一の見解をとるとされ，Staudinger-Riezler § 164 Nr. 3a, BGB Kommentar von Rgräten Vorbem. vor § 164 を参照としている。石坂説が以上のように，解釈するのは，本人が代理人に贈与する意思をもって代理人に対して本人が第三者に対して有する債権をとりたてさせる場合などを念頭においているからである（石坂・前掲注(43)130頁参照）。なお，ドイツ民法164条の内容については，注(55)参照。

123

とすることに不当な点を見ない」とする[45]。

　以上のように，石坂説は，代理の法的構成について代表説をとり，代理権濫用事例については，代理人は本人の利益のため代理行為をすることを要するか，代理人が本人の為にする意思なくして本人の為にすることを示した場合に，93条の適用があるかの問題として検討している。代理効果が本人に直接に生ずるのは本人のためにする意思を代理人が有しこれを表示するからであるとし，代理人が背任的意図を有しつつ代理行為をする場合は，この本人のためにする意思が欠けていると見るゆえに，心裡留保規定により解決するという立場に立つのであった。代理の法的構成と代理権濫用論との関係について直接に言及するところはない。

5　小　　括

　以上の各説を代理の法的構成と代理権濫用論との関係を中心に整理しつつ小括すると以下のとおりである。すなわち，中島説，鳩山説は，代理の法的構成について，代表説（代理人行為説）の立場に立ち，ドイツのコンメンタールなどを参照しながら，代理権濫用を代理行為の要件である「本人ノ為メニスルコトヲ示ス」との関係で検討するものであった。代理の法的構成と代理権濫用論との関係についての言及はない。

　嘩道説は，代理の法的構成に関し，自動代理について，代理人行為説に立つと解される。代理権濫用事例を「本人ノ為メニスル」との関係で検討する。代理行為の効果が本人に帰属するのは代理意思があるゆえと解し，そして代理権濫用は代理意思の表示に際し，代理意思がない場合と捉え，相手方悪意・有過失の場合まで念頭において，93条に依拠して解決する。代理の法的構成論と代理権濫用論との関係について直接には言及していない。

　石坂説は，代理の法的構成に関しては，わが法典は，代表説に立つ旨の認識を示している。代理権濫用論については，代理人は本人の利益のため代理行為

---

[45]　以上，石坂・前掲注(43)133-136頁参照。石坂説の内容は，本文中に示したほか，更に概ね，次のようなことも述べている。すなわち，代理人が本人のためにする意思を有していても，この意思を外部に表示しない場合に100条の規定により，93，95条の適用が除外されるけれども，これと反対の，本件で問題となっているような，代理人が本人のためにする意思を有しないのに，本人の為にすることを表示した場合には100条のような特別規定がないので，93，95条の適用があると（石坂・前掲注(43)135-136頁参照）。

第 2 章　代理権濫用論と代理の法的構成との関係の検討

をすることを要するか，代理人が本人のためにする意思なくして本人の為にすることを示した場合に 93 条の適用があるかの問題として検討している。石坂説においても，代理の法的構成と代理権濫用論は，直接には検討されていない。

　以上，この時期の傾向としては，いずれの論者も代理の法的構成に関し，代表説（代理人行為説）に立ち，代理行為の要件「本人ノ為メニスルコトヲ示スヲ要ス」（顕名主義）との関係を中心に検討し，心裡留保規定に依拠する見解を示している。直接には，代理の法的構成との関係で代理権濫用事例を検討するものではない。

III　検　　討

　以上，この時期の代表的な学説を概観したが，いずれの説においても，代理の法的構成と代理権濫用論とは直接に関係させて検討が加えられるものではなかったということが明らかになった。以下では，それでは，どのような関係が両者の間には存在するのかを探るため，次のような各事項につき若干検討を加えたいと思う。まず，わが国のドイツ的解釈法学全盛期にあって，ドイツの学説の影響を受けながら，なぜ，代理権濫用論が代理の要件「本人ノ為メニスルコトヲ示スコト」（顕名主義）との関係で検討されることが主流となったのか探る必要があろう。次に，わが国のこの時期の代理の法的構成を整理することが必要であろう。その上で，この時期の心裡留保規定に依拠する説は，顕名主義との関係で代理権濫用を論ずるので，顕名主義と代理の法的構成との関係を探ることによって代理権濫用論と代理の法的構成との関係を解明することができるであろう。以下では，以上のようなことについて，検討を加えていく。

1　この時期のドイツ法の影響について

　中島説[46]，鳩山説[47]，そして，大正 5 年（1916 年）に，相手方悪意，有過失の場合も含めて検討を加え，心裡留保規定に依拠する解決を提唱した，曄道

---

(46)　中島・前掲注(14)552 頁参照。他に，レオンハルト（Leonhard）の論文も引用している。本稿項目 II 1 参照。
(47)　鳩山秀夫も「本人ノ為メニスルコト」の意義の解釈のところで，エルトマンの文献を引用している（鳩山・前掲注(18)259 頁参照）。他に，Schlossmann, Die Lehre von der Stellvertretung. も引用している。

125

第Ⅱ編　代理権濫用論

説(48)，そして，石坂説(49)も，エルトマンの文献（コンメンタール）を参照している。時期的に見て各説が参照したであろう1908年刊のエルトマンのコンメンタール(50)の，事項索引（Sachgegister）をみると，濫用（Mißbrauch）のところには，代理権濫用（Mißrauch der Vertretungsmacht）の項目の記載がない(51)。また，Vertretung, Vollmacht のところにも，代理権濫用に関する項目は挙げられていない(52)。更に，代理権（Vertretungsmacht）の項目自体がない(53)。ちなみに現在のドイツのコンメンタールにおいては，事項索引において濫用（Mißbrauch）のところに代理権濫用が事項として挙げられており，本文中には項目が立てられて判例・学説の状況が詳細に述べられている(54)。

エルトマンのコンメンタール中のドイツ民法典（以下，BGBと略す）164

---

(48)　嘩道・前掲注(37)80頁参照。Staudingerも引用している。

(49)　石坂・前掲注(43)132, 135頁参照。

(50)　Paul Oertmann, Kommentar zum Bürgerlichen Gesetzbuche und seinen Nebengesetzen Bürgerliches Gesetzbuch Erstes Buch Allgemeiner Teil, Zweite vollständig umgearbeitete Auflage des Kommentars von Karl Gareis. 1908. 中島説，鳩山説，嘩道説，石坂説は，それぞれの文献において参照したこの文献の刊年までは明らかにしていない。

(51)　Mißbrauchのところに挙げられているのは，Mißbrauch des ehemännlichen Rechts in der Bestimmung des Wohnsitzes（住所の指定における夫の権利の濫用）だけである（Vgl. Oertmann, S. 709.）なお，石坂説も引用している，この時期のシュタウデインガーのコンメンタール（Staudingers Kommentar zum Bügerlichen gesetzbuch und dem Einführungsgesetze. 1. Band. Allgemeiner Teil. 7./8. neubearbeitete Auflage. 1912.）の事項索引（vgl. S. 803頁）にもMißbrauch der Vertretungsmacht は挙げられていない。

(52)　Vollmachtの事項のところに，Instruktionen an einem Bevollmächtigten というのが挙げられており（vgl. Oertmann, S. 723.），これが，代理権濫用事例に該当しうるが，代理人に背任的意図がある典型的な事例とは異なる。同様に前掲注(51)のシュタウデインガーのコンメンタールにも濫用に関する項目は存在しない（vgl. Staudinger, S.803f.）。

(53)　Vgl. Oertmann, S. 722. 前掲注(51)のシュタウデインガーのコンメンタールの事項索引にはVertretungamachtは挙げられているが，Mißbrauch der Vertretungamachtは事項として挙げられていない（vgl. Staudinger, S.803.）。

(54)　ミュンヘナーコンメンタールにも事項索引にMißbrauch der Vertretungsmachtが挙がっており（vgl. Münchener Kommentar zum Bürgerlichen Gesetzbuch：Bandl, 4. Auflage, 2001. S. 2852），本文中（S. 1665-1672）には判例・学説の状況が詳細に紹介されているし，ゼーゲル（vgl. Soergel：Kommentar zum Bürgerlicben Gesetzbuch, Bd. 1, 1987. S. 1374-1377.），シュタウデインガーコンメンタール（Staudinger：Kommentar zum Bürgerlichen Gesetzbuch, Ⅰ. Band. Allgemeiner Teil, 1995. S. 102-107.）においても本文中で詳細に記述がなされている。

第2章　代理権濫用論と代理の法的構成との関係の検討

条(55)の注釈箇所に概ね以下のような記述がある。すなわち,「まさに代理人として行為をするという内部的意思(innerer Wille)は,条文において(im Texte)要求されない。そして更にその他の根拠に基いて,それ(内部的意思)は絶対不可欠なものとして評価されてはならない。外面的に他人の名において行為をすることが意識されている場合にはこのことは自明のことである(arg §116)」(56)。

エルトマンの記述のこの部分は,代理人として行為をするという内部的意思はないけれども意識的に外面的に代理人として行為をしている場合は,116条(心裡留保規定)(57)により代理の要件(顕名)は満たされると解する旨の記述であると考えられる部分である。この部分を中島説,鳩山説,嘩道説,石坂説も参照しているものと思われ(58),代理権濫用を心裡留保規定との関係で検討することについて影響を与えていると推測される。

ところで,嘩道説が相手方悪意・有過失の場合まで念頭において心裡留保説を唱えた1916年(大正5年)までのドイツ代理権濫用論の状況はどのようで

---

(55) BGB164条は次のような内容である。「代理人がその権限内において,本人の名において為したる意思表示は,本人の利益及び不利益において直接本人に対してその効力を生ず。本人の名を明示して意思表示を為したると,本人の名において為すものなることが事情により明らかなるとを問うことなし……」(神戸大学外国法研究会編『現代外国法典叢書(1)独逸民法(1)民法総則』251頁〔有斐閣,昭30〕参照。ただし,カナ表記をひらがな表記に改めさせて頂いた)。

(56) Vgl. Oertmann, S. 509. エルトマンは,更に続けて,代理人が善意(guter Glaube)である場合についても,記述をしている。本稿では,代理人が背任的意図を有している場合について検討しているので,代理人が善意の場合の検討については他日を期す。〔補注〕本文に訳出したエルトマンのコンメンタールの509頁の翻訳の最後の部分 arg §116につき,当該コンメンタールの Abkürzungen に arg の項目がなく,当該部分の記述の内容から判断して,arglistig の短縮形と解し,本稿の初出時は「悪意§116」と訳していた。しかし,現在のコンメンタールでは arg は,argumentum の短縮形として用いられているので(Vgl. Jauernig Bürgerliches Gesetzbuch Kommentar, 16. Aufl 2015, XX),本稿を本書に収めるに際し,「悪意」の訳を削除した。いずれにしても,エルトマンは,当該コンメンタールの本文に訳出した記述部分の根拠として,BGB における心裡留保規定(116条)を挙げていると解しうる。

(57) BGB116条(狭義の心裡留保)は次のような規定である。「意思表示は,表意者が表示したることを欲せざる旨を内心に留保するも,無効となることなし。相手方に対してなしたる意思表示は相手方が留保を知りたるときは,これを無効とす」(神戸大学外国法研究会編・前掲注(55)186頁参照)。ドイツにおける心裡留保に関しては,村田彰「心裡留保無効」椿寿夫編『法律行為無効の研究』334頁以下(日本評論社,平13)参照。

(58) 本稿前掲注(46)～(49)参照。

127

第Ⅱ編　代理権濫用論

あったかというと，この時期までにドイツにおいて代理権濫用について判例[59]は，悪意の抗弁説をとるもの[60]，無権代理説をとるもの，任意代理権の消滅に関するBGB168条以下[61]を類推適用するものなどが現れていたようである。

学説においては，管見の及ぶ限り，論文でこの時期までに，Mißrauch der Vertretungsmactというタイトルで執筆されたものは見当たらない。しかし，1930年代にはかなり多数の，このタイトルでのDissertationなどの研究が見られる[62]。しかし，わが国での嘩道説の登場の頃（1916年）には，これらのドイツにおける代理権濫用論はまだ存在しなかったのである。

その後，現在まで，多数の代理権濫用に関する著書・論文などがドイツにおいて公表され続けている。そこでは，悪意の抗弁説，契約締結上の過失説，い

---

(59)　ドイツにおける代理権濫用の判例の状況については，伊藤・前掲注(6)『任意代理基礎理論』178-182頁，福永・前掲注(11)「一試論(1)」150-156頁参照。なお，ドイツにおける，戦前の代理権・支配権の濫用に関する判例の状況については，次の文献も詳しい。Christoph Tietz：Vertretungsmacht und Vetretungsbefugnis im Recht der BGB－Vollmacht und der Prokura, Diss. Bielefeld 1989. S. 207 ff. 代理権濫用に関するライヒスゲリヒトの判例の詳細の検討は他日に期す。

(60)　ライヒスゲリヒトの1904年6月14日判決（RGZ 71, 219）は，代理権濫用のリーディングケースとされるが，Yから包括的代理権を授与されたYの息子Aが自己の債務につきYを代理して保証契約を締結したという事例のもとで，悪意の抗弁による解決を示すものである。すなわち，「当該行為が代理人によって，明白に，契約の相手方に知りうる（erkennbar）代理権の濫用のもとで本人の利益に反して締結されたか，あるいは代理人が本人を害するという相手方に知れた意図をもって行為したときは，本人は代理人の約束により拘束されることを承認し得ないから，行為を取り消すか第三者の請求を悪意の抗弁で対抗する権利がある」というものである（この判例の位置づけ及び訳は伊藤・前掲注(6)『任意代理基礎理論』179頁によった。なお，福永，前掲注(11)「一試論(1)」151頁参照）。

(61)　Vgl. Tietz. S. 219. BGB168条説の判列（RG1911. 2. 15 RGZ 75.299ff）の事案の概要については山田晟「表見代理とドイツ民法」勝本正晃先生還暦記念『現代私法の諸問題』186頁（有斐閣，昭34）参照。BGB168条は，任意代理権の消滅に関する規定であり，次のような内容である。「任意代理権の消滅は授権の原因たる法律関係に従いこれを定む。授権は，この法律関係より別段の結果を生ぜざる限り，この関係の存続中といえどもこれを撤回することを得。撤回の意思表示については167条1項の規定を準用す」（神戸大学外国法研究会編・前掲注(55)257頁参照。

(62)　1930年代に入ると，代理権濫用（Mißbrauch der Vertretungsmacht）に関する論文が，管見の及ぶ限りでも，1930年代だけで，10本以上の論文が公刊されている。1930年代のドイツ代理権濫用論については，わけても高橋・前掲注(6)206-223頁参照。なお，1930年代のドイツ代理権濫用論の詳細の検討については他日に期す。

第2章　代理権濫用論と代理の法的構成との関係の検討

わゆる「内因的解決」などが提唱されているが[63]，管見の及ぶ限り，現在では心裡留保規定に依拠する説は見当たらない[64]。

　ドイツ的解釈法学全盛期の時代にあって，ドイツ法が参照されながらも，当時，ドイツにおいては学説で代理権濫用論は盛んには議論がまだされていない時期であった。そして，エルトマンのコンメンタールの記述が主に参照され，その後，わが国独自の発展をみる心裡留保規定に依拠する見解がこの時期に唱えられたということであろう。

　その後の1930年代からの豊富なドイツ代理権濫用論はしばらく，わが国に紹介されることはなかった。この理由として，1920年（大正9年）には，わが国では，学説史的にみて，民法学が転回の時期を迎え，ドイツ法学一辺倒ではなくなったことも背景にあろう。そして，ドイツ代理権濫用論が本格的に検討されるようになったのは1970年代にはいってからであった[65]。

2　代理の法的構成の整理

　代理の法的構成に関し，明治民法の起草委員はどのような見解を有していたのかを見ると次のようである[66]。例えば，明治27年4月6日の第1回法典調査会において代理規定の冒頭説明を担当した富井政章起草委員は，「意思表示ハ代理人ノ意思表示デアラウト思フノデアリマス……途中筆者省略……本案ハ

---

(63) ドイツ代理権濫用論については，注(6)及び(11)に掲げた，高橋，伊藤，福永論文など参照。〔補注〕本稿の初出時には，本文中に「無権代理直接形成説」という学説の名称を挙げたが，これは，ドイツにおけるフルーメ説（第Ⅱ編第3章Ⅱ2(1)参照）などの「内因的解決」（高橋・前掲注(6)234頁，伊藤・前掲注(6)203頁以下参照）の影響を受けた我が国における学説の名称である（第Ⅱ編第1章Ⅶ2(4)参照）。従って，ドイツにおける学説の名称として，「内因的解決」という名称がふさわしい。本書に所収するに際し，そのように改めた。

(64) 高橋・前掲注(6)244頁注(8)は，心裡留保規（BGB116条）に言及しているのは，ジーベルト（S. 637）程度であろうと指摘する（Siebert, Wolfgang：Zur Lehre vom Missbrauch der Vertretungsmacht, Zeitschrift für gesamte Staatswissenschaft. Bd. 95, 1935, S. 629-655）。ジーベルトは，637頁で，「本人に故意に損害を与えることへの第三者の意識的な共同（いわゆる共謀，Kollusion）の場合」に関して記述をなしている。

(65) 伊藤説は，代理権濫用の問題はドイツにおけると同様に代理の理論との関係でもっと議論されるべきであった旨述べられている（伊藤・前掲注(6)『任意代理基礎理論』228頁参照）。

(66) 明治民法の制定過程に関する議論の詳細については，辻正美「代理」星野英一編集代表『民法講座第1巻民法総則』448頁以下（有斐閣，昭59）参照。

意思表示ハ何処迄モ代理人ノ意思表示デアル，法律行為ハ代理人ノ法律行為デアル……途中筆者省略……唯其意思表示ガ効力ヲ本人ニ対シテ生ズル，恰モ本人ガ為シタ意思表示ノ如ク見ルト云フ丈ケノ事デ意思表示ハ何処迄モ代理人ノ意思表示デアラウト思ヒマス」[67]と述べて，代理人行為説を明治民法は採用している旨の見解を示している。明治民法典成立の前後期[68]の，代表的な学説としての，梅謙次郎説も，代理人行為説をとっていると解される[69]。

すでに，項目Ⅱでみたように，ドイツ的解釈法学全盛期の各学説はいずれも，代表説（代理人行為説）に立つ[70]。すなわち，中島説，鳩山説，石坂説は，本

---

(67) 法務大臣官房司法法制調査部監修『日本近代立法資料叢書1　法典調査会　民法議事速記録第1回-26回』12頁（商事法務研究会，昭58）参照。本文中に引用した富井起草委員の発言に関し，辻正美説は，「こうした起草者の発言は，代理に関する民法の規定が代理人行為説に依拠して起草されたものであることを十分に窺わせる」という見解を示されている（辻・前掲注(66)450頁参照）。更に，梅謙次郎起草委員の，現行民法101条1項にあたる代理行為の瑕疵に関する規定（原案103条）は，代理人行為説の帰結である旨の発言も明治民法が代理人行為説に立つ根拠となりうると解される。すなわち，「吾々ガ採テ居ル所ノ主義ノ結果デアリマス，即チ吾々ノ考ヘデハ代理ノ為シタルコトハ代理人ノ為シタ事デアッテ本人ノ為シタノデハナイ。夫レデアリマスカラ百三条デハ本人ノ意思ヲ見ズシテ代理人ノ意思ヲ見ル」（法務大臣官房司法法制調査部監修・前掲書22頁以下参照）。

(68) 明治民法典成立の前後期は，明治23年から明治43年頃の旧民法典公布後の，法典論争を生じ，明治民法典が制定・公布され，梅謙次郎が逝去するまでの，民法学の註釈が中心となった時期である（水本＝平井・前掲注(10)3頁参照）。

(69) 梅謙次郎は，明治民法の起草委員としても，代理行為の瑕疵に関する現行101条1項が代理人行為説の帰結である旨を述べていたが（注(67)参照），『民法要義』の，101条の註釈のところで，次のような記述をしている。すなわち，「我所謂代理人ハ自己ノ意思ヲ以テ法律行為ヲ為シ其法律行為ハ全ク代理人ノ法律行為ナリト雖モ唯其効力ニ至リテハ恰モ本人カ之ヲ為シタルト同シク直接ニ本人ニ対シテ生スヘキモノトスルニ過キス故ニ其意思表示ハ代理人ノ意思ノ表示ニシテ本人ノ意思ノ表示ニ非ス」（梅謙次郎『訂正増補民法要義 巻之一 総則編』261頁以下〔有斐閣，復刻版，昭59〔初出 明44〕〕参照）。学説として富井政章も『民法原論』で，101条1項に関し，「此規定ハ近世ニ於ケル代理ノ本質ヲ明ニシ代理行為ハ代理人ノ意思表示ナルコトヲ証スルモノト謂フヘシ」と述べる（富井政章『民法原論第1巻総論』484頁〔有斐閣，復刻版，昭60〔初出 大11〕〕参照）。その他，代理人行為説を前提とする記述として，「代理ニ於ケル意思表示ハ代理人ノ意思表示ナル結果トシテ本人ハ意思能力ヲ有セサルコトアルヘシ」という記述もみられる（富井・前掲書485頁参照）。

(70) 代理権濫用に言及するところがないので，項目Ⅱでとりあげなかったが，この時期の，代表的な学者である川名兼四郎も，他説（本人説，本人代理人共同説と称している）を退け，「代理ニ於ケル意思表示ハ……途中筆者省略……代理人カ之ヲ為シ，又ハ之ヲ受クルモノトス（代理人説）而モ其法律行為上ノ効力カ，直接ニ本人ニ帰スルハ本

人行為説,共同行為説など他説の存在にも触れ,批判を加え[71],代表説(代理人行為説)をとる積極的な理由として,①101条1項の存在(中島説),②事実をそのままに説明している点(鳩山説),③代理人による法律行為において,本人について私法的法律関係を成立させようとする当事者の行為意思を認知保護して本人についてその法律効果の発生を認めることも「法律ノ権内ニ属スル」こと(鳩山説)等を挙げていた[72]。

以上のように,明治民法成立の前後期,それに続くドイツ的解釈法学全盛期においては,代表説(代理人行為説)が確固たる地位を占めていたといっても良いであろう[73]。

3　顕名主義と代理の法的構成との関係についての整理

この時期,代理権濫用論と代理の法的構成との関係を直接検討するものはなく,代理権濫用を顕名主義との関係で検討している。そこで,顕名主義の根拠[74]を検討することによって,代理権濫用と代理の法的構成との関係を探ってみる。

顕名主義とは,あらためて定義すれば,代理行為として成立するには,代理人は,「本人の為めにすることを示して」行為をしなければならないというものである[75]。以下では,明治民法成立の前後期(3 - 1),ドイツ的解釈法学全盛期(3 - 2)と時代区分し,整理する。

　　　人ニ於テ効力ヲ生セシメントスル意思表示アルカ故ナリ……」として,代理人行為説をとる旨の見解を示している(川名兼四郎『民法総論』228頁〔金刺芳流堂,訂正11版,大9〕参照)。

(71) 中島説の他説への批判については,本稿項目Ⅱ1参照,鳩山説の他説への批判については,本稿項目Ⅱ2参照,石坂説の他説への批判については,注(42)参照。

(72) 中島説の代表説(代理人行為説)をとる積極的理由については,本稿項目Ⅱ1参照,鳩山説の積極的理由については,項目Ⅱ2参照。

(73) 現在の,代理の法的構成に関する学説の状況については伊藤・前掲注(5)「代理の法的構成に関する覚書」91頁以下参照。

(74) 平野裕之教授の研究によれば,現在,顕名という要件の位置付けに関し,①代理効は代理意思の効果とする立場と,②契約当事者の認定の問題(相手方に不測の損害を与えないための要件)であるとする立場,③代理人の免責要件とする立場などが存在する(平野裕之「代理における顕名主義について——民法100条と商法504条の横断的考察——」明大法論75巻2・3号37頁以下(平14)参照)。

(75) 我妻・前掲注(1)344頁参照。顕名主義については,平野・前掲注(74)論文が極めて詳細に検討を加えている。

3－1 明治民法成立の前後期

明治民法の立場として，例えば，明治27年4月6日の第1回法典調査会において代理規定の冒頭説明担当者である富井起草委員は，現行規定の99条にあたる規定（原案100条）について顕名の要件に関して概ね次のように述べている。すなわち，「本人ガ為シタ如ク直接ニ其行為ニ依テ本人ガ権利ヲ得又ハ義務ヲ負フ」という，代理の効果が生ずるには，「法律又ハ委任ニ依ル代理人」が，「本人ノ為メニスルコトヲ示シテ為シタ場合」であることが必要であり，代理の意思の表示が必要である[76]と。更に，学説として富井政章は，『民法原論』で，代理の効果は代理人の意思を根拠にする旨の見解を示している。すなわち，「代理人ハ本人ニ付キ法律関係ヲ成立セシメント欲シテ自己ノ意思ヲ表示シ法律ハ其意思表示ノ効力ヲ認ムルモノニ外ナラス」[77]。そして，「代理ハ本人ノ為メニスル意思アルヲ以テ足レリトセス其意思ナルコトヲ示シテ意思表示ヲ為スコトヲ要ス是相手方ヲシテ其代理行為ナルコトヲ知ラシムルニ最モ必要トスル所ナリ故ニ従来諸外国ノ法律及ヒ学説ニ於テモ代理ハ常ニ本人ノ名ニ於テスルモノトセリ」[78]と述べ，顕名が相手方に不測の損害を被らせない相手方保護のための要件[79]でもあるという点も挙げている。

梅謙次郎は，『民法要義』において，代理の効力を生ずる要件として，当時の商法266条のように，代理人が本人のために法律行為を為すをもってたり，あえて本人の名を以ってなすことを要しないのが実際に便利で，「世ノ進運ニ伴ヒ漸漸此主義ヲ採用スルニ至ルヘキハ余カ信シテ疑ハサル所ナリ」[80]とする。しかし，各国の民法の立法例，学説は代理人が本人のために法律行為をなすのみでは足らず，本人の名をもってこれをなすことを要するとしているので，本条は，本人の名をもって法律行為をすることを必要としたとする[81]。

---

(76) 法務大臣官房司法法制調査部監修・前掲注(67)11頁以下参照。富井起草委員は，この要件のほかに，「代理人ガ権限内ニ於テ為シタルモノ」であることも代理の効果が生ずる要件とする。
(77) 富井・前掲注(69)487頁参照。
(78) 富井・前掲注(69)489頁参照。
(79) 平野・前掲注(74)37頁参照。
(80) 梅・前掲注(69)256頁以下参照。
(81) 梅・前掲注(69)257頁参照。

第2章　代理権濫用論と代理の法的構成との関係の検討

3－2　ドイツ的解釈法学全盛期

代理の法的構成と顕名主義との関係を検討するにあたり，ここで，改めて，ドイツ的解釈法学全盛期の各説の顕名主義の根拠についての記述を見ると次のようである。

(1)　中島説は，代理行為の要件として，「本人ノ為メニスルコトヲ示スヲ要ス」とし，更に，代理人に「本人のためにする真意あることが必要か」という問題として代理権濫用を検討していたのであった。そして，93条を参照条文として挙げ，代理権濫用に関する判例（大判明38・6・10）を参照して，このような真意は不要であるという見解を示していたのであった（本稿項目Ⅱ1参照）。代理人に背任的意図のある代理権濫用事例以外の場合にも，一般的にこのように解するのかに関する記述はない。更に，本人のためにすることを示さない意思表示に関する100条の箇所においてであるが，次のように述べて，顕名主義には，相手方保護の要素があることを示している。すなわち，「蓋シ相手方ハ代理人カ本人ノ為メニスルヲ示スニヨリ始メテ本人ト取引ヲナスヲ知ル其然ラサルニ於テハ代理人其ト取引ヲナスノ意思アルヤ明ナリ」[82]。

(2)　鳩山説によれば，わが国が顕名主義をとった理由は概ね次のようなものである。すなわち，①代理関係が法律に認められる理由は本人について法律行為の効力を発生させようとする代理人の意思にある。法律はこの意思の効力を認めるものである。この意思は法律行為意思の内容を為す。法律行為を為す際に他人について法律上の効果を発生させることを欲することも行為意思の内容を構成する。行為意思は其の表示が必要であるので，その一部である代理意思も表示を要する。②相手方から観察すれば，意思表示の相手方が何人であるかをすることに大きな利益があるので相手方保護の点からみても顕名を要件とするのは至当のことである[83]。

---

(82)　中島・前掲注(14)582頁参照。この点については，鳩山説，嘩道，石坂説も同様のことを述べている。

(83)　鳩山・前掲注(18)258頁以下参照。この顕名主義の根拠付けは重要であると思われるので，以下に，原文を引用する。すなわち，「按スルニ抑モ代理関係ノ法律ニ認メラルル理由ハ本人ニ付テ法律行為ノ効力ヲ発生セシメントスル代理人ノ意思ニ存シ法律ハ此意思ノ効力ヲ認ムルモノナリ而シテ此意思タル敢テ法律行為意思即チ効果意思ト独立シ別個ノ存在ヲ有スルモノニアラスシテ其内容ヲ為スモノナリ凡テ人ノ法律行為ヲ為スヤ必ラス何人ニ付テカ其法律上ノ効果ヲ発生セシメント欲スルモノニシテ之ヲ自己ニ付テ発生セシメント欲スルコトカ行為意思当然ノ内容タルカ如ク他人ニ付テ発生セシメント欲スルコトモ亦行為意思ノ内容ヲ構成スルモノナリ而シテ行為意思ハ其表示ヲ要スル

133

鳩山説が顕名主義の根拠（わけても①）としているものとして，すでに本稿で見た（項目Ⅱ2参照），代理の法的構成に関する代理人行為説の根拠，すなわち，「普通の法律行為において自己について私法的法律関係を成立させようとする当事者の行為意思を認知保護して，その当事者について法律行為的効果の発生を認めるように，代理人による法律行為において，本人に付て私法的法律関係を成立させようとする当事者の行為意思を認知保護して本人について法律的効果の発生を認める」[84]と表現において，ほぼ同様のものが挙げられている。

（3）嘩道説は，「代理人ニ依ル意思表示ノ成立要件及ビ有効条件」として，「代理意思ノ存在及ビ其表現」を挙げる。自働代理における代理意思は「本人ノ為メニ意思表示ヲ為ス意思即チ其意思表示ノ効果ヲ直接ニ本人ニ生ゼシメントスル意思」であり，「代理意思及ビ其ノ表現ナケレバ代理人ニ依ル意思表示ナルモノ成立スルコトナシ」とする。そして，99条の「「本人ノ為メニスルコトヲ示シテ為シタル意思表示ハ」ト云ヘルハ代理意思及ビ其表現アルコトガ代理人ニヨル意思表示成立ノ要件ナル旨ヲ明言スルモノナリ」[85]と述べる。嘩道説においては，代理の効果の発生について，顕名の存在が重要であり，代理人の代理意思が不可欠なものとなっている。

（4）石坂説は，既に本稿項目（Ⅱ4）で見たように，顕名主義に関し，詳細に記述をなしている。代理人の「本人のためにすることの表示」（代理人たることの表示）が効力を生ずるためには，その表示が本人のためにする意思と一致することを要するかという問題に関し，概ね次のような見解を示していたのであった。すなわち，「本人ノ為メニスル意思ハ本人ノ代理人タルノ意思ニシテ即代理人ノ為ス意思表示カ直接ニ本人ニ対シテ効力ヲ生スヘキコトヲ欲スル意思ニ外ナラス，此意思カ表示セラルルカ故ニ代理人ノ為シタル意思表示ハ（固ヨリ其権限内ニ於テ為シタル）本人ニ対シテ其効力ヲ生スルニ外ナラス故ニ本人ノ為メニスルコトノ表示ハ意思表示タル性質ヲ有ス，且本人ノ為メニスルコトノ表示カ代理人カ第三者ニ対シテ為ス意思表示ノ一部ヲ成ス点ヨリ見ルモ（P.lancka.a.O.Matthias aa,O）本人ノ為メニスル表示カ意思表示タルハ明ラカナ

カ故ニ其一部タル代理意思モ亦其表示ヲ要スルナリ更ニ之ヲ相手方ノ方面ヨリ観察スレハ意思表示ノ相手方カ何人ナルカヲ知ルニ付テ大ナル利益ヲ有ス故ニ相手方保護ノ点ヨリ見ルモ顕名ヲ要件トスルヲ以テ至当ノコトナリトス」。

(84) 鳩山・前掲注(18)218頁以下参照。
(85) 嘩道・前掲注(36)454頁参照。

リ」[86]という見解を示し，代理人の意思表示が本人に帰属するのは，代理人の代理意思とその表示の効果であり，本人のためにすることの表示は意思表示たる性質を有するが故に，本人のためにすることの表示が本人のためにする意思と一致することを要する旨の見解を示しているのであった[87]。

3－3　小　括

顕名主義に関し明治民法は，代理効果の発生には代理人の代理意思の表示が必要であるとし，明治民法成立の前後期の富井説は，①代理人が本人につき法律関係を成立させることを欲して自己の意思を表示し，その意思表示の効力を法律が認めるものであること，②代理人の本人のためにする意思を表示することを要求することによって相手方保護を図る点を挙げていた。これに対し，梅説は，代理人が本人のために法律行為をなせばよく，本人の名をもってなすことは不要であるという主義を信じて疑わない旨，述べていたが，結論的には本人の名をもってなすことを要するとした。ドイツ的解釈法学全盛期の各学説は，概ねいずれの説も，明治民法成立の前後期の富井説と同旨であると解される。そして，鳩山説においては，顕名主義の根拠を述べる表現が，代理の法的構成の根拠を述べる表現とほぼ同様のものが挙げられている点，嘩道説，石坂説においては，代理意思の存在とその表示が意思表示である点が強調されている点が特色であるといえる。

ところで，伊藤進教授は，代理人行為説と顕名主義との関係について概ね次のような見解を明らかにされている。すなわち，「本人に対する代理行為の効果帰属の根拠を代理人の代理行為における効果意思に求めるのが代理人行為説である……途中筆者省略……（この見解は），代理人の意思表示によって，本人に効果が帰属する根拠付けとして，「本人のためにすること」の表示，すなわち，代理人の本人に効果を生ぜしめようとする効果意思に基づくとみる。ここ

---

(86) 石坂・前掲注(43)135頁参照。この部分は，既に，本稿項目Ⅱ－4でも参照したが，ここで改めて原文で引用する。

(87) 石坂(述)・前掲注(41)『民法総論　下巻』413頁以下にも代理の要件として，「本人ノ名義ニ於テ意思表示ヲナスコトヲ要ス」とあり，「本人ノ為メニスル意思ヲ有シ且其ノ意思カ表示セラルルコトヲ要ス依之第三者ハ其ノ行為ノ効力カ本人ニ及フコトヲ知ルコトヲ得　本人ノ名義ニ於テナサ、ルトキハ代理行為ハ成立セス」という記述がみられ，本文中に挙げた理由と併せて，相手方に不測の損害を被らせないことも根拠に加えている。

に本人への効果帰属についての代理特有の顕名の原則が出現し，代理人行為説が強化されることになる」[88]と。このように，代理人行為説と顕名主義との密接な結びつきを指摘されている。伊藤説のこの指摘は，明治民法典成立の前後期の，富井説，ドイツ的解釈法学全盛期の各説に概ね妥当すると解される。

Ⅳ　おわりに

　ドイツ的解釈法学全盛期の，中島説，鳩山説，嘩道説，石坂説は，すでに見てきたように，いずれも，代表説（代理人行為説）に立ち，代理権濫用事例を顕名主義との関係で検討し，心裡留保規定に依拠して解決するものであった。

　代理人行為説などの代理の法的構成との関係で直接に代理権濫用論を検討するものはこの時期には見られない。

　また，この時期のわが国の解釈に与えたドイツ法の影響についてであるが，まさに，この時期は，ドイツにおいては，ドイツ代理権濫用論が隆盛になる以前の時期であり，各説ともエルトマンのコンメンタールを参照しており，そこでの記述が，代理権濫用を顕名主義との関係で解決する93条規定に依拠する説を生み出したと推測できる。

　代理の法的構成と顕名主義との関係については，伊藤説が指摘されるように代理人行為説と顕名主義とは密接な関係にある。

　以上のことから，この時期の各説は代表説（代理人行為説）をとり，代理効果の発生が代理意思とその表示によることになり，代理人が背任的意図をもってなす代理権濫用行為はこの代理意思の表示についての心裡留保の問題ということになる。

　この時期の代理権濫用論と代理の法的構成とは直接の関係はみられない。しかし，代理権濫用は顕名主義の問題と捉えられ，そして，顕名主義は代理人行為説と密接に結びつくことから，代理権濫用と代理の法的構成とは，顕名主義を介して間接的に結びついているといえる。

　今後の検討課題としては，本稿で検討した，ドイツ的解釈法学全盛期以降の時期の代理の法的構成と代理権濫用論との関係の検討を更に進めていくことは

---

(88) 伊藤・前掲注(6)『任意代理基礎理論』142頁以下参照。なお，122頁以下も参照。同様に，代理人行為説と顕名の関係を指摘するものとして，佐久間・前掲(6)19頁，平野・前掲注(74)37頁参照。

第 2 章　代理権濫用論と代理の法的構成との関係の検討

当然であるが，顕名主義の更に詳細な検討が必要になろう。そして，この時期の代理権濫用論が代理の法的構成と顕名主義を通じて間接的ではあるが関係をもつことが本稿で示されたように，代理権濫用論以外の代理をめぐる諸問題もまた代理の法的構成と理論的に何らかの関係をもつ可能性がある。そこで，代理をめぐる諸問題の検討に際しては，代理の法的構成との関係を常に意識して検討を進めていく必要があろう。

（初出：2005 年 1 月）

第3章 ドイツにおける代理権濫用と相手方保護範囲の議論

I　はじめに

　代理権濫用は，例えば，債権取立ての代理権のある者が，自分で消費するつもりで取り立てる場合のように，代理人が，授与された代理権の範囲内で背任的意図を持って行為をする場合が主として念頭に置かれる[1]。わが国の判例は，心裡留保に関する民法93条ただし書類推適用により，代理権濫用事案を解決する[2]。すなわち，判例は，代理人が，授与された代理権の範囲内で行為をしたが，代理人に自己または第三者の経済的利益を図るという背任的意図があり，代理行為の相手方がこの背任的意図を「知りうべかりし」場合には，本人は，相手方に対し，濫用の抗弁を主張できるという立場に立っていると解しうる[3]。つまり，判例は，その法的構成からして，もっぱら，代理人と相手方間の事情のみをもって，濫用の抗弁の成否を決しているといえる。

　本稿は，代理権濫用事例における，相手方保護範囲の問題を扱う。すなわち，代理人に背任的意図があり，これについて悪意の相手方は保護に値しないが，善意・有軽過失の相手方は保護に値するかなどという形で従来論じられてきた問題である[4]。この問題に関し，代理の法的構成につき，本人・代理人・相手方，三者の意思表示を代理の成立要件とすべきとされ，代理を三当事者法律行為形象と解される伊藤進説[5]に示唆を受け，代理権濫用事例においても，相手

---

(1) 我妻榮『新訂民法総則』345頁（岩波書店，1965年）参照。
(2) 最判昭和38・9・5民集17巻8号909頁，最判昭和42・4・20民集21巻3号697頁，最判平成4・12・10民集46巻9号2727頁他多数。わが国の判例の詳細については，拙稿「代理論史――代理権濫用論を中心に」水本浩＝平井一雄編『日本民法学史・各論』54頁以下・61頁以下・72頁以下（信山社，1997年）〔第2編第1章Ⅶ1(1)参照〕参照。
(3) 裁判実務において代理をどのように捉えるかについて，賀集唱「裁判実務における代理」椿寿夫・伊藤進編『代理の研究』40頁以下（日本評論社，2011年）参照。
(4) 問題状況につき，平井一雄「代理権の濫用」法セ385号40頁以下（1987年）参照。
(5) 伊藤進「わが国における代理の法的構成論――『三当事者法律行為』形象の提言」明治大学法科大学院論集1号1頁以下（2006年），同「わが国における代理の問題状況」椿寿夫・伊藤進編・前掲注(3)28頁以下，同「『代理・授権』規定案の検討――代理の法的構成論からみて」円谷峻編著『社会の変容と民法典』58頁以下（成文堂，2010年）

方保護範囲の確定の判断に際し，本人・代理人・相手方，三者の諸事情の総合的判断が必要である旨，指摘することを目的とする。なお，わが国においても，相手方保護範囲の確定に際し，代理人と相手方との関係だけではなく，本人側の事情も合わせて考慮すべきとする学説はすでに存在する[6]。本稿は，近時のドイツの教科書レベルでの議論の状況をも踏まえ，以上の観点からの相手方保護範囲の確定の必要性を重ねて指摘するものである[7]。

II ドイツの議論の状況

代理権濫用論はドイツで詳細に論じられ，この問題を検討するに際しては，ドイツにおける議論が参考になる[8]。

1 相手方保護法理としての代理権の独立性・(範囲の) 無因性の概観

ドイツ代理権濫用論においては，その議論のはじめに，代理権の独立性 (die Verselbständigung der Vertretungsmacht) ないし代理権の (範囲の) 無因性 (die Abstraktion der Vertretungsmacht) という概念が置かれるのが通常である。これが，代理権濫用のような内部的に正当化されない代理行為における相手方保護法理の役割を果たす。この概念は，1861年のドイツ普通商法典

ほか参照。

(6) わけても，伊藤進『任意代理基礎理論』175頁以下（成文堂，1990年），福永礼治「代理権の濫用に関する一試論(1)，(2)完」上法22巻2号129頁以下（1978年），22巻3号177頁以下（1979年），森泉章『公益法人の現状と理論』111頁以下（勁草書房，1982年），中島秀二「濫用代理論批判」幾代通先生献呈『財産法学の新展開』79頁以下（有斐閣，1993年）など。また，椿寿夫博士は，代理法において，以前から，取引安全，善意の相手方保護という評価方向の主流に対抗して，本人の意思決定を重視する批判が少しみられていたことの判定が現在求められている旨，指摘されている（椿寿夫「代理法ではどういう問題があるか——ドイツの文献もみながら」椿寿夫・伊藤進編・前掲注(3)3頁以下参照）。

(7) 本稿は，主に任意代理の類型を念頭に置く。法定代理の類型を検討するものとして，前田泰「親権者の法定代理権の範囲」椿寿夫・伊藤進編・前掲注(3)265頁以下参照。福永礼治「代理の類型と代理権濫用についての覚書——最高裁平成4年12月10日判決を契機として」品川孝次先生古稀記念『民法解釈学の展望』71頁以下（信山社，2002年）ほか参照。

(8) ドイツ代理権濫用論に関する先行業績として，高橋三知雄『代理理論の研究』205頁以下（有斐閣，1976年），伊藤・前掲注(6)175頁以下，福永・前掲(6)，石原全「支配人の権限濫用について」一論95巻2号251頁以下（1986年）ほかがある。

(ADHGB) の規定[9]をラーバント (Laband)[10]が分析して確立したとされる。この概念をラーバントは, おおむね, 「……任意代理権 (Vollmacht) を委任 (Mandat) から, 代理権限 (Stellvertretungsbefugnis) を代理人と本人との間に存する具体的な法律関係から解放することによって, 独立の取引資格の可能性が与えられることになる。代理人と本人との間でいかなる法律関係にあるのか, 本人の利益を実質的に促進するか侵害するかを問わず, 第三者に対し本人の権利を行使する権限を与えられている。今日の経済生活における取引では, 実質的な権限の調査は形式的基準にとって代わられなければならない。代理権という形式的権能はこの根から成長している……」[11]と表現している。この概念は, BGB 上の代理にも適用され, 代理権の独立性に関し, 現在では, 例えばフルーメ (Flume) の BGB の教科書には, 「代理権は, 法秩序により, 義務関係に対して独立しており, 本人に関して効力をもって行為する資格以上のものではないものとして形成されている」[12]と記述され, また, 代理権の無因性については, ラーレンツ゠ヴォルフ (Larenz/Wolf) の教科書には「外部関係における代理権と内部関係における義務との間は分離されなければならない。……外部関係における代理権は原則として内部関係とは独立である。代理権はこの意味において, 内部関係から分離されている……無因性原理および内部関係からの代理権の分離に基づいて, 代理権の範囲内で締結された取引は原則として, 代理人が本人に対する内部関係において義務に反して行為をする場合にも有効である……」[13]と記述される。代理権の独立性と無因性との関係については,

---

(9) 翻訳は, 江村義行「資料／普通ドイツ商法典（ADHGB）の株式会社規定の翻訳」慶院 44 号（平成 15 年度）41 頁以下ほか参照。〔補注〕ADHGB の条文は, 本論初出時においては, 同志社大学ドイツ会計研究会の「19 世紀ドイツ株式会社定款, 決算報告書ホームページ」（http://commerce01.doshisha.ac.jp/statuten/statutenTop.htm）で公開されていた。なお, 第Ⅱ編第 6 章第 1 節注(19)参照。

(10) Laband, Paul, Die Stellvertretung bei dem Abschluß von Rechtsgeschäften nach dem allgemeinen Deutschen Handelsgesetzbuch, in : ZHR, 10. Band, 1866, S. 183-241.

(11) Laband, a.a.O. (Fn.10), S. 240. 訳については, 高橋・前掲注(8)175 頁, 伊藤・前掲注(6)201 頁, 遠田新一「代理権の機能の法的評価」奈良産 1 巻 3 号 25 頁（1988 年）参照。

(12) Werner Flume, Allgemeiner Teil des Bürgerlichen Rechts zwiter Band Das Rechtsgeschäft Vierte, unveränderte Auflage. 1992, §45Ⅱ2（S. 786f）. 訳は, 佐久間毅「任意代理の法理」岡法 39 巻 4 号 167 頁以下（1990 年）参照。

(13) Karl Larenz/Manfred Wolf, Allgemeiner Teil des Bürgerlichen Rechts, 9. Aufl, 2004, §46Rn. 136ff（S. 863f）.

141

第Ⅱ編　代理権濫用論

代理権の独立性は任意代理権に関して，いわゆる任意代理権の無因性の一部分であるとされる(14)。ただし，この代理権の独立性・無因性概念は，あらゆる場合に貫くことは予定されていない。ADHGB立法の審議の際に，会社の機関に法取引の保護のために，無因で制限することのできない代表権が与えられた（ADHGB116条・231条2項参照）が，このことによって，本人と相手方との間の危険配分が最終的に規律されたのではなく，一定の狭い要件の下で代表の効力の原状回復（Rücknahme）が悪意の抗弁の保証により可能であることを立法者は前提としていた。しかし，このような例外的規律は，判例・学説に委ねられた(15)。この例外的規律に関するものが，代理権濫用（Der Mißbrauch der Vertretungsmacht）論である。これに関する著書，論文等は，ドイツにおいて1900年代の初頭から現在まで膨大であるが，学説史的検討(16)は，別稿に譲り，本稿では，相手方保護範囲の確定について，ドイツの教科書ではどのように記述されているか以下に概観する。

2　近時のドイツのBGBの教科書にみられる代理権濫用論における相手方保護範囲の概観

以下では紙幅の関係上，フルーメ以外の見解は，特色ある部分を要点のみ概観する。また，代理人と相手方とが共謀している事例は割愛する(17)。

(1)　フルーメ（Flume）の見解(18)

フルーメは，明白性の基準を主唱する。代理権濫用項目を「代理人の義務拘束に対する代理権（Vertretungsmacht）の独立性が実際上の要請にほかならないのであれば，独立性は，この要請の中でその限界を見出す」という記述で始める。そして，取引相手が濫用を知り，または濫用が取引相手に明白である場

---

(14)　Vgl. Flume, a.a.O. (Fn.12), §45Ⅱ2 (S. 787). 遠田・前掲注(11)55頁の注28参照。

(15)　ユンクストによる指摘である。Vgl. Ulrich Jüngst, Der Mißbrauch organschaftlicher Vertretungsmacht. 1981. S. 47-54.

(16)　ドイツ代理権濫用論の学説史については，前掲注(8)引用文献等参照。

(17)　共謀事例の解決については，多田利隆「善意要件の2面性」北九州21巻1号40頁以下（1993年）が示唆的である。

(18)　Vgl. Flume, a.a.O. (Fn.12), §45Ⅱ3 (S. 788-791). 本稿では，第4版（1992年）を検討する。訳は，前掲注(8)引用の諸文献および伊藤進「ドイツにおける代理の法的構成論——Müller-Freienfels代理理論以降の諸見解の再検討」明治大学法科大学院論集4号212頁以下（2008年）参照。

第3章　ドイツにおける代理権濫用と相手方保護範囲の議論

合には無権代理になるとする（BGB177条以下）[19]。

濫用に関する相手方の認識または濫用の明白性（Evidenz）は代理権という資格証明（Legitimation）[20]を除去するという。取引相手の義務違反としての知らねばならないこと（Kennenmüssen）は代理人の資格証明が取り消されるか否かの基準とはなりえない。他方で，濫用につき認識ある場合だけが効力を有しないという規律は，主観的な要件としての認識は証明されることが非常に困難なので，実用的ではないであろうという。そして，濫用の明白性（Evidenz des Mißbrauchs）を相手方保護範囲の基準として提示する[21]。これは「合理的な人（reasonable man）」であれば濫用を認識するであろう場合または代理人の行為がどうしても非常に疑わしくみえるので，「合理的な人」は取引に関わらないであろう場合には濫用は明白であるというものである。そして，「取引相手の注意義務を問題とする場合，ラーバントの，義務に対する代理権の独立性という発見の本質的な長所が失われるが，濫用の明白性による代理権の限定はこの異議にさらされない」という。シュトール[22]（Stoll）が代理権濫用に関し，代理人の目的違反，義務違反，忠実違反行為に分類し，異なる決定を行うことに反対し，濫用の明白性に照準を合わせる場合，目的違反，義務違反行為の場合に忠実違反の場合と同様に決定することは問題がないという。そして，濫用の明白性は，次のような場合に存在するという。すなわち，「内容からいって，代理人が本人の損失になるように行為をした場合，そして，本人の指図に背く

---

(19) BGB177条（無権代理）「代理権を有せざる者が他人の名において契約を締結したる場合において，その契約が本人の利益および不利益において効力を生ずるや否やは本人の追認に係る……」（神戸大学外国法研究会編『現代外国法典叢書(1)独逸民法〔1〕民法総則』261頁以下〔有斐閣，1955年〕）。〔補注〕訳は，概ね，神戸大学外国法研究会編による。ただし，カタカナ表記をひらがな表記にするなどした。注(29)，(30)も同様である。

(20) Legitimationの訳について，佐久間毅『代理取引の保護法理』96頁以下（有斐閣，2001年），臼井豊『戦後ドイツの表見代理』59頁以下（成文堂，2003年）参照。

(21) フルーメは，「明白性」を基準として提示するに際し，ライヒスゲリヒトの1909年6月14日の裁判（RG71, 221）を引用する（Vgl. Flume, a.a.O. (Fn.12), §43 II 3 (S. 789. Anm. 33.)。これは，母から包括代理権を授与された息子が自己の債務について母親を代理して保証契約を締結したという事案についてのものである。事案の概要は，伊藤・前掲注(6)179頁ほか参照。

(22) Heinrich Stoll, Der Missbrauch der Vertretungsmacht, in: Festscrift für Heinrich Lehmann zum 60. 1937, S. 115-139。シュトールの見解については，前掲注(8)引用の諸文献参照。

143

行為はこれを取引相手が認識している場合にだけ明白でありうる」とする。濫用の問題性は，法律により授与された代理権の場合と法律行為により授与された代理権の場合とで同じであるという。代理人が故意または過失で代理権を濫用した場合だけではなく，代理権の客観的濫用（objektiver Miβbrauch der Vertretungsmacht）で十分であるとする。

さらに，1968年3月25日の連邦通常裁判所（BGH）判決（BGHZ50,112ff）が相手方と本人とに過失（Verschulden）がある場合に，BGB254条（損害賠償請求権の場合の過失相殺に関する規定）の適用による過失相殺的処理という手法を提示する(23)が，これには従えない旨をこの箇所では特に理由を示すことなく，述べている。

以上のように，フルーメは，相手方保護範囲を決定するにつき，本人・代理人・相手方，それぞれの側について問題点を挙げて記述する。

(2) パブロフスキー（Pawlowski）の見解(24)

任意代理の場合と法定代理・機関代理の場合とを分けて記述している。本稿では紙幅の関係上，任意代理の記述部分だけを概観する。パブロフスキーは，代理権濫用を任意代理権の範囲の制限の問題と捉える。おおむね次のとおりである。すなわち，「代理人の交渉相手の保護を必要とする限度でのみ任意代理

---

(23) この判例は，代理行為に基づく履行請求権の平面での過失相殺的処理の可能性を認めたものであると解される。この判例については，青野博之「代理権の濫用と過失相殺的処理——西ドイツ・連邦裁判所1968年3月25日判決を参照して」判タ671号38頁以下（1988年），拙稿「代理権限濫用と過失相殺——本人に監督義務違反ある場合」獨協37号141頁以下（1993年）ほか参照。〔補注〕BGH1968年3月25日判決については，第Ⅱ編第6章第1節Ⅱ2(1)(ｱ)参照。

BGB254条（共働過失）は，「①損害の発生に際し被害者の過失が共働したときは，賠償義務及び給付すべき賠償の範囲は，事情によって，特に，いかなる範囲においていずれの当事者が主として損害を惹起したかによって定まる。②債務者が知らず，かつ，知ることを要しない異常に高い損害の危険を被害者が債務者に注意しなかったこと，又は被害者が損害を防止若しくは軽減しなかったことに被害者の過失があるときも，前項と同様である。この場合においては，第278条の規定を準用する。」と規定する（訳は，椿寿夫＝右近健男『ドイツ債権法総論』59頁以下〔日本評論社，1988年〕による）。

(24) Hans-Martin Pawlowski, Allgemeiner Teil des BGB 7 Auflage. 2003, §5Rn. 678f (S. 341-345). パブロフスキーの見解については，高橋三知雄「ドイツにおける代理理論の動向」関法25巻4～6号347頁以下（1975年），佐久間・前掲注(12)178頁以下，伊藤・前掲注(18)242頁以下参照。

権の無因性が及ぶことが必要である。本人との合意（die Vereinbarungen）についての代理人の不遵守につき交渉相手が悪意の場合，彼は任意代理権の無因性を引き合いに出すことができない。代理人の交渉相手に，状況に応じて，代理人が本人との申し合わせ（Abreden）を守っていないという疑念がどうしても湧き出てくるはずである場合，同じことが妥当する。代理権の範囲は，つまり，任意代理の場合，他方当事者が内部関係を知り，または，知るべかりし（kennen müssen）限度で内部関係により制限される（§173）」[25]と。そして，代理人が，知りうる形で（erkennbar）本人の利益に反して行為をする場合，または，本人が常に拒絶していたということを他方当事者が知っている契約を代理人が結ぶ場合などには，他方当事者には，代理人が本人との合意を守っていないという印象がどうしても湧き出てこなければならず，それと並んで，任意代理権が代理人の利益において授与されたのでない場合に，行為が知りうる形で，主として代理人の利益に資することは個々のケースにおいて重要でありうる旨，述べる。その際，代理人の交渉相手には，何ら，調査義務が課されず，代理人の交渉相手に知られた事情から明らかになることだけが重要であると述べ，フルーメの明白性の基準を援用する。続けて，代理人側の事情に関して，「契約相手の義務違反が問題なのではなく，任意代理権の無因性により与えられた信頼保護の（目的論的な）限定が問題であるので，代理人が濫用を意識していたか否かは問題にならない」[26]と述べる。なお，過失相殺的処理についての記述は見当たらない。

(3) ラーレンツ＝ヴォルフ（Karl Larenz/Manfred Wolf）の見解[27]

おおむね次のとおり，すなわち，「代理権濫用について悪意の取引相手に，許されざる権利行使の抗弁（der Einwand der unzulässigen Rechtsausübung）が唱えられうるが，これと，BGB177条の類推適用が結び付くべきである。本人は，その場合，契約の無効を引き合いに出すか，行為を追認するかを選択できる。代理人が自ら行為の義務違反性を意識しているか否かは重要でない。取引相手が悪意の場合と，濫用が取引相手にとって明白である（offenkundig）場合とが同置されるべきである。これは，取引相手に，すべての知られた事情に

---

(25) Pawlowski, a.a.O. (Fn.24), Rn. 678.
(26) Pawlowski, a.a.O. (Fn.24), Rn. 679.
(27) Larenz/Wolf, a.a.O. (Fn.13), §46Rn. 142ff (S. 865f).

基づいて濫用が湧き出てこなければならない場合である。明白 (Offenkundigkeit) に関しては，厳格な必要条件 (Anforderungen) が設定されるべきである。取引相手に疑いを抱かせ，そして，彼に本人のところへの問い合わせ，又は，少なくとも代理人への情報 (Auskunft) の要請を促すために目だって十分な特別な事情がなければならない」と。ラーレンツは，明白性に関してフルーメが用いる Evidenz と違って，Offenkundigkeit という語を用いる。特に詳しい記述はなしに，BGH の提示する過失相殺的処理の可能性には反対する。

(4) メディクス（Dieter Medicus）の見解[28]
　代理権濫用を「181 条及び代理権の濫用」という項目の下で論じる。BGB181 条は，自己契約・双方代理に関する規定である。BGB181 条[29]が適用されない場合で，利益衝突のときには代理権濫用に関する規律が有益であるとする。メディクスも，「明白性」の基準を採用する。また，取引相手の保護は，代理人の有責 (Verschulden) に左右されるべきではない旨，述べる。過失相殺的処理について，例えば，機械の引渡しを求めるような不可分給付を求める請求権は BGB254 条によって分割できないことなどを理由に，「正しい解決の手掛かりは，明白性（Evidenz）のところに存在するのではなかろうか。なぜならば，取引において通常の監督が行われない限りでは，本人は代理行為を認容し，承認しているというような外観が生ずるからである。その場合，濫用の明白性が欠ける」と述べ，代理人の監督義務違反がある場合に，BGB254 条による個々の行為の分割による解決ではなく，明白性の基準を用いて時間的な区分（Differenzierung）による解決を示す。

3　小　括
　概観した近時の BGB の教科書においては義務違反，目的違反，忠実違反，

---

(28) Dieter Medicus, Bürgerliches Recht, 21., neu bearbeitete Auflage, 2007, Rn. 116ff (S. 66f). 16 版について翻訳がある（河内宏＝河野俊行監訳『ドイツ民法』〔信山社，1997 年〕参照）。メディクスの見解については，青野・前掲注(23)40 頁以下参照。
(29) BGB181 条「代理人は，特に許されたる場合を除き，本人の名において，自己と法律行為をなしまたは第三者の代理人として法律行為をなすことをえず。ただし，法律行為が単に義務の履行に存するときはこの限りにあらず」（神戸大学外国法研究会編・前掲注(19)264 頁以下）。

合意違反，利益違反，利益衝突などが，代理権濫用論の念頭に置かれているようであり，本人保護の法的構成はいずれも無権代理構成を採り，また，いずれも明白性の基準を採用する。そしていずれも代理人の故意・過失，濫用を意識すること，行為の義務違反性を意識すること，代理人の有責性などを不要とし，いわゆる代理権の客観的濫用で足りるとする。さらに，本人に代理人に対する監督義務違反がある場合の相手方との過失相殺的処理については，フルーメ，ラーレンツ＝ヴォルフは，明白性の基準を採用するためか，消極的な態度を示し，パブロフスキーはこの問題に言及しない。しかし，メディクスは，明白性の基準を用いてこの問題を解決する。

以上，近時のBGBの有力な教科書を概観する限りでは，代理人と相手方の事情だけを検討するだけで濫用の抗弁の成否を決しておらず，例外はあるが，おおむね，代理人に対する本人の監督義務違反がある場合など本人の事情，代理人に故意・過失などの主観的要件が必要かなど代理人の事情，そして，以上に関連する相手方の事情に関して検討を加え，あるいは言及したうえで決する傾向があるといいうる。

III　若干の検討と今後の検討課題

フルーメをはじめとする近時の有力な幾つかのドイツの教科書の概観から，わが国において代理権濫用事例における相手方保護範囲を確定するために，以下のような点の検討が必要であると思われる。

1　わが国とドイツとの法状況の異同について

例えば，ドイツ法においては，BGB167条によれば，代理人に対する意思表示によってなされる内部的代理権のほか，代理行為の相手方（第三者）に対する意思表示によってなされるいわゆる外部的代理権が可能である[30]。フルーメ

---

(30) BGB167条は「代理権の授与は，代理人または代理すべき行為の相手方たるべき第三者に対する意思表示によりてこれをなす。……」と規定する（神戸大学外国法研究会編・前掲注(19)255頁）。取引の相手方に対してなされる場合が外部的代理権（Außenvollmacht）である。これは，多数の者に対する意思表示によって（例えば，会社のすべての得意先への同じ内容の文書によって），または，一定の人的範囲に対する意思表示（例えば，新聞公告，または，営業所における掲示）によって行われうる（Vgl. Larenz/Wolf, a.a.O.（Fn.13），§47Rn. 21（S. 874））。

は，内部的任意代理権の場合には，代理権の内容は，大抵，基礎にある法律関係により規定され，「できること Können」と「してもよいこと Dürfen」の相違という問題は，実際上，現れない旨，「任意代理権とその基礎にある法律関係」の項目で述べる[31]。とはいえ，代理権濫用論の項目では，内部的代理権の場合と外部的代理権の場合とを分けて検討はしていない。わが国では，一般的に，外部的代理権は認められていないので[32]，わが国において，ドイツ代理権濫用論を現時点において，参考にする場合は，内部的代理権を念頭に置いている部分だけを注意深く選別して対象にすべきであろう。

2 「明白性」の基準をわが国で採りうるか

わが国の代理権濫用論においては，相手方不保護要件として，相手方は軽過失，重過失いずれであることを要するかが問題とされることが多く，相手方に特に注意義務を課さず，また，相手方悪意の証明の困難性を除去する趣旨の明白性の基準を支持することを明言する説は極少数である[33]。しかしわが国においてもドイツにおいて有力な明白性の基準を採りうるかは検討されるべきであろう。ところで，明白性の基準が支持される理由の1つには，ラーバントが発見した義務に対する代理権の独立性の長所が失われずに済むことにフルーメが言及していることはすでにみたとおりである。わが民法上の代理制度においても，明白性の基準の採用の是非の検討に際しては，代理権の独立性・無因性という概念との関係で検討されることが必要であろう[34]。

3 代理人に背任的意図があることを要するか

概観した近時のドイツの教科書では濫用の抗弁を認めるために，代理権の客観的濫用で十分で，代理人が意識して本人の利益に反することや，有責に行為

---

(31) Vgl. Flume, a.a.O. (Fn.12) §50 2 (S. 842f)。内部的任意代理権の場合は，代理権の独立性は実際上現れないという旨と解される。なお，Können と Dürfen の用語については，遠田・前掲注(11)55頁注28参照。

(32) 表見代理を主に念頭に置いての記述であるが，臼井・前掲注(20)285頁以下参照。

(33) 伊藤進「代理権の踰越と濫用」駿河台22巻1号150頁（2008年），支配権の濫用に関し，石原・前掲注(8)130頁参照。

(34) 代理権の独立性・無因性について，高橋・前掲注(8)167頁以下，遠田新一『代理法理論の研究』161頁以下（有斐閣，1984年），林幸司「わが国における代理権の無因性または抽象性」椿寿夫・伊藤進編・前掲注(3)98頁以下参照。

をすること等は重要ではないという点で一致をみている。他方，わが国においては，代理権濫用の事案として判例で現れる事案は代理人に背任的意図がある場合がほとんどである(35)。わが国においても客観的濫用で足りるかという問題は検討されるべきであろう(36)。

4　過失相殺的処理の可否

　本人に代理人に対する監督義務違反という「過失」がある場合には，濫用を知りうべかりし（過失ある）相手方でも本人に対し，「過失」割合に応じ，一部，請求ができるのではないかという問題である。ドイツには，前出の履行請求権の平面での過失相殺的処理の可能性に言及するBGH1968年3月25日判決以外にもこの問題に関するBGH等の判例が存在する(37)。概観したドイツの学説においては，すでにみたように，メディクス以外の説は履行請求権の平面での過失相殺的処理に消極的である。この理由として，機械の引渡し等，不可分給付を目的とする給付請求権を部分的に認めることが困難であることなどが考えられる(38)。しかし，本人に，代理人に対する監督義務違反という「過失」がある場合に，それを法的にまったく評価しないというのは妥当ではなかろう。金銭請求権のような債権の目的が可分給付の場合等には，履行請求権の平面での過失相殺的処理の可能性について検討されるべきではなかろうか。不可分給付を目的とする場合等，履行請求権を部分的に認めることが困難な場合には，メディクスのように時的観点から本人の「過失」を法的に評価するとか，あるいは，損害賠償請求権の平面など，別の方向からの過失相殺的処理を試みるべきであろう(39)。判例と同じく93条に依拠する森泉説も，「過失の程度によって

---

(35)　拙稿「代理権の客観的濫用に関する一考察」獨協46号233頁以下（1998年）〔第Ⅱ編第5章〕参照。

(36)　代理権の客観的濫用については，拙稿・前掲注(35)参照。この問題について，近時，臼井論文が検討する（臼井豊「代理権濫用法理に関する序章的考察――ヴェッダー〔Vedder〕による『本人の利益状況分析アプローチ』を中心に」立命329号27頁以下〔2010年〕）。

(37)　BGH1999年6月29日判決（NJW1999, 2883f); OLG München1995年4月25日判決（OLGR München1995, 133-134）など。〔第Ⅱ編第6章第1節Ⅱ2参照〕

(38)　拙稿・前掲注(23)141頁以下参照。

(39)　例えば，下級審の裁判例であるが，東京高判昭和52・7・25判タ360号199頁は，信用金庫の支店長の権限濫用の事案で，軽過失ある相手方からの代理行為に基づく履行請求権は本人たる信用金庫に対し認めないが，信用金庫の使用者責任（715条）を認め，

は，共同過失として，それぞれの過失の程度に従って，損失を分配するというような理論を構成すべきであろう」と述べて，過失相殺的処理に言及される[40]。代理権濫用を知りうべき相手方が履行請求権レベルでの過失相殺的処理を求めることが可能である場合には，再抗弁の主張という形で，本人側の「過失」の存在を主張することになるものと思われる。

IV おわりに——代理の法的構成との関係

すでにみたように，ドイツにおける，フルーメをはじめとする幾つかの有力な教科書を概観する限りでは，代理権濫用問題は代理人行為説，本人行為説等の代理の法的構成との関係では直接に論じられていない。ラーバントによる代理権の独立性，無因性概念が代理権濫用論の前提とされ，代理権濫用であることが明白である等，相手方保護の要請がない場合に，独立性，無因性の後退という構成が示されている。ちなみに，代理権の無因性という概念は代理人行為説と結び付くものであるとされている[41]。代理人行為説においては，法律行為が代理人の人格において成立し，効力のみが本人に関係づけられるとされる[42]。

代理の法的構成との関係でなお，代理権濫用論は検討されるべきであると考えるが[43]，冒頭に言及した，代理を三当事者法律行為と解され，本人・代理人・相手方三当事者の意思表示を成立要件とされる近時の伊藤説は，今後，代理権濫用論などの各論的問題を検討するうえで，本人・代理人・相手方の諸事

当事者双方の事情を比較し，相手方にも若干の過失があるとして過失相殺により賠償額を減額した。なお，代理権濫用と使用者責任との関係については，鈴木清貴「代理権の濫用と職務の濫用——代理・表見代理・使用者責任の関係」椿寿夫・伊藤進編・前掲注(3)361頁以下参照。

(40) 森泉・前掲注(6)111頁参照。
(41) 拙稿「ドイツ代理法——代理の法的構成論を中心に」椿寿夫・伊藤進編・前掲注(3)617頁注(33)〔第Ⅰ編第1章Ⅱ2の注(33)〕参照。
(42) 拙稿・前掲注(41)二2〔第Ⅰ編第1章Ⅱ2〕参照。
(43) 伊藤説は，代理権濫用や表見代理などの代理に関する各論的問題の検討に際し，代理の法的構成との関係で検討することの必要性をすでに指摘されている（伊藤進「代理の法的構成に関する覚書」法論74巻4＝5号92頁〔2002年〕参照）。なお，代理の法的構成と代理権濫用論との関係の検討については，田沼柾「わが国における代理権の濫用」中央大学大学院研究年報9号1頁以下（1979年）がある。

第 3 章　ドイツにおける代理権濫用と相手方保護範囲の議論

情の総合的判断の必要性という方向性を示唆する注目すべき法的構成であると解される。この方向性によれば，代理権濫用事例においても，例えば相手方保護範囲を確定するに際して，結論的にどのように決するにしても，本人・代理人・相手方それぞれの側の諸事情を検討し，総合的に判断して決することが求められることになるのではなかろうか。

（初出：2011 年 3 月）

第4章　わが国における相手方保護範囲の議論
―― 心裡留保規定に依拠する説の検討を中心に ――

I　はじめに

　代理取引における相手方保護は重要な問題であり，たとえば，表見代理（109条，110条，112条）において，相手方が保護されるための要件などが議論されている。また，代理権濫用事例においても，どのような相手方が保護に値するのかという相手方保護範囲の問題は議論される。本稿では，代理取引における相手方保護に関する諸問題のうち，代理権濫用事例に検討の対象を絞り，わが国における代理権濫用と相手方保護範囲に関する議論の状況を整理して，この問題に関する今後の検討課題を示し，又，今後，検討を加えるための基礎的資料としたいと思う[1]。

　ところで，わが国において，代理権濫用が論じられる際，論者により，念頭に置かれる事例は様々であるが，一般的には，代理人が与えられた代理権の範囲内で，本人の損失において自己または第三者の経済的利益を図る目的（背任

---

[1]　本稿は，紙幅の関係上，わが国における代理権濫用に関する通説的地位を占めていると目されている，心裡留保規定に依拠する諸学説に検討の対象を限定し，代理権濫用と相手方保護範囲の問題の整理をして，今後の検討課題を示すことを目的とするものである。なお，他の法的構成（信義則説，表見代理説等代理理論による説）における相手方保護範囲の問題の整理・検討については，他日に期す。

　ところで，代理権濫用事例における，相手方保護範囲という問題の研究として，すでに，福永礼治「代理権の濫用と相手方保護」Law School 30号24頁以下（昭56），遠田新一『代理と意思表示論』（法律文化社，昭60）などが存在する。福永論文は，民法93条但書類推説，代理権濫用説，民法54条準用説，表見代理説につき，どの程度の過失をもって「悪意」と認定し，代理の効果を否定しうるか，悪意の立証責任は誰が負担すべきか，第三取得者の保護は可能かについて各理論構成について検討を加えられている。遠田新一『代理と意思表示論』においては，遠田博士は，代理制度の内在的統制原理は，自己契約，双方代理禁止の法理（民法108条）及び利益相反行為禁止の法理（民法57条，826条，847条等）であるとされ，これらの法理を手がかりとして，信義則により善意の相手方を保護する解釈論を見つけださなければならないとされる。そのために，代理権濫用に関する判例を総合的に検討され，内在的統制原理による解決が，また比較法的に類似の解決が可能で妥当であるかを検討されている（遠田新一『代理と意思表示論』7頁以下参照）。紙幅の関係上，福永説，遠田説を含めた代理理論による諸説（表見代理説，無権代理直接形成説，民法108条説等）の整理は別稿を予定している。

的意図）をもって代理行為をする場合が念頭に置かれているといえる。具体例としては，債権取立の代理権のあるものが，自分で消費するつもりで取り立てるような場合である[2]。

そして，代理権濫用事例における相手方保護範囲の問題とは次のようなものである。すなわち，代理人が背任的意図をもって代理行為をしても原則としてそのような行為の効果は本人に帰属するものとされる（民法99条）[3]。しかし，代理人に背任的意図があり，このような代理人と取引をすれば本人に損害が生ずるであろうことを相手方が認識していたにもかかわらず，代理取引に入ったような場合，この代理行為の効果を本人に帰属させるべきか否かについては疑問が生じよう。そして，どのような相手方に対しては，本人は，代理人が自己に損害を加える代理行為をしたと主張しうるのかという問題が生ずる。たとえば，代理人と相手方とが共謀して本人に損害を加える場合には，本人は相手方からの代理効果の主張に応じる必要はないという点については異論がないようである[4]。さらに，代理人が本人に損害を加えるという背任的意図をもち，こ

---

[2] 我妻栄『新訂民法総則』345頁（岩波書店，昭40）参照。ちなみに親権者の代理権濫用の場合には，最高裁の判例（最判平成4年12月10日民集46巻9号2727頁）においては，法人代表権限濫用（最判昭和38年9月5日民集17巻8号909頁）や商業使用人の権限濫用の場合（最判昭和42年4月20日民集21巻3号697頁）と比較すると，代理権濫用にあたるとされる場合が更に限定されるようである。すなわち，「子の利益を無視して自己または第三者の利益を図ることのみを目的としてなされるなど，親権者に子を代理する権限を授与した法の趣旨に著しく反すると認められる特段の事情が存しない限り，親権者による代理権の濫用に当たると解することはできない」という判断を示している。このような限定が加えられるのは，法定代理の場合，法定代理人の裁量の余地を広く認めることが，むしろ制限能力者の保護に役立つと考えられるためであるとされる（山本敬三『民法講義I総則』372頁参照（有斐閣，平13）参照）。この最判平成4年12月10日については，福永礼治「代理の類型と代理権濫用についての覚書——最高裁平成4年12月10日判決を契機として——」品川孝次先生古稀記念『民法解釈学の展望』71頁以下（信山社，平14）ほか参照。本稿では，検討の対象を主に任意代理に限定し，親権者などの法定代理における相手方保護範囲の検討については他日に期す。

[3] 拙稿「わが国における代理権の範囲の無因性に関する一考察——明治民法典成立の前後期までを中心として——」下関市立大学論集45巻1号11頁以下（平13）参照。

[4] たとえば，浅沼武判事は，最判昭和42年7月6日金判67号16頁（表見代表取締役が会社の営業目的外の資金調達の目的をもって会社代表取締役に無断で約束手形を振り出したという事案）の判例批評で，「代表者等が相手方と通謀しその権限を濫用し，背任的行為をした場合にもその効果を本人に及ぼして共犯者を利するのはいかにも正義感の許さないところであり，これと同様に共謀こそなけれ，相手方が代表者の権限濫用を知悉しながらこれと取引する場合も，本人への効果を否定し得なければならない」とい

第4章　わが国における相手方保護範囲の議論

れについて相手方が悪意である場合にも，このような相手方を保護する必要はないとされる点でも，ほぼ，異論はないであろう[5]。

　説が分かれうるのは，ここから先である。すなわち，代理人が背任的意図をもって代理行為をしていることについて，相手方が善意であるが，重過失により背任的意図を認識しえなかった場合に本人は代理行為の効果を否定できるか。更に，善意・軽過失の相手方に対してはどうかなどという問題である[6]。

　この問題は，ドイツにおいては代理取引において相手方は代理権の範囲の無因性により濫用の危険（無権代理になる危険）から保護されるので，どのような相手方との関係でこの無因性が破られるかという形で論じられる[7]。すなわち，代理人が本人の損失において代理人自身または第三者の利益を図るということは代理人・本人間の内部的関係（委任契約など）に反していると考えられるが，このことは，代理権の範囲に影響を与えず，有権代理のままにとどまる（代理権の範囲の無因性）。しかし，代理人と相手方とが共謀して本人に損失を加える代理行為をするなど保護に値しない相手方との関係では，この代理権の範囲の無因性は破られ，相手方から本人に代理効果の主張がなされるような場合には本人から相手方に悪意の抗弁が立てられるということになる。

う見解を示されている（浅沼武「判批」金判504号12頁（昭43）参照）。加藤雅信説も，「相手方が悪意のとき，とりわけ代理人と共謀して…途中筆者省略…売買契約を締結した場合にも，いわば被害者ともいうべき本人がその売買契約に拘束され，要保護性のない相手方が法律行為の効果を享受できるとするのは，妥当性を欠く」旨の見解を明らかにされている（加藤雅信『新民法大系Ⅰ民法総則』307頁以下（有斐閣，平14）参照）。

(5)　星野英一「判批」法協82巻4号99頁（昭41），森泉章『公益法人の現状と理論』108頁（勁草書房，昭57），幾代通『民法総則』311頁（青林書院，第2版，昭59），平井一雄「代理権の濫用」法セ385号40頁（昭62），平野裕之『民法総則』336頁（日本評論社，平15）参照。なお，於保不二雄説については，本稿項目Ⅱ4(1)(a)参照。

(6)　平井一雄教授は，「相手方が代理人の背信的真意を知っていた（悪意）という場合には，本人は自己に効果が生ずることを否定しうるということに異論はないが，相手方が過失で知りえなかったという場合については，学説が分かれている。本人保護と相手方保護との調和をどのあたりに求めるかで考え方に差が生ずるからであり，また，代理権の性質をどう見るか，任意代理と法定代理とを分けて扱うのが妥当か，という点でも相違があるからである」と述べられる（平井・前掲注(5)40頁参照）。

(7)　ドイツにおける代理権濫用に関する議論については，すでに，高橋三知雄『代理理論の研究』205頁以下（有斐閣・昭51），伊藤進「ドイツにおける「代理権の濫用」理論」明大法論49巻5号102頁（昭52）〔伊藤進『任意代理基礎理論』175頁以下（成文堂，平2所収）〕，福永礼治「代理権の濫用に関する一試論(1)(2・完)」上智法論22巻2号・3号（昭53,54）ほかにより詳細に紹介，検討がなされている。

155

これに対し，わが国では，濫用の危険から相手方を保護する理論について，代理権の範囲の無因性という概念は一般的なものとはなっていないと思われる。しかし，前述のごとく，代理人が背任的意図をもってなした代理行為であっても，原則として民法99条により，その効果は本人に帰属するというのが判例である[8]。このことを前提に，相手方が代理人の背任的意図について悪意等である場合に，本人が相手方に濫用の異議を述べる法的構成として，民法93条類推適用説，権利濫用・信義則違反説，無権代理直接形成説，相手方に本人に対する付随義務を問う説などが存在するのであるといえる[9]。ドイツでは濫用の危険から相手方保護を図る理論として代理権の範囲の無因性が存在するのに対し[10]，わが国では相手方保護理論が曖昧になったまま，代理権濫用論だけが存在していたともいえる。

しかし，いずれにしても，わが国においても，ドイツにおいても，代理人が背任的な代理行為をし，このことによって本人に損害が発生した場合，どのような相手方に対しては，本人は代理行為の効果を否定できるのかという問題は共通に存在し，議論されている。

以下では，代理権濫用につき93条に依拠して解決する各説がどのような事案を念頭においているのか，濫用事例において，相手方保護はどのような理論によりはかられているのか，代理の類型により相手方保護範囲に差異が設けられているのか，相手方保護範囲確定に際し，代理の法的構成が関連付けて考察されているのか[11]，また，ドイツでは相手方に過失がある場合でも，本人にも代理人に対する監督上の義務違反があれば，相手方・本人双方の過失割合に応

---

(8) 拙稿・前掲注(3)11頁以下参照。

(9) わが国における代理権濫用に関する学説史については，拙稿「代理論史――代理権濫用論を中心に――」水本浩＝平井一雄編『日本民法学史・各論』41頁以下（信山社，平9）〔本書第Ⅱ編第1章〕参照。

(10) 前掲注(7)の高橋三知雄博士，伊藤進教授，福永礼治教授の研究参照。

(11) 伊藤説は，この点に関し，貴重な見解を述べられている（伊藤・前掲注(7)89，102頁以下『任意代理基礎理論』211，223頁以下参照，本稿項目Ⅲ4参照）。ところで，川島武宜博士は19世紀ドイツにおける本人行為説や共同行為説などの学説は，ローマ法では承認されていなかった代理を有効として承認するための理由付けないし正当化の論理構成を目的とするものであり，現代法では代理の有効性を正当化する実際上の必要性はなく，本人行為説とか共同行為説などの19世紀ドイツの論争は全く意味を持たない旨の見解を述べられている（川島武宜『民法総則』306頁（有斐閣，昭40）参照）。
しかし，本稿は，このような代理の本質論が，相手方保護範囲の確定に意味を持つものであるか否かの検討をなすことは必要なのではなかろうかとの立場に立つ。

じて一部，相手方が保護されうるというBGHの判例があり（BGB254条参照），学説においても議論がされているが，このような過失相殺的処理がなされているのかという点に着目して整理していき，以上の作業を前提に，代理権濫用と相手方保護範囲という問題を解決するに際しての今後の検討課題を示すことにしたい。

II 心裡留保規定に依拠する学説の状況

　すでに，心裡留保規定（93条）に依拠する諸説の法的構成に関する学説史的な検討は，拙稿[12]で，おえているので，ここでは，相手方保護範囲について心裡留保規定に依拠する諸説がどのような立場をとっているのかという点を中心に整理・検討を進めていく。また，本稿は，この問題に関する今後の検討の資料的な意味も有するので，やや詳細に各学説の内容を引用する。以下では，戦前については，ドイツ的解釈法学全盛期，第一次大戦後の新思潮期に時代区分して[13]，学説を概観し，戦後については，幾つかの説に分類して，整理・検討していくことにする。

1　ドイツ的解釈法学全盛期（明治43年から大正9年）

　この時期の学説として，中島玉吉説，石坂音四郎説が存在する。
　(1)　中島玉吉説は，『民法釈義』において，おおむね次のような見解を唱えている。すなわち，代理行為の要件として本人のためにすることを示すことが必要であるが，代理人に本人のためにする真意は必要でない。そこで，代理人が，内心自己のためにする意思をもっていても，代理行為の要件をみたすと。すなわち，「代理人ニ本人ノ為メニスルノ真意アルヲ要スルヤ，曰ハク然ラス（Oertmann 509. Leonhard. Vertretung bei Farnnisserwerb. S. 6 ff 参考）客観的ニ本人ノ為メニスルコトヲ示ス事情存スレハ代理行為トナル，右ノ如キ真意アルヲ要セス，蓋シ外形上ニ於テ本人ノ為メニスルコトヲ示シ内心自己ノ為メニスルノ意思アリト雖モ其内部ノ意思ノ効力ヲ認ムルハ取引ノ安全ニ害アレハナリ

---

(12)　拙稿・前掲注(9)論文参照。
(13)　時代区分については，水本浩＝平井一雄編『日本民法学史・通史』（信山社，平9）2頁以下の「2　日本民法学史の時代区分」を参考にした。

(九三（同論三八，六，一〇大審院判決））」[14]と述べている。この時期の中島説においては，相手方が悪意等である場合についての記述はない[15]。

(2) 心裡留保規定を直接適用することによって解決することを石坂音四郎が大正5年に大判大正4年2月15日（民録21輯3巻99頁以下）[16]の判例批評[17]で詳細に検討している。石坂説は概ね次のようなものである。すなわち，代理行為の事実上の結果たる利益を本人に帰せしむる必要のあるときに，代理人が自己の利益のために代理行為をなす際には，代理人は本人の代理人として行為をなす意思があるのか，すなわち，表面上，本人の名義を用いていても，真に本人の名義を用いる意思はないのではないかという問題として捉える説であった。そして，「本人ノ為メニスルコト」の表示に関しては，一般意思表示の適用があることは明らかであるので，代理人が本人の為にする意思を有しないのに[18]，故意に本人の為にすることを示して，行為をすれば，93条の適用により，

---

(14) 中島玉吉『民法釈義』552頁（金刺芳流堂，訂正4版，大4）。なお，中島玉吉が参照判例としてあげている判例（大判明治38年6月10日）の事案は，支配人の権限濫用に関するものである。

(15) なお，代理権濫用事例における相手方保護範囲の問題を考察するに際しては，代理の本質論がこの問題にどのように関係しているのかという検討をすることも必要になると解するが（本稿項目Ⅲ4参照），中島玉吉『民法釈義』（550頁）に，指図違反の行為と代理の本質論に関する記述がある。中島説は，代表説（意思表示其モノト其効力トハ全ク主体ヲ異ニシ意思表示ハ全然代理人ノ意思ノ表示ニシテ其ノ効力ハ全然本人ニ帰スルモノトス（中島・前掲書551頁参照））に立つが，中島説によれば，本人行為説は，概ね次のようなものである。すなわち，「代理行為の基礎をなすのは，代理人の意思ではなく，本人の意思であり，代理行為の真の当事者は本人である。本人は，言語または書面により意思表示をなすと同一の意義において代理人を中間人として意思表示をなす」。この本人行為説をとると，指図違反の代理行為の場合に，取引の安全を害することになるという。すなわち，「本人カ代理人ニ指図ヲ與ヘタル場合ニ代理人之レニ反シ法律行為ヲ為ストキハ本人ニ対シ効力ヲ生セサルモノト云ハサル可カラス，然ルニ此ノ如キハ取引ノ安全ニ害アリ」。なお，指図違反の代理行為を代理権濫用事例に含めるかという点については，考察が必要であると思われる。この点の検討については他日に期す。

(16) 大判大正4年2月15日の事案は，被上告人である村の前戸長が，同村総代2名の連署をもって，村尋常小学校改築資金のため公借名義により上告人より金1,500円を受領し，利息及び弁済方法を契約したというものである。

(17) 石坂音四郎「判批」法協34巻12号129頁以下（大5）参照。はじめて，詳細に心裡留保規定に依拠して解決しうるかという点を検討したのはこの石坂説であると解しうるが，これ以前の曄道文芸「判批」京都法学会雑誌11巻4号80頁以下（大5）も同旨の説と思われる。〔第Ⅱ編第2章Ⅱ3・4参照〕

(18) 石坂説は，代理人が背任的意図をもって代理行為をする場合には，代理意思がない

第4章　わが国における相手方保護範囲の議論

この意思表示は有効である(19)。しかし，もし相手方が，代理人の真意を知りまたは知りうべかりしときは，この意思表示は本人に効力を生じない(20)旨の見解である。この説のねらいの1つは，代理人の背任的意図を知りえた相手方との代理行為の効果が本人に帰属するという結果は不当であるのでそれを避けたいという点にあった(21)。

2　第一次大戦後の新思潮期（大正9年から昭和20年）

　この時期の学説として，末弘厳太郎説，我妻栄説，大浜信泉説が存在する。
　(1)　末弘厳太郎は，生命保険会社の取締役が会社を代表して，取締役個人の振出にかかる約束手形につき手形保証をしたという事案の判例（大正10年1月21日民一録27輯100頁）の評釈において，93条但書により，これを解決する立場を示している(22)。このような事案のもとでは，反対事実が存在しない限りその行為の相手方は，表意者（取締役）の真意を「知ルコトヲ得ベカリシ」ものとして（93但書）自己の不明による損失を負担すべきである旨の見解を示している。また，会社の利益と相手方の利益保護および会社代表者の代表形式での意思表示についての表示主義，意思主義という観点から判決を分析し，この判決は，会社の利益を重く見て，意思主義を適用して会社に責任なしとしたという旨の見解を示している(23)。
　(2)　この時期の我妻栄説は，すでに見た，ドイツ的解釈法学全盛期における

　　と見ていると解されるのであるが，この点に関しては，於保不二雄説から，「代理人・代表機関が権限冒用行為をする場合には，むしろ，積極的に，代理行為・代表行為をする意思をもって行為するのであって，代理行為・代表行為をする意思がないことを心裡に留保して行為するということは事実に反する」という批判がなされている。於保不二雄「判批」民商50巻4号60頁（昭39）参照。
(19)　石坂・前掲注(17)134頁参照。
(20)　石坂・前掲注(17)136頁参照。
(21)　石坂説は・前掲注(17)136頁以下で，次のように述べている。すなわち，「若シ相手方カ代理人ノ真意ヲ知リ又ハ之ヲ知ルコトヲ得ヘカリシトキハ其意思表示ヲ無効トナスニ於テ不当ナル点アルヲ見ス…途中筆者省略…相手方カ代理人ノ真意（即本人ノ為メニスル意思ヲ有セサルコト）ヲ知リ又ハ知ルコトヲ得ヘカリシ場合ニ於テモ尚代理人ノ意思表示ハ本人ニ対シテ効力ヲ生スル結果ヲ生ス是レ徒ニ理由ナキ制限ヲ加フルモノナリ」。
(22)　末弘厳太郎「判批」『民法判例研究会　判例民法　大正10年度』11頁以下（有斐閣）参照。
(23)　末弘・前掲注(22)13頁参照。

石坂音四郎の説とほぼ同旨である。すなわち，代理行為として成立するためには，『本人ノ為メニスルコトヲ示シテ』なすことが必要であるが，この本人のためにすることを示すことも代理行為たる意思表示の一部であり，意思表示の原則の支配を受け，代理人が効果を本人に帰属せしめまいとする意思を内心に蔵していても第93条によって代理として効果を生ずる妨げとはならず，代理人が権限を濫用せんとする意思を有する場合にも原則として代理の効果を生ずる。しかし，当該の場合，諸般の事情から代理人の不正な意思が相手方から知り又は知り得べきものであるときは，第93条ただし書によって，その効力を生ぜず，従って，代理行為として成立しない[24]というものである。

(3) 大浜信泉説は，大判昭和9年5月15日民集13巻1123頁（組合理事が自己の利益をはかるため手形裏書をした事案）の判例批評[25]において，相手方保護理論に関しては，次のような見解を示している。すなわち，組合事務や否やは抽象的に観察すべきものであって，理事個人の利益のためになされた場合であってもこれをもって，組合の事務に属せず，理事の権限内の行為にあらずと解すべきではないと[26]。そして，法人の代表者がその権限を濫用し，私利を営む目的をもって法人の名において意思表示をした場合，本人につきその効力が生ずるものとなすべきかは心裡留保に関する民法93条を適用して解決するのが，理論的に最も正確でその結果においても妥当であるとするが[27]，代理意思の理解の点に於て，前述の石坂説，我妻説と異なるものであった[28]。大浜説は，悪意の相手方を保護することは正義の観念に反し，必要以上に個人の利益を蹂躙するものであるという旨の見解を述べている[29]。

3 小　活

いずれの説も念頭においているのは代理人に背任的意図がある場合である。

相手方保護理論に関しては，ドイツ的解釈法学全盛期において，中島玉吉説は，代理行為の要件として本人のためにすることを示すことを要するが，代理

---

(24) 我妻栄『民法総則』478頁以下（岩波書店，昭5）参照。
(25) 大浜信泉「判批」民商1巻2号63頁以下（昭10）参照。
(26) 大浜・前掲注(25)65頁参照。
(27) 大浜・前掲注(25)67頁参照。
(28) 代理意思の理解についての，石坂説・我妻説と大浜説の違いの詳細については，拙稿・前掲注(9)64頁以下参照。
(29) 大浜・前掲注(25)68頁参照。

人に本人のためにする真意があることを要しないので，代理人が内心自己のためにする意思をもっていても代理行為の要件を満たす旨の見解をとっていた。代理人に内心自己のためにする意思があってもこの内部の意思の効力を認めると取引の安全を害するからというのがその理由として挙げられている。石坂音四郎説は，代理人が自己の利益のために代理行為をなす際には，代理人には本人の代理人として行為をなす意思はなく「本人ノ為ニスルコト」の表示に関し心裡留保があるということになり，代理人の真意を知りうべかりしでなかった相手方保護は，93条本文に依拠するものであると解される（ドイツ的解釈法学全盛期の我妻説同旨）。第一次大戦後の新思潮期の大浜信泉説は，組合の専務理事が理事個人の利益を図るため理事の資格を利用して手形の裏書きをしたという事案の判例批評で，機関の権限の範囲を機関個人の意思いかんにかかわらず専ら客観的に観察してこれを判定すべしとする。

相手方保護範囲，及び相手方不保護の根拠は，石坂音四郎説が，代理人の背任的意図を知りえた相手方との代理行為の効果が本人に帰属するという結果が不当であるのでそれを避けたいということをあげ，末弘厳太郎説は，生命保険会社の取締役が会社を代表して，取締役個人の振出にかかる約束手形につき手形保証を与えたという事案の判例評釈で，93条但書により解決する立場をとり，このような事案のもとでは，反対事実が存在しない限りその行為の相手方は表意者（取締役）の真意を「知ルコトヲ得ベカリシ」ものとして，自己の不明による損失を負担すべきである旨の見解を示している。大浜信泉説は，機関の権限濫用行為につき，法人の利益を犠牲にして悪意の相手方を保護することは正義の理念に反し，必要以上に個人の利益を蹂躙するものである旨の見解を示しているのであった。

代理の法的構成との関係では，中島玉吉説が，代理人の指図違反行為と代理の本質論との関係に言及している[30]。

この時期においては，本人にも過失ある場合，過失相殺的処理をすべきことを指摘するものはない。

4　戦　　後

戦後については，心裡留保規定に依拠して解決する学説が多数であり，それ

---

(30)　注(15)参照。

第Ⅱ編　代理権濫用論

らの中でも相手方保護範囲について様々な内容の見解が唱えられているので，説の内容に応じて幾つかの説に分けて紹介する。

(1)　善意・有軽過失の相手方不保護の説

心裡留保規定に依拠して解決する説においては，相手が保護範囲に関して，善意・有軽過失の相手方不保護の見解が多数である。以下，於保不二雄説，幾代通説，中井美雄説，中舎寛樹説，半田吉信説，内田貴説，山本敬三説を紹介する。これらの説は，それぞれニュアンスがやや異なるので，個別に以下に引用する。

(a)　於保不二雄説は，『民法総則講義』（昭和34年）においては，相手方保護理論としては，「本人のためにする」というのは，効果転帰ということであって，本人の利益のためにするか否かはこれを問わないので，自己または他人の利益を目的として代理資格を冒用した場合でも代理行為たることを妨げるものではない旨のことを述べられている。その上で，民法93条但書を準用されて，代理権冒用の事実を諸般の事情から相手方が知り又は知りうべかりしときは，代理行為としての効力を生じないと解すべきであるとされる[31]。また，株式会社の代表取締役が自己の利益のため表面上会社の代表者として会社の建物を売り渡したという事案に関する最判昭和38年9月5日民集17巻8号909頁の判例批評（昭和39年）において[32]，相手方保護範囲については，次のような見解を明らかにしている。すなわち，「代理人または代表機関が自己または第三者の利益をはかるためにその権限を冒用した場合に，相手方がその情を知

---

(31)　於保不二雄『民法総則講義』219頁以下（有信堂，昭34）参照。この見解は，相手方保護理論の部分は，ドイツ的解釈法学全盛期の中島玉吉の見解と同趣旨であると解される。本稿項目Ⅱ1(1)参照。〔補注〕本稿公刊後の拙稿による検討によれば，中島玉吉説は，代理権濫用事例の場合には，代理人に「自己のためにする意思」があることになるが，本人のためにすることを示していれば，心裡留保の規定（93条）により，代理効果が発生する旨の見解を示していると解する余地がある（本書第Ⅱ編第2章Ⅱ1参照）。他方，於保説は，これと反する趣旨の見解を最判昭和38年9月5日の判例批評で示している（本稿注(18)，本書第Ⅱ編第1章Ⅶ2(1)(a)参照）。以上のことから，相手方保護の部分につき，於保不二雄説は，中島玉吉説と同趣旨であるとは現時点では解しえない。

(32)　この判例批評において，於保説は，心裡留保説について詳しく検討を加えられ，また，代理権冒用行為と善意の第三者保護の問題は，双方代理・自己契約・利益相反行為と善意の第三者保護の問題と密接に関連することにも言及されている（於保・前掲注(18)63頁参照）。

第 4 章　わが国における相手方保護範囲の議論

悉していたときは，本人はその責に任じない。この結論については，大体において，異論がないように思われる。もっとも，本件原審判決にみられるように，異論は全くないとは言いきれない」(33)。さらに，竹田省博士が唱導された「代表取締役がその職権を冒用した場合でもその代表行為が有効であるが，相手方または第三者が悪意であるときは，右の背任行為によって取得した権利は，権利の濫用または信義則の法理により，会社に対しては主張しえない」(34)という見解に対して相手方保護範囲の観点からも批判を加えている。すなわち，善意保護は，民事では善意無過失を原則とし，商事では悪意重過失を排除するのが原則であるが，権利濫用又は信義則の法理を適用すれば，悪意重過失を一層制限することにならざるをえないが，それ程の必要さがあるのか疑いなきをえないと(35)。

---

(33) 於保・前掲注(18)59 頁参照。於保判例批評が指摘している最判昭和 38 年 9 月 5 日の原審（東京高裁昭和 35 年 8 月 1 日民集 17 巻 8 号 929 頁）は，「代表取締役が会社を代表して行為をする場合にその経済的利益を自己に収める底意があったと云う事実は何等会社に対する効果に影響はない」という判断を示している。これに対して，上告理由では，「此の判決を認容すれば法人の財産は外部から糸を引く悪意の相手方によりて常に不当の損失を蒙むらしめられ，会社財産は常に危険にさらされて会社代表者に一切の代表権限を与える現行の会社制度に根本的改革を必要とすることになり，著しく正義衡平の観念と相反することとなる次第である」（民集 17 巻 8 号 912 頁参照）という主張が為されている。

(34) 竹田説は，会社の代表者がその代表権限を濫用して小切手を振り出した事案の判例（東控判昭和 12 年 10 月 29 日新聞 4215 号 13 頁以下）の判例批評において，「事案取締役の小切手金の用途を問はず，当然その権限内の行為であり，会社が責任を負ふは当然だということになる。しからば，悪意の第三者に対してはどうなるか，この場合とても，取締役の権限内の行為たることは同じであるが，第三者がそのことを主張することが，法の保護の目的を超脱した権利の濫用だといふことになるのであると考へる」という見解を示している（竹田省「判批」民商 7 巻 2 号 340 頁以下（昭 13））。本文中の権利の濫用または信義則の法理により解決する見解のまとめは，於保・前掲注(18)61 頁による。

(35) 於保説の詳細は次のとおりである。「悪意の相手方又は第三取得者を排除するために権利濫用又は信義則の法理をもってすることは，いかにも不自然であるというのみでなく，鶏頭を断つに牛刀をもってするという感なきをえない。けだし，会社の側から職権冒用を理由として無効の主張をする場合ならとにかく，相手方は，悪意の場合でも，背任行為に積極的に加担して不正不当な利益の獲得を目的とする場合と，別に不正不当な利益の獲得を目的とすることなく結果的に背任行為を遂行せしめたにとどまる場合とがありうるからである。また，善意保護は，民事では善意無過失を原則とし，商事では悪意重過失を排除するのが原則である。権利濫用又は信義則の法理を適用すれば，悪意重過失を一層制限することにならざるをえない。果して，それ程の必要さがあるのか疑いなきをえない」(於保・前掲注(18)61 頁以下参照)。

(b) 幾代通説は，代理意思の表示があれば，たとえ具体的には背任的意図があっても，原則として代理行為は成立し，それが真実代理権を伴い，かつ他に瑕疵がないものである以上は，代理行為としての有効性は妨げられることはない(36)とされた上で，代理権濫用であるのに，あえて有効な代理行為であると相手方が主張することが信義誠実の原則に反する場合（相手方が悪意または重過失の場合）には，代理行為の有効性を本人に対抗し得ないとする説は，相手方が軽過失なら代理行為として有効とするものであるが，これは妥当でない旨の見解を示される。すなわち，本来は無権代理であるはずのものが表見代理になるための軽過失という要件よりも，代理権は真実存在しながら具体的・実質的に本人の利益に反するという場合の相手方保護の要件の方が多少軽くてよいという結論に理解を示しつつも，意思表示そのものに関しての心裡留保においてさえ93条で相手方の軽過失もないことが要求されていることを考え合わせると相手方が軽過失なら代理行為として有効とする点は妥当でない旨の見解を示される(37)。

(c) 中井美雄説は，相手方保護理論については，於保不二雄説と同旨である。また，相手方に過失ある場合にも本人保護という帰結がえられるとして93条但書に「仮託」して理論構成を試みる説に賛意を表している。すなわち，この問題は，代理権濫用行為と善意の第三者保護との関連を論ずるものであり，本人と相手方の利害関係の接点を求めるものにほかならず，民事上の代理の問題として考えれば相手方が悪意の場合だけではなく，過失によって代理権の濫用を知らなかったときには本人は責任を免れると。そして，民事上の代理と商事上の代理の場合とで扱いを異にする学説の存在を指摘されている(38)。

(d) 中舎寛樹説は，93条は，ある意思表示＝法律行為がなされた場合に，

---

(36) このような結論を導くにあたって，幾代説は，大判明治38年6月10日民録919頁，大判大正6年7月21日民録1168頁，大判大正9年10月21日民録1561頁などを参照されている（幾代・前掲注(5)312頁参照）。ちなみに，大判明治38年6月10日判決の要旨は次のようなものである。「若シ代理人ノ真意如何ニヨリ其権限内ニテ為シタル意思表示ノ効力ニ影響ヲ及ホスヘキモノトセハ一方ニ於テハ第三者ヲシテ不測ノ損害ヲ危惧シ安シテ代理人ト取引ヲ為シ得サラシメ他方ニ於テハ代理人ト本人トノ通謀ニ因リ第三者ニ不測ノ損害ヲ被ラシメ得ルノ弊風ヲ助長スルノ結果ヲ生スルニ至ルヘキヲ以テナリ」（大判明38年6月10日民録11輯919頁以下）。

(37) 幾代・前掲注(5)311頁以下参照。同旨の見解として，内田貴『民法Ⅰ　総則・物権総論』142頁以下（東京大学出版会，第2版補訂版，平12）参照。

(38) 中井美雄「代理権の濫用」法セ318号149頁以下（昭56）参照。

その背後にある事情を相手方に主張しうるか否かに関する規定であるとし，代理権濫用の問題は，代理行為の背後にある内部関係（たとえば，委任における善管注意義務など）を相手方に主張できるかという問題ととらえられる[(39)]。そして，相手方保護範囲に関しては，「代理権の範囲内での行為については，相手方は代理人が抱いている背信的な意図を外見から了知することは原則としてできないと考えられるから，93条但書により相手方の悪意有過失の立証責任は本人に負担させてよいと思われる」[(40)]という見解を明らかにされている。

(e)　半田吉信説は，相手方保護理論については，於保不二雄説と同旨である。そして，権利濫用行為を代理権限の範囲内と捉える場合には，相手方がそれについて悪意である場合にも保護するのは妥当でないからこのような場合には代理行為の効力を認めるべきではないとされる。そして，民法93条但書類推適用説によると相手方に単に過失がある場合でも本人が保護されることになるが，取引の大量的かつ画一的な処理の要請から，悪意または重過失ある相手方のみが保護に値しないとする商法上の多数説からは，一般原則たる信義則規定に依拠すべきことになろうが，このような商法上の原則が適用されるためには，そのような解決を必要とする事情の存在が必要であり，一般的には過失ある相手方は保護に値しないと解すべきであるとされる。また，民法54条などのような，法人理事の代表権に加えられた制限が悪意の第三者に対してのみ制限できないとする規定との均衡から，代理権（代表権）濫用の場合に悪意または重過失者に対してのみ対抗できないとする辻正美説[(41)]に対し，次のように批判される。すなわち，法人の代表権の内部的制限の場合は，そもそも法人自ら制限を予定したものであるのに反し，権限濫用では法人がこのような背信行為を知りえない場合も多いから，本人（法人）の静的安全の要請はより大きいとみるべきであり，権限濫用の場合に相手方に無過失要件を課すことが必ずしも不当とはいえない[(42)]と。

---

(39)　中舎寛樹「代理人の権限濫用行為と民法93条の役割」名法90,92頁（昭57）参照。
(40)　中舎・前掲注(39)97頁参照。
(41)　辻正美「判批」別冊法教『民法の基本判例』36頁（昭61）参照。なお，辻正美説は，『民法総則』295頁以下（成文堂，平11）では，代理権消滅後の代理行為の効力に関する民法112条の規定の類推適用説をとられている。
(42)　川井健ほか編『民法コンメンタール　総則3』308頁以下（半田吉信）（ぎょうせい，平元）参照。半田説は，更に，法定代理の場合に検討を進められ，法定代理人を付す目的が，行為能力を有しない本人や管理権の制限された相続人の利益の保護等である点を

(f) 内田貴説は，概ね次のとおりである(43)。すなわち，代理人が自己あるいは第三者の私腹をこやすための行為で本人がそれによって損害をこうむるという場合でも，形式的には，代理権の範囲内の行為であり，相手方との契約の効果は本人に帰属するのが原則である。つまり，このような場合に，代理行為の効果が本人に帰属しなくなるのでは，取引の安全を害することになり，むしろ，このような代理人を選任した本人がリスクを負うべきだからである。そして，相手方が，代理人の私利のために行動しているということに気づいている場合には相手方から本人に対する請求を認める必要はなさそうであるとされ，更に，次のように述べられる。すなわち，「問題は，この結論をどのように法律構成するかである。妥当と思われる解決を提案するだけなら誰でもできるが，民法の規範体系と整合的な法律構成を与えることができてはじめて，当初の直観的判断は法的判断としての正当性を主張できる。そして，そこに法解釈者の専門的能力が発揮される」と。さらに，相手方保護範囲に関しては，すでにみた幾代説と同様，軽過失の相手方を救うことは93条本来の場合でさえ，保護される相手方が無過失を要求されていることとのバランスを失するとされる。また，代理権の濫用も代理の類型に応じて考えていく必要性を指摘される(44)。

(g) 山本敬三説は，93条但書類推適用説を概ね次のようなものであるととらえられる(45)。すなわち，93条但書類推適用説は，代理権濫用を有権代理として考えるのであるが，これは，次のようなことが前提となっている。すなわち，本人の利益のために代理行為をするという代理人の義務は本人と代理人の間での内部的な義務であり，代理権の範囲はそれとは別に客観的に決めるべきであるという考え方である。そしてこれは，次のような理由に基づくとされる。す

考慮すれば，相手方よりも本人保護を優先すべきという考え方も成り立つが，法定代理人の行為の相手方が任意代理人や法人の代表者の行為の相手方と同じ利益状況下に置かれているとみられることも多く，一般的に保護に値しないとはいえないように思われるので，既に述べた代理権の濫用に関する理論が適用されるべきであるが，法定代理の場合には，相手方の善意・無過失の認定にあたっては厳格な判断が要求されようとの見解を示されている。

(43) 内田・前掲注(37)142頁以下参照。伊藤進説は，この内田説に着目され，内田説が，代理権濫用との関係でであるが，代理について民法の規範体系と整合的な法律構成をすることを強調していることを指摘されている。伊藤進「代理の法的構成に関する覚書」明大法論74巻4・5合併号115頁（平14）参照。
(44) 本稿項目Ⅲ3参照。
(45) 山本・前掲注(2)368頁以下参照。

なわち，まず，代理権の範囲を主観的に決めると，相手方のうかがい知れない事情によって，無権代理となる可能性が出て来て，相手方に正当の理由がない限り本人に責任を問えないため円滑な代理取引が害されるおそれがあること，そして，本人も自ら認めた行為が客観的に行われているのだから，その行為に対する責任を問われてもやむをえないこと，代理人が背信的な行為をしたとしても，そのリスクはそのような代理人を選んだ本人が負担するのが原則であることである。そして，代理権の濫用は，原則は有権代理であるので，それに反して効果の帰属を否定する本人が証明責任を負うので，相手方に悪意または過失があることを本人が証明したときに代理行為が無効となるとする。さらに，心裡留保説によると相手方に過失があれば本人は免責されるが，これには，次のような考慮があることを指摘される。すなわち，本人と相手方とが直接取引をする場合は，民法では，93条をはじめとして過失の有無を問題とすることが多いが，代理取引だけがどうして例外でなければならないのかということを指摘されるのである[46]。

(h) 善意・有軽過失の相手方不保護の説の小括

各説が念頭におく事案は，いずれも代理人に背任的意図がある場合であるといえる。

相手方保護理論に関して，各説が明示しているものは，次のようなものである。すなわち，①「本人のためにする」というのは，効果転帰を意味し，本人の利益のためにするか否かは問わないので，代理人に背任的意図がある場合でも代理行為たることを妨げないこと（於保不二雄説，同旨のものとして幾代通説，中井美雄説，半田吉信説）。②代理人に背任的意図がある代理行為でも形式的には代理権の範囲内の行為であること（半田吉信説，内田貴説，山本敬三説）。これと同旨の説は，第一次大戦後の新思潮期に，産業組合理事の手形行為を念頭においてのものであるが，大浜説により唱えられていたのであった。また，これを基礎付けるために，本人の利益のために代理行為をするという代理人の義務は本人と代理人との間での内部的な義務であり，代理権の範囲はこれとは別

---

[46] 本文中に挙げた説のほか，善意・無過失の相手方保護という立場をとる説として，近江説がある（近江幸治『民法講義Ⅰ民法総則』207頁以下（成文堂，第3版，平13）参照）。近江説は，権利濫用説が，相手方保護範囲に関して，権利濫用とされるほどの高度な「悪意または重過失」を要求するのだから，その基準を裁判官に委ねる不明確さはともかく，民事事件の処理としては「悪意または重過失」というのは妥当ではない旨の見解を示されている。

に客観的に決めるべきであること（山本敬三説），更に，濫用事例において代理行為の効果が本人に帰属しなくなるのでは取引の安全を害することになり，むしろ代理人を選任したリスクを本人が負うべきこと（内田貴説，山本敬三説）が挙げられている。

善意・有軽過失の相手方不保護の根拠は，次のようなものであった。すなわち，①権利濫用または信義則の法理を適用すれば悪意・重過失をいっそう制限することになること（於保不二雄説），②民事上の代理の問題として考えれば，相手方保護要件としては善意・無過失が原則であること（於保不二雄説，中井美雄説），③意思表示そのものに関しての心裡留保においてさえ，93条で相手方の軽過失がないことが要求されていることとのバランス（幾代通説，内田貴説），④法人の代表権の内部的制限の場合と権限濫用行為の場合とは異なり，後者の方が法人の静的安全の要請はより大きいとみるべきであり，権限濫用の場合に相手方に無過失要件を課すことが必ずしも不当とはいえないこと（半田吉信説），⑤直接取引と代理取引とのバランス論（山本敬三説）などである。

代理の類型により相手方保護範囲に差異を設ける説として，於保不二雄説，中井美雄説，半田吉信説，内田貴説等がある。代理の法的構成と明確に直接結び付けて論ずる説は見当たらない。本人にも過失ある場合にそれをどのように評価するかという点に言及する説も見当たらない。

(2) 善意・有重過失の相手方不保護の説

森泉章説，星野英一説がこれに属する。

(a) 森泉章説は，代理人に背任的意図がある場合に限られず，客観的に本人の利益を害すべき行為を代理人がした場合（客観的濫用の場合）も代理権濫用事案として，念頭に置かれる[47]。相手方保護理論に関しては，於保不二雄説と同旨の見解を前提とし，更に，「本人は，相手方に対し，背信的行為をなした（客観的に本人の利益を害すべき行為をなした）代理人を選任した責任と背信的代理行為をなすにいたった代理権を授与した責任を自らの責任として負うべきで

---

(47) 森泉章『公益法人の現状と理論』111頁（勁草書房，昭57）参照。森泉説は，高橋三知雄博士が，93条但書の類推適用の基礎が失われたことを示すために，ドイツの学説を引用しつつ，ドイツでは代理人が背信的意図はなくとも，客観的に本人の利益を害する行為がなされ，その事実を相手方が知りうべき場合であれば，効果は本人に及ばないという「客観的濫用」の可能性が承認されていることを指摘していることを紹介している。

第4章 わが国における相手方保護範囲の議論

あることを理由に，理論的には本人にも責任があるということで，代理権濫用の危険は，代理権濫用の相手方の知・不知を問わず，原則として有権代理的構成をとり，本人が負うべきことになろう。ついで，代理人対相手方の関係は，本人・代理人対相手方の関係としてみることができるので，相手方との関係では，あたかも履行補助者の過失について本人が責任を負うように，本人が責任を負うことになる」[48]と述べ，代理人の選任責任と代理権を授与した責任をも根拠とされている。また，履行補助者の過失的な構成も示唆されている。これと併せて，権限濫用行為は，代理人（代表者）に背信的意思（ないし背信的行為）があるという内側の問題であり，行為としては客観的にも具体的にも代理権の範囲に属する行為として有効に成立していることも相手方保護の根拠として挙げられている[49]。

相手方保護範囲に関しては，次のように述べられる。すなわち，相手方が，代理人の背信的意思ないしは濫用の事実について悪意・重過失の場合に，本人の負担において，相手方が有権代理的構成によって保護を受けるのはどうみても妥当性を欠くので，本人は，相手方ないし第三者の悪意を立証し悪意の抗弁で対抗しうる。具体的な理論構成としては，心裡留保類似の関係がなりたつので心裡留保に関する規定の趣旨を類推適用する。濫用行為を代理行為として常に有効とし，他方，悪意の相手方の権利行使を違法とするのであるから，この場合には，相手方の権利行使が権利濫用といえる程度に不法性が強いものであることが必要とされるので，相手方が悪意であるか悪意に準ずべき重過失がある場合に限定されてこようと[50]。

また，本人に過失があった場合には，本人が一切の責任を負うが，過失の程度によっては，共同過失として，それぞれの過失の程度にしたがって，損失を分配するというような理論を構成すべきであろうとのべて，過失相殺的処理の可能性に言及されている[51]。

更に，代理における内部関係と外部関係の分離・無因論を基礎に代理理論を展開しているのが学説の趨勢であり，本人の利益保護と相手方の信頼保護を調整するために，内部関係と外部関係との相関関係においてとらえていくことの

---

(48) 森泉・前掲注(47)112頁参照。
(49) 森泉・前掲注(47)119頁以下参照。
(50) 森泉・前掲注(47)112頁以下参照。
(51) 森泉・前掲注(47)112頁参照。

必要性とこれに関連して，代理人行為説にのみこだわることなく，本人行為説や共同行為説を見直す必要があり，代理理論が再検討されるべき段階にきていることは否定しえない旨述べられている(52)。

(b) 星野英一説は，最判昭和 38 年 9 月 5 日民集 17 巻 8 号 909 頁（事案は，株式会社の代表取締役が，自己の利益のため表面上，会社の代表者として会社所有の建物を売り渡したというもの）の判例批評(53)において，相手方保護理論については，於保不二雄説と同旨の見解を示し，又，相手方保護範囲に関しては，概ね次のような見解を示されている。すなわち，相手方が代表機関の真意を知っていた場合に，保護に値するものは，法人であって相手方ではないので，法人に効果が帰属しないとする点にはまず異論がなく，問題は，相手方がこれを「知り得べきものであったとき」をどう解するかであり，「知り得べき」ときとは何か，相手方にどの程度の注意義務を課するのかが妥当かを考える必要がある。民法 57 条とのバランスを考えると，「相手方としては，進んで代表機関が私利をはかるために代表行為をしているか否かについてまで調査する必要はないが，といって，特に何をしなくても代表機関の私利をはかろうとの真意が通常人なら当然わかるような場合（大判大正 10 年 1 月 3 日はこの事例であろうか）には，保護に値しないといえよう」という旨の見解を示されている。また，星野英一説は，続けて，「知り得べきとき」，「過失」の語について，各場合につき，その内容，すなわち，その者に要求される注意または作為不作為の義務が異なっている点を指摘されている(54)。

また，星野英一説は，『民法概論Ⅰ（序論・総則）』においては，重過失ある相手方不保護の立場をとられる。すなわち，法人の理事が，売得金を私腹するために法人の財産を売るなど私利をはかるために法人の財産を売るという事案を念頭に置かれ，判例が，民法 93 条但書を類推適用して相手方が右の事情を知りまたは知りうべきものであったときは代表行為として効力を有しないとしていることにふれられて，そこにいう「知りうべき」は，「右の事情を相手方

---

(52) 森泉・前掲注(47)120 頁参照。
(53) 星野英一「判批」法協 82 巻 4 号 539 頁以下（昭 41）参照。
(54) 星野・前掲注(53)543 頁参照。星野説と関連して，淡路説は，通常の注意義務を用いずして知らない者をも保護する必要があるかどうかは疑問であるとされ，星野説のいわれるごとく，注意義務の内容・程度との関連で，従って，取引の諸類型との関連で，知ることをうべかりし場合の具体的内容を豊富にしていくべきである旨の見解を示される（淡路剛久「判批」法協 85 巻 4 号 163 頁（昭 43）参照）。

が知っていたとき，または，誰が見てもその事情がわかるのに気のつかなかったとき（通常「重過失」と呼ばれるものにあたる）」の意味に解すべきであるとされる(55)。

(3) 「知りうべかりしとき」は「知っていたとき」の認定を志向した認定判断のための安全弁的機能をもつに過ぎないと解する説

東孝行説は，最判昭和42年4月20日民集21巻3号697頁（事案は株式会社製菓原料店主任が同人らの利益をはかる目的をもってその主任としての権限を濫用し，製菓原料店名義を用いて相手方と取引をしたというもの）の判例批評(56)において，詳細に検討されているが，本稿に関連する限度でその概略を以下に紹介すると次のとおりである。すなわち，まず相手方保護理論については，於保不二雄説と同旨であられる。

相手方保護範囲に関しては，93条但書類推説によるとき，相手方が代理人（代表者）の背任的意思を「知っていたとき」に加え，「知りうべかりしとき」が付加されるが，この説のもとでは，「知りまたは知りうべかりしとき」の主張・立証責任は本人（法人）の側にあり，かつ，この説に従う多くの裁判例を分析すると，その立証が成功している事例が少なく，「知りうべかりしとき」は「知っていたとき」の認定を志向した認定判断のためのいわば安全弁的機能をもつにすぎないことがうかがえ，それゆえ，権利濫用説が，民法93条但書類推適用説よりも取引の安全の保護の観点から見て優れているとはいえないとされる。

また，代表者につき民法54条（理事の代表権に加えた制限の第三者への対抗に関する規定）等により解決せんとする説への批判として，本問は，悪意者不保護の問題であり，善意者保護を志向していないのに，この説は両者を混同しているとされる。すなわち，本問の場合および心裡留保の場合における悪意者不保護の法技術は悪意者（またはそれに準ずる者）に行為の有効性を主張させることは信義に反し妥当でないので，これを法の保護から排斥しようとするものであって，善意者を特別に保護しようとするものではない旨の見解も示されている。この区別は，「知りまたは知りうべかりしとき」の主張・立証責任の負

---

(55) 星野英一『民法概論Ⅰ（序論・総則）』136頁（良書普及会，改訂版，平5）参照。
(56) 東孝行「判批」神戸18巻1号149頁以下（昭43）参照。

担のところで，意味を持って来るとされる[57]。

(4) 無過失を要しない場合と要する場合とを分ける説

平野裕之説は次のようなものである[58]。すなわち，代理権濫用として念頭に置かれる事案は，代理人に背任的意図がある場合に限られ，代理人に自分の利益を図る意図がない場合を次のように明確に除外されている[59]。すなわち，権利濫用がこの場合にはないので，権利濫用の効力を相手方に対抗できないが，相手方の契約締結に際しての説明義務などを理由として本人に対する何らかの損害賠償責任を問題にすることができるだけであるとされる。

相手方保護理論については，①於保不二雄説と同様，顕名の要件の「本人の為め」というのは，その行為の帰属先を示すことを意味するに過ぎないこと，②山本敬三説と同様に，本人との委任契約上，本人の利益のために行動しなければならない契約上の義務を負うが，それは，本人と代理人との委任契約上の関係における債務的拘束にすぎず，対外的な代理権は客観的に定められること。以上のことを理由に，代理人が背任的意図ある代理行為をした場合でも，代理の顕名そして本人への効力帰属に影響がない旨の見解を示されている。この結論は，本人はそのような代理人を選任したことによるリスクを自己責任として自ら負担すべきであり，使用者責任（715条1項）の趣旨とも整合性が保てることから妥当であるとされる[60]。

しかし，代理行為の相手方が，代理人の背任的意図につき悪意であった場合には，本人の方を保護すべきであるとされる。その理由として，本人も被害者であるので，第三者が本人に損失を負担させて保護されるにふさわしいものでなければならないからであるとされる。問題は相手方が善意・有過失であった場合にいずれを保護するか，また効力否定を法的にどう根拠付けるかであるとされる。更に，無権代理説，信義則説，付随義務違反説などの他説を詳細に検討された上で，93条において二つに分け，無過失を要しない場合と要する場

---

(57) 東・前掲注(56)154頁以下参照。なお，淡路説は，大判大正10年1月21日民録27輯100頁や大判昭和16年5月1日新聞4712号14頁は知るをうべかりしケースであったので，知るをうべかりしケースでどう判決されるかについては，判例の線はかなり固まっているという見解を示される（淡路・前掲注(54)161頁参照）。
(58) 平野・前掲注(5)335頁以下参照。
(59) 平野・前掲注(5)340頁参照。
(60) 平野・前掲注(5)335頁以下参照。

合とを分ける立場(61)にあわせて，93条類推適用の場合も無過失を要求する場合と要求しない場合とを分け信義則説と同じ結論を実現する解決を提唱されている(62)。

(5) その他

たとえば，我妻栄『新訂民法総則』(63)においては，相手方保護理論については，於保不二雄説と同旨であり，「本人の為にする」とは，その行為の法律的効果を本人に帰属させようとすることで，代理人に背任的意図がある場合にも，行為の法律的効果を本人に帰属させようとする意思は存在するので，代理行為の成立に影響がない旨の見解である。相手方保護範囲に関し，「背任的意図をもっていることを相手方が知りまたは知りうべかりしときは，相手方の立場を考慮することなく，本人の利益をはかることが適当である」旨の記述があるだけであり，「知りうべかりしとき」の内容に関する詳しい記述はない。

5 戦後の学説の小括

戦後の諸学説のうち，善意・有軽過失の相手方不保護の説についてはすでに，小括したので，それ以外の説を中心に小括すると次のようなことであった。各説が念頭におく事案については，我妻栄説，星野英一説，東孝行説，平野裕之説は，代理人に背任的意図がある場合を念頭におかれる。森泉章説は，客観的濫用の場合も含めておられる。

相手方保護理論については，①代理人に背任的意図がある代理行為でも形式的には代理権の範囲内であること（森泉章説，平野裕之説）（平野裕之説は，これ

---

(61) 平野・前掲注(5)164頁以下参照。なお，村田彰「心裡留保無効」椿寿夫編『法律行為無効の研究』334頁以下（日本評論社，平13）参照。

(62) 平野・前掲注(5)338頁以下参照。平野説によると，信義則説の概要は次のようなものであるとされる。すなわち，代理権濫用の場合には，取引安全の保護のために，いわば，善意・無過失の第三者に，権利濫用という本人・代理人間の効力を第三者たる相手方に対抗できないものとする必要がある。相手方が悪意，有過失であれば権利濫用の原則に戻って，本人への効力帰属を生じないことを第三者にも対抗できる。更に，本人の利益との調整を考えて，①法定代理の場合には相手方が悪意か過失であったら保護されないが，②任意代理では本人・代理人間に債権関係があり，代理人選任のリスクは本人が負担すべきであるので，その分本人の保護は後退してよく，相手方が悪意か重過失があった場合にのみ制限されるだけであるとされる。

(63) 我妻栄『新訂民法総則』344頁以下（岩波書店，昭40）参照。

を基礎付けるために本人の利益のために行動しなければならない契約上の義務は，本人と代理人の委任契約上の関係の債務的拘束にすぎず，対外的な代理権は客観的に定められるべきことを述べている），②「本人の為にする」とは，その行為の法律的効果を本人に帰属させようとすることで，代理人に背任的意図がある場合にも，行為の法律的効果を本人に帰属させようとする意思は存在するので，代理行為の成立に影響がないこと（我妻栄説，星野英一説，東孝行説，森泉章説，平野裕之説），③代理人の選任責任（森泉章説，平野裕之説）（森泉章説は，代理人の選任責任だけでなく，背信的代理行為をなすに至った代理権授与責任も問題としている），④履行補助者的構成（森泉章説）などが挙げられている。

①については，同旨の見解は，第一次大戦後の新思潮期の商法学者である大浜信泉説が唱えており，戦後の善意・有軽過失の相手方不保護の説のうち半田吉信説，内田貴説，山本敬三説もとっているものである。②については，戦後の善意・有軽過失の相手方不保護の説のうち，於保不二雄説が唱えられたものであるが，幾代通説，中井美雄説，半田吉信説もとられている。③については，戦後の善意・有軽過失の相手方不保護の説のうち，内田貴説，山本敬三説もとられる。

相手方保護範囲及び保護範囲確定の根拠については，森泉章説が，悪意の相手方の権利行使を違法とするのであるから，相手方の権利行使が権利濫用といえる程度に不法性が強いものであることが必要とされるので，相手方が悪意であるか悪意に準ずべき重過失がある場合に限定する説を唱えている。星野英一説は57条とのバランスから，「知りうべき」は，「右の事情を相手方が知っていたとき，または，誰が見てもその事情がわかるのに気のつかなかったとき（通常「重過失」と呼ばれるものにあたる）」の意味に解すべきであるとする。東孝行説は，多くの裁判例を分析し93条但書類推説にいう「知りうべかりしとき」は「知っていたとき」の認定を志向した認定判断のための安全弁的機能をもつに過ぎないと解する。また，平野裕之説は，93条類推適用の場合も無過失を要する場合と要しない場合とを分け，信義則説と同じ結論を実現する解決を提唱される。

代理の類型により相手方保護範囲に差異を設ける説として，平野裕之説がある。代理の法的構成との関係では，森泉章説が，代理における内部関係と外部関係の分離・無因論，代理理論の再検討の必要性に触れられている。また，過失相殺的処理についても，森泉章説が言及されている。

III 総　括

　以上に見てきたように，心裡留保規定に依拠する説のなかで，相手方保護範囲について，様々な見解が唱えられていることが明らかになった。以下では，以上のような議論状況を前提に，この代理権濫用と相手方保護範囲という問題を解決するために，さしあたりどのような検討を加えていけばよいのかという今後の検討課題を示してみたい。

1　代理権濫用の意義

　代理権濫用として念頭におかれる事案は様々であり，代理人に背任的意図がある場合が典型であるが，本人の代理人に対する指図違反行為，代理人に背任的意図のない代理権の客観的濫用の場合[64]も代理権濫用事案であるとされることがある。以上に見てきた心裡留保規定に依拠する諸見解の多くは，代理人に，背任的意図がある場合を念頭においているといえる。心裡留保規定に依拠する諸説のうち，代理人に背任的意図がない客観的濫用の場合でも足りるとする説は，森泉説だけである。森泉説は，「(客観的に本人の利益を害すべき行為をなした) 代理人」[65]という表現をし，代理人に背任的意図がない場合にも代理権濫用を問題とされる。平野裕之説は，明確に，客観的濫用の場合を代理権濫用の事案から除外しているのであった。

　濫用として唱えられるためには，代理人に背任的意図があることを要求すれば，それだけ，本人保護に薄く，相手方保護に厚いことになる。すなわち，本人が相手方に対し，濫用の異議を唱えるためには，代理行為により本人に損害が発生し，相手方が代理行為時に代理行為により本人に損害が生ずることを認識していたことだけでは足りず，更に，代理人に，背任的意図が代理行為時にあり，これを相手方が認識していたこと等も必要になるからである。このように，相手方に濫用の異議が唱えられるためには，代理人に背任的意図があることを要するかという問題を解決することは相手方保護範囲を確定するに際し，意味を持ってくる。

---

[64] 代理権の客観的濫用については，拙稿「代理権の客観的濫用に関する一考察——代理人に背任的意図がない場合——」獨協法学46号233頁以下（平10）〔第II編第5章所収〕参照。

[65] 森泉章・前掲注(47)112頁参照。

更に，指図違反の代理行為も代理権濫用事例として扱うべきかという問題もある。これに関して，指図違反の代理行為を念頭において，代理の本質論において本人行為説をとると，取引の安全を害することになる旨の見解を中島説が唱えている[66]。

相手方保護範囲を確定するに際しては，濫用の異議が唱えられるためにはどのような代理人の行為の態様（代理人に背任的意図ある場合，背任的意図がない客観的濫用の場合，指図違反の場合）が要件とされるのかが検討される必要があろう。

2 代理取引における相手方保護理論

心裡留保規定に依拠する諸説は有権代理的構成をとるので，いずれの学説も，代理人が背任的意図を有して代理行為をしても，原則として代理行為の効果は本人に及ぶと解する点には異論はないものと思われる。そのように解する根拠はすでに，小括しながらみてきたように，様々である。

ところで，高橋三知雄博士，伊藤進教授，福永礼治教授などによる，ドイツ代理権濫用論の詳細な研究[67]によれば，ドイツにおいては，代理権濫用論の出発点となる相手方保護理論として，代理権の範囲の無因性という概念があることが知られる。我が国の心裡留保規定に依拠する諸説においては，このような共通の出発点は明確な形では存在しないように思われる。しかし，代理権の範囲の無因性という言葉は用いられないが，93条に依拠する説の中では，商法学者の大浜信泉説に始まり現在では多くの民法学者によりとられている根拠付け，すなわち，代理人に背任的意図がある代理行為でも形式的には代理権の範囲内であるとされることは，これとほぼ同旨のものと解する余地がある。また，この根拠付けを明示しない場合であっても，93条に依拠する諸見解は，代理人が背任的意図をもって代理行為をしても原則として有権代理であることを前提としていると解されるので，この根拠付けは，いずれの見解にも共通するべきものであるとも解しうるのではなかろうか。

相手方保護理論を明確にすることによって，相手方保護範囲の確定という問題が解決されると解される。ドイツでは，代理権濫用論の出発点に代理権の範囲の無因性という概念が必ず来るので，この代理権の範囲の無因性という概念

---

(66) 注(15)参照。
(67) 注(7)参照。

第4章　わが国における相手方保護範囲の議論

の内容を明らかにし，わが国においても相手方保護理論として代理権の範囲の無因性という概念が認められるべきかの一層の検討をなすことが必要となると解される[68]。

3　代理の類型により相手方保護範囲に差異があるか

　四宮和夫『民法総則』（弘文堂，第4版）には，93条但書類推適用説では「代理権の類型化（任意代理と法定代理の区別）はむりといえよう」という記述が見られる[69]。実際には，93条に依拠する各説をみると，民事代理・商事代理，あるいは任意代理・法定代理，法人代表という代理（代表）の類型により相手方保護範囲に差異を設けることに言及する見解が存在する。たとえば，於保不二雄説は，前にみたように，竹田省博士が唱導された権利濫用・信義則説によると相手方保護に関し，悪意重過失を一層制限することになるという批判を加えている中で，善意保護は，民事では善意無過失を原則とし，商事では悪意重過失を排除するのが原則である旨の見解を明らかにしているのであった[70]。於保不二雄説によれば，民事と商事とで相手方保護範囲に差異が生じうることになろう。また，於保不二雄説は，最判昭和44年11月14日民集23巻11号2023頁の判例批評で，「権限濫用の手形行為については，手形行為の特殊性または商事行為の特殊性というものが混入する可能性があり…」[71]と述べていた。不動産の売買のような民事取引か手形行為かというような代理行為の種類によっても相手方保護範囲が異なってくる可能性もある。

　内田貴説も，代理権の濫用を代理の類型に応じて考えていく必要があると解する説である。法定代理人の権限濫用をどう構成するかについて，任意代理と全く同様に構成することも可能であるが，無能力者保護の要請を前面に出して

---

[68]　遠田新一博士は，代理権の抽象性・不可制限性，或いは代理権の範囲についての考え方において，日本民法はドイツ民法と異なる旨の見解を示されている（遠田新一・前掲注(1)『代理と意思表示論』194頁，遠田新一「代理権の抽象性と表見代理」『代理法理論の研究』（大阪市立大学法学叢書(38)，161頁-211頁（有斐閣，昭59）参照。

[69]　四宮和夫『民法総則』241頁（弘文堂，第4版，昭61）参照。

[70]　本稿項目Ⅱ4(1)(a)参照。

[71]　於保不二雄「判批」民商63巻1号130頁以下（昭45）参照。於保説は，続けて，「権限濫用行為については商事売買についても民法93条但書を類推適用するという判例（昭和38年9月5日最高民判民集17巻909頁，昭和42年4月20日最高民判民集21巻697頁）の傾向と合わせて，手形行為についても同一法理を適用する最高裁の方向はほぼ固まったといっても妨げあるまい」と述べられる。

すべて効果不帰属と構成することもありえ，任意代理の場合よりも本人保護にウエイトを置いた解釈論も十分理由がありそうであるとされる。他方，営利法人の代表者については，法人は，自らのリスクで信頼できる代表者を選ぶべきであるという議論が説得的であり，代表者の行為を監督するための仕組みもあるので，なるべく法人に効果を帰属させて取引の安全を図るべきである旨の見解を示されている[72]。

以上のように，心裡留保規定に依拠して解決する説のなかにも，代理の類型により相手方保護範囲に差異を設ける説は存在する[73]。代理権濫用につきどのように法的構成をする場合であっても，代理の類型，代理行為の性質を考慮して相手方保護範囲を確定していくことの必要性・可否についての検討が必要とされよう[74]。

4 代理の法的構成との関係

代理の法的構成とは，代理等の場合，本人に法的効果が生ずるのは何故か，その法的根拠をどこに求めるかについての議論である[75]。その概略を示せば次のとおりである[76]。すなわち，本人行為説，代理人行為説などが存在する。本人行為説とは，代理人は，本人の授権行為に基づいて意思表示をなすものであり，代理人のなす意思表示は本人の意思表示にすぎず，法律行為の当事者は本

---

[72] 内田貴・前掲注(37)144頁参照。
[73] 本文に挙げたほか，たとえば，半田吉信説について，本稿項目Ⅱ4(1)(e)及び注(42)，平野説について本稿項目Ⅱ4(4)及び注(62)参照。
[74] 椿寿夫教授も，「任意代理では法定代理よりも取引安全を重視して，相手方が軽過失なら保護されるとする学説がある。こういう視点はひろく全般にわたり考慮してよい」という見解を示されている（椿寿夫『民法総則講義(下)』242頁（有斐閣，平6））参照。
[75] 伊藤進「代理の法的構成に関する覚書」明大法論第74巻第4・5合併号（平14）95頁参照。伊藤説は，代理の法的構成について，代表，授権，使者などの「代理等」を視野に入れて，行為者と相手方との適法行為（法律行為）によって，本人に法的効果の生ずるのは何故かという問題の解明であるとされる。代理の法的構成に関しては，高橋・前掲注(7)『代理理論の研究』，遠田新一『代理理論の基礎的研究』（広島大学政治経済研究叢書5），（広島大学経済学部政治経済研究所，昭51），遠田・前掲注(68)『代理法理論の研究』，伊藤・前掲注(7)『任意代理基礎理論』，佐久間毅『代理取引の保護法理』（有斐閣，平12）など参照。
[76] 本稿では，代理の法的構成の概略については，伊藤・前掲注(7)『任意代理基礎理論』16頁以下を参照した。

人であるゆえに、当然に本人の権利及び義務の効果が発生するというものである[77]。代理人行為説は、代理において、法律上の行為者は代理人であって、ただその効果のみが、直接本人に帰属するというものである[78]。

この代理の法的構成と相手方保護範囲との関係については検討の余地があろう。すなわち、どのように代理を法的構成するかにより、相手方保護範囲に差が生ずるかという問題の検討である。この点につき、中島玉吉説が、指図違反の代理行為の事例に関してであるが、本人行為説をとると取引の安全を害することになる旨の指摘をなす記述が存在するのであった[79]。

また、森泉章説は、権限濫用行為に関連して本人の利益保護と相手方の信頼保護を調整するために内部関係と外部関係との相関関係においてとらえていくことが必要であり、これに関連して代理人行為説のみにこだわることなく、本人行為説や共同行為説を見直す必要があり、代理理論が再検討されるべき段階にきていることは否定しえないという見解を示されていた[80]。

伊藤進説は、表見代理説に立たれるが、代理権濫用問題を代理人の内心的効果意思との関係でのみ解決することにつき、代理の本質を本人行為説あるいは統一要件論に求めようとする立場から是認できない旨の見解を述べられ[81]、代理による危険を本人、第三者、代理人のいずれに負担させるかについて次のような見解を示されている。すなわち、「代理に伴う危険は代理制度自体の中に構造的に存在する危険として受け止め、この危険あるいは危険により生ずる不利益をどのような場合に誰に負担させるかの法政策的価値判断のもとで、代理効果の帰属を考えていく必要がある。この際にはこれまでのように本人と第三者との間の利害についての価値判断にとどまらず代理人の利害をも考慮に入れて判断することも重要である」[82]という見解を示されている。

---

(77) 伊藤・前掲注(7)『任意代理基礎理論』17頁参照。
(78) 伊藤・前掲注(7)『任意代理基礎理論』26頁参照。
(79) 注(15)参照。
(80) 森泉・前掲注(47)120頁参照。
(81) 伊藤・前掲注(7)明大法論102頁(伊藤・前掲注(7)『任意代理基礎理論』224頁所収)参照。〔補注〕伊藤説は、『代理法理の探究』(日本評論社、平23)を著わされ、「三当事者法律行為」形象の提唱をされ(伊藤・前掲書、第4部参照)、また、代理権濫用に関する見解を改説されている(第Ⅱ編第8章Ⅳ1参照)。
(82) 伊藤進教授は、最近、実際、代理関係を創造するためには、代理人と本人と第三者(相手方)の3つの意思が必要とされるとする指摘に注目され、仮定的命題として、「三当事者法律行為」とでもいうべき法律行為類型の形成へと展開するものではないかとい

代理の法的構成が相手方保護範囲を決定する際にどのような影響を与えるのかの検討が必要であると思われる。

5 本人に過失ある場合——過失相殺的処理——

相手方に代理権濫用につき過失がある場合でも，本人にも代理人監督上の義務の違反等の過失があるときの過失相殺的処理について[83]，わが国においては，すでにみたように，心裡留保規定で処理する見解のうち，森泉章説が，過失相殺的処理について言及している。過失相殺的処理を認めれば，相手方・本人双方の過失割合に応じた相手方の一部保護ということになる。この問題も，そもそもわが国とドイツとでは代理取引における相手方保護理論に違いがありえるので，ただちにわが国に取り入れることは容易ではないとおもわれるが，なお検討の余地があるものと解される。

6 相手方保護要件に関する一般的な研究との関係

最後に，保護要件の決定要因に関する一般的な研究とこの問題との関係も整理する必要があろう。東孝行説は，本問の場合における悪意者不保護の法技術は，悪意者を法の保護から排斥しようとするもので，善意者を特別に保護しようとするものではない旨の見解を示されていたのであった[84]。本問を善意者保護の問題と捉えるか，悪意者不保護の問題と捉えるかによって，「知りうべかりし」の立証責任に差異がでてきうるとされる[85]。また，難波譲治「第三者保護要件の諸相」では，保護要件の決定要因として，①外観の存在の程度②帰責事由との相関関係③商事性，取引の迅速性④他の制度，条文とのバランス⑤立証責任，登記等⑥諸要因の組み合わせを挙げられている[86]。これら，相手方保

　う旨の見解を示されている。伊藤・前掲注(43)117頁以下参照。〔補注〕伊藤進博士は，『代理法理の探究』（日本評論社，2011）を著わされ，その第4部で，「代理法理についての私見の展開」として「三当事者法律行為」形象の提唱をされている。

(83)　代理権濫用と過失相殺的処理については，青野博之「代理権の濫用と過失相殺的処理——西ドイツ・連邦裁判所1968年3月25日判決を参照して——」判タ671号38頁以下（昭63），中島秀二「濫用代理論批判」幾代通先生献呈論集『財産法学の新展開』79頁以下（有斐閣，平5），拙稿「代理権限濫用と過失相殺——本人に監督義務違反ある場合——」独協法学37号141頁以下（平5）ほか参照。

(84)　本稿項目Ⅱ4(3)参照。

(85)　東・前掲注(56)155頁参照。

(86)　難波譲治「第三者保護要件の諸相」椿寿夫教授古稀記念『現代取引法の基礎的課

護要件の決定要因に関する一般的な研究の成果も参考にしつつ，代理権濫用と相手方保護範囲の問題を検討していく必要があろう。

Ⅳ おわりに

　本稿は，代理権濫用と相手方保護範囲という問題につき，今後，検討を進めていくための基礎資料として，従来の諸見解のうち，93条に依拠して解決する諸説を整理・検討したものである。今後の検討課題としては，わけても，わが国における代理取引の保護理論として，ドイツにおけると同様に，代理権の範囲の無因性という概念を取り入れることができるのか，代理権の類型，代理取引の種類により相手方保護範囲に差が生ずるのか，そして，代理の法的構成と相手方保護範囲との関係については，一層，検討する必要性がある。以上のことを検討した上で，代理権濫用論における相手方保護範囲という問題は解決されうるものと思われる。また，本稿では，「知りうべかりしとき」の主張・立証責任の問題については十分触れることができなかったのでこの点も他日に期したい。

〔追記〕大学院時代から御指導を賜りました，三好登先生からの日頃の学恩にこの場を借りて謝意を表します。また，この論文を掲載する機会をお与え頂いた松山大学論集編集委員会にも謝意を表します。

(初出：2003年10月)

題』76頁以下（有斐閣，平11）参照。他に，相手方保護要件に関する一般的研究として，多田利隆「信頼保護における無過失要件の検討」民商81巻5号13頁以下（昭55）などがある。

第5章　代理権の客観的濫用の問題
―― 代理人に背任的意図がない場合 ――

I　はじめに

　わが国においては代理権濫用は，代理人が代理権の範囲内で本人の損失において自己または第三者の利益をはかるためになす代理行為であると定義され(1)，代理権濫用として共通して念頭に置かれている事例は，債権取立の代理権のある者が自分で消費するつもりで取立てるときのように(2)，代理人に背任的意図がある場合であるといってよく(3)，従来の代理権濫用に関する諸研究の大半は，このような場合を念頭に置いてきたといえる。このような，代理人に背任的意図がある場合がどのように処理されるかについては，すでに第9回帝国議会衆議院民法中修正案委員会（明治29年3月4日）の審議の中で，富井政章政府委員が代理人が自ら消費するなど，自己の利益を図るような代理行為の効果も民

---

(1)　代理権濫用という概念規定について実方説は，支配人の権限濫用についての論文において次のように述べている。すなわち，権限濫用という言葉はかなり広い意味で用いられている言葉であるが，その概念内容を限定して他の類似現象との相違を明瞭にしておくことは，それぞれの問題解決に適用される法理を求める場合に重要な意味を持つと（実方正雄「支配人の権限」民商13巻79頁参照〔昭16〕）。実方説が指摘するように，代理権濫用に関する研究をなす際には，権限濫用という概念内容を限定して他の類似現象との相違を明瞭にする必要があると思われる。権限濫用という概念は，わが国では現在では，①代理人に背任的意図がある場合，②代理人に背任的意図がない客観的濫用の場合，③目的違反の場合，④指図違反の場合，⑤義務違反の場合などを指して用いられる。この中でも，①の代理人に背任的意図がある場合が，わが国では通常，代理権濫用として論じられ，代理権濫用として共通して念頭に置かれている事例である。②から⑤のいずれの場合を代理権濫用として扱うかについては一致を見ない状況であると思われる。また，①から⑤の場合を同一の法理で解決することが適当であるか否かについてもなお検討の余地があるように思われる。本稿は②の代理人に背任的意図がない客観的濫用の場合に限定して考察するものである。

(2)　我妻栄『新訂民法総則』345頁（岩波書店，昭40）に挙げられている事例である。もっとも本人から代理人に贈与する意思をもって，代理人をして本人が第三者に対して有する債権を取り立てさせ，その取り立てた額を代理人に保有させる場合などは，代理人が自分で消費するつもりで取り立てても，代理権濫用として処理されることはない。石坂音四郎「判批」法協34巻12号130頁以下参照（大5）。

(3)　伊藤進「表見代理，代理権の濫用」月刊法教144号34頁（平4）参照。

法99条により本人に及ぶという見解を示していた[4]。更に，この富井政府委員の見解と同じく，代理人が地位を濫用し不正に自己の利益を図ろうとする場合であっても民法99条を適用する判例も多数出現した[5]。

かかる見解は，委任契約上の義務違反は無論のこと，自己の利益を図るという代理人の背任的意図の存在も，代理権の範囲及び代理人の顕名の存在には影響を与えないということを前提としていると解される[6]。そこで代理人が背任的意図をもって本人に損害を与える代理行為であっても，相手方は本人に対して代理行為の効果を主張していけることになる。しかし，相手方が代理人の背任的意図を知り，本人に損害が発生することを認識している場合には，代理行為の効果が本人に及ぶことは妥当ではないという基本的判断が一般的に認められ[7]，この基本的判断を実現するための法的構成が模索されることになった[8]。

この法的構成については，現在の最高裁の判例は，心裡留保規定（民法93条）を類推適用するという立場をとっている。これは，「代理人が自己または第三者の利益をはかるため権限内の行為をしたときは相手方が代理人の右意図を知りまたは知ることをうべかりし場合に限り，民法93条但書の規定を類推して本人はその行為につき責に任じないと解するを相当とする」[9]というもの

---

(4) より詳しく述べれば，第9回帝国議会衆議院民法中修正案委員会（明治29年3月4日）において，丁稚をもって金を取りにやったところが，相手方が丁稚であるということで金を渡したが，その丁稚は金を取って主人に渡さずに逃げてしまったという場合の適用について，中島又五郎委員が質問をしたのに対して，富井政章委員は，無論，民法99条によってその法律行為は主人に対して直接に効力を生ずるという見解を示していたのである。廣中俊雄編著『第9回帝国議会の民法審議』128頁（有斐閣，昭61）。

(5) 代理人が地位を濫用し，不正に自己の利益を図ろうとする場合であっても民法99条の適用があるとする諸判例については本稿項目Ⅳ1の注(73)参照。〔更に本書第Ⅲ編総括Ⅰ1参照〕

(6) 判例は，代理人が背任的意図をもって行為をしても，民法99条を適用して，相手方を原則として保護しているのだが，その根拠については本稿項目Ⅳ1参照。

(7) たとえば，代表権濫用の事案に関する判例批評においてであるが，星野説は，「相手方が代表機関の真意を知っていた場合に，法人に効果が帰属しないとする点には，まず異論がないといえよう」と述べられている。星野英一「判批」法協82巻4号99頁（昭41）。

(8) わが国の，この基本的判断を実現するための法的構成の詳細については，拙稿「代理論史——代理権濫用論を中心に——」獨協法学40号447頁以下（平7）〔水本浩＝平井一雄編『日本民法学史・各論』所収，41頁以下（信山社，平9）〕参照。〔第Ⅱ編第1章所収〕

(9) 最判昭和42年4月20日民集21巻3号697頁から引用。

第5章　代理権の客観的濫用の問題

である。

ところで，最近の研究の中には代理人が故意にではなく過失で，または過失すらなく本人の利益に反する代理行為をする場合——具体例としては代理人Aが最近の物価の動向を調査しないでXから異常に高い値段で商品を購入したというような場合[10]（以下，代理人が代理権の範囲内で背任的意図なく，過失をもってまたは過失すらなく代理行為により本人に損害を加えることを代理権の客観的濫用の場合という）——をも代理権濫用論を検討する際に念頭に置いて行っているものがある[11]。このような場合には，確かに本人に損害が生ずるが代理人には，代理行為時には本人に損害を加えようという明確な意図がない。代理人は，いわば不注意で代理行為により本人に結果として損害を加えてしまったのである。

このような，代理人が単に不注意で本人に損失を加えたという場合には，代理人が背任的意図をもって代理行為により本人に損害を加えるという，代理権濫用の典型例として扱われる場合とは異なって，相手方がたとえ行為時に本人に損失が発生することについて認識していたとしても代理行為の効力は妨げられるということはなく，代理行為の効果は本人に帰属する（民法99条）とするのが従来の一般的な理解であると思われる[12]。しかし，後でみるように（本稿

---

(10) 本文に挙げた例はUlrich Jüngst, Der Mißbrauch organschaftlicher Vertretungsmacht, 1981. S. 95. に挙げられているものである。なお，大西耕三説も後述のごとく，代理人が一層の注意を払いまたはより経験を有していたならばもっと高価に売却できたであろう場合について検討しているが，このような場合も客観的濫用の具体例であると考えられる。本稿Ⅲ1(1)参照。

(11) 代理権の客観的濫用の場合についても代理権濫用について検討する際に念頭に置いているわが国の諸見解については本稿項目Ⅲ参照。

(12) 本文中に引用した最判昭和42年4月20日の判文をみると，「代理人が自己または第三者の利益をはかるため」とあり，これによると濫用の異議が相手方に唱えられるためには，代理人の背任的意図という主観的な要件が必要とされていると解される。よって代理人に背任的意図がない場合には，たとえ相手方が代理行為時に本人に損失が発生することについて知りうべきであっても，相手方に濫用の異議が唱えられることはなく，原則通り民法99条によって代理行為の効果は本人に帰属すると考えられるのである。もっとも，後でみる高橋，伊藤，福永氏らの最近の代理権濫用に関する研究（本稿項目Ⅲ2参照）を除けば，大方の論者は代理権の客観的濫用という問題についてとくに論じられていないので，一般的にはどのように理解されているのかということを明確には知りえない。しかし，本文中で述べたごとく，代理人に背任的意図がなく単なる不注意で代理行為により本人に損害が発生してしまった場合には相手方が本人に損害が発生するであろうことについて認識があったとしても代理行為の効力に妨げはないということについては大方の論者の暗黙の了解があるものと推測される。

項目Ⅱ，Ⅲ）この点についてまったく異論がないわけではない。そこで本稿では，代理人に背任的意図がない代理権の客観的濫用の場合に，相手方が本人に行為時に損失が生じることについて認識あるときに，かかる相手方は本人に対して代理の効果を主張していけるのかという点について検討することを目的とする。この検討は，濫用として相手方に異議が唱えられるためには，代理人に背任的意図があることを要するのかという問題としても捉えられる。代理人に背任的意図があることを要するのであれば客観的濫用は相手方に異議として唱えられることはないし，背任的意図は不要であるとすれば異議として唱えられることになる。

ところで，代理人に背任的意図があり，相手方がこれについて知りうべきであれば代理の効果は後退するとされているが，この基本的判断はいまだ論証されたことはなく，従来の議論の中で疑いの余地のない自明の事とされ，それだけに何れの立場でもほとんど無批判のままに措定されてきたが，その妥当性はおよそ論証の要もないほど自明であるかは利益衡量上疑問があるという指摘が，最近中島説によりなされている(13)。このような指摘に鑑みても，この基本的判断の根底にはいかなるものがあるのか，わけてもこの基本的判断に占める代理人の背任的意図という事実のもつ意義についてここで検討することには大きな意義があると考える。

以下では，まずドイツ及びわが国における客観的濫用に関する議論の状況を概観し（本稿項目Ⅱ，Ⅲ），その後，代理人の背任的意図の意義の検討に入りたい。

Ⅱ　ドイツにおける議論の状況

ドイツにおいては，代理人が代理権の範囲内で本人の名においてなした意思表示は，直接，本人のため及びこれに対して効力を生ずる（ドイツ民法典164条)(14)。ドイツにおいては代理と委任とはまったく別個独立の法律関係として

---

(13) 中島秀二「濫用代理論批判」幾代通先生献呈論集『財産法学の新展開』79頁，86頁（有斐閣，平5）参照。

(14) ドイツ民法典164条は次のような規定である。「代理人ガ其ノ権限内ニ於テ本人ノ名ニ於テ為シタル意思表示ハ，本人ノ利益及不利益ニ於テ直接本人ニ対シテ其ノ効力ヲ生ズ……」訳は神戸大学外国法研究会編『現代外国法典叢書　獨逸民法〔Ⅰ〕民法総則(4)』251頁（有斐閣，昭13）による。

第5章　代理権の客観的濫用の問題

とらえられ，代理関係の成立は委任とは別個のものである代理権授与行為という単独行為によって行われるものとし，原則として内部関係は代理関係に影響を及ぼすことはないものとされている（代理権の独自性・無因性）[15]。そこで，本人に代理行為により取引上，損害が発生した場合でも，このことは本人・代理人間の内部関係の問題であり，外部関係に影響を与えないので，代理効果は本人・相手方間に有効に生ずることとなる。そこで，代理権の客観的濫用の場合には，この代理権の独自性・無因性を貫けば，代理効果は本人・相手方間に有効に生ずることになる。

　ところで，代理人が本人・代理人間に存在する目的や指図あるいは義務に違反している場合や本人の意思と矛盾したり本人の利益に反する場合に[16]，これについて相手方が悪意であるなどの事情があるときには，実質的に内部関係が代理関係に影響を与えるような解釈が代理権濫用論としてなされていることはすでに高橋，伊藤，福永氏らの研究[17]により紹介されているとおりである。ドイツにおいても代理権濫用として検討の対象とされているのは代理権の客観的濫用の場合に限られず，もっと幅広い場合が対象となっているのであるが，以下では，ドイツにおいて代理権濫用として扱われる諸場合のうち代理人に背任的意図がないのに本人に損害が発生する客観的濫用について特に論じているものに限定して[18]，学説について[19]，代理権濫用として相手方に異議が唱えら

---

(15)　福永礼治「代理権の濫用に関する一試論(1)」上智法論22巻2号145頁参照（昭53）。なお，代理権の無因性はドイツ普通商法典に端を発し，ラーバントによって形成された。Vgl. Staudinger: Kommentar zum Bürgerlichen Gesetzbuch mit Einführungsgesetz und Nebengesetzen Erstes Buch. Allgemeiner Teil（§§164-240), 13. Auflage, 1995./ Eberhard Schilken,Vorbem zu §§164ff Rdn.33. ドイツにおける代理権の無因性に関する詳細な検討は他日に期す。〔第Ⅱ編第6章第1節Ⅱ1参照〕

(16)　ドイツにおいては，本文に挙げたような場合が代理権の濫用の問題として扱われている。伊藤進「「ドイツにおける「代理権の濫用」理論」明治法論49巻5号56頁参照（昭52）。

(17)　高橋三知雄『代理理論の研究』205頁以下（有斐閣，昭51），伊藤・前掲注(3)53頁以下，福永・前掲注(15)129頁以下，同「代理権の濫用に関する一試論（2・完）」上智法論22巻3号177頁以下（昭54）。

(18)　客観的濫用は代理権濫用論の一部だけを構成するものである。ドイツにおける代理権濫用論全体に関する判例・学説のより詳細な検討は他日に期す。

(19)　ドイツにおける代理権濫用に関する判例の詳細な検討は他日に期すが，ティエッツの研究によれば（Christoph Tietz, Vertretungsmacht und Vertretungsbefugnis im Recht der BGB-Vollmacht und der Prokura, Diss. Bielefeld, 1989. S.207ff），濫用として相手方に異議が唱えられるために代理人の背任性を要件としないとした判例が，戦前に

第Ⅱ編　代理権濫用論

れるためには代理人に背任的意図が必要であり，客観的濫用の場合には相手方に異議が唱えられることはないとする見解1と異議が唱えられうるとする見解2とに分けて検討することにしたい。

1　代理権濫用として相手方に異議が唱えられるためには代理人に背任的意図が必要であり，客観的濫用の場合には相手方に異議が唱えられることはないとする見解（ヘック，ヨーン，レプティーエン，ユンクスト）

(1) ヘックは，合名会社の社員の権限濫用の場合を念頭に置いて検討している。彼によれば，合名会社の利益がおかされる場合はさまざまであり，行為をする社員に過失がないのに客観的に合名会社に損害を加えることもあり，また過失をもって損害を加えることもあるが，これらの場合については，濫用の異議を認めない。なぜなら，社員が合名会社の利益を配慮しているかぎりでは，社員によってなされた法律行為が合名会社にとって有益であるか否かを監視することは，取り引き相手の責務ではないからであるという。このことは代理人によらない自己当事者との取り引きの場合に，契約相手方が利益の配慮を原則として自己当事者自身にゆだねることができたのと同様であるという[20]。

このようにヘックは，代理人によらない自己当事者間取り引きの場合とのバ

　1件（ライヒスゲリヒト1931年10月14日の判決〔RGZ 134,67〕），戦後に1件（連邦通常裁判所1972年4月24日の判決〔BGH, WM1972,1380〕）存在する。いずれも単純な任意代理（einfache Vollmacht）の事案であり，数としては少数である（ティエッツは，戦前，戦後あわせて全体として50あまりの判例を検討している）。他方，とくに代理権濫用の意義に言及し，客観的濫用は相手方に異議として唱えられないとする判例も存在する。これらはいずれも，商法上の不可制限の代理権（支配権）の濫用の事案であり，代理人の意識的な加害行為がなければ濫用として相手方に異議は唱えられないとする（連邦通常裁判所1968年3月25日判決〔BGHZ 50,112〕，連邦通常裁判所1973年9月17日判決〔BGHWM1973,1318〕）。このように，ティエッツの研究によれば，判例は，濫用として相手方に異議が唱えられるためには単純な任意代理の事案では客観的濫用で良いとし，他方，不可制限の商法上の代理権の事案では代理人に背任的意図があることを必要としているという傾向にあるといえる。なお，前掲連邦通常裁判所1968年3月25日判決（BGHZ 50,112）に関しては，青野博之教授の詳細な研究がある。青野博之「代理権の濫用と過失相殺的処理――西ドイツ・連邦裁判所1968年3月25日判決を参照して――」判タ671号38頁以下（昭63）。〔第Ⅱ編第6章第1節Ⅱ2(1)(ｱ)参照〕

(20)　Hueck, Alfred: Das Recht der OHG, 4 Auflage, 1971, §20Ⅲ2b. S.297. ヘックと同旨の説として，Westermann, Harry: Personengesellschaftsrecht, 4. Auflage, 1979, I Rdn. 199; Geßler, Ernst: Zum Mißbrauch organschaftlicher Vertretungsmacht in: Festschrift v. Caemmerer, 1978, S.536.

第5章　代理権の客観的濫用の問題

ランスを持ち出して，代理人が故意に本人の利益を害するのでない限りは，本人は濫用の異議をなしうる可能性はなく，第三者が会社に客観的に不利になる代理行為であることを認識していても，このことは代理行為の効力になんら影響を与えない旨の見解を示しているのである。

　他方，社員が会社の利益を故意に害した場合には，第三者は，形式的に成立した代理権を引き合いに出すことはできないという。なぜなら，第三者が，社員が会社の利益を故意に害しているということを認識している場合には信義誠実の原則は第三者が法律行為をなすことを思い止まらせることを要求するからであるという[21]。

　ヘックは，代理人の故意という事実を相手方が本人に対して代理行為を主張していくことが信義誠実に反するとするための一要素として位置付けているといえる。

　(2)　ヨーンは，機関代表権濫用について検討しているのであるが，代表権の濫用となるには代表者の故意の行為という要件を維持すべきであるとしている。その理由として，①法人は当然，代表者の愚行（Dummheit）について法人自身についてと同様に責任をもたなければならないこと，②代表者による，不注意であっても無意識の加害行為は団体にとっていわば業務災害であること[22]，③団体は機関構成員の弱点を受け入れなければならないことなどを理由に挙げて濫用として異議が相手方に唱えられるためには代理人に故意がなければならないとしている[23]。

　(3)　レプティーエンは，「代理人のどのような行為が代理権の濫用としてとらえられるべきかは議論の余地があるが，意識的な任意代理権限の悪意の濫用が権利濫用なのである。なぜならば，このような濫用を本人は覚悟する必要はないからである。しかし過失によるまたはそれどころか過失のない代理権限の「濫用」はつねに生活経験の範囲内にあるので，本人により受忍されるものである。このような場合には，本人保護は民法138条2項による」[24]と述べて，

---

(21)　Hueck, a.a.O. (Fn.20), S.297.
(22)　これに対して，意識的な利益違反行為は，公然たる紛争を意味するという。Uwe John, Der Mißbrauch organschaftlicher Vertretungsmacht, in Festschrift für Otto Mühl, 1981. S.358.
(23)　John, a.a.O. (Fn.22), S.357f.
(24)　Leptien, in Soergel: Kommentar zum Bürgerlichen Gesetzbuch. Bd.1（Allgemeiner Teil, §§1-240), 12 neubearbeitete Auflage, 1987, S.1375. ドイツ民法典138条2項の規

代理人の意識的な濫用を要求している。

(4) ユンクストも，意識的な加害行為の場合にのみ商事会社の機関による代表権の濫用を認めているが，その理由として，①代表者が無意識に，例えば不手際または無知によって会社の損失になるように行為をしている場合が代表権の客観的濫用の場合であるが，このような場合，会社の利益を適切に追求できない機関を会社が選任したのであるから，会社だけに責任があり，不利な法律行為の締結という事情は会社の危険領域に属する。この責任は転嫁されてはならない。②相手方の代表機関の不手際または無知を自己の利益のために利用することは，商取引に関与するすべてのものの正当な権利でありその限界は良俗違反（§138Abs.1 und2）に求められる⁽²⁵⁾ということを挙げている。

ただしユンクストは，以上のことは商法上の機関代表権の濫用を念頭に置いており，民法上の代理人と法律行為をなす第三者の保護を同様に論ずるわけにはいかないとする⁽²⁶⁾。

このように，ユンクストは，会社の代表者選任責任と商取引の性質とを挙げて代理権の客観的濫用の場合には会社は代表権濫用の異議をなしえない旨の見解を示している。また民法上の代理人の場合には別異に解すべきだとしている。

2　相手方に濫用の異議を唱えることを認めるためには，代理人に背任的意図が存在することを要しないので客観的濫用の場合にも相手方に異議が唱えられうるとする見解

この説は，(1)信義則説と(2)無権代理説とに分類されうる。

(1) 信義則説

タンクは，本人にとって損失的な代理行為であるということを相手方が不注意に認識しなかった場合には，本人は信義の原則（§242BGB）に基づいて保護されるという見解をとっている⁽²⁷⁾。つまり故意にではなく軽率に行為をして

　　定の内容については，注(43)参照。
(25)　Jüngst, a.a.O. (Fn.10), S.99.
(26)　Jüngst, a.a.O. (Fn.10), S.99.
(27)　Tank, Gerhard:Der Mißbrauch von Vertretungsmacht und Verfügungsbefugnis, in: NJW 1969, S.11. 同旨の見解として，Staudingers Kommentar/Eberhard Schilken, §167 Rn. 95.

第5章　代理権の客観的濫用の問題

いる代理人と取り引きをなすことによって本人から利益を引き出す相手方と，本人に対する代理人の加害意図を不注意に認識しないで利益を引き出す相手方とは信義に反する程度は同じである旨の見解を述べている[28]。すなわち，タンクは，背任的意図をもって代理行為をしている代理人と取り引きをする相手方は，本人に対する関係で信義に反することになるが，代理人にかかる背任的意図がなく，代理人の軽率ゆえに本人に損害が発生する場合にも相手方がかかる代理人と取り引きをなすときには相手方は本人に対する関係で信義に反することになるのだと判断しているのである[29]。

　この説によれば，代理権の客観的濫用の場合であっても，相手方が不注意でこのことを認識しなければ，代理人に背任的意図がある場合と同様に，本人は相手方に対して信義の原則に基づいて濫用の異議を主張することができることになる。

(2) **無権代理説**（ジーベルト，ラーレンツ，フロッツ，フルーメ）

　次に，代理人に背任的意図がなくても，本人に損害が発生することを相手方が知りうる場合には無権代理となるとして本人に効果が帰属することを認めない説としてはジーベルト，ラーレンツ，フルーメがいる。

(i)　まず，ジーベルトは，キップの理論を更に発展させようとした見解であると位置付けることができる[30]のであるが，彼は，「代理権濫用の対内的構成

---

[28]　Tank, a.a.O. (Fn.27), S.9.
[29]　前述のごとく（本稿項目Ⅱ1(1)），ヘックは，社員が会社の利益を故意に害した場合において，第三者が社員が会社の利益を故意に害しているということを認識しているときには，第三者が，形式的に成立した代理権を引き合いに出すことは信義誠実の原則に反するが，これに対し，客観的濫用の場合には反しない旨の見解を述べていたのであった。このように，客観的濫用の局面においては信義誠実の原則に反するか否かの判断は論者によって異なる。
[30]　高橋・前掲注(17)211頁参照。ジーベルトは，キップが導き出した，「代理人が自己に与えられている代理権を意識的に濫用し，相手方がその濫用を知っているか過失で知らなかったときはその代理行為は代理権によって覆われない」という理論を更に発展させようとして，なぜ代理権によって覆われないことになるのかという理由付けを権利濫用理論に求めた。伊藤・前掲注(16)61頁参照。

　なお，ライヒスゲリヒトは，代理権濫用の場合の理論構成として多くは悪意の抗弁を採用していたが，代理権濫用の問題の解決を初めて代理法内で試みたのはキップである。伊藤・前掲注(16)69頁，福永・前掲注(15)156頁参照。キップの理論（Kipp, Theodor: Zur Lehre von der Vertretung ohne Vertretungsmacht, in: Die Reichsgerichtspraxis

第Ⅱ編　代理権濫用論

要件である忠実義務違反についてはこれまでの通説は代理人による故意の義務違反が必要であると解していた。しかし，これには賛成し得ない。その理由として第三者の保護が挙げられるが，それはむしろ第三者側の注意義務を制限する方法でなされるべきである」[31]と述べて，代理権の客観的濫用を認めると第三者（相手方）の保護に欠けることになるという不都合があることを示した上で，この不都合を第三者（相手方）の注意義務を軽減（eine Begrenzung）する方法で回避するという見解を示している。ちなみに，第三者の注意義務としては§173BGB，§54ⅢHGB，§179ⅢBGB[32]を手がかりに第三者（相手方）が義務違反を知りまたは知ることをうべかりしときには相手方保護の限界があることを明らかにしている[33]。またジーベルトは，代理権の濫用の問題を彼独自の権利濫用の思想に基づいて考察し，キップによる無因性に対する批判を更に進めて，代理権の範囲について有因と解して相手方が信義則上知りうべき限度で無権代理（§177BGB）となるという見解をとっている[34]。

---

　　　im deutschen Rechtsleben, Bd. Ⅱ, 1929, S. 273-292）の詳細については，前掲，伊藤論文，福永論文のほか，高橋前掲注(17)206頁以下参照。
(31)　Siebert, Zur Lehre vom Mißbrauch der Vertretungsmacht, Zeitschrift für die gesamte Staatswissenschaft, Bd.95（1935）, S.650ff. 訳は，高橋・前掲注(17)215頁による。
(32)　ドイツ民法典173条（日民112条ただし書に対応），179条3項（日民117条2項に対応）は次のような規定である。
　　　173条「第三者ガ法律行為締結当時，代理権ノ消滅ヲ知リ又ハ知ルベカリシトキハ第170条，第171条第2項及第172条第2項ノ規定ハ之ヲ適用セズ」。
　　　179条3項「相手方ガ代理権ナキコトヲ知リ又ハ知ルベカリシトキハ，代理人ハ責ヲ負ハズ。代理人ガ行為能カノ制限ヲ受ケタルトキ亦同ジ。但シ，法定代理人ノ同意ヲ得テナシタルトキハ此ノ限ニ在ラズ」訳は神戸大学外国法研究会編・前掲注(14)260頁，263頁による。
(33)　高橋・前掲注(17)216頁。
(34)　福永・前掲注(17)「試論(1)」159頁以下参照。このジーベルトの帰結は，委任と代理とを区別して委任義務違反は必ずしも代理権の踰越とはならないというドイツの通説的見解と当然に対立する（高橋・前掲注(17)214頁参照）。そこでジーベルトは代理権の無因性を以下のように批判する。「少なくとも代理権の範囲については代理権の独立性は放棄され，取り引き保護の原理だけが残される。既にWellspacherも，物権契約におけると同様に無因性の理論は適切な保護手段とはならないという。代理権を忠実に行使する義務は，これまで専ら対内関係から引き出されていたが，それは代理権自体の範囲を決定する基準となる。ただ，公正な第三者は保護されなければならない。第三者が代理権の制限を知りまたは知ることをうべきときにのみ第三者に対しこの制限を主張しうるという§54ⅢHGBは，これまで例外的規定とみられていたけれども，実際は，代理権の範囲についての一般原理を現わすものである。代理権の範囲に関する無因論は，

(ⅱ) フロッツは代理人の故意という要件は共謀という出発点となる事例の歴史的な遺物に他ならず，代理人の故意の必要性は一度も詳細に根拠づけられたことはないこと[35]，更に，代理権濫用における相手方保護の有無の判断においては，代理人の主観的意図は関係がなく，相手方の視野が重要なのであり，もし意図された代理行為が相手方の目からは明らかに義務違反であれば，代理人がいかなる企図で行ったかはまったく関係がないこと[36]などを理由に濫用の異議が認められるためには代理人の故意を不要とし，客観的濫用も無権代理であるということが異議として相手方に唱えられうるという見解を示している[37]。

(ⅲ) ラーレンツは，客観的濫用については，おおむね「以前の支配的見解は通常，代理人自体に意識的な代理権濫用のあることを求めていたが，取り引き相手の信頼の保護こそが問題となっているのである。それゆえ取り引き相手が義務違反を認識し，または認識しなければならなかったということが問題なのである」[38]と述べて，代理権濫用は，取り引き相手の信頼保護の問題であるということを根拠にして，代理人が自己の行為の義務違反性を認識していることを問題としない旨を明らかにしている。ラーレンツは代理権濫用一般について無権代理説をとっているので，客観的濫用の場合に相手方が本人に損害が発生することを知りうべきであれば，かかる代理行為は無権代理となることになる[39]。

悪意の抗弁などのまわり道によって既にかなり侵されていたが，このようにして，第三者の利益を害することなく無因論は排除された」。Siebert, a.a.O., S.644f. 訳は高橋・前掲注(17)214頁による。なお，ジーベルトの説の詳細については，高橋・前掲注(17)211頁以下参照。

(35) Frotz, Verkehrsschuzt im Vertretungsrecht, 1972. S.544. フロッツの見解の詳細については，福永・前掲注(17)「試論2・完」178頁以下参照。

(36) Frotz, a.a.O. (Fn.35), S.623. 福永・前掲注(17)「試論（2・完）」202頁。

(37) フロッツが，代理権の無因性を否定し，代理権の有因性を起点にした解決の可能性を探って取り引き保護を信頼保護の観点から体系的に試みていることについては，福永・前掲注(17)「試論（2・完）」191頁以下参照。

(38) Larenz, Karl: Allgemeiner Teil des Deutschen Bürgerlichen Rechts, 7., neubearbeitete Auflage, 1989. S.599.f. ラーレンツは，以前は支配的な見解は通常，代理人に代理権の意識的な濫用を要求していたので，第4版では支配的な見解に従っていたが，現在では改説したことも述べている。

(39) ラーレンツは代理権濫用一般について無権代理説に立つが，無権代理説をとることについての詳しい説明は代理権濫用に関する記述部分（§30 Ⅱa）をみるかぎりではみ

第Ⅱ編　代理権濫用論

(iv)　フルーメは，次のように述べている。すなわち，「代理権の濫用は代理権濫用について第三者の認識がある場合または濫用が明白である場合において，代理人が故意にまたは過失をもって代理権を濫用する場合のときだけ代理権を除去するのではない。むしろ，代理権の客観的濫用で十分なのである。代理人が代理権濫用の場合に有責に行為をすることは重要ではない」[40]。フルーメは前述のキップに近い立場[41]から代理権濫用について論じており無権代理説をとっているので[42]，代理権の客観的濫用の場合についてもフルーメは§177BGB以下によって無権代理行為として処理するという見解を示しているといえる。

3　小　括

(1)　以上，代理権濫用として相手方に異議が唱えられるためには代理人に背任的意図が存在することを要するとする立場の根拠としては，①代理人が本人の利益を配慮しているかぎりでは，代理人によってなされた法律行為が本人にとって有益であるか否かを監視することは取り引き相手の責務ではないので代理人に背任的意図がない限り代理行為は有効であるが，他方，代理人が故意に本人の利益を害していることを相手方が認識すれば，信義誠実の原則は，相手方が法律行為をなすことを思い止まらせるであろうこと（ヘック），②法人代表の場合について，代理人の愚行については法人は当然，法人自身についてと同様に責任をもたなければならないこと（ヨーン），③代理人の無意識な加害行為は団体にとっていわば業務災害であること（ヨーン），④団体は機関構成

あたらない。Larenz, a.a.O. (Fn.38), S.599.
(40)　Flume, Werner: Allgemeiner Teil des Bürgerlichen Rechts, 2. Band, Das Rechtsgeschäft, Vierte, unveränderte Auflage, 1992. S,791. 本文中でみたようにフルーメは客観的濫用という概念は代理人に代理権濫用についての故意も過失もない場合であるとしている。
(41)　キップの理論については前掲注(30)参照。
(42)　フルーメは，「代理権濫用の問題は民法典の立法者の意図にはなかった。判例が本人に悪意の抗弁を与えるとき，それは代理法の枠外での解決であるが，代理権の濫用を代理法の内に位置付けるのがより正しい。そうしたのはKippの功績である。代理人が義務に違反し，濫用が相手方に知られていたり明白であるときには，代理人の行為は無権代理行為になって§177BGB以下によって規律される。すなわち，代理権という資格は除去される」という見解をとっている。Flume, a.a.O. (Fn.40), S.789. 訳は高橋・前掲注(17)224頁による。

第5章　代理権の客観的濫用の問題

員の弱点を受け入れなければならないこと（ヨーン），⑤過失すらない代理権限の濫用は常に生活経験の範囲内にあるので本人により受忍されるべきこと（レプティーエン），⑥会社代表権の濫用の場合について，会社の利益を適切に追求できない無頓着で無能な機関を会社が選任したのであるから，会社だけに責任があり不利な法律行為の締結という事情は会社の危険領域に属すること（ユンクスト），⑦代表機関の不手際または無知を自己の利益のために利用することは商取引に関与するすべてのものの正当な権利である（ユンクスト）ということなどが挙げられている。

また，商法上の機関代表権の場合と民法上の代理人と法律行為をなす場合とは別異に解されるべきであるということも指摘されている（ユンクスト）。

(2) 代理権濫用として相手方に異議が唱えられるためには代理人に背任的意図があることを要しないとする立場の根拠としては，①軽率にまたは愚かに行為をする代理人と取り引きをなすことによって本人から利益を引き出す相手方は信義に反しているということ（タンク），②代理人の故意という要件は共謀という出発点となる事例の歴史的遺物に他ならず，代理人の故意の必要性は一度も根拠づけられたことはないこと，③代理権濫用の問題は取り引き相手の保護の問題であるということを根拠に，代理人が自己の行為の義務違反性を認識していることを問題されるべきではないこと（フロッツ，ラーレンツ）が挙げられている。

(3) 以上の諸説は，代理権の範囲の無因性を貫く構成か代理権の範囲の有因性を認める構成かという観点からも分類される。すなわち，代理権濫用として相手方に異議が唱えられるためには代理人に背任的意図が必要であり客観的濫用の場合には相手方に異議が唱えられることはないとする見解（ヘック，ヨーン，レプティーエン，ユンクスト）は客観的濫用という事例に限っていえば，代理人が本人に対して内部的に負う義務違反は代理行為の効力に影響を与えない（無因）とする見解であるといえる。他方，相手方に濫用の異議を唱えることを認めるためには代理人に背任的意図があることを要せず，客観的濫用の場合にも代理権濫用の異議を唱えうるとする立場のうち信義則説（タンク）は無因性を貫く見解であるといえる。そして無権代理説（ジーベルト，ラーレンツ，フロッツ，フルーメ）は一定の場合に有因性を認める見解であるといえる。

(4) 最後に，各論者が特に念頭に置いているのは商事代理であるか否かという点についてであるが，ヘック，ヨーン，ユンクスト，が商事代理を念頭に置

第Ⅱ編　代理権濫用論

いており，これらはいずれも客観的濫用は相手方に異議を唱えられることはないという見解をとっている。他方，レプティーエン，タンク，ジーベルト，ラーレンツ，フロッツ，フルーメは特に商事代理を念頭に置いているわけではなく，これらのうちレプティーエンを除いては客観的濫用も相手方に異議として唱えられうるという見解である。このように，商事代理を念頭に置く見解は客観的濫用の異議を本人が相手方に主張することを認めず，とくに商事代理を念頭に置かない見解は客観的濫用の異議を主張することを認めるという傾向はみてとれる[43]。

Ⅲ　わが国における議論の状況

　判例に代理権濫用の事案として現れる事案は代理人に背任的意図がある場合がほとんどである[44]。学説については，前述のごとく[45]，一般的な見解としては，相手方が行為時に本人に損害が発生することを認識していたとしても，代理人に背任的意図がなければ代理行為の効力は妨げられることはなく，代理行為の効果は本人に帰属すると解していると思われる。しかし，わが国の学説においても代理権濫用として相手方に異議が唱えられるためには代理人に背任的意図が存在することは不要であるとする見解も存在する。また，客観的濫用という問題を念頭に置いた上で，やはり代理人の背任的意図は必要であるとする説も存在する。以下に学説について概観する。

---

(43)　なお，代理人に本人に対する背任的意図がなくても，例えば，相手方が代理人の無経験に乗じて自己に不当に多額の財産的利益を約束させ，本人に損害が生じてしまうような代理行為をしている場合には，かかる代理行為を暴利行為（ドイツ民法138条2項）として無効として本人を保護すべきであるという見解をとる者もいる。この見解をレプティーエン（Leptien, a.a.O. (Fn.24), S.1375），ユンクスト（Jüngst., a.a.O. (Fn.10), S.99.）が明らかにしている。

　　ドイツ民法典138条2項は次のような規定である。「善良ノ風俗ニ違反スル法律行為ハ無効トス。特ニ，他人ノ窮迫，軽率，又ハ無経験ニ乗ジテ或給付ニ対シ自己又ハ第三者ニ財産的利益ヲ約束又ハ供与セシムル法律行為ハ，其ノ財産的利益ガ当該事情ヨリ見テ著シク給付ト権衡ヲ失スル程度ニ給付ノ価値ヲ超過スルトキハ，之ヲ無効トス」。訳は，神戸大学外国法研究会編・前掲注(14)216頁以下による。

(44)　わが国の判例に代理権濫用の事案として現れるのは，代理人に背任的意図がある場合がほとんどである。なお，代理人の背任的意図の存否が問題となった戦前の下級審の判例については，本稿項目Ⅳ2(1)(i)の注(83)参照。

(45)　本稿項目Ⅰ参照。

1 代理権濫用として相手方に異議が唱えられるためには代理人に背任的意図が必要であり客観的濫用の場合には相手方に異議が唱えられることはないとする見解（大西説，中島説）

(1) 大 西 説

大西説は内部関係から生ずる代理人の義務と代理権の範囲との関係について明らかにしている。すなわち代理人に向かって表示された授権の範囲は原則として本人・代理人間の内部関係と一致すべきであり，内部的法律関係によって代理人がなすことを禁止されている法律行為は，同時に代理権の範囲外の行為となる[46]が，内部的法律関係から生ずる代理人の義務のすべてが代理権の範囲を制限するとは考えられず，このことは特に受任者または事務管理者の注意義務についてそうであるという。例えば代理人が一層の注意を払い，またはより経験を有していたならばもっと高価に売却ができたであろう場合にもこれより低価の売却は代理権外の行為ではない[47]。そして，代理人が内部的法律関係より生ずる義務に反していることを行為時に相手方が知りもしくは知りうべきときでも代理行為の効力に影響を及ぼすものではないという。その理由として，第三者はただ行為が代理権の範囲内においてなされるか否かについて注意を払うべきであって，代理人の義務違反を防止すべき積極的義務を負担すべきでないということを挙げている。すなわち，代理人が法律行為を成立せしめることによって，例えば彼の委任契約上の義務を違背するに至るや否やはまったく本人と代理人との間の関係であって，第三者の関知するところではないということを挙げている[48]。

他方，代理人が単に義務に違反するのみならず，故意に本人に対して損害を加える意図を有し，相手方がこの意図を知って行為を共にした場合については，行為は代理権の範囲内であるが，本人は民法90条に抵触するものとして行為の無効を主張できるとする[49]。これはいわゆる Kollusion の問題であるとし，このような場合には何らかの救済手段を被害者に与えなければならないことは明白であり，これに対して不法行為の損害賠償を認めるよりむしろ，率直簡明

- [46] 大西耕三『代理の研究』274頁（弘文堂，昭3）。
- [47] 大西・前掲注(46) 275頁。
- [48] 大西・前掲注(46) 276頁以下。
- [49] 大西・前掲注(46) 276頁。

に90条の適用を認めるべきである旨の見解を示している[50]。

大西説がこのように，代理人に本人に対する損害を加える意図がある場合とない場合とに分けて処理していることは注目すべきであると思われる。

(2) 中島説

代理人が本人に対する内部的義務に違反していることを取り引きの相手方が知りえた場合に，その付随義務違反を問うことができるかが濫用代理論の真の問題であるとする試論の結論からすれば，背任的意図のある場合に限局すべき理由はないが，一般論としていえば，取り引きの相手方は代理人の通常の過失（注意義務違反）行為に対しては仮にこれを知りえたとしても付随義務を負わないと考えるべきであること，そして直接二当事者間の取り引きの場合，一方が不用意に不利な契約条件に応じるとしても他方当事者が義侠的にこれを論しあるいは締約を控えるべき義務は原則としてなく[51]，このことは代理人を介する取り引きでも同様であって直接取り引きの場合以上に本人を保護すべき理由はなく，結局，濫用代理（等）に関して付随義務が問題となるのは，代理人に背任的意図があるか，あるいは専断的行為のような著しい逸脱行為があり，相手方がこれを黙過することが取り引き上の信義に反する場合に限られる旨の見解を述べられている[52]。

2　代理権濫用として相手方に異議が唱えられるためには背任的意図は必要ではなく，客観的濫用の場合にも相手方に濫用の異議は唱えられうるとする見解

この見解には，(1)信義則ないし権利濫用により処理する見解と(2)無権代理・表見代理規定によって処理する見解とが帰属する。

(1) 信義則ないし権利濫用により処理する見解（高橋説，田沼説）
(i) 高橋説

---

(50) 大西・前掲注(46)283頁以下。
(51) 一方が不用意に不利な契約条件に応じるとしても，他方当事者が義侠的にこれを論し，あるいは締約を控えるべき義務はないという原則は変容しつつあることについて本稿項目Ⅳ3の注(119)参照。
(52) 中島・前掲注(13)99頁。

高橋説は,「ドイツにおいては, Flume の見解に示されているように, 代理人にかかる意図はなくとも客観的に本人の利益を害すべき行為がなされ, その事実を相手方が知りうべきであれば効果は本人に及ばないという「客観的濫用」の可能性が承認されており, 代理人の「故意」に重点を置くべきでないことは, Siebert や Stoll によっても指摘されている」(53)と述べて代理権濫用論の対象にするためには代理人の故意は不要であるとする旨の見解を明らかにしている。ただなぜ不要であるのかということについてのそれ以上の理由は見当たらない。そして, 代理権が濫用され, 相手方がその事実を知りうべきときでも代理権そのものは依然として存在し, 有権代理であることにはかわりはないという外因的解決をとられ, 権利濫用ないしは信義則違反によって処理している(54)。

(ii) 田 沼 説

　田沼説は, 代理人が過失で義務に反し, 相手方がその事実を知っているときにも本人保護を図るべきであり, 代理権濫用の問題とするために代理人の背信的意図を要件とするのは不徹底であり, 本人保護の要請という問題である以上, 代理人の当該行為が本人を害しうるものであり, それを相手方が知っていれば本人を保護すべきであるとしてよいはずであるとして客観的濫用の場合も代理権濫用の一場合として処理している(55)。そして, 代理権濫用について権利濫用説が妥当な結論を導きうるということで権利濫用説によっている(56)。

(2)　**無権代理・表見代理規定によって処理する見解**（伊藤, 福永, 篠田説）

(i)　伊 藤 説

　伊藤説は, これまでの代理権濫用に関する諸理論からは代理人の主観的有責

---

(53)　高橋・前掲注(17)233頁。
(54)　高橋・前掲注(17)235頁以下。具体的な法律効果については, 代理権が濫用された場合といえども本人がその代理行為の効果を受けるためにはあらためて追認する必要はないこと, 善意の相手方の撤回権も認められないこと, 第三者の有責性の程度については法人の理事や商事代理については代理権濫用一般につき悪意者のみが代理行為の効果を主張しえないことになるのに対し, こうした範疇に入らない通常の民事代理については過失があれば主張しえないという基準が導き出されている。同旨の見解として, 平井一雄「代理権の濫用」法セミ40頁以下（昭62）。
(55)　田沼柾「わが国における代理権の濫用」中央大学大学院研究年報9号8頁（昭54）。
(56)　田沼・前掲注(55)10頁。

第Ⅱ編　代理権濫用論

性を要件とする理論的根拠付けは十分に見いだしえないとする[57]。更に，観念的にはともかく実際上は，少なくとも代理権の範囲に関しては分離・独立論をも否定し，代理権の濫用と見られてきた内部関係での踰越はそのことからただちに代理権そのものの踰越となると理解されていることから[58]，代理人の客観的な内部関係違反の存在だけで十分であるとされる[59]。

このように伊藤説は内部関係と外部関係の無因性を否定し，そのことによって内部関係の義務等違反・執行権限踰越は常に代理権自体の踰越となり無権代理となることから出発し，表見代理理論によって第三者の信頼保護を図るという解決をしている[60]。

(ii)　福 永 説

福永説は，「従来の判例・通説は代理権の濫用を代理人の背信的意図といった観点から捉えているが，代理権の濫用を代理人と本人との間の内部的義務違反という観点から捉えれば内部関係を考慮した解決が可能であり，また客観的濫用を取り込むことができる。また，従来のわが国の代理権の有因・無因の議論では代理権の範囲について論じていないが，代理権の範囲についてもそれを論じるべきであり，この場合，有因と捉えることによって内部関係を反映させた代理権の濫用の解決が可能となる」という旨の見解を明らかにされて，代理権濫用として処理するには代理人に背任的意図があることを要しないことを明らかにされている[61]。そして，福永説は，代理権濫用の問題を実質的な観点から把握し代理権濫用という代理人の内部的義務違反行為によって生じる危険を本人または相手方のどちらが負担すべきか，またどのような事情のもとでは本人あるいは相手方にその危険を負担させることが合理的かつ妥当であるかといった危険の分配の問題としてとらえ[62]，代理人に対する本人の関与可能性のない「法定代理」の類型でも，本人の関与可能性のある「任意代理・機関代

---

(57)　伊藤・前掲注(16)95頁。
(58)　伊藤・前掲注(16)82頁以下参照。〔補注〕伊藤進説は，『代理法理の探究』（日本評論社，平23）を刊行され，同書では，代理なる法律行為と内部関係との関係について「分離・独立し，かつ無因と解すべき」（伊藤・前掲書441頁以下参照）とされている。
(59)　伊藤・前掲注(16)95頁参照。〔補注〕「客観的濫用」についての現在の伊藤説の詳細については，伊藤・前掲注(58)の〔補注〕『代理法理の探究』585頁以下参照。
(60)　伊藤・前掲注(16)97頁。
(61)　福永礼治「民法　ワークショップ　代理権の濫用」『私法』57号149頁（日本私法学会，平7）。
(62)　福永・前掲注(17)「一試論（2・完）」210頁。

理」の類型でも代理行為は無権代理であるとする。そして任意代理・機関代理の類型では相手方が善意・無過失であれば民法110条の表見代理が成立することとされている。

　(iii)　篠田説
　篠田説は，「支配権・代表権濫用の問題は，その危険を企業者・会社に負担せしめるという基本的視点に立ちながら，取引安全を図ることに尽きるから，代理人に企業者利益を害する意図があったか否かは問題とならない」といい[63]，代理権濫用の問題として扱うためには，代理人の加害の意図は不要であるという見解を示している。そして篠田説は，代理人の権限濫用行為は相手方が悪意の場合には無権代理に準じて無効とし，企業者・会社の追認を認めるべきであるという見解を示しているので[64]，相手方が行為時に本人に損害が発生することについて悪意であれば代理行為は無権代理となり保護されないことになる。

3　小　　括

　以上に挙げた学説だけが，わが国では客観的濫用について言及しているものである[65]。
　(1)　以上，代理権濫用として相手方に異議が唱えられるためには，代理人に背任的意図を要し，代理人に背任的意図がない客観的濫用の場合には，相手方に濫用の異議が唱えられることはないとする立場の根拠としては，まず，①第三者はただ行為が代理権の範囲内においてなされるか否かについて注意を払うべきであって，代理人の義務違反を防止すべき積極的義務を負担すべきでないが，代理人において故意に本人に損害を加える意図がある場合には，Kollusionの問題となりうることが挙げられ（大西説），更に，②直接当事者間の取り引きの場合，一方が不用意に不利な契約条件に応じるとしても，他方当事者が義俠的にこれを諭し，あるいは締約を控えるべき義務が原則としてないこととのバランスからして直接二当事者による取り引きの場合以上に代理取り

---

(63)　篠田四郎「共同支配（代表）と支配権（代表権）の濫用」『名城法学別冊　長尾還暦記念，86』322頁（昭61）。ドイツにおけるラーレンツと同旨の見解と思われる。本稿項目Ⅱ2(2)(iii)参照。
(64)　篠田・前掲注(63)321頁。
(65)　ここでは，親権者の権限濫用などの法定代理の類型についての検討は別稿を予定しているので原則として省かせて頂いた。

引きにおいて本人を保護すべき理由はないが，代理人に背任的意図があり，相手方がこれを知りえた場合に黙過することが取り引き上の信義に反すること（中島説）が挙げられている。

（2）　代理権濫用として相手方に異議が唱えられるためには代理人に背任的意図があることを要せず，客観的濫用の場合でも相手方に異議が唱えられうるとする立場の根拠としては，①代理人の背信的意図を問題とするのは不徹底であり，本人保護の要請という問題である以上，代理人の当該行為が本人を害しうるものであり，それを相手方が知っておれば本人を保護すべきであるとしてよいはずである（田沼説）こと，②代理権の範囲に関して分離・独立論を否定して，その範囲は第三者の容態によって左右されるのではなく，本人に対する関係によって決められるという解決をとる場合には，代理人の主観的有責性は代理権濫用の問題とは無関係であること（伊藤説），③代理権の濫用を代理人の義務違反という客観的な側面から捉えるべきであること（福永説），④これまでの代理権濫用に関する諸理論からは，代理人の主観的有責性を要件とすることについての理論的根拠付けは十分に見いだしえないこと（伊藤説），⑤支配権・代表権濫用の問題は，その危険を企業者・会社に負担せしめるという基本的観点に立ちながら，取り引き安全を図ることにつきるから，代理人に企業者利益を害する意図があったか否かは問題とならないこと（篠田説）などが挙げられている。

（3）　わが国の見解も代理権の範囲の無因性を貫く構成か代理権の範囲の有因性を認める構成かという観点からも分類される。すなわち，代理権濫用として相手方に異議が唱えられるためには，代理人に背任的意図があることが必要であり，客観的濫用の場合には相手方に異議が唱えられることはないとする見解（大西説，中島説）は，代理人が本人に対して内部的に負う義務違反は代理行為の効力に影響を与えない（無因）とする見解である。他方，相手方に濫用の異議を唱えることを認めるためには，代理人に背任的意図があることを要せず，客観的濫用の場合にも代理権濫用の異議を唱えられうるとする説のうち，信義則ないし権利濫用により処理する見解（高橋説，田沼説）は無因性を貫く見解である。そして，伊藤説，福永説は代理権の範囲の有因性を認める見解であり，篠田説は相手方悪意の限度で代理権の範囲の有因性を認める見解である。

第5章　代理権の客観的濫用の問題

Ⅳ　検　討

　以上，ドイツ及びわが国における議論の状況を概観すると客観的濫用をめぐってはさまざまな問題点(66)があることがわかるが，なかでも何よりも，以下のような点についての検討が必要であると思われる。すなわち，ドイツにおいてはフロッツにより，代理人の故意という要件は共謀という代理権濫用の出発点となる事例の歴史的な遺物に他ならず，代理人の故意の必要性は一度も詳細に根拠づけられたことはないということが指摘されており(67)，わが国においても伊藤説により，これまでの代理権濫用に関する諸理論からは代理人の主観的有責性を要件とする理論的根拠付けは十分に見いだせないということが指摘されている(68)。そこで以上のような指摘を念頭に置きつつ，代理権濫用として相手方に異議が唱えられるためには代理人に背任的意図がなければならないのか，あるいは背任的意図がなくても，行為時に相手方が本人に損失が発生することを知りうべきであればたりるのかということが何よりもまず端的に検討されなければならない。そこで，このためには，そもそも従来の判例・学説が主に代理人に背任的意図がある場合を代理権濫用として扱ってきたのはなぜなのか，その理由を探ってみる必要がある(69)。

　また，以上のことを検討する前提として，そもそも内部的に正当視されない代理権濫用行為であっても相手方善意の場合には，民法99条により相手方・

---

(66)　代理人が介入しない直接二当事者間取り引きの場合と比較して，代理人が介入する取り引きにおいて本人をより厚く保護すべきであるかというバランス論，代理権の範囲の無因性・有因性論，代理行為が商取引である場合に，代理人の不手際を自己の利益のために利用することは，商取引に関与する者の正当な権利であるかなどの問題である。

(67)　本稿項目Ⅱ2(2)(ⅱ)参照。

(68)　本稿項目Ⅲ2(2)(ⅰ)参照。〔補注〕現在の伊藤説については，本稿注(59)の補注引用の文献参照。

(69)　本稿項目Ⅱ，Ⅲでは，代理権濫用として念頭に置かれる諸事案のうち，一部に過ぎない客観的の濫用についてとくに言及している諸見解だけをとりあげて，客観的に議論の状況を示したのであった。ここでは，項目Ⅱ，Ⅲには現れなかった，代理人に背任的意図がある場合について検討している諸見解（前述したように〔項目Ⅰ参照〕，わが国では代理権濫用という場合，代理人に背任的意図がある場合を念頭に置くのが通常である）を素材として，そもそもなぜ代理人に背任的意図がある場合が念頭に置かれるのか，その根拠を探り，このことによって代理権濫用として相手方に異議が唱えられるためには，背任的意図があることがそもそも必要であるのかということの解答をえようというのがここでのねらいである。

本人間に効力を生ずるとされるのが一般的なのであるが(70)，この根拠は何であるのかということも探られなければならない。

1 代理権濫用において原則として相手方が保護される根拠

わが民法は，代理人による取り引きの場合，①代理人が授与された代理権の範囲内で，②本人のためにすることを示して行為をすれば，その行為の効果は本人に直接帰属するという建前をとっている（99条(71)）。そして，前述のごと

---

(70) 相手方善意の場合には，民法99条により，相手方・本人間に内部的に正当視されない代理行為（代理権濫用行為）であっても効力を生ずるとされるのが一般的であるが，代理人がその権限内の事項につきなした意思表示といえども，その真意が自己のためにするときには本人に効力を生じないとする旨の判例も存在しないわけではない。すなわち，大判大正4年2月15日の原審民録21輯99頁以下は，村の総代の権限濫用の事案，すなわち，村の戸長が総代と共謀の上，その権限を濫用し公借名義を偽り，相手方より金員を騙取したという事案において，村の代表者がその権限内の事項につきなした意思表示といえども，その真意が自己のためにするということにあるときは，村に対して効力を生じないと判示していた（上告人である相手方は被上告人である村の戸長らの権限濫用につき善意であったと主張している）。大判大正4年2月15日の原審と同旨のものとして，大判大正6年7月21日の原審民録23輯1174頁。大判大正9年12月28日民録26輯2122頁。
(71) 本条は，①代理人が権限内においてなし，②本人のためにすることを示してなした場合に，法律行為は代理人がなしたが，本人がなした如く直接にその行為によって本人が権利をえ義務を負うという代理の効果を示したものであるという旨の説明が，第1回法典調査会（明治27年4月6日）において富井政章委員によってなされている。法務大臣官房司法法制調査部監修『日本近代立法資料叢書一　法典調査会民法議事速記録一』11頁以下（商事法務研究会，昭58）。
　なお，現代法では，代理の有効性を正当化する実際上の必要はないのみならず，正当化の理論構成は本来は法律実務家のなすべき実践的作業であって，科学的法律学にとっては認識の対象ないし分析の素材たるべきものであり，したがって我々は代理をその事実過程に則して観察し，それを法的にどのように評価または法律構成すべきかを考究すればたりるので，本人行為説とか共同行為説等の19世紀ドイツの論争は今日においてはまったく意味をもたないものとなっているとの見解が存在する（川島武宜『民法総則』306頁以下〔有斐閣，昭40〕）。他方，この，いかなる学説をとっても実際的に大して違った結果にならず，いまさら代理理論を再検討することは概念の遊戯にすぎない旨の非難に対し，代理理論は代理制度ひいては法律行為の本質を理解するのに理論上ゆるがせにできない問題であり，法規の適用についても実際上大きな影響を持つという見解も存在する。高橋・前掲注(17)7頁。代理人の行為により本人に法律効果を発生させる関係をどのように法的に理論構成するかという問題をここで検討する余裕はないので，この問題についての詳細は，他日に期したい。なお，この問題についての最近の研究として，伊藤進「代理の法的構成に関する議論は，どういう方向で整理すればよいか」椿

第5章　代理権の客観的濫用の問題

く(72)．第9回帝国議会衆議院民法中修正案委員会（明治29年3月4日）の審議の中で，富井政章政府委員により代理人が自ら消費するなど自己の利益を図るような代理行為であっても，その効果は民法99条により本人に及ぶという見解が示されており，更に，この富井政府委員の見解と同じく，代理人が地位を濫用し不正に自己の利益を図ろうとする場合であっても民法99条の適用があるとする判例も多数出現したのであった(73)。

このような判例理論を支える根拠としては，例えば1番古い判例である大判明治38年6月10日民録11輯919頁〔929頁〕(74)には，次のようなものが挙げられている。すなわち，もし代理人の真意いかんによりその権限内においてなした意思表示の効力に影響を及ぼすべきものとすれば，一方においては第三者が不測の損害を危惧して安んじて代理人と取り引きをなすことができなくなり(75)，他方において代理人と本人との通謀によって第三者に不測の損害を被らせる結果を発生させることになるというものである。

その後，代理の効果が生ずる要件のうち，顕名行為に着目して，民法99条

寿夫編『講座・現代契約と現代債権の展望　第4巻　代理・約款・契約の基礎的課題』3頁以下（日本評論社，平6）がある。〔補注〕代理の法的構成について，第Ⅰ編第1章参照。

(72)　本稿項目Ⅰ参照。
(73)　大判明治38年6月10日民録11輯919頁，東控判明治38年11月21日新聞323号20頁，大判明治39年3月20日民録12輯275頁，大判大正4年2月15日民録21輯99頁，大判大正6年7月21日民録23輯1168頁，東地判明治43年(ワ)935号及び同年(ワ)934号判決年月日不明新聞683号25頁，大判大正9年10月21日民録26輯1561頁ほか。
(74)　大判明治38年6月10日の判例は，Y銀行の支配人Aが，A個人として振り出した手形を上告人Xに裏書き譲渡し，上告人Xより金銭を得てこれを私消したという事案において，次のように判示した。「代理人カ其権限内ニ於テ本人ノ為メニスルコトヲ示シテ為シタル意思表示ハ本人自カラ之ヲ為シタルモノト看做スヘク又第三者カ代理権限内ノ事項ニ関シ其代理人ニ対シ為シタル意思表示モ之ヲ本人ニ対シ為シタルモノト同視スヘキモノナルコトハ民法九十九条ノ規定スル所ナリ抑モ同規定ハ第三者保護ノ為メニ設ケラレタルモノニシテ代理人ノ為シタル意思表示カ其権限内ノ事項ニ関スル事実ト其意思表示ハ之ヲ本人ノ為メニスルコトヲ示シタル事実トアル以上ハ代理人ノ真意カ果シテ本人ノ為メニスルニ在リシヤ或ハ又其地位ヲ濫用シ不正ニ自己ノ利益ヲ計ラントスルニ在リシヤ否ヲ問ハス常ニ必ス同条ノ規定ヲ適用スヘキモノ云ハサルヘカラス何トナレハ若シ代理人ノ真意如何ニヨリ其権限内ニ於テ為シタル意思表示ノ効力ニ影響ヲ及ホスヘキモノトセハ一方ニ於テハ第三者ヲシテ不測ノ損害ヲ危惧シ安シテ代理人ト取引ヲ為シ得サラシメ他方ニ於テハ代理人ト本人トノ通謀ニ因リ第三者ニ不測ノ損害ヲ被ラシメルノ弊風ヲ助長スルノ結果ヲ生ズルニ至ルヘキヲ以テナリ」。
(75)　同旨の理由を用いるものとして，大判明治39年3月20日民録12輯275頁。

に「本人ノ為メニスル」というのは，本人の利益を図るという意味ではなく，本人に効力を生ぜしめるという意味であるので，代理人が自己の代理人たる地位を濫用して私利を営む法律行為をなす場合においても本人に対して効力が生ずるという理由付けをするものが現れた[76]。

また，代理の効果が生ずるもうひとつの要件の代理権の存在の方に着目して理由付けをするものも存在する。すなわち，大判大正9年7月3日は，産業組合の理事の代表権限濫用に関するものであるが，理事の真意如何により代表権限の有無を定め，その効力を決すべきものとすれば第三者は不測の損害をこうむるに至るという判断を示しているのである[77]。

更に，内部関係，外部関係という文言を用いて代理権授与行為の独自性，さらには代理権の範囲の無因性という概念になじむ構成で相手方を保護する判例（大判昭和9年5月15日）も存在する。すなわち，振出人Aは被上告組合Yの専務理事でもあるのであるが，自己の利益を図るためほしいままに組合理事の資格を利用して，上告人Xに裏書きしたという事案で，Aが自己の利益のためにほしいままに組合理事の資格を利用したというのは，本人と代表者との間における内部関係に過ぎず，これを客観的に外部関係についてみれば代表者がその権限により本人のために裏書きをなしたにほかならないのであるから，この裏書きは有効で，直接に本人たる組合に対してその効力を生ずるという判断を示しているのである[78]。

---

(76) 大判大正6年7月21日民録23輯1168頁。同じ理由付けをするものとして，大判大正9年10月21日民録26輯1561頁。

(77) 大判大正9年7月3日民録26輯1042頁。これは，産業組合の理事が，その資格を濫用して私利を営もうとして手形を振り出し，これに付帯する利息に関する契約を締結したという事案で，「組合ノ事務ナルヤ否ヤハ之ヲ抽象的ニ観察スヘキモノニシテ縦令個々ノ行為ハ其実理事個人ノ利益ヲ計ルヲ目的トシテ為サレタリトスルモ性質上組合ノ事務ニ関スルモノタルコトヲ得ヘキトキハ理事カ其資格ニ於テ組合ノ為メニスルコトヲ示シテ為シタル行為ノ効力ハ原則トシテ組合ニ及フモノト謂ハサルヘ可カラス若シ夫レ然ラスシテ理事ノ真意如何ニヨリ代表権限ノ有無ヲ定メ其行為ノ効力ヲ決スヘキモノトセムカ第三者ハ不測ノ損害ヲ蒙ムルニ至リ何人モ安シテ理事ト取引ヲ為シ得サルカ如キ不都合ナル結果ヲ生スルニ至レハナリ」と判示したものである。なお同旨の判例として，東控判大12年6月29日新聞2176号18頁がある。

(78) 大判昭和9年5月15日民集13巻1123頁は次のようなものである。「本人タル右組合ハ該裏書ニ付其ノ責ニ任スヘキモノトス蓋シ右裏書ハ笹原喜平(A)カ自己ノ利益ヲ図ル為擅ニ組合理事ノ資格ヲ利用シテ為シタルモノナリトスルモ這ハ本人ト代表者トノ間ニ於ケル内部関係ニ過キスシテ之ヲ客観的ニ外部関係ニ付テ観レハ代表者カ其ノ権限ニ

このように，判例において相手方が保護される理論構成は多様ではあるが，これらの判例の根底には，代理人と本人とのところに存在する事情により相手方に不測の損害を与えてはならず，このことから，代理人が背任的意図をもって代理行為をしたとしても原則としてその損失は本人が負担すべきであり，相手方は保護されるべきであるという判断が横たわっていると解される。そして，以上に挙げた諸判例では相手方保護のための法的構成として民法99条が用いられているのである。

2　代理人に背任的意図があり，これについて相手方が悪意等であれば代理の効果が後退するのはなぜか

　しかしながら，代理人が代理権の範囲内で本人の名において行為をしたとしても，代理人が背任的意図を有しつつ代理行為をした場合，これについて相手方が知りうるべきであれば本人は相手方が代理の効果を主張してきた場合，これを拒むことができるというのが現在の判例・通説的な考えである[79]。このことは以上のような諸判例による民法99条による相手方保護が，一定の場合には後退することを意味する。代理人が背任的な意図をもって行為をしたとしても，このことは代理人と本人との内部的な問題であって，基本関係上の債務不履行・不法行為の問題として処理すれば足り[80]，代理人の背任的意図の存在は本人と相手方間で対外的に効力を持ちうるものではないとも考えられるのに[81]，一体なぜ，民法99条の適用を一定の場合には後退させるような帰結が認められているのであろうか[82]。以下ではこのような帰結に代理人の背任的意図はど

　　依リ本人ノ為ニ裏書ヲ為シタルニ外ナラサルヲ以テ其ノ裏書ハ有効ニシテ直接ニ本人タル組合ニ対シテ其ノ効力ヲ生スルモノト謂ハサルヘカラサレハナリ」。
(79)　本稿項目Ⅰ参照。
(80)　石坂・前掲注(2)132頁以下参照。
(81)　現に，代理人（代表取締役）が会社を代表して行為をする場合に，その経済的利益を自己におさめる底意があったという事実はなんら会社に対する効果に影響はないとする判例も存在するのである。最判昭和38年9月5日の原審。民集17巻8号929頁以下参照。
(82)　民法99条の適用が一定の場合にはなぜ後退させられるのかという点に関して，民法編纂過程の各段階すなわち，主査委員会，委員総会，整理委員会などにおける審議では，前述の第9回帝国議会における審議（本稿項目Ⅰ参照）以外には，直接の手がかりは見いだされなかった。更に，明治民法の起草者である梅謙次郎『訂正増補民法要義 巻之一』251頁以下（有斐閣書房，訂正増補改版，第37版，大4)，富井政章『民法原論　第1巻総論』479頁（有斐閣，大11)，関与者である岡松参太郎『注釈民法理由』

のような役割を果たしているのかを判例と学説とに分けて探っていく。

(1) 判　例

（i）判例で問題となる事案は代理人に背任的意図がある場合がほとんどである(83)。相手方が悪意の場合にはこのようなものを保護するなんらの根拠はないとする判決は種々存在する。戦前については，親権者の濫用の場合（Xの親権者Aが遊蕩の資料に窮したことに乗じて相手方BにおいてAの親権濫用に加功してXの土地を抵当に取り，金員を貸し渡したという事案）に相手方が悪意のときには親権を行うものと相手方との直接関係になり，本人に対して無効であるとするもの(84)が，まず存在する。

この他に，合名会社の代表社員が，自己個人の債務につき会社の代表資格を冒用して約束手形を振り出しもって自己の債務を会社の債務に振り替えたという事案で，たまたま自己の利益を図る目的をもって約束手形を振り出しても，このことは内部関係において問題となるにとどまり，手形の形式よりすれば，会社の代表社員がその権限内において振り出したものであり，偽造手形ではなく，悪意の所持人に対しては右の事由を対抗できる旨の判断を示し，民法54条に依拠するもの(85)が存在し，また，清算人の権限濫用の事案で，清算人の受領した金員が清算の事務に使用されなかった場合に，金員消費貸借契約はそれ自体，清算の目的に背馳しない行為であることはもちろんであるので，契約締結当時に清算人がその職務外に使用すべき真意を有したことを相手方が知りまたは知りうべきであったことを立証するのでなければ会社は清算人の行為に対し責任を負うべきであるとするもの(86)，被上告会社Yの取締役Aが，会社を代表して約束手形を振り出したのは，もっぱらA自身の利益を図る目的を

215-262頁（有斐閣書房，訂正6版，明30）などにも直接の手がかりはみいだされない。

(83) わが国の判例に代理権濫用の事案として現れるのは，代理人に背任的意図がある場合がほとんどである。なお，背任的意図の存否が問題となった，次のような戦前の下級審の判例が存在する。すなわち，これは代理人（支配人）が第三者の誇大な報告を軽信して同人の事業に投資して巨利を獲得することに代理行為（第三者のために融通手形を発行）をするに至った動機があり，必ずしも本人の損失において第三者を救済するのみの目的ではないという事情は，必ずしも代理人の背任的意図の存在に影響を与えるものではないという旨の判断を示した。大阪控判大正3年4月16日新聞951号27頁参照。

(84) 大判明35年2月24日民録8輯2巻110頁以下。

(85) 大判昭和10年3月10日新聞3833号18頁。

(86) 大判大正4年6月16日民録21輯953頁。

もってなし，その権限を濫用してなしたという事案で，株式会社の取締役が会社のためにする意思を有せず自己の利益のため，表面上会社の代表者として法律行為をなした場合における該法律行為の効力は民法93条，心裡留保に関する法律に準拠してこれを決定すべきであるとしたもの[87]などがあったが，これらの判例はいずれも代理人に背任的意図が存在する事案を対象としている。これらの判例も，代理の効果の後退のための法的構成を明らかにしてはいるが，なぜ代理人に背任的意図が存在し，これについて相手方が悪意等であれば代理行為の効果を本人に対して主張しえなくなるのかという基本的判断の実質的な根拠までを明らかにしているとはいえない。

　(ⅱ)　戦後は，最高裁の判例は心裡留保の規定（民法93条）を類推適用することにより，代理人の背任的意図について知りうべき相手方から本人を保護するという立場を一貫して取っている（最判昭和38年9月5日民集17巻8号909頁，最判昭和42年4月20日民集21巻3号697頁ほか[88]）。

　これらの判例も法的構成としては民法93条ただし書を類推適用するということを明らかにしているものの，そもそも，なぜ背任的意図について相手方が知りうべきであれば本人を保護しなければならないのかという基本的判断につ

---

[87]　大判昭和16年5月1日新聞4721号14頁以下。
[88]　本文中に掲げた最判昭和42年4月20日民集21巻3号697頁の事案は，会社の製菓原料店主任が他に転売してひそかにその利益を私する意図のもとに練乳を買い入れたというもの。原審では相手方は主任に背任的意図があることについて悪意であったと認定した。本文中に掲げた判例のほか心裡留保の規定を類推適用することにより解決するものとして，最判昭和42年7月6日金商67号16頁，最判昭和44年4月3日民集23巻4号737頁（事案は，上告組合Xの参事Aが上告組合以外の者の利益を図るために代理権を濫用して手形を振り出したが，本件手形の受取人で第一裏書人であるBがAの本件手形振り出し行為に事実上関与し，その振り出しが上告組合以外の者の利益を図るためになされたものであることを知っていたというものである），最判昭和44年11月14日民集23巻11号2023頁（この事案は相手方に重過失があると思われるものである。最高裁は相手方の軽過失を認定して相手方を保護した原審の判決を破棄差し戻した），最判昭和53年2月16日金商547号3頁，最判昭和54年5月1日判時931号112頁（Y信用金庫の支店長Aが個人的な負債の返済資金を捻出するため，顧客用のYの当座小切手用紙を使用して先日付けの持参人払い式小切手二通を振り出しBに交付した。BはAの背任的意図について悪意であったという事案），最判昭和51年11月26日判時839号111頁（株式会社Yの代表取締役AがXから金銭を借り入れたが，本件借り入れはAの個人的利益のために行われたものであり，かつXにおいても当然これを知りえたと認められる余地があると考えられる事案），最判平成4年12月10日民集46巻9号2727頁（親権者の代理権濫用の事案）ほか。

いての実質的な理由を明らかにしていない(89)。ただ，判例の見解は権限冒用行為が心裡留保であると解するのではなく，相手方が知り又は知りうべきときは無効であるという一般法理をとり上げこれを単に擬律したにとどまるのであろうという指摘が学説によりなされている(90)。

ところで，最判昭和42年4月20日には，大隅裁判官の少数意見が付されている。これは次のようなものである。すなわち，被上告会社の製菓原料店主任が他に転売してひそかにその利益を私する意図のもとに上告会社の支配人から練乳を買い入れたという事案において，製菓原料店主任は商法43条にいわゆる番頭手代にあたり，同条により右製菓原料店における原料の仕入れに関して一切の裁判外の行為をなす権限を有するものと認められるが，ある行為がその権限の範囲内に属するかどうかは客観的にその行為の性質によって定まるのであって，行為者の内心の意図のごとき具体的事情によって左右されるものではなく，この場合に相手方たる上告会社の支配人が主任の権限濫用行為であることを知っていても主任の権限内の行為であることに変わりはないが，悪意の相手方がそのことを主張して契約上の権利を主張することは法の保護の目的を逸脱した権利濫用ないし信義則違反の行為として許されないと解すべきであるという(91)。

(iii) 右のように，判例は，代理人の背任的意図について知りうべきであれば

---

(89) ちなみに，戦後最初の最高裁の判例（最判昭和38年9月5日民集17巻8号909頁）の上告理由中には次のようなことが挙げられている。事案は法人代表権限濫用に関するものであったが，もし会社代表取締役においてその経済的利益を自己に収めるという底意があったという事実はなんら会社に対する効果に影響はないという原審の判決を容認すれば，法人の財産は外部から糸を引く悪意の相手方により常に不当の損失を蒙むらしめられ会社財産は常に危険にさらされて，会社代表者に一切の代表権限を与える現行の会社制度に根本的改革を必要とすることになり，著しく正義衡平の観念と相反することとなるというものである。なおこの判決の事案は，会社代表者が会社のためではなく自己の利益のために会社の唯一の財産である建物を処分したというものであった（民集17巻8号911頁以下）。相手方もこの会社代表者及び前の会社代表者に対する自己の融資の回収をはかることのみ専念して会社代表者の私意による処分であることを認め，代表者が会社のためではなく自己の利益のために本件建物を処分するものであることを察知しながら，会社代表者と本件建物を買い受ける契約をしたと第一審では認定されている（民集17巻8号915頁以下）。
(90) 於保不二雄「判批」民商50巻4号60頁（昭39）。
(91) 民集21巻3号700頁以下。なお，最判昭和44年4月3日民集23巻4号737頁にも同じく大隅裁判官による権利濫用ないし信義則説に立つ少数意見が付されている。

第5章　代理権の客観的濫用の問題

代理の効果は本人に帰属せず，知りうべきでなければ帰属するという基本的判断を，①相手方と本人との直接関係になる，②民法54条に依拠する，③目的の範囲の問題とする，④民法93条に準拠するなど様々に法的に構成している。ただこの基本的判断そのものは自明のものとして措定され，この正当性は論証されていない。

(2)　学　　説
　学説については便宜上，(i)心裡留保説，(ii)権利濫用，信義則，悪意の抗弁説，(iii)無権代理・表見代理説に分けて検討する。
(i)　心裡留保説
　学説史上，初めて代理権濫用について検討し，心裡留保説をわが国で最初に唱えた石坂説（大5）[92]は，代理の観念には代理行為から発生する権利義務が直接本人に帰属することで足りるので，その事実上の利益が何人に帰してもよいとしている[93]。そこで，代理人が代理行為をなすにあたり，本人の名義をもちいる以上は，たとえ代理人が自己の利益のためにする意思をもってなしてもその行為の効力は直接に本人に対して効力を生ずる[94]。しかし，このことは，本人が代理人に利益が帰属することを許している場合[95]に妥当することであり，代理行為の事実上の結果たる利益を本人に帰せしむることを要する場合なのに，代理人がその利益を自己に帰せしむる意思をもって代理行為をなすとき（背任的意図あるとき）は代理人には代理意思は欠けているので，顕名行為の部分に心裡留保が生ずることになるという旨の見解を示している。そこで，代理人にこの背任的意図があることを相手方が「知ルコトヲ得ヘカリシトキ」には代理行為の効果は心裡留保の規定（民法第93条）により本人に帰属しなくなるのだという説を唱えている[96]。
　このように沿革上，心裡留保説は，当初は，代理人に背任的意図がある場合を念頭に置いて唱えられた説であるといえる。石坂説は，相手方が代理人に背

---
(92)　石坂・前掲注(2)129頁以下。
(93)　石坂・前掲注(2)130頁。
(94)　石坂・前掲注(2)131頁以下。
(95)　例えば，本人が代理人に贈与する意思をもって，代理人をして本人が第三者に対して有する債権を取り立てさせ，その取り立てた額を保有させる場合などが，代理人の利益のためになされる場合として挙げられている。石坂・前掲注(2)130頁以下参照。
(96)　石坂・前掲注(2)136頁。

任的意図あることについて知りうるべきであるときには，かかる代理行為は本人につき効果を生じないという基本的判断の基礎をまさに心裡留保の規定の有する価値判断（民法93条）に置いていたということができる[97]。

現在までにこの心裡留保説を唱える説は多数存在するが，多くは石坂説と同様に，代理人に背任的意図がある場合を念頭に置いているのである[98]。しかし，現在の多くの説は石坂説と異なり，代理権濫用の場合であっても代理意思が存在することを否定しないので[99]，代理人の顕名行為の部分に心裡留保は存在しないことを前提としている。そこで基本的判断の基礎を心理留保規定そのものに置くことから離れ，代理人の背任的意図について相手方が知りまたは知りうべきときは無効であるという一般法理をとりあげ，民法93条を擬律，準用，類推適用，仮託するという立場をとっている[100]。

---

(97) 同じく心裡留保規定を直接に適用する大浜説は，「取り引きの安全乃至一般的利益の考慮も固より重要ではあるが，しかし同時に静的の安全乃至個人的利益も亦十分尊重されねばならぬ。而して本件に於ける如く機関の権限濫用行為に付き法人の利益を犠牲に供して，悪意の相手方を保護する如きは正義の理念に反するのみならず，必要以上に個人の利益を蹂躙するの誹りを免れぬ」ということも述べて，心裡留保規定を適用する根底には正義の理念が存在する旨の見解を明らかにしている。大浜信泉「判批」民商1巻2号68頁（昭10）。浅沼武「判批」金法504号12頁（昭43）も，相手方と通謀しその権限を濫用し背任的行為をした場合にも，その効果を本人に及ぼして共犯者を利するのは正義感の許さないところであるとする。

(98) 石坂説と同様に，代理人に背任的意図がある場合を念頭に置いて心裡留保規定により解決する見解を唱えている説は以下のとおりである。末弘厳太郎『判例民法(1)大正十年度』11頁以下〔民事法判例研究会編〕（有斐閣，復刻版，昭29〔初出 大12〕)，我妻栄『民法総則』479頁（岩波書店，昭5），大浜・前掲注(97)63頁以下，於保不二雄『民法総則講義』219頁（有信堂，昭34），於保・前掲注(90)56頁，松坂佐一『民法提要総則』260頁（有斐閣，第3版・増訂，昭57），我妻・前掲注(2)345頁，星野・前掲注(7)95頁，石田喜久夫「心裡留保」谷口知平・加藤一郎編『新民法演習』127頁（有斐閣，昭42），淡路剛久「判批」法協85巻4号161頁（昭43），東孝行「判批」神戸18巻1号149頁（昭43），辻正美「判批」民法の基本判例36頁（昭61），中舎寛樹「代理人の権限濫用行為と民法93条の役割」名法90巻52頁以下（昭57）。

(99) 我妻・前掲注(2)345頁参照。

(100) すなわち，代理関係について権利濫用，信義則，禁反言等の一般的法理を適用しようとする場合にしばしば民法93条への「仮託」が行われているのである。稲本洋之助『注釈民法(3)総則(3)』126頁〔川島武宜編〕（有斐閣，昭48）。更に，安永正昭『新版注釈民法(1)』109頁以下〔谷口知平他編〕（有斐閣，昭63），拙稿・前掲注(8)77頁以下参照。

第5章　代理権の客観的濫用の問題

(ⅱ)　権利濫用，信義則，悪意の抗弁説

権利濫用説，信義則説，悪意の抗弁説は，当初は別のものとして唱えられたが，現在では共に基底をほぼ同じくする一般条項に準拠するもので，本質的な差異のない見解と解されている(101)。権利濫用説をわが国で最初に唱えた竹田説は，取締役の相手方たる小切手取得者に対する小切手の支払の効力を判決している判例の批評において，おおむね次のような見解を唱えている。すなわち，法律が支配人・会社代表者の権限につき一定の範囲を定めかつこれを登記せしめるゆえんのものは，登記さえ見ておけば安心してこれと取り引きをすることができ，具体的の事情を探究して代理権の有無を調べる必要をなからしめるためであって，営業に関する行為であるか否かを判断するにあたり一々具体的事情の調査を必要とすれば，法律が支配人等の代理権の範囲を法定した趣旨はすべて蹂躙される。そこで，取締役がその資格で個人用のための小切手の振り出しをしても当然その権限内の行為であるが，悪意の第三者が小切手の振り出しが取締役の権限内であることを主張することは，法の保護の目的を超脱した権利の濫用であるとする(102)。

実方説も，内部関係に過ぎない権限濫用問題が，どうして悪意の相手方に対しては対抗されうるのかという問題の立て方をし，権限濫用行為が機関の権限内の行為であることは悪意の第三者に対しても同じであるが，悪意者がそれを主張することは，法の保護を超脱した権利の濫用であるとし，ここに悪意の第三者排撃の積極的根拠があるとする(103)。

(ⅲ)　無権代理・表見代理説

無権代理・表見代理説は，わが国では戦後になって初めて舟橋説によって唱えられた説である。これは，代理人が私利を図ろうとして権限を濫用し背任的行為をした場合には正当な代理行為のため与えられた代理権を濫用したものと

---

(101)　松岡正美「判批」法時33巻1号111頁（昭36）。
(102)　竹田省「判批」民商7巻2号160頁以下（昭13）。
(103)　実方正雄「判批」民商9巻1号77頁以下（昭14）。他に，権利濫用説，信義則説，悪意の抗弁説をとるものとして，田中誠二「判批」法協56巻12号176頁。山中康雄『民法総則講義』286頁（青林書院，昭30），野津務「代表取締役」田中耕太郎編『株式会社法講座第3巻』1111頁（有斐閣，昭31），亀井秀夫「代表取締役の代表権の踰越と濫用」末川先生古稀記念『権利の濫用中』185頁（有斐閣，昭37），菅原菊志「判批」法学29巻4号116頁（昭39），平井・前掲注(54)40頁，四宮和夫『民法総則』240頁（弘文堂，第4版補正版，平8）ほか多数。

して，その濫用となる範囲において代理権が存在しないこととなるため無権代理となり，したがって相手方は表見代理の規定によって保護を受けることとなるというものである(104)。この範疇に属する諸説のうちでも小林説は，代理権の背信的濫用の場合については，そのリスクは原則として相手方よりも本人において負担すべきであるし，また濫用かどうかについての積極的調査義務を相手方におわすのも不当であるから，本人の免責は相手方に悪意または重過失あるときにのみ限定されるべきであるという旨の見解を明らかにしている(105)。

無権代理・表見代理説をとられる論者のうち，背任的意図についての悪意の相手方不保護という基本的命題を論証しているものはみあたらない。

また，この範疇に属する説のうち近年唱えられた伊藤，福永説は背任的意図を不要としていることについてはすでにみた(106)。

(iv) その他

(α) なお，毛戸勝元博士は大判大正4年6月16日民録21輯953頁の判例批評で，清算人の権限濫用の事案において清算人が自己の目的のためにする意思を有し，かつ相手方がこれを知っているときはその行為が無効となるという判断を示しているが，その理由として，このような行為は清算人の背任罪を構成し，相手方はこれを幇助するものであるからだという理由を述べている(107)。

(β) また納富義光説は法律感情を理由に挙げている。すなわち，例えば取締役が自己の金融の手段として取締役の代表権を冒用して手形を振り出し，第

---

(104) 舟橋諄一『民法総則』132頁（弘文堂，初版，昭29），川島・前掲注(71)380頁，下森定「判批」『民法判例百選』72頁（有斐閣，昭49），小林一俊「判批」金判525号2頁（昭52），鈴木禄弥『民法総則講義』164頁（創文社，昭59）。
(105) 小林・前掲注(104)6頁。
(106) 伊藤，福永説については，本稿項目Ⅲ2(2)参照。〔補注〕現在の伊藤説については，伊藤・前掲注(58)〔補注〕『代理法理の探求』585頁以下参照。
(107) 毛戸勝元「判批」京都法学会雑誌第11巻上（大5）。毛戸説は，代理権濫用行為は清算人の背任罪を構成し，悪意の相手方はこれを幇助するものであるから，このような行為は法律行為の中心的目的が反社会性を有し民法90条により無効となるという見解であると考えられる（我妻・前掲注(2)新訂民法282頁以下参照）。もっとも，亀井説は，代表取締役の代表権濫用行為について，民法90条を適用することについて，代表権濫用行為は公序良俗に反する行為として民法90条により無効とはならないかという点について，法律行為につきいかなる意図でそれがなされるに至ったかというような心裡の意思はそれが表示に表されていない限り法律行為の目的を構成せず，その動機に不法性があってもその法律行為の目的が不法であるとして法律行為が無効となるものではないという旨の見解を述べている。亀井・前掲注(103)185頁。

三者もこの事情を知っているときにおいても悪意の第三者に対しかかる手形行為が抽象的客観的に会社の目的内の行為であることを理由として会社に手形法上の責任を負担させることは我々の法律感情が許さないとする[108]。

(v) 学説の小括

学説史上，大正5年に代理権濫用を初めて検討し，心裡留保説を唱えた石坂説は，代理人に背任的意図があり，これについて悪意等であれば，相手方は本人に代理の効果を主張していくことができないという基本的判断の基礎を心裡留保規定（民法93条）のもつ価値判断そのものに求めていたのであった。その後，心裡留保規定類推適用説は代理人に心裡留保がないことを認め，基本的判断の基礎を心裡留保規定に置くことから離れ，むしろ，権利濫用・信義則などの一般的法理においている。そして，その一般的法理を適用する際に，民法93条の「仮託」が行なわれているにすぎないといえる。無権代理・表見代理説については，（本稿項目Ⅲ2(2)でとりあげた伊藤説，福永説を除いては）この基本的判断自体をとくに批判的に取り上げたものは，みあたらない。無権代理・表見代理説が，わが国で唱えられたのは戦後になってからであり，すでに心裡留保説，権利濫用・信義則・悪意の抗弁説が前提としていた基本的判断に従っているように思われる。

(3) 小　括

結局，この基本的判断の基礎にあるのは権利濫用・信義則という一般法理であるといえる。すなわち，代理人が代理権の範囲内で本人の名において代理行為をすれば，その効果は本人・相手方間に直接に生ずるのであるが（99条），相手方が代理人の背任的意図について悪意等であれば，かかる相手方が本人に代理の効果を主張していくことは権利の濫用であり，信義則に反するので，この限度で代理の効果を例外的に後退させるべきであるという判断が心裡留保説，無権代理・表見代理説など法的構成を問わずいずれの説の根底にもあるといえる。そして，代理人に背任的意図があることは，相手方から本人に対して代理効果を主張していくことが権利の濫用となり信義則に反することになるためのひとつのファクターであるに過ぎないということになるのではなかろうか。それゆえ場合によっては代理人に背任的意図がなくても濫用として相手方に異議

---

[108] 納富義光「判批」『商事法判例研究(3)──昭和13年度』210頁（有斐閣，昭15）。

が唱えられることもありうると解される。

3 代理人に背任的意図がなくても相手方に濫用の異議が唱えられることはあるか

(1) 以上の検討を通じて，代理の要件が備わっている場合であっても，代理人に背任的意図があり，これについて相手方が悪意等である場合に，相手方が代理の効果を主張していけないという基本的判断の根底にあるのは，権利濫用・信義則という一般法理であることが明らかになったといえよう。すなわち，代理権の範囲内で代理人が行為をしていても，相手方が代理人の背任的意図について悪意等であれば，かかる相手方が本人に代理の効果を主張していくことは権利の濫用であり信義則に反することになるという判断が法的構成を問わず，いずれの説の根底にもあることが明らかになったといえる。

そして，代理人に背任的意図が存在することは，相手方が本人に代理の効果を主張していくに際し，この主張が権利の濫用・信義則という一般法理に反するか否かを判断する際のひとつの判断要素を構成しているのであり，代理人に背任的意図があることが，相手方に濫用として異議が唱えられるための絶対条件ではないといえる。

そこで，更に検討すべきは特に，代理人に背任的意図がなくても，代理行為により損害が発生することについて行為時に悪意等である相手方が，本人に対し代理の効果を主張していくことが権利の濫用になり信義則に反することになる場合があるのかということである[109]。そして，その際には，代理権濫用と

---

[109] すでにみたように，ドイツではタンクが，代理人に背任的意図がなく代理人の軽率ゆえに本人に損害が発生するような代理行為をする場合に，相手方がこのような代理人と取り引きをなせば，相手方は本人に対する関係で信義に反することになる旨の見解をとっていたのであった。本稿項目Ⅱ2(1)参照。このように，代理人に背任的意図がなくても，代理行為により損害が発生することについて行為時に悪意等である相手方が本人に対し代理の効果を主張していくことが権利の濫用になり信義則に反することになるという立場はありうる。

なお，わが国において，権利の行使が信義誠実の原則に反するとされるのは，一般的にいって権利行使者のふるまいが倫理的な誠実さを欠いていると判断される場合がその中心となり，倫理的な誠実さを欠くふるまいとされるのは，伝統的に以下のような場合が代表的なものとされるという。すなわち，まず第1に，義務者の利益が不当に害されるにもかかわらず，形式的に存在する権利ないし法的な地位をあえて主張しつくす態度，第2に不誠実な行為により取得した権利ないし地位を主張すること，第3に以前の行為に矛盾する行為をなすことなどである。安永・前掲注(100)参照。

いう代理人の内部的義務違反行為によって生じる危険を本人または相手方のどちらが負担すべきか，またどのような事情のもとでは本人あるいは相手方にその危険を負担させることが合理的かつ妥当であるかという危険の分配の問題であると捉える福永教授の見解に依拠し，代理権濫用問題を実質的に捉えていくべきである(110)。

ところで，民法上の個別的な任意代理の場合，法定代理（親権者の法定代理権，後見人の法定代理権ほか）の場合，法人代表の場合は，それぞれ利益状況が異なる(111)ので，必ずしも同一に論じられることはできないであろう。すなわち，任意代理の場合は，代理人の選任は本人自身の意思に基づいており，また，本人による代理人の監督も可能であるのに対して，法定代理の場合にはその選任は本人の意思とはかかわりなく行われ，また本人による代理人の監督を期待できないというように本人への帰責性の点で両者の間には大きな差異が存在し(112)，更に，代理と代表との間でも違いが見られるからである(113)。本稿では，民事上の個別的な通常の任意代理の場合に限定して検討をする(114)。

---

(110) 福永・前掲注(17)「一試論(2・完)」210頁以下参照。
(111) 福永・前掲注(17)「一試論(2・完)」210頁以下，四宮・前掲注(103)240頁以下参照。
(112) 角紀代恵，法教160号148頁（平6）。
(113) 代理は法律上の二主体間の関係であるのに対して，機関と法人とは異なった権利主体間の関係として現われない。浜上則雄「機関と代理の相違について」阪法第35号22頁（昭35）。代理と代表とはこのような違いはあるものの，民法上の社団法人の場合は，代表機関である理事は定款の記載に基づいて通常は社員総会ないし他の理事によって選任され，いわば本人の意思に基づいて選任されるので，任意代理的な性質を帯び，また，理事の代表権は定款，総会の決議による制限（53条ただし書）などに服し，このような制限によって代表権の濫用される危険が予防ないし排除されうることになる。四宮・前掲注(103)99頁以下参照。それゆえ，法人代表は法定代理人であるか任意代理人であるかという点について争いはあるが，民法上の社団法人の場合は，民法上の任意代理の場合と同じ法的処理に服させてもよいものと思われる。〔補注〕本稿公刊時，民法旧53条は，「理事ハ総テ法人ノ事務ニ付キ法人ヲ代表ス但定款ノ規定又ハ寄附行為ノ趣旨ニ違反スルコトヲ得ズ又社団法人ニ在リテハ総会ノ決議ニ従フコトヲ要ス」と規定していた。
(114) 親権者の代理権濫用については最判平成4年12月10日民集46巻9号2727頁があり，そこではまさに親権者において子を代理してその所有する不動産を第三者の債務の担保に供する行為が代理権濫用にあたるかという，代理権濫用の意義が問題とされている。親権者の類型での客観的濫用の検討にあたっては親権法に関する洞察が必要となるが，本稿でこれをなす余裕はなく他日に期したい。なお，親権者の類型での代理権濫用の意義について詳細な検討をするものとして，熊谷士郎「判批」法学61巻1号163

(2) 任意代理の特徴としては，まず，代理人を本人が選任していることから，授与した代理権の範囲内の行為に関しては，本人による代理人の選任責任が認められるべきであることが挙げられる。代理人の選任責任に関しては民法102条も強く認めているところである。すなわち，本人が行為無能力者を代理人に選任し，この代理人に知識，経験が欠けるために，不注意で本人に損失となる代理行為を締結したとしても，民法102条の規定によれば，無能力を理由として代理人によっても本人によっても当該代理行為は取り消されることはない[115]。この民法102条の立法理由は，「行為能力の制度は無能力者自身の保護のために存在するのであり，代理では代理人のした代理行為の効力は直接本人に帰属し，代理人がそれによって不利益を被ることはないから，本人が無能力者を代理人に選んだことによって生じうべき不利益を甘受してこのような者を代理人にした以上は，代理行為の効力をあえて奪う必要はないとするところにある」[116]。

客観的濫用の場合は，代理人に行為能力が備わっている場合であり，ただ，代理人が過失でまたは過失すらない状態で代理行為により本人に損失を生じさせてしまったという場合であるので，民法102条の適用場面ではない。しかし，未成年者などの行為無能力者を代理人に選任した場合でさえ，本人にこのような責任が課されているのであるから，行為能力者を代理人に選任したが，この代理人の不注意で代理行為により取り引き上，本人に損失を与えてしまったという場合も，もちろん本人に同様の代理人の選任責任が認められるべきであり，原則として自己の選任した代理人の行為から生じた不利益を甘受すべきである[117]。

頁（平9）がある。
(115) 我妻・前掲注(2)350頁以下，幾代通『民法総則』319頁（青林書院，第2版，昭59）。
(116) 半田吉信『民法コンメンタール総則3』910頁以下〔川井健ほか編〕（ぎょうせい，平元）。本文中に引用した見解は通説であるとされる。明治民法制定の当初から，本条に関しては同様の説明がなされていた。廣中俊雄編『民法修正案（前3編）の理由書』159頁（有斐閣，昭62），法務大臣官房司法法制調査部監修『法典調査会民法議事速記録第1回──第26回』35頁以下（商事法務研究会）参照。同旨の見解として，鳩山秀夫『日本民法総論下巻』427頁（岩波書店，大13），我妻・前掲注(2)350頁以下参照。
(117) ドイツにおいても，本人の代理人に対する選任責任を強く認め，客観的濫用による損失は本人が負担し，代理権濫用として相手方に異議が唱えられるためには代理人に背任的意図があることを求めるヘック，ヨーン，ユンクストなどの見解は存在するので

第5章　代理権の客観的濫用の問題

　この本人による代理人の選任責任を背景にして強調されるべきであるのは，本人が直接に相手方と取り引きをする二当事者間取り引きの場合と比較して，代理人を使用することによって，背後にいる本人が不当に厚く保護されることになるべきではないという二当事者間取り引きとのバランス論である(118)。この代理人の選任責任と二当事者間取り引きの場合とのバランス論に鑑みれば，「直接二当事者の取り引きの場合一方が不用意に不利な契約条件に応じるとしても他方当事者が義侠的にこれを諭しあるいは締約を控えるべき義務は原則としてない」(119)のであるから，代理取り引きの場合にも，二当事者間取り引きの場合と比較して高度な注意義務を相手方が負うと解すべきではないのではなかろうか(120)。

　自己に経済的に有利な(121)取り引きであるからといって，代理行為の相手方

あった。本稿項目Ⅱ1(1)(2)(4)参照。
(118)　本稿項目Ⅱ1(1)のドイツにおけるヘックの見解参照。更に，中島・前掲注(13)99頁以下参照。
(119)　中島・前掲注(13)99頁以下より引用。しかし，一方が不用意に不利な契約条件に応じるとしても，他方当事者が義侠的にこれを諭し，あるいは締約を控えるべき義務はないという原則は変容しつつあるとされる。すなわち，滝沢昌彦教授によれば，現実には，消費者取り引きのときには交渉によって契約内容が決まることは少なく，我々には契約をするか否かの自由及び複数の業者の間での選択の自由ぐらいしかない。その代わり契約関係においては，自分の利益を守ることのみを考えていれば良いのであって，相手方のことまで配慮することはないという原則も変容しつつある。契約の履行過程において相手方の利益に配慮すべきことは以前から認められていたが，最近では更に契約の成立過程においても主張されている（「契約締結上の過失」論）とされる。滝沢昌彦「契約当事者の「かかわりあい」」法セミ501号64頁以下参照（平7）。
(120)　もっとも，ドイツにおいてはシュトールにより代理関係においては代理人の存在から生ずる本人の特別の危険を考慮したところの一般的信頼義務より広い信頼義務を第三者が負うという見解が唱えられている。しかし，本文中で述べたように，本人の代理人の選任責任と二当事者間取り引きの場合とのバランスを考えれば，代理人を使用する本人が，相手方に対して厚く保護されるのは不当であるといえよう。シュトールの見解については，福永・前掲注(15)163-165頁，伊藤・前掲注(16)65頁以下参照。Vgl. Stoll, Heinrich : Der Mißbrauch der Vertretungsmacht, in : Festschrift für Heinrich Lehmann, Berlin 1937, S. 132, 133.
(121)　そもそも自己に有利であるか否かについての判断も困難である。Vgl. Jüngst, a.a.O. (Fn.10), S. 97. 先行する取り引きにおいて，代理人が商品を時価より高く相手方から購入し，相手方に有利な取り引きをしたとしても，それは後続する取り引きを円滑にするためのものであったということもありうる。この場合，先行する取引だけに着目すれば，相手方に有利となり本人に損失となるが，一連の取り引きを全体としてみる場合，必ずしも本人にとって損失となるとはいえない。このように相手方から見て本人に損失が生

219

に内部関係について調査義務を課し，一々本人等に問い合わせることを法的に強制し，もし本人等に問い合わせしなければ，本人からの相手方に対する濫用の異議を認めるというのでは，まさに任意代理に関しては代理制度を無意味なものにするであろう。

以上のことから，任意代理の場合には代理人の代理行為から生ずる危険を原則として本人が負担すべきであると解される。そこで相手方が代理人と取り引きをしたときに，本人に損失が発生することを認識していたとしても，かかる相手方が本人に対し代理の効果を主張していくことは権利濫用にも信義則にも反することはないと解される[122]。

以上のことから，代理人に背任的意図がない客観的濫用の場合にも，本人が相手方に濫用の異議を主張することを認めることになる諸見解[123]は，確かに代理取り引きにおいて本人を厚く保護することにはなるが，他方，これらの見解は本人による代理人の選任責任と代理人が介入しない二当事者間取り引きの場合とのバランスを看過されているのではなかろうか。すなわち，代理人が介入しない二当事者間取り引きの場合には，取り引きの当事者の各々は相手方の利益を配慮する義務を負担しないことが原則であるのに，代理人を選任し，これにより取り引きを相手方とする場合，本人は相手方に自己の利益についての配慮義務を負わせることになるということはバランスを失することとなるように思われるのである。

V　おわりに

本稿では，代理権濫用として，代理行為の相手方に異議が唱えられるためには，代理人に背任的意図を要するかという点について考察した。そこで，従来，代理権濫用として念頭に置かれてきた事案は主として代理人に背任的意図がある場合であったのだが，なぜ代理人に背任的意図があることを要するのかという点について積極的に根拠を示す見解は見当たらなかった。ただ，判例に現れ

　　　ずるか否かについての確実な判断を相手方がなすことは困難であるといえる。
(122)　このように，任意代理による民事取り引きの場合に，代理人に背任的意図がないときには代理権濫用論などの代理固有の法理で本人が保護されることを認めることは難しいが，代理取り引きが消費者取り引きである場合には，消費者法など代理固有の法理以外の法理で本人が保護される場合はありえよう。
(123)　本稿項目Ⅲ2に挙げた諸見解。

第 5 章　代理権の客観的濫用の問題

る事案は，代理人に背任的意図がある場合がほとんどである。結局，代理人の背任的意図は，これについて相手方が知りうべきであるにもかかわらず，代理行為に着手し，本人に代理の効果を主張していくことが権利の濫用になり，信義則違反となるという「基本的判断」の一要素に過ぎないということが明らかになった。この「基本的判断」は，権利濫用・信義則説だけではなく，心裡留保説，無権代理・表見代理説など，現在唱えられているいずれの説の根底にも存在するものである。そこで代理人に背任的意図がなくても相手方が本人に対して代理の効果を主張していくことが権利の濫用になり，信義則違反となる場合があるのかということが検討されなければならないが，本人に代理人の選任責任が強く認められる任意代理の場合において，代理人に背任的意図のない客観的濫用のときには代理人を介しない二当事者間取り引きとのバランスを理由として，相手方に対して代理権濫用の異議を唱えることを認めることは難しい。ただ代理固有の法理での本人保護は認められないとしても，代理行為が消費者取り引きである場合には，消費者法など代理以外の法理で本人が保護される場合などはありえようが，この問題に関するさらなる検討は他日を期したい。

（初出：1998 年 6 月）

第6章　本人に「有責性」ある場合の考慮
―― 代理権濫用と「過失相殺的処理」――

第1節　ドイツにおける代理権濫用と「過失相殺的処理」に関する判例の概観

I　はじめに

1　代理権濫用とは，わが国では，代理人が授与された代理権の範囲内の行為をしたが，その際，背任的意図をもってなされる代理行為が念頭に置かれるのが通常である。例えば，本人Xから商品の仕入れについての代理権を授与されている代理人Aが，商品をBに横流しすることによって自己の不正な利益を得るため相手方Yと商品の仕入れ等の取引を行なうような場合が具体例である[1]。このような場合であっても，判例によれば，代理人が形式的には，授与された代理権の範囲内で本人の名において代理行為をしている以上は，たとえ不正に自己の利益をはかる意図があったとしても民法99条の適用により，代理人の行為の効果は本人に帰属することが原則である[2]。更に，わが国の代理権濫用に関する判例は民法93条ただし書類推適用により，事案を解決する（最判昭42年4月20日民集21巻3号697頁他多数）[3]。ただし，この解決は，代理人と相手方との事情だけに着目して，事案を解決するものである。すなわち，代理人が授与された代理権の範囲内で代理行為をなすに際し，背任的意図を有しており，これについて相手方が知りうべきであれば，代理行為の効果は本人に帰属しないし，知りうべきでなければ，本人に帰属するという「全か無か(all or nothing)」的解決である。

---

(1)　具体例は最判昭42年4月20日民集21巻3号697頁を簡略化したものである。
(2)　大判明38年6月10日民録11輯919頁参照。同旨のものとして，大判明39年3月20日民録12輯275頁他。この判例を現在の代理権濫用に関する最高裁の判例も前提としていると解される（拙稿「代理論史――代理権濫用論を中心に――」水井浩＝平井一雄編『日本民法学史・各論』96頁（1997）（初出：獨協40号（1995））参照。〔本書第II編第1章VIII参照〕
(3)　拙稿・前掲注(2)72頁以下参照〔第II編第1章VII 1(1)参照〕。

第Ⅱ編　代理権濫用論

　本人に代理人に対する監督義務違反という「過失」がある場合に，このことにより代理人が代理権を濫用するに至ったというときに，相手方にも代理人の背任的意図を知りうべきであったという「過失」があったとしても，かかる相手方から本人に対し，何等の請求権も全く認めないという解決をとるとすれば，それは硬直的な解決と評価されうるのではなかろうか。

　代理権濫用事例における相手方保護範囲は，代理人と相手方との事情だけにより決定されるのではなく，本人の代理人に対する監督義務違反という「過失」をも法的に評価することによって決定されるのではなかろうか。例えば，代理行為に基づく履行請求権を相手方の「過失」と本人の「過失」との過失割合に応じて相手方に一部認めるという解決もありうるのである(4)。

　しかし，このような履行請求権の平面での「過失相殺的処理」(5)を代理権濫用事例ではわが国の判例は行わない(6)。

(4)　代理人に対する本人の監督義務違反がある場合，場合によっては，一部，（場合によっては全面的に）履行請求権の平面で相手方が保護されることも可能であることについてはドイツのBGHの判例で認められており，これらを概観することが本稿の目的である（本稿項目Ⅱ2参照）。なお，拙稿「代理の研究──法律行為研究会《連載⑩》代理権濫用と相手方保護範囲」法時79巻3号75頁以下（2007）参照。〔第Ⅱ編第3章Ⅲ4参照〕

(5)　「過失相殺的処理」と言う用語は，このテーマについての先駆的論文である，青野博之「代理権の濫用と過失相殺的処理──西ドイツ・連邦裁判所1968年3月25日判決を参照して──」判タ671号38頁以下（1988）による。本稿でも，青野教授の用語を使用させて頂く。

(6)　損害減額法理が履行請求権を割合的に縮減できるかという問題について検討する研究が近時，現れている（久須本かおり「民法418条の類推適用による履行請求権の割合的軽減」愛大160号103頁以下（2002）参照）。この研究によれば，過失相殺を類推適用するという形で履行請求権を一定の割合に縮減する判例が我が国に幾つか存在するとされる（なお，久須本論文は代理権濫用事例を念頭に置いておられない）。本文で述べたとおり，代理権濫用の場面では，管見の及ぶ限り，わが国の判例は履行請求権の平面で過失相殺的処理を行わない。しかし，損害賠償請求権の平面では過失相殺をなしている。例えば，下級審の裁判例に，信用金庫の支店長の権限濫用の事案で，軽過失ある相手方からの代理行為に基づく履行請求権は本人に対し認めない（最判昭42年4月20日民集21巻3号697頁他参照）が，信用金庫の使用者責任（715条）に基づく不法行為責任を認め，当事者双方の事情を比較し，相手方にも若干の過失があるとして過失相殺により賠償額を減額したもの（東京高判昭52年7月25日判タ360号199頁，拙稿「代理権濫用と相手方保護範囲」法時79巻3号79頁参照）〔第Ⅱ編第3章注(39)参照〕等がある（代理権濫用と使用者責任の関係については，鈴木清貴「代理の研究──法律行為研究会《連載⑪》代理権の濫用と職務の濫用」法時79巻4号68頁（2007）参照）。

　このように，被用者が権限濫用を行った場合に，使用者責任（715条）を負うときに，

第6章　本人に「有責性」ある場合の考慮

2　学説[7]について，判例と同様，民法 93 条ただし書に依拠する諸説においては，一般的にこのような過失相殺的処理の問題が念頭に置かれていない。ただし，森泉章説（1978）は，「過失の程度によっては，共同過失として，それぞれの過失の程度に従って，損失を分配するというような理論を構成すべきであろう」[8]と述べて，過失相殺的処理に言及される。記述は短く，損失の分配が履行請求権の平面でなされるべきか損害賠償請求権の平面でなされるべきかの詳しい記述はなされていない。

その他の法的構成に立ち，過失相殺的処理に言及する諸学説が存在する。

川井健説（1974）は，最判昭 42 年 4 月 20 日判決の大隅裁判官の少数意見を妥当とし，取引の安全を考え，原則的には相手方の請求を認めるという立場に立ちながら，相手方に悪意・重過失あるときに相手方の請求を権利濫用又は信義誠実の原則で制限する説である。相手方に過失があるときは，過失相殺の問題という処理をし，事情に即した弾力的解決をする[9]。この説は，履行請求権の平面での過失相殺的処理をなす説であると理解されている[10]。

伊藤進説（1977）は，ドイツ代理権濫用論を極めて詳細に検討され，これを踏まえて表見代理説を唱えられ，次のような見解を示している。すなわち，「代理権濫用の場合を全て代理権の踰越として捉え，その後に第三者の信頼保護を計るために Rechtsschein なり表見代理理論を援用する場合には，その判

　更に，過失相殺が検討されることが多いという，裁判官による実証的な研究結果が，最近，出されている（森田亮ほか「使用者責任の研究」判タ 1255・54 頁以下，特に 85 頁以下参照（2008））。

　なお，損害賠償請求権の平面での「過失相殺的処理」については別稿を予定している。
(7)　代理権濫用と過失相殺的処理に関する，我が国における議論の状況については，拙稿「代理権限濫用行為と過失相殺——本人に監督義務違反ある場合——」獨協 37 号 141-173 頁（1993）参照。
(8)　森泉章『公益法人の現状と理論』111 頁（勁草書房，1982）参照（初出：民事研修 250 号（1978））。
(9)　川井健「民法 93 条但書の類推適用について」『無効の研究』90 頁，93 頁（一粒社，1979）参照（初出：受験新報昭和 49 年 3 月号（1974））参照。
(10)　青野・前掲注(5)40 頁，41 頁注(17)参照。なお，川井説は，教科書で，法人代表権濫用の事例について，一般法人法と 93 条但し書きの関係及び代理権濫用一般について，見解を示されているが，そこにおいては，履行請求権の平面での過失相殺的処理を明確に肯定する記述は見当たらない（川井健『民法概論 1（民法総則）』92 頁以下，216 頁（有斐閣，第 4 版，2008）参照）。〔補注〕本書に所収するにあたり，本注記の記述を整理した。

断の中で本人の過失をも考慮することができるのではなかろうか。民法110条の「正当事由」の判断に際し，本人の有責性の程度は必然的に影響が生ずるものと解されていることからもかかる立場は是認されるのではなかろうか」(11)と。伊藤説は，過失ある相手方から，本人にも過失ある場合に，過失割合に応じた履行請求権を一部，肯定する含みがある見解であるとも解される。

青野博之説（1988）は，ドイツのBGH1968年3月25日の判例及び諸学説を紹介・検討され，本人の過失を契約締結上の過失理論で評価し，相手方に部分的な損害賠償請求権を付与するが（418条），法定代理については，法定代理人の帰責事由（故意）を評価して（BGB278条参照）本人の損害賠償請求権を一部肯定する解決を示す(12)。

中島秀二説（1993）は，我が国における過失相殺的処理を詳細に網羅的に検討される。つまり，代理権濫用の相手方に本人に対する付随義務違反を問うという法的構成のもとで，本人に過失ある場合に相手方に損害賠償を過失相殺を

---

(11) 伊藤進「ドイツにおける「代理権の濫用」理論」明大法論49巻5号96頁（1977）参照。近時，伊藤説は，代理の法的構成として，「代理なる法律行為」を三当事者法律行為形象と見る立場から，代理権濫用論を再検討されている（伊藤進「代理権の踰越と濫用」駿河台22巻1号45頁以下（2008））。なお，代理権濫用の事例とは区別される，表見代理の110条について，過失相殺の考え方を採用する有力な学説が存在する（星野英一「判批」法協81巻6号704頁注(1)（1965），平井宜雄「判批」法協84巻5号735頁以下（1967）参照）。〔補注〕平成23年に，伊藤説は，『代理法理の探究』（日本評論社）を刊行され，代理権濫用論につき改説され，更に，「過失相殺的処理」の内容を具体化された〔本書第Ⅱ編第6章第1節注(118)及び第8章Ⅳ1(5)参照〕。本稿（下関市大論集54巻1号所収（2010年5月））刊行時点では，本文中のような見解を示されていた。

(12) 青野・前掲注(5)41頁参照。青野説が述べられる通り，法定代理について，本人に過失はない。すなわち，わが国において，本人（未成年者，被補助人，被保佐人，被後見人）の，保護者たる法定代理人に対する監督義務違反を割り当てられるのは，保護されるべき本人ではありえない。例えば，法定後見の場合，後見人等に対する監督義務が課されるのは，家庭裁判所あるいは，後見監督人等である（民法863条等参照）。本人と有過失の相手方との過失相殺的処理をして，一部，本人に濫用のリスクを負わせることはできない。更に，本人保護の趣旨を貫き，履行補助者（法定代理人）の責任も本人に負わせるべきではなかろう。相手方保護は，後見監督人などの監督機関，又は，法定代理人に対する損害賠償請求によるほかないであろう。ちなみに履行補助者の過失に関するBGB278条は，次のような規定である。「債務者は，法定代理人または彼が自己の義務の履行のために用いている者の過失につき，自己の過失と同じ範囲で責を負う。……」。BGBの規定の訳については，椿寿夫＝右近健男『ドイツ債権法総論』135頁（日本評論社，1988），半田吉信『ドイツ債務法現代化法概説』444頁（信山社，2003）参照。

第6章　本人に「有責性」ある場合の考慮

経て認めるという解決を示される[13]。

　旧拙稿（1993）は，BGH1968年3月25日の判例及び1990年頃までのドイツの主要な学説を概観し，それらの中でも，履行請求権の平面での処理と損害賠償請求権の平面での過失相殺的処理により本人，代理人，相手方間の利害を調整するユンクスト（Jüngst）の見解を支持する見解を示した[14]。

　橋本佳幸説は，1996年私法学会シンポジウム「取引関係における違法行為とその法的処理」の一テーマである「取引的不法行為における過失相殺」において，代理権濫用と過失相殺について言及されている。すなわち，橋本説は，代理権濫用も代理権の範囲内にあるので，濫用行為の効果帰属は原則として肯定されるが，過失ある相手方に対する関係では，本人は「権限濫用法理」（権利濫用・信義則）に基づいて相手方の信頼が正当性を欠く程度に応じた割合で効果帰属を免れることができる（いわば権限濫用法理の割合効）という見解を示される。橋本説は，紙幅の関係上，個別的検討を割愛されておられる[15]。

　なお，福永礼治説[16]，四宮和夫説等[17]により，代理権濫用を危険の分配の問題と捉え，内部的義務違反に本人が関与し，その危険を防止したり除去することが可能な「任意代理・機関代理」の類型とそれができない「法定代理」の場合とに類型化し，解決を示す現在の有力な見解が存在する。代理人に対する関与可能性という観点による類型化により，両類型を同列に扱うそれ以前の見解より柔軟な解決ではあるが，本人に監督義務違反がある場合に相手方の過失との過失相殺的処理をするという解決とは異なる解決であると解される。

　管見の及ぶ限り，わが国では学説において過失相殺的処理に関連する言及があるのは，以上の少数の説に限られる。そして，履行請求権の平面での過失相

---

(13)　中島秀二「濫用代理論批判」鈴木祿彌＝徳本伸一編『財産法学の新展開』77頁以下（有斐閣，1993）参照。

(14)　拙稿・前掲注(7)141頁以下参照。わけても，ユンクストの見解（Ulrich Jüngst, Der Mißbrauch organschaftlicher Veretretungsmacht（1981））については，165頁以下参照。〔補注〕ユンクスト論文の「はしがき」に，「この論文は，1980年12月に完成し，ケルン大学法学部の1980／81年の冬学期に学位論文（Dissertation）として提出された」旨，記されている。

(15)　橋本佳幸「取引的不法行為における過失相殺」ジュリ1094号（1996）147頁以下，わけても152頁，154頁注(16)参照。

(16)　福永礼治「代理権の濫用に関する一試論(1)，(2・完)」上智法論22巻2号129頁以下（1978），22巻3号177頁以下（1979）参照。

(17)　四宮和夫『民法総則』240頁（弘文堂，第4版，1986）参照。

殺的処理について，具体的に詳細な帰結を示す説は存在しなかったと言うことができる。また，教科書等でこの問題に言及されることは，ほとんどなく，この問題が一般的に念頭に置かれているとは言難い状況であると言うこともできる。

3　ドイツにおいては，場合によっては，履行請求権の平面で過失相殺的処理をなしうるという理解を示したドイツ連邦通常裁判所（BGH）の判例（1968年3月25日判決：BGHZ50, 112ff = NJW 1968, 1379ff）が存在し，この判例と同趣旨であると解されるBGHの判例及びOLG等の下級審の裁判例がその後も何件か出現している。そして，この問題は，学説においても，代理権濫用に関する研究書，論文等においては勿論，多くのコンメンタール，Lehrbuch（教科書）でも何らかの形で言及され，わが国におけるよりも，より一般的に議論されている。

4　前述の旧拙稿で，1990年頃までのドイツの判例・学説の検討を踏まえ，ユンクストの解決を支持したが，その後，かなりの年月が経過しており，ドイツにおける現在までの判例・学説の状況を補足し，再度，検討を加える必要がある。そして，93条ただし書類推適用説が判例・通説とされるわが国において，本人に「過失」ある場合，相手方の「過失」等との履行請求権の平面あるいは損害賠償請求権の平面での過失相殺的処理をなすについての示唆を得たい。本稿は，まず，その手始めとして，履行請求権の平面で過失相殺的処理をなすBGH1968年3月25日判決をはじめとするドイツの幾つかの判例を概観することを目的とする[18]。

以下，本稿では，代理権濫用と過失相殺的処理に関するドイツの判例を概観する前に，ドイツ代理権濫用論の前提概念である，代理権の分離・独立・（範囲の）無因性概念を本テーマを検討するために必要最小限の範囲で概観し，その後，本テーマに関連する判例の概観へと進み，更に，学説による判例の批判へと論述を進める。

II　ドイツの議論の状況

1　代理権濫用論の前提概念：代理権の分離・独立・（範囲の）無因性

---

[18]　本稿は，比較法学会総会大陸法部会（於：愛媛大学，2010年6月5日）における，「代理権濫用と相手方保護範囲——ドイツにおける過失相殺的処理の諸議論を参考に——」というテーマでの報告の一部をなすものである。

第 6 章　本人に「有責性」ある場合の考慮

の概念の概観

(1)　まず，ドイツ代理権濫用論の前提となる，代理権の分離・独立・（範囲の）無因性概念について概観すると概ね次のような状況である。すなわち，ドイツにおいては，ラーバントが，ドイツ普通商法典（ADHGB）の規律[19]を分析し，代理権の独立性（die Verselbständigung der Vertretungsmacht）ないし代理権の（範囲の）無因性（die Abstraktion der Vertretungsmacht）という概念を確立したとされる[20]。これは，概ね，「……任意代理権（Vollmacht）を委任（Mandat）から，代理権限（Stellvertretungsbefugnis）を代理人と本人との間に存する具体的な法律関係から解放することによって，独立の取引資格の可能性が与えられることになる。代理人と本人との間でいかなる法律関係にあるのか，本人の利益を実質的に促進するか侵害するかを問わず，第三者に対し本人の権利を行使する権限を与えられている。今日の経済生活における取引では，実質的な権限の調査は形式的基準にとって代わられなければならない。代理権という形式的権能はこの根から成長している……」[21]というものである。

---

(19)　ADHGBについて，江村義行「資料 普通ドイツ商法典（ADHGB）の株式会社規定の翻訳」慶院 44 号 41 頁以下（平成 15 年度），同「普通ドイツ商法典 1884 年改正における株式会社規定の翻訳」慶院 45 号 83 頁以下（平成 16 年度）等の翻訳がある。ADHGBは，52 条と 298 条において直接代理と代理人の行為の顕名（Offenkundigkeit）の原理を初めて規定した（Vgl. Staudingers/Schilken, (2009), § Vorbem zu §§ 164ffRn.14.）。なお，拙稿・前注(4)75 頁参照。〔補注〕ADHGB の条文は，本論文初出時においては，同志社大学商学部ドイツ会計研究会，19 世紀ドイツ株式会社定款，決算報告書ホームページ（http://commerce01.doshisha.ac.jp/statuten/statutenTop.htm）で公開されていた。

(20)　Vgl. Soergel/Leptien, BGB (1999), Vor § 164Rz40; Staudingers/Schilken, a.a.O. (Fn.19), § Vorbem zu §§ 164ffRn.33.

(21)　ラーバントの理論（Laband, Die Stellvertretung bei dem Abschluss von Rechtsgeschäften Nach dem allgemeinen Deutschen Handelsgesetzbuch, in : ZHR, 10. Band (1866), S.203ff.）については，髙橋三知雄『代理理論の研究』170-175 頁（有斐閣，1976），遠田新一『代理法理論の研究』192 頁以下（有斐閣，1984），伊藤進『任意代理基礎理論』199 頁以下（成文堂，1990），遠田新一「代理権の機能の法的評価」奈良法学会雑誌 1 巻 3 号 25 頁（1988）等参照。なお，ラーバントは，「……実質的な権限から形式的な取引資格を分離することは，しかし債務法におけるのみならず，現代法における物権法という重要な領域についても承認された。土地登記簿と抵当登記簿の制度の施行はこの思想に依拠する。……」とも述べている（Vgl. Laband, a.a.O. S.240）。なお，代理権の分離・独立・無因性問題については，伊藤・前掲書 200 頁以下参照。〔補注〕本文中の代理権の独立性ないし無因性の説明は，ラーバント論文の結論部分である 240 頁の記述に概ね対応する（Vgl. Laband, a.a.O. S.240.）。訳については，髙橋・前掲『代理理論の研究』175 頁及び伊藤『任意代理基礎理論』201 頁に概ね依拠している。なお，

(2) この概念は，現在のBGB上の判例・学説にも採り入れられている。どのように採り入れられたかの学史的な詳細については他日の検討に委ねざるを得ないが(22)，概ね以下のような経緯が見られる。すなわち，ヴィントシャイトは，その著，Lehrbuch des pandektenrechts Ⅰの初版（1862）における記述(23)が，ラーバントからの批判を受け，第2版（1867）で，初版に於ける見解を変更し，ラーバントに賛意を表した(24)。すなわち，概ね，次のような記述が見られる。「……委任（Auftrag）は，ある者が他人のために何かをなさなければならない（etwas thun muß）ことを言い表わし，任意代理権（Vollmacht）は，ある者が他人のために何かをなしてよい（etwas thun darf）ことを言い表わす。もっとも，法律行為の実行のための委任の中に，任意代理権も存在しうる。……委任は，更に受任者が単に自己のために（fur sich）行為をすべきであるということに向けられる。同じく，委任のない任意代理権が存在しうる。これに関して，ラーバント（§73＊）203頁以下参照――」(25)。この部分は，委任と代

ラーバント説については，伊藤進『代理法理の探究』134以下（日本評論社，2011）において，更に検討が加えられている。
(22) 部分草案などの諸資料からはじまる学史的検討については別稿を予定している。
(23) ヴィントシャイトの初版（1862）には，委任と任意代理権に関して，「「委任（Auftrag）」は，ある者が他人のために何かをなさなければならないという関係の側面を言い表わす。「任意代理権（Vollmacht）」は，ある者が他人のために何かをしてもよいという関係の側面を言い表わす。もっとも，委任の中に任意代理権も含まれている。；私の為に行為をしなければならない者は，更に私の為に行為をしてもよい」（Vgl. Windscheid, Lehrbuch des pandektenrechts I (1862), §74Anm.1 (S.160f).）旨の記述がなされていた。ラーバントにより，この部分が，「正しくない」と批判された（Vgl. Laband, a.a.O.(Fn.21), S.203. Anm.41）。〔補注〕初出時の本文のヴィントシャイトに関する記述及び訳を若干，改めた。
(24) Vgl. Windscheid, Lehrbuch des pandektenrechts I, 2 Aufl (1867), §74 Anm. l (S.174f). ラーバントが，ヴィントシャイトに影響を与えたことについて，ミュラーフライエンフェルスの以下の文献参照。
  Vgl. Müller-Freienfels, Die Abstraktion der Vollmachtserteilung im 19. Jh., in: Coing/Wilhelm, Wissenschaft und Kodifikation des Privatrecht im 19, Jh Ⅱ (1977), S.194f.）.
(25) Vgl. Windscheid, 2. Aufl. a.a.O. (Fn.24), S.174. Amn.1. 引用文中で，委任（Auftrag）がmüssenと関係付けられ，任意代理権（Vollmacht）がdürfenと関係付けられているが，現在のStaudingers Kommentarでは，委任はDürfenと代理権はKönnenと関係付けられる（Vgl. Staudingers Kommentar/Schilken, a.a.O.(Fn.19), §Vorbem zu §§164ffRn.33.）。この点についての検討は，他日に期すが，これに関して，遠田・前掲注(21)「代理権の機能の法的評価」46頁以下及び54頁注(27)，(28)参照。〔補注〕本文中の訳を初出時から若干，改めた。

理権とが必然的に重なるのではないというヴィントシャイトの認識を示す部分である。そして，この認識については，ラーバントが影響を与えていることを示すものといえる。ただし，この記述部分で，代理権の範囲の無因性に関して，詳しい検討がなされているわけではない。

(3) BGB の第一草案理由書（Motive）(1888) には，任意代理権授与行為について，次のような記述がある。「……任意代理権の発生のためには権能を与えられることとなる者の側の代理権授与の意思表示の承諾は必要ない。任意代理権の授与は草案により単独行為として理解された。それは，代理権授与者を拘束し，代理権を授与された者に代理権授与者の名における意思と行為に関する力を与える。委任の遂行の目的での代理権の授与の場合に，承諾の意思表示が更に加わらなければならない場合，この意思表示は委任の引き受けについての申込に関連する。代理権授与には関連しない」(26)。このように，Motive において，任意代理権授与は単独行為として理解されている。そして，BGB167条で，「代理権の授与は，代理人または代理すべき行為の相手方に対する意思表示によりてこれをなす……」(27)と規定された。

---

(26) Vgl. Motive zu dem Entwurfe eines Bürgerlichen Gesetzbuches für das Deutshe Reich; Band.1（1888），S.229.

(27) BGB167条の翻訳は，神戸大学外国法研究会編『現代外国法典叢書(1)独逸民法〔1〕民法総則』255頁以下（有斐閣，昭30）参照。ただし，カタカナ表記を平仮名表記に改めさせて頂いた。

なお，BGB167条に関して，現在における若干の概観をすれば，以下の通りである。

(i) BGB において，任意代理権は，法律行為により授与された代理権であり（BGB §166 II 参照），一方的で受領が必要な意思表示により根拠付けられ，授与される者の同意は不要である。

(ii) 代理権は，代理人の同意に左右されないが，一方的に授与された任意代理権を代理人は BGB333条の類推により拒否し，または，放棄することができる（Vgl. Münchener kommentar/Schramm, BGB 4. Aufl (2001), §167Rn.4）。(BGB333条（第三者による権利の拒絶）「第三者が契約に基づき取得した権利を約束者に対して拒絶したときは，その権利は，取得しなかったものとみなす」（訳は，椿寿夫＝右近健男編『ドイツ債権法総論』247頁（日本評論社，1988）による）。

(iii) 単独行為としての任意代理権授与に関して，原則として，意思表示に関するすべての規定の適用がある（BGB§§104以下）。それゆえ，原則として，行為能力が必要である（Vgl. Larenz/Wolf, Allgemeiner Teil des Bürgerlichen Rechts, 9. Aufl (2004), §47Rn. 15f.）。

(iv) 代理権授与は，契約によっても可能である。これはしかし，基礎にある委任などの内部関係を規律する契約とは区別されるべきである（Vgl. Palandt/Heinrichs, BGB (2008), §167Rn.1; Münchener kommentar /Schramm, a.a.O. §167Rn.4）。

(4) BGB施行後の学説において，例えば，1912年のStaudingers Kommentarにおいて，①このBGB167条において，任意代理権授与行為は原因行為（Kausalgeschäft）から完全に分離されているように見えることと，②体系的に任意代理権（BGB166条以下）が委任（BGB662条以下）から遠く隔たって分離されていることが理由として挙げられ，代理権から内部的な業務執行権能（Geschäftsführungsbefugnis）は厳密に分離されるべきであること，そして，代理権授与行為は業務執行契約（Geschäftsführungsvertrag）に対する何物かであり，これは，完全に異なる形式を採用しえ，形式的には完全に独立のものであることがラーバント説が引用されつつ主張されている(28)。このように，BGB上の学説において，両概念の相違が疑いを入れず認められているという見解が示された。続けて，商法（HGB）における代理に関する資格と内部的な業務執行権能とのより厳格な分離について例が挙げられている(29)。そして，

　(v)　代理権授与行為は，代理人に対してなされる場合を内部的任意代理権（Innenvollmacht）という。

　(vi)　取引の相手方に対してもなされる場合が外部的任意代理権（Außenvollmacht）である。これは，多数の人に対する意思表示によっても（例えば，会社のすべての得意先への同じ内容の書簡によって，または，一定の人的範囲に対する意思表示，新聞公告，または，営業所におけるポスターによって行われうる）（Vgl. Larenz/Wolf, a.a.O., §47Rn.21.)。公告によっても表示されうる（Vgl. Palandt/Heinrichs, BGB (2008), §167Rn.1; Münchener kommentar/Schramm, a.a.O., §167Rn.11)。

(28)　Vgl. Staudingers Kommentar zum Bürgerlichen Gesetzbuch und dem Einführungsgesetze. 1. Band. Allgemeiner teil. 7./8. neubearbeitete Auflage (1912), S.623f.

　エルトマン・コンメンタール（1908）は，任意代理権を任意代理権授与者と代理人間の原因関係に従属させる旨の新しい試み（Schloßmann; v. Seeler他）に対し，「基礎にある原因行為（Kausalgeschäft）との任意代理権のこの結びつきは，否定されるべきである……第三者への任意代理権の意思表示（Vollmachterklärung）の可能性は（1項），次のようなことを決定的に証明する。すなわち，それは，原因行為の一部ではない。同じことを168条2文が示す。これに基づき両者の分離可能性が出てくる。……」と述べ，第三者への代理権授与が認められていることを根拠に，原因行為からの任意代理権の独立性を肯定している。また，任意代理権の独立性を肯定する説が多数であるとしてイェーリングを初めとして多くの学説を引用している（Vgl. Paul Oertmann, Bürgerliches Gesetzbuch Erstes Buch Allgemeiner Teil, Zweite vollständig umgearbeitete Auflage des Kommentars (1908), S.520.)。引用文中のBGB168条2文は，任意代理権の消滅に関する規定であるが，次のようなものである。「授権は，この法律関係より別段の結果を生ぜざる限り，この関係の存続中といえども，これを撤回することを得」。訳については，神戸大学外国法研究会編・前掲注(27)257頁参照。

(29)　次のような記述がある。すなわち，「なお，より際立ってHGBにおいて，様々な機

第6章　本人に「有責性」ある場合の考慮

「……この内部関係において成立する制限の踰越は，なるほど，代理人に関して損害賠償義務を根拠付けうる。しかし，代理人によって第三者となされた行為の無効を根拠付けえない……」と述べられ，代理権と内部的な業務執行権能との（範囲の）無因性を意味すると解される記述がなされている。そして，「次のような場合にのみ，勿論，代理人により締結された法律行為に基づき，本人に対する権利は，導き出されえない。すなわち，代理人が意識して代理権を本人の損失において濫用し，第三者がこれを知らなければならなかったであろう場合である」と述べられ，当時の代理権濫用事例にあたるRGの判例が引用されている[30]。

このBGBに関するStaudingers Kommentarにおいては，代理権の分離・独立・（範囲の）無因性概念がほぼ認められていたと言うことができるのではなかろうか。

(5)　そして，現在では，BGBに関するいずれのコンメンタール，教科書においてもラーバントによる代理権の範囲の無因性が紹介されている[31]。例えば，2009年刊行のStaudingers Kommentarには，「……民法典には更に，ドイツ普通商法典（ADHGB）とラーバントによって形成された……無因主義（Abstraktionsprinzip）が基礎にある。この無因主義によれば，ある者が，代理人として他人のために行為をすることが許され（dürfen）るべき（sollen）である，法律関係，すなわち，内部関係は，直接の法的効力が本人の利益・不利益に生みだされる外部関係における法的な可能性（Können）から区別されるべきである……」[32]。「……基礎にある内部関係に対する代理権の独立性……が，代理権濫用の危険を含む。それにもかかわらず，無因主義

関（Stelle）で外部的な代理に関する資格と実質的で内部的な業務執行権能との間の分離が明らかになる。内部的な業務執行権能が帰属しない者が，それにもかかわらず，代理権を外部に向って有する状況が存在することによって。；そこで，例えば，合名会社の社員に関して，彼の業務執行権能の範囲は代理権の法律上，確定された範囲と一致する必要はない（HGB 125条以下）。；同じく合資会社の無限責任社員に関して（161条2項），そして，船舶所有者の代理人としての船長に関して（HGB531, 534）……」（Vgl. Staudingers Kommentar, a.a.O.(Fn.28), S.623）。

(30)　引用判例は，RGZ. Bd. 52, S.99. Bd.75, S.299ff などである（Vgl. Staudingers Kommentar, a.a.O.(Fn.28), S.624）。

(31)　ドイツ代理権濫用論においては，ほぼすべて，記述の最初に，代理権の無因性概念に言及される。

(32)　Vgl. Staudingers/Schilken, a.a.O.(Fn.19),§Vorbem zu §§ 164ffRn.33.

233

(Abstraktheitsgrundsatz) が取引安全に資するべきであるという観点のもとで，原則として，代理権の行使の際の内部関係の規律違反もまた甘受される。濫用の危険をつまり，通例，本人が負担しなければならない……」(33)という記述がなされ，ラーバントの理論が現在に引き継がれていることとが示されている。

Münchener Kommentar の 2006 年版には，この代理権の分離・独立・（範囲の）無因性について，「……内部関係において存在する拘束（Bindung）の義務に反する無視（Nichtbeachtung）は代理権に原則として手をつけずにおく（unberührt）（無因主義，……）。本人は原則として代理人の義務違反の危険を負担する……」(34)という記述がある。内部的な義務違反は代理権の範囲に影響を与えず，代理権濫用行為は有権代理であり，従って，濫用のリスクは原則として本人が負うということを意味する部分である(35)。

(6) しかし，この代理権の分離・独立・（範囲の）無因性概念の行き過ぎは修正されなければならない。すなわち，相手方が代理人と共謀して本人の利益に反する行為をする場合や代理人が本人の利益に意識的に反する行為をし，本人に損害が発生することを相手方が知っている場合にも，代理権の分離・独立・（範囲の）無因性を貫き，相手方が本人に代理行為に基づく履行請求権を主張しうるとすることは行き過ぎである。このことは，すでに，ADHGBの立法過程で気付かれていたが，これを修正する「例外的規律」については，判例・学説に委ねられた(36)。BGB にも「例外的規律」は設けられなかっ

---

(33) Vgl. Staudingers Kommentar/E. Schilken, a.a.O.(Fn.19), §167Rn.91. 無因主義について，同説は，更に，「……無因主義は，内部関係に関して基準となる法律行為を代理権授与行為と共同で，139条の意味における単一の法律行為（einheitliches Rechtsgeschäft）として理解する可能性に対立する」という理解を示す（Vgl. Staudingers Kommentar/Schilken, a.a.O.(Fn.19), §Vorbem zu §§ 164ffRn.33.）。139条は，「法律行為の一部が無効なる場合において，無効なる部分なしとするもその行為のなされたるべきことの認むべからざる限り，全体の法律はこれを無効とす」という規定である（神戸大学外国法研究会編・前掲注(27)220頁参照）。

(34) Vgl. Münchener kommentar /Schramm, BGB 5. Aufl (2006), §164Rn. 106.

(35) しかし，代理権の（範囲の）無因性は，一般的に認められているものの，内部的任意代理権（Innenvollmacht）に関しては，拒絶され，または，疑問視されることがある（Vgl. Soergel/Leptien, a.a.O.(Fn.20), Vor §164Rz40.; Werner Flume, Allgemeiner Teil des Bürgerlichen Rechts zwiter Band Das Rechtsgeschäft vierte, unveränderte Auflage (1992), S.841ff.）。

(36) ADHGB43条は，「支配権（42条）の範囲の制限は，第三者に対して，法的効力を有しない……」旨を規定し，231条は，「……会社を代表する取締役の権限（Befugnis）

第6章 本人に「有責性」ある場合の考慮

た(37)。この「例外的規律」に関するものが代理権濫用論である。

2 代理権濫用と過失相殺的処理に関する判例の概観

代理権濫用に関してライヒスゲリヒト（RG）及びドイツ連邦通常裁判所（BGH）等は多数の判決を下している(38)。しかし，代理権濫用と「過失相殺的処理」に関する判断を示すのは，代理権濫用に関する多数の判例のうち，ごく一部に過ぎない(39)。それらの中でも，BGH1968年3月25日判決において，初

の制限は，第三者に対して，法的な効果を有しない……」旨，規定する。この43条，231条の規定は，代理権の，基礎となる法律行為からの独立性を現わすものであるとされる。同様の趣旨の条文として，合名会社の社員の代表権に関する116条，清算人の代表権に関する138条があるとされる（Vgl. Berger, Zur Frage des Mißbrauchs der vertretungsmacht, Diss. Köln (1936), S.15.）。なお，ADHGBの規定及びその翻訳については，前掲注(19)引用の諸文献参照。

ADHGBの審議の際に，すでに，代理権濫用に関する問題が持ち出されていた。すなわち，第1読会で，株式会社の取締役に関して，会議の構成員の多数により，例えば，次のようなことが主張されていた。すなわち，株式会社の取締役（Vorsteher）が任意代理権（Vollmacht）に反して行為をしようとしていることを知っている第三者が，それにもかかわらず，取締役と契約を締結すれば，会社に対して権利を取得しないこととなるなど（Vgl. Berger, a.a.O., S.15.; Protokolle der Kommision zur Berathung eines allgemeinen deutschen Handelsgesetzbuches. Protokolle I bis XLV (1857), S.361）。しかし，どのような要件の下で，悪意の抗弁の保障による，代表の効力の原状回復に関する法的規律がなされるべきかについて，実際的な障害にぶつかったので，法的規律をなすことが断念され，この確定が判例・学説に委ねられたのだという指摘がされている（Vgl. Jüngst, a.a.O.(Fn.14), S.47-54.）。

(37) BGBの起草者により，代理権濫用は一般的に取り扱われず，後見に関しては，BGBの第一草案理由書（Motive, 4, 1086）で，後見人の悪意（Arglist des Vormundes）という項目で論じられた（Vgl. Flume, a.a.O.(Fn.35), S.788.）。すなわち，「普通法上（gemeinrechtlich），被後見人の名で後見人によりなされた被後見人の財産への害意ある侵害になるこのような法律行為は，被後見人を拘束するものではない……。代理権のこの種の制限は，これに対して，最近の法典において見出されない；このような制限は，更に後見人の代表権（Repräsentativgewalt）の概念と相容れないのである。……」と。

(38) RG及びBGH等のドイツの判例の詳細については，下記の諸文献等参照（Vgl. Münchener Kommentar/Schramm, a.a.O.(Fn.34), §164Rn.108ff.; Staudingers/Schilken, a.a.O.(Fn.19), §167 Rn.91ff.）。ドイツの代理権濫用に関するRG，BGH等，最上級審の判例およびOLG等の下級審の裁判例の数は膨大であり，代理権濫用に関する研究書，コンメンタール，教科書等で引用されているものだけでも，管見の及ぶ限りで100件を越えている。ドイツ代理権濫用の判例について，福永・前掲注(16)「一試論(1)」150頁以下，伊藤進『代理法理の探究』548頁以下（日本評論社，2011）等参照。

(39) 代理権濫用と過失相殺的処理に関係しうる判例として，判決年順に並べると，

第Ⅱ編　代理権濫用論

めて履行請求権[40]の平面での過失相殺的処理の[41]手法が提示された。

　この判決が下されるまでの代理権濫用に関する確定した判例は，概ね次のように総括されている。すなわち，「……本人は原則として任意代理権濫用のリスクを負担しなければならない。契約相手に一般に，代理人が，外部に（nach außen）無制限の代理権を限定的に使用するという内部関係における拘束があるか否か，そして，どの程度まで拘束されているかについての特別な調査義務はない。……本人は，取引相手との関係で，知りうる（erkennbar）代理権の濫用に対して，次のような場合には保護されている。すなわち，代理人が，その代理権を明らかに（ersichtlich）疑わしい方法で行使し，その結果，本人に対する代理人の忠実違反があるのではないかという根拠のある疑いが取引相手のところに生じた筈である場合である…これは，わけても，事案の諸事情により，契約前に本人のところへの契約相手の再度の問い合わせの必然性が直ちに湧き出て来たが，これがしかし，怠られた場合に肯定される。……」[42]と。

　このように，代理権濫用事例においては，内部関係からの代理権の分離・独立・（範囲の）無因性により，原則として相手方は保護されるが[43]，本人に対す

──────────

RG1934.11.5RGZ145, 311ff（本稿注(45)参照); BGH1966.2.28WM1966, 491ff（本稿注(45)参照); BGH1968.3.25BGHZ50, 112ff（本稿Ⅱ2(1)(ｱ)で概観する); BGH1976.4.26WM1976, 709ff; OLG München1995.4.25 OLGR München1995, 133f（本稿Ⅱ2(1)(ｳ)で概観する); BGH1999.6.29NJW1999, 2883f（本章Ⅱ2(1)(ｲ)で概観する); OLG Naumburg 2005.3.24WM2005, 1313ff; OLG Stuttgart2008.12.16DB2009, 445ff.（本稿注(49)参照）である（判例の探索は Juris 等による）。

(40)　履行請求権について，本稿では，「契約に基づく請求権」（Vgl. Heckelmann, Dieter: Mitverschulden des Vertretenen bei Mißbrauch der Vertretungsmacht, in: JZ1970, S.63.）を念頭に置かせていただく。「取引から生ずる（本人に対する）請求権」（Vgl. BGHZ50, 115）も履行請求権を意味すると解される。ドイツの履行請求権（Erfüllungsanspruch）をめぐる議論の詳細については，椿寿夫「予約の機能・効力と履行請求権・3」法時67巻12号58頁（1995）以下，椿寿夫「履行請求権（上）」法時69巻1号100頁以下（1997），椿寿夫＝野村豊弘＝新美育文「英米法・大陸法合同部会
　　ミニ・シンポジウム：債権の効力としての履行請求権」比較法研究60号104-113頁等参照。

(41)　本稿Ⅱ2(1)(ｱ)(C)(b)のヘッケルマン及びメディクスのコメントを参照。

(42)　本文中のRGとBGHの判例の総括は，BGH1966年2月28日判決（WM1966, 492f）及びBGH1968年3月25日判決（BGHZ50, 113f）の理由中に示されたところによる。〔補注〕BGH1966年2月28日判決については，注(45)参照。

(43)　代理取引における相手方保護法理としての内部関係からの代理権の分離・独立・（範囲の）無因性について，伊藤・前掲注(21)199頁以下，拙稿「ドイツにおける代理権濫用と過失相殺的処理に関する判例の概観(1)」下関54巻1号22頁以下（2010）〔本

る代理人の忠実違反を知りえ，相手方に「過失」(44)ある場合，相手方は保護されないという代理権濫用法理が判例上，形成されている。そして，この判例法理を前提として，本人にも代理人に対する監督義務違反という「過失」ある場合について，履行請求権の平面での双方の「過失」の割合に応じた損失の分配が可能であるという手法がBGH1968年3月25日判決により提示されたと解されるのである。

このBGH1968年3月25日判決が下される以前に，契約締結上の過失責任に基づく損害賠償請求権の平面での過失相殺的処理に関する判断を示すものが現れていた(45)。しかし，代理権濫用と「過失相殺的処理」に関する判例として

章Ⅱ1等参照〕参照。

(44) BGH1968年3月25日判決は，相手方保護要件として，相手方の単純な過失（einfaches Verschulden）を要求したと解する説（Vgl. Münchner Kommnetar/Schramm, a.a.O.(Fn.34), §164Rn. 110Anm.301）と商法及び会社法におけるごとく，取引利益（Verkehrsinteresse）のために，代理権が制限できない場合には，代理人が意識して，本人の損失になるように，行為をし，取引相手が重過失により，これを知らなかった場合には，任意代理権濫用法理は介入すべきであるとし，本判決等を引用しつつ重過失が要件となると解する説とがある（Vgl. BGB-RGRK/Steffen, 12. Aufl., 1982, §167Rn.24）。更に「明白性の基準」との関係でもこの判例は引用される。なお，明白性の基準を採用する説のなかには，相手方に，本人・代理人間の内部関係について調査義務を課す趣旨のものと課さない趣旨のものとがあるようである（Vgl. Staudingers/Schilken, a.a.O.(Fn.19), §167Rn.97f.）。仮に，この判例は，相手方保護要件として明白性の基準を採用したうえで，相手方の調査義務違反を問題としない旨の立場をとったと解する場合には，どのように「過失相殺的処理」を行うのかという指摘がなされうる。この問題点については，明白性の基準についてのより詳細な検討が必要となるが，これについては，別稿を予定している。

(45) 損害賠償請求権の平面での過失相殺的処理に関して参考となりうるBGHの判例が，1966年2月28日（WM1966, 491ff.）に出現している。この判例の所収判例集の判決要旨（S.491）によれば，これは，銀行の支配人，商事代理人が故意に権限（Befugnisse）を濫用した事例について，概ね，「銀行の取締役会が，支配人又は商事代理人の選任又は監督の際に，過失をもって行為をした場合，銀行の契約相手に，銀行に対して，契約締結交渉中の過失に基づく損害賠償請求権が生ずる。一方当事者が故意に，他方当事者が，過失のみで行為をした場合，BGB254条による比較考量は，故意に行為をする当事者は，損害を一人で負担しなければならないことに帰着する。これはしかし，当事者の自分自身の故意が存在する限度でのみ妥当する。これに対して，業務補助者（Verrichtungsgehilfe）又は履行補助者（Erfüllungsgehilfe）が故意に行為をする場合，これは，彼の背後に存在する当事者に，全体的な損害が負わせられるということに帰着しない。法人の場合，なるほど，業務執行機関（Vorstand）の故意行為は当事者の自分自身の故意に同一視されるべきである。BGB30条の「特別代理人（besonder Vertreter）」の場合，これは同様には適用されない。ここでは，むしろ，更に，故意の

第Ⅱ編　代理権濫用論

ドイツの諸文献で第一に引用されるのはBGH1968年3月25日判決をはじめとする履行請求権の平面での判例であるし，過失相殺的処理については，まず，行為の当事者の意思に基づく代理行為から発生する履行請求権（Erfüllungsanspruch）の平面でのそれを検討し[46]，それが不可能な場合にはじめて，損害賠償請求権の平面での過失相殺的処理を検討するのが妥当なのではないかと現時点では考えているので[47]，損害賠償請求権の平面での過失相殺的処理に関する判例の検討は，履行請求権の平面での過失相殺的処理に関する判例・学説の検討を終えた後に，同趣旨の学説とあわせて，別稿で行う予定である[48]。本稿では，履行請求権の平面での過失相殺的処理に関する判例に焦点をあて検討を行う。

行為の場合，損害の分割は不可能ではない」旨の判断が示されている。このように，業務補助者（BGB831条）または履行補助者（BGB278条）の故意行為の場合と法人の業務執行機関（Vorstand）の故意行為の場合とで，過失相殺的処理の仕方が異なる旨の判断が示されているようである。

更に，これ以前に，RGの判例で，損害賠償請求権での平面での過失相殺的処理に言及する判例が存在した（Vgl. Canaris, in Großkomm. HGB, Bankvertragsrecht I Rdn.172Anm21.）。すなわち，RG1934.11.5RGZ145, 311ffがそれであるが，このRGの判例については，山田晟「表見代理とドイツ民法」『現代私法の諸問題　上』187頁以下（有斐閣，1959）に詳しく紹介されている。また，福永・前掲注(16)「一試論(1)」153頁，153頁注(9)でも，紹介され，伊藤・前掲注(38)551頁もこの判例に言及する。更に，最近，溝渕将章「代理権濫用における本人保護の法的構造(1)——ドイツ法の展開を手がかりに——」阪大法学61巻2号213頁以下（2011）によっても，この判例は紹介・検討されている。事案等，この判例の詳細については上述の諸文献を参照していただきたいが，いずれにおいても，この判例の過失相殺的処理の判断部分の紹介は省略されている。この判例の更なる検討は，損害賠償請求権の平面での過失相殺的処理の検討をなす際に行う予定である。

(46)　拙稿「代理権濫用と相手方保護範囲——ドイツにおける過失相殺的処理の諸議論を対象に——」比較法研究72号199頁（2011）参照。
(47)　本稿のテーマを考察する場合，履行請求権と損害賠償請求権との関係についても検討する必要があろう。この点についての更なる検討は，他日に期したい。履行請求権と損害賠償請求権との関係について，椿・前掲注(40)比較法研究60号105頁以下参照。
(48)　本稿注(39)で挙げた判例のうち，契約締結上の過失責任に基づく損害賠償請求権の平面での過失相殺的処理に関係しうる判例として，RG1934.11.5RGZ145, 311（本稿注(45)参照）；BGH1966.2.28WM1966, 491ff（本稿注(45)，(55)参照）。更に，本稿Ⅱ2(1)(イ)で検討する，BGH1999年6月29日判決の原審も損害賠償請求権の平面での過失相殺的処理を行い，銀行である相手方の過失よりも預金者である本人側の過失を重く評価したものである。しかし，上告審でこれが覆され，本人側に監督義務違反，過失なしとされた。

第6章 本人に「有責性」ある場合の考慮

　履行請求権の平面での過失相殺的処理に関するBGHの判例については，BGH1968年3月25日判決以降も，BGH1999年6月29日判決が公表されているが，この判例においては，本人の代理人に対する監督義務違反は否定されており，従って，結果において，「全か無かall or nothing」的解決になっている[49]。他方，下級審においては，履行請求権の平面での過失相殺的処理が実際になされたと解しうる裁判例が存在する（OLG Münchenの1995年4月25日判決）。

　以下では，履行請求権の平面での過失相殺的処理の検討に関して必須の重要な判例，すなわち，支配権の濫用の事案で，履行請求権の平面での過失相殺的処理の可能性を初めて示した判例として，ドイツの諸文献（研究書，論文，コンメンタール，教科書等）により，まず第1に引用されるBGH1968年3月25日の判例，そして，預金口座に関する処分任意代理権（Verfügungsvollmacht）濫用の事案で，BGH1968年3月25日判決を引用しつつ，本人に代理人に対する監督義務違反が認められないので，結果として，過失相殺的処理を行わないものの，監督義務違反の存否に関する判断を示すものとして諸文献で紹介，引用されるBGH1999年6月29日の判例，更に，下級審裁判例ではあるが，自動車の販売員の代理権濫用の事案でBGH1968年3月25日判決を引用しつつ，実際に，履行請求権の平面で過失相殺的処理を行なっていると解されるOLG München1995年4月25日判決の事案と判旨を概観する。

(1) 履行請求権の平面での過失相殺的処理に関する判例
(ア) BGH1968.3.25判決[50]

---

[49]　下級審の裁判例であるStuttgart上級地方裁判所2008年12月16日判決も，「原告（有限会社GmbHG）の共働過失の承認に関して，根拠がない。それ故，代理権濫用の事例においてBGB254条による損失の分配が可能か否かについては留保されうる」旨の判断を示し（OLG Stuttgart 2008.12.16. DB2009, 448），この判断部分に関し，ミュンヘナー・コンメンタールの履行請求権の平面での過失相殺的処理に関する記述部分（Vgl. Schramm, in: Münch Komm-BGB, 5. Aufl, §164Rdn.122）を参照していることから，この判例も，履行請求権の平面での過失相殺的処理の可能性を認めているものと解する余地がある。

[50]　BGH1968年3月25日判決は，BGHZ50, 112ff; NJW1968, 1379ff; MDR68, 647f; BB68, 608f.に所収されている。本稿では，事案と判旨の紹介は，基本的にはBGHZ50, 112ffによる。なお，NJW1968, 1379ffに，より詳細に事実関係が記載されている。ちなみに，この判例は，ベルリンで壁が築かれた（1961年8月13日）頃の事案である（Vgl. NJW1968,

239

第Ⅱ編　代理権濫用論

　この判例は，すでに青野博之「代理権の濫用と過失相殺的処理——西ドイツ・連邦裁判所1968年3月25日判決を参照して——」（1988年）[51]で詳しく紹介・検討され，福永礼治説[52]，伊藤進説[53]等によっても紹介されている。また，拙稿「代理権限濫用行為と過失相殺——本人に監督義務違反ある場合——」（1993年）[54]でも，この判例について若干の検討をしたが，履行請求権の平面での過失相殺的処理の検討をする際には，検討が不可欠で最重要な判例であるので，本稿でも若干の文献を補足しつつ，再度，事案と判旨を紹介する。

　(A) 事実の概要

　ベルリンの私営銀行業者（Privatbankier）である原告Xは，手形訴訟において165万マルク（1,65Mill）の額の22通の手形金額の支払いの連帯債務者としての被告の敗訴を求めた。原告は手形の正当な所持人である。被告Y2は手形の振出人であり，被告Y5は引受人であり，被告Y1，3，4は手形の裏書人である。各被告は訴えを退けるよう求めた。

　被告Y1は，次のように主張した。すなわち，被告Y1のベルリン営業所の信用業務部（Kreditabteilung）の支配人及び管理者（Leiter）ならびにその他の共同署名の権限ある被告Y1の従業員は，手形の署名の際に任意代理権を濫用した。その際，原告Xは悪意で（arglistig）共同し，または，少なくとも濫用を過失により認識しなかったと。原告Xは，取締役会の知らぬところで（hinter dem Rücken des Vorstandes）行為をしたベルリン営業所とともに，1961年6月から10月までの時点で165万マルクの，特異な様式の（eigener Art）銀行取引に反する（bankunüblich）処理（Manipulationen）をしたと。

　ベルリン地方裁判所（Landgericht Berlin）は訴えを認容した（原告X勝訴）。

　ベルリン上級地方裁判所（Kammergericht Berlin）は被告Y1の控訴を退けた。

　被告Y1の上告に基づいて，訴えは選択された訴訟の種類（手形訴訟）としては認容できないとして退けられた。

　(B) 判　　旨

1381)。
(51) 判タ671号38頁以下。本判決の事実の概要と判旨の紹介に際しては，青野論文を参照した。
(52) 福永・前掲注(16)「一試論(1)」155頁参照。
(53) 伊藤・前掲注(38)553頁参照。
(54) 獨協37号141-173頁。

第6章　本人に「有責性」ある場合の考慮

　連邦通常裁判所（BGH）民事第2部は，おおむね，次のような判断を示した。すなわち，「ライヒスゲリヒトおよび連邦通常裁判所の代理権濫用に関する確定した裁判を民事第7部は，その1966年2月28日の判決──ⅦZR125／65──（WM1966, 491）[55]において，次のようにまとめている。すなわち，本人は，契約相手との関係で，知りうる（erkennbar）代理権濫用から，次のような場合には保護されている。その場合というのは，代理人が，その代理権を明白に（ersichtlich）疑わしい方法で行使し，その結果，本人に対する代理人の忠実違反（Treueverstoß）があるのではないかという当然の疑いが契約相手のところに生じた筈である場合である。支配権の場合には（合名会社の社員の場合および株式会社の取締役会の構成員（Vorstandsmitglied）の場合と同じく），代理権の制限は第三者（Dritte）[56]に対して効力がないと確かに規定されている（HGB50条1項以下，126条2項；AktG82条）。しかし，代理人が，故意に（bewußt）本人の損失になるように行為をし，そして，これが第三者に，有責に知られなかった場合には，……代理権のこの不可制限性（Unbeschränkbarkeit）を第三者は引き合いに出すことは出来ない（vgl. BGH WM1960, 612;……）。この制限とともに，民事第7部により表明された法解釈は従われうる。

　控訴審裁判所により確定された事実関係によれば，支配人GおよびMは，彼らが銀行取引に反する（bankwidrig）振替委託（Überweisungsaufträge）及び疑わしい取引先（zweifelhafte Kunden）のための保証の意思表示のある数百万（マルクDM）におよぶ（Millionenumfang）先日付小切手を与えた（versehen）こと

---

(55)　この判決中に引用されているBGH1966年2月28日判決（この判決について，本稿注(45),(48)参照）は，過失相殺的処理に関して，契約締結上の過失に基づく損害賠償請求権にBGB254条を適用して解決すべき旨の判断を示したものである。履行請求権の平面での過失相殺的処理をするBGH1968年3月25日判決と損害賠償請求権の平面での過失相殺的処理をするBGH1966年2月28日判決とが「過失相殺的処理」に関し，解決の二つの方向性を示す。BGH1968年3月25日判決が「過失相殺的処理」に関して，研究書，論文，コンメンタール，教科書類の諸文献においてまず第1に引用されるが，諸学説から批判を受け，現在では（BGH1966年2月28日判決が示す）損害賠償請求権の平面での過失相殺的処理という方向性が多くの学説において支持されているようである。しかし，契約締結上の過失責任に基づく損害賠償請求権の平面での過失相殺的処理を行う学説のほとんどは，どういうわけか，このBGH1966年2月28日判決を引用しない。

(56)　第三者（der Dritte）は代理行為の相手方を意味すると解されるが，本稿で，原典でder Dritteとなっている場合，相手方と訳さず，第三者と訳す。この点に関し，中田邦博「ヨーロッパ代理法」椿寿夫＝伊藤進編『代理の研究』623頁以下（日本評論社, 2011）参照。

により，故意に被告Ｙ１の損害になるように行為をした。これらは最終的に係争手形（Klagewechsel）の署名（Zeichnung）へと帰着した。原告Ｘは，このことを銀行取引において必要な注意を用いていれば知りうべきであった。……

本人が，代理人に対する必要な監督を怠ったために，代理権の濫用という事態に至りえたことを契約相手が証明しうる場合には，本人の保護は全部または一部，BGB242条により失われる。本人が，自己に要求されるべき代理人に対する監督処置を怠ったことによって，本人が，自分自身の利益の要請（die Gebote）を法的取引において顧慮しなかった場合にも，任意代理権濫用から生ずる不利益が全部，契約相手の責任になることは，信義誠実の原則に照らせば許され得ない。信義誠実の原則の思想の特別な刻印であるBGB254条の法思想は，行為の損失的な効果をこのような場合には，本人と契約相手とに，各々の側に存在する過失（Verschulden）の割合によって分配することに帰着しなければならない。それ故，取引から生ずる本人に対する請求権は，場合によっては，一定の割り前（Bruchteil）についてのみ理由があると判断されなければならない。

その際，任意代理権の内容に反している（Vollmachtswidrigkeit）のではないかという強い疑念を発生させる態度を有する代理人と交渉をする者が，取引を断念すること（Abstandnahme），または，本人の所に問い合わせをなすことによって自己の危険または損害を受けることを防止することが可能であることは，顧慮されなければならないであろう。

事情によっては，しかし，更に代理人に断固たる処置をとる機会を有したであろう本人に対し，相当の非難も申し立てられうる。このような事実関係を原告Ｘは主張し，その際，「事後手続き（Nachverfahren）のための」証拠を提出した。しかし原告Ｘは，手形訴訟に留まった。被告Ｙ１により争われた主張（Vorbringen）について原告Ｘは挙証責任がある。原告Ｘは，手形訴訟において再抗弁（Gegen-einwendung）のために許容された証拠方法（証書および当事者尋問）で証拠を提出しなかった……。民事訴訟法597条２項によると，それ故，原告Ｘの被告Ｙ１に対する訴えは，選択された訴訟の種類としては認容できないものとして退けられなければならない……」。

以上が，BGH1968年３月25日の判決の事実の概要と判旨である。

(C) 若干の分析

(a) 前述のごとく，代理権の内部関係からの分離・独立・（範囲の）無因性

第6章　本人に「有責性」ある場合の考慮

により，本人は原則として任意代理権濫用のリスクを負担しなければならない。このことを前提に本判決は，代理人（支配人）が（故意に）本人の損失になるように行為をし，このことを相手方が有責に知らなかった場合には，本人は，取引相手との関係で信義誠実の原則に従い，保護される（BGB242条）(57)という旨の判断をまず示しているが，その際，支配権の場合（HGB50条1項以下）のように代理権の制限が，第三者に対して効力がないと規定されている場合には，代理人が「故意に」本人に損失になるように行為をすることを要する旨の制限を加えている(58)。そして，本事案では，被告Y1の支配人らが本人である被告Y1に損失となるような行為を故意に行い，原告Xもこのことを知りうべき(59)であったと認定されている。この認定から，相手方（第三者）である原告Xは本人Y1に支配人らの行為の効果を主張して行けないことになるが，ひるがえって，GやMなどの代理人に対する必要な監督を本人Y1が怠ったということを相手方Xが証明した場合には，本人Y1は全部または一部，BGB242条によって保護されなくなり，信義誠実の原則の特別の刻印であるBGB254条の法思想は，このような場合には，本人Y1と相手方Xとに代理権濫用行為か

---

(57) BGHZ50, 114には，本人が相手方に代理行為の効果を拒む法的構成が記載されていないが，NJW1968, 1381によれば，「……原告は，信義誠実の原則に従い，支配人Gと被告Y1のその他の代理人により表示された手形上の意思表示を引き合いに出し，利息と費用も含めて手形金額を請求することが禁じられる（BGB242条）。これに対して，代理権濫用のもとで締結された行為はBGB177条により代理人が代理権なくして締結したものとして処理されることは出来ない……」という判断が示されている。つまり，法的構成として，信義誠実の原則（BGB242条）によることを示し，無権代理の規定（BGB177条）によるのではない旨，明らかにしている。なお，この判例の評釈は，相手方が保護されない理由として，支配人などが意識して本人の利益を無視したということを相手方が認識し得た場合，相手方は過失をもって代理人の忠実違反の行為を「幇助」していることを挙げている（Vgl. Liesecke (LM§50HGB Nr.1)）。

(58) この判例の評釈は，「……第2民事部は，この判決において，支配権の濫用のもとで成立した行為に対して，一致して，有力な諸文献とともに，支配人が意識して，事業主の損失において行為をし，第三者がこれを過失により認識しなかったということを許されざる権利行使の抗弁の条件にした。……内部関係から明らかになる権能の単なる踰越をつまり，第三者は代理権の不可制限の諸事例において気に掛ける必要はない。彼がここで調査することを義務付けられれば，代理権の不可制限性はその意義を失ってしまったであろう……」と述べる（Vgl. Liesecke, a.a.O.(Fn.57).）。

(59) BGH1968年3月25日の判決の事案は，「取引が様式と額から見れば，完全に型破りである場合なので，重大な疑念要素が示されている」とされる（Vgl. Canaris, a.a.O.(Fn.45), Rdn.171)。

ら発生する損害を各々に存在する過失の割合によって分配し，場合によっては，「取引から生ずる本人Ｙ１に対する請求権」（履行請求権）は一定の部分についてのみ理由がある旨の判断が示されたと解される。

　(b)　この判例により，過失相殺的処理のため用いられた共働過失に関するBGB254条は，「①損害の発生に際し被害者の過失が共働したときは，賠償義務及び給付すべき賠償の範囲は，事情によって，特に，いかなる範囲においていずれの当事者が主として損害を惹起したかによって定まる。②債務者が知らず，かつ，知ることを要しない異常に高い損害の危険を被害者が債務者に注意しなかったこと，又は被害者が損害を防止若しくは軽減しなかったことに被害者の過失があるときも，前項と同様である。この場合においては，第278条の規定を準用する」(60)と規定する。

　このBGB254条は，損害賠償請求権に関するもの(61)であるが，この規定の法思想により，本人と相手方とに代理権濫用行為から発生する損害を各々に存在する過失の割合によって履行請求権の平面で過失相殺的処理をすることによって分配することがこの判例により認められたという見解が学説によっても示されている。例えば，ヘッケルマン自身は，BGH1968年３月25日判決とは異なり，契約締結上の過失責任に基づく損害賠償請求権の平面での過失相殺的処理をする説に立つものの，このBGH判決が「取引に基づく請求権（Die Ansprüche aus dem Geschäft）」という表現を用いていることから，BGHは，BGB254条の規定を契約に基づく履行請求権の存立と範囲に適用したというこ

---

(60)　BGB254条の翻訳は，椿寿夫＝右近健男編『ドイツ債権法総論』59頁以下（日本評論社，1988）による。同書によれば，この規定は，概ね，「損害の発生（第１項）又は拡大に（第２項）被害者の過失が共働したときに加害者の賠償義務を制限することを規定する。わが国では，被害者の過失によりその損害賠償請求権が減縮すると言う制度を過失相殺と呼ぶが，BGB254条では，損害の発生又は拡大に被害者の過失が共働したことを中心とするので，「共働過失」と呼ぶ。第２項第２文は，同項第１文の対象としている損害の拡大に法定代理人又は履行補助者の過失（278条）が共働したときはこれを被害者の共働責任（Mitverantwortung）とすると規定する。これはわが国では，被害者側の過失として扱われている」旨のものである。（同書60頁以下，青野博之担当）等の説明がされている。

(61)　Vgl. Staudingers/Schilken, a.a.O.(Fn.19), §167Rn.104.
　　また，Soergel/Leptien, a.a.O.(Fn.20), §177Rz19.Anm.77は，取引に基づく請求権へのBGB254条の適用，準用に対して，重大な（gravierend）体系上の疑念が存在する，という見解を示しているが，その根拠として，RGの判例（RGZ141, 287, 290）及びBHGの判例（BGHZ25, 300, 311）を引用している。

第 6 章　本人に「有責性」ある場合の考慮

とが明らかになる旨の見解を示す(62)。

　メディクスも，BGH1968 年 3 月 25 日判決の「取引に基づく請求権は，場合によっては，一定の割り前についてのみ理由がありうる」という表現が代理権の部分的な有効性及びさらに行為の部分的な有効性(63)を認めたという理解に有利であると述べるが，他方で，機械の引渡し請求権のような不可分給付を求める請求権は分割できないことを指摘する(64)。その他，この BGH の判例が履行請求権に BGB254 条を適用したという理解に対しては後述（本稿 II 2(2)）のごとく，少なからぬ批判が存在する。

　(c)　本人に「過失」ある場合，相手方から本人に対して（本人に代理人に対する監督義務違反がある旨の）再抗弁を立てることになる。ヘッケルマンも，本判決と同様，濫用の抗弁（異議）に対する，「本人は濫用を不完全なコントロールによって可能にした」という主張につき，「訴訟上，再抗弁（Replik）として，その要件を原告が証明しなければならない」と述べ，再抗弁として明確

---

(62)　Heckelmann, a.a.O.(Fn.40), S.63. 学説には，BGH1968 年 3 月 25 日判決と同様，履行請求権の平面での過失相殺的処理に賛意を表するものが存在する。例えば，Tank 説は，「個々の事案が適する限度」で，過失相殺的処理を履行請求権の平面で行なう。金銭請求権の場合は，「適する」が，給付交換契約（Austauschvertrag）の場合は「適さない」という一応の基準を示している（Gerhard, Tank: Der Mißbrauch von Vertretungsmacht und Verfügungsbefugnis, in: NJW1969, S.10f）。また，メルテンスは，「……BGB242 条による請求権の拒絶へと帰着する制裁に，その際，更に BGB254 条の制裁の限定もまた異議として唱えられうる。BGB254 条は，その限りでは表面的な視点でのみ履行請求権に拡張される……どのように履行請求権が不可分給付に関する法律行為の場合に，経済的な帰結において短縮されるべきかは，BGB242, 254 条の適用の際に，個々の事案において事情に応じて適切に解決される……」と述べるが，この説は，BGH1968 年 3 月 25 日判決と同様，履行請求権の平面で過失相殺的処理をなす説であると解される（Mertens, Hans-Joachim:Die Schranken gesetzlicher Vertretungsmacht im Gesellschaftsrecht（unter besonderer Berücksichitigung von BGHZ50, 112）in: JurA1970, S.473ff）。更に，後述の BGH1999 年 6 月 29 日判決の解説を行う Martin Schöpflin 説も，履行請求権の平面での過失相殺的処理に賛意を表する説であると解しうる（本稿注(67)参照）。

　　タンク説，メルテンス説等，履行請求権の平面での過失相殺的処理をなす諸学説のより詳細な検討は，別稿を予定している。〔補注〕タンク説，メルテンス説等については，本章第 2 節参照。

(63)　代理権の部分的な有効性及びさらに行為の部分的な有効性を認めるということは，ひいては，履行請求権の部分的な有効性を認めるということになろう。

(64)　Medicus, Dieter: Bürgerliches Recht, 21. Aufl, 2007. §5Rn.118.〔補注〕メディクス説については，第 II 編第 3 章第 1 節 II 2(4)及び第 3 節 II 5 参照。

245

に位置づけている[65]。

(d) なお，注意すべきは，この判例は判決文で述べているように，本人に代理人に対する監督義務違反がある場合に，本人は「全部」保護されなくなることもありうるという見解を示していることである[66]。

(イ) BGH1999.6.29 判決[67]

本件は，貯蓄銀行の預金者である本人が，代理人に預金口座に関する処分任意代理権（Verfügungsvollmacht）を授与し，それが濫用され，本人に損害が与えられた事案で，本人の代理人に対する監督義務違反の有無についての判断が示されたものである。本判例は，前掲の BGH1968 年 3 月 25 日判決に言及し

---

(65) Heckelmann, a.a.O.(Fn.40), S.62. なお，判決文に述べられているように，本件において，原告は，手形訴訟において再抗弁（Gegeneinwendung）のために許容された証拠方法（証書および当事者尋問）で証拠を提出しなかったため，民事訴訟法 597 条 2 項により，被告 1 に対する訴えは，選択された訴訟の種類としては退けられた。

(66) 本人の代理人に対する監督義務違反の程度が甚だしく，他方，相手方の「過失」の程度が軽い場合は，信義則上，本人は全く保護されないという判断であろうか。学説において，Fischer は，「代理人が故意に任意代理権授与者の損失になる形で行為をした場合には，互いに矛盾する利害関係の正当な比較考量の際に，任意代理権授与者の過失（Nachlässigkeit）は決定的な重要性を有しうるので，それに対して，取引相手の過失（Verschulden）は完全に重要性を失う」と述べる（Vgl. Fischer, Robert: Der Mißbrauch der Vertretungsmacht auch unter Berücksichtigung der Handelsgesellschaften, Fest. für W. Schilling, 1973, S.18.）。また，契約締結上の過失責任に基づく損害賠償請求権の平面での過失相殺的処理をなす学説の中には，本人の監督義務違反を一定の場合に履行請求権の平面でも評価し，全面的に履行請求権の平面で相手方が保護される場合があることを認める説も存在する（ティエレ，ユンクスト，レプティーエン，シュラム説等。これらの諸説の検討については別稿を予定している）。

(67) BGH1999 年 6 月 29 日判決の所収は，NJW1999, 2883f であり，本稿の本文中での，この判決の引用の際，示す頁数はこの判例集のものである。この BGH の判例について解説がある（Frank A. Schäfer, BGH EWiR §164BGB1/99, 927f; Martin Schöpflin, JA2000Heft1, S.1ff.）。本判例の事実の概要と判旨の紹介に際し，これらも参考にした。後者は，BGB254 条が信義誠実の原則の刻印であること，同条は，損害賠償請求権に適合するものであるが，履行請求権も不履行を理由とする損害賠償請求権に転化されること，BGH の解決は，取引相手に本人に対する損害賠償請求権を契約締結上の過失に基づいて認め，そこに BGB254 条考慮されるという学説よりも単純であることなど述べており，履行請求権の平面での過失相殺的処理に賛意を評していると解しうる説である（Vgl. Martin Schöpflin, S.3.）。

なお，本判例につき，相手方の信頼保護の制限という観点から，デイーター・ライポルト原著〔円谷峻訳〕『ドイツ民法総論』312 頁（成文堂，2008），臼井豊「代理権濫用法理に関する序章的考察——ヴェッダー（Vedder）による「本人の利益状況」分析アプローチを中心に——」立命 329 号 65 頁（注 28）（2010）が言及する。

(A)　事実の概要

本件の事案[68]は，概ね以下の通りであるとされる。すなわち，70歳の原告は，貯蓄銀行Sに預金残高約15万マルク（DM）の貯蓄預金口座（Sparkonto）をもっていた。1992年4月に被告のところで貯蓄預金口座を開設した。この貯蓄預金口座に関し，原告は，かかりつけ医のD博士に処分任意代理権（Verfügungsvollmacht）を授与した[69]。Dは，貯金（Ersparnisse）を利息が有利なルクセンブルクの銀行へ投資することを勧め，これのために20万マルクが最低必要であるとしたので，原告は，貯蓄銀行Sのところの預金を1992年5月に被告のところの貯蓄預金口座へ移した。更に貯蓄銀行Sから5万マルク借り入れ，Dに手渡した。彼はそれを被告のところの原告の貯蓄預金口座へ預金し，預金残高は約20万マルクに達した。その後，Dの妻（復代理人）により，貯蓄銀行口座が解約された（auflösen）。この20万マルクは被告のところでのDの消費貸借上の債務を弁済するために被告に払い込まれた。Dは当初から，この金銭の合意違反の使用を目論んでいた。Dは原告との和解により8万マルクを原告に支払う義務を負い，履行した。原告は被告に約12万マルクの残りの損害の原状回復（Erstattung）を求めた。原告は，「被告はD夫人に給付すべきでなかった。貯蓄銀行預金は存続している」旨，主張し，被告は「貯蓄銀行預金の支払いは，免責的な効力を有した。なぜなら，原告はDに，新たに開設された貯蓄銀行口座についての包括的な処分任意代理権を授与したからである」旨，主張した。地方裁判所は訴えを棄却し，控訴審裁判所（Ber. Ger）は，地方裁判所の判決を変更した。被告は約5万マルクの支払いを申し渡され，その他の点では，原告の控訴は退けられた。上告され，理由ありとされた。

---

(68)　本判例の事案は，復代理人が，貯蓄銀行に対して有する本人の貯蓄預金を払い戻し，代理人自身の債務の弁済にあてたという事例である。このような代理権の利己的利用の事例は，わが国においても，代理権濫用の典型的な事例として念頭に置かれるものである（我妻栄『新訂民法総則』345頁（岩波書店，1965），松本恒雄「代理権濫用と表見代理」判タ435号24頁（1981）参照）。
(69)　原告は代理人Dに復代理権（Untervollmacht）を授与する権利も授与した（Vgl. Frank A. Schäfer, a.a.O.(Fn67), S.927.）。ドイツの復代理については，椿久美子「復代理・代理人代理・代理権譲渡の関係」立教法学73号200頁以下（2007）に詳細に紹介・検討がなされている。

第Ⅱ編　代理権濫用論

(B) 判　　旨

(a) 理由として，概ね，次のようなことが示された。すなわち，控訴審裁判所は，「被告が，銀行預金全体をDに支払ったことにつき，被告に処分任意代理権に基づき権限があったが，貯蓄銀行預金（Sparguthaben）の解消（Auflösung）の際，そして，原告の銀行預金（Guthaben）の引き出し（Abhebung）の際，原告に対する，その契約上の注意義務に有責に反した。あらゆる事情の考慮の下，被告の責任の分担は，原告の共働過失（Mitverschulden）を考慮して4分の1と評価されるべきである」旨の説明（Ausführungen）をしたが，これは法的な審査に耐えないと（S.2883）。

そして，「原告は，預金債権の債権者としてその銀行預金の支払いを求める請求権を有する（§607BGB）。控訴審裁判所は，原告が口座の代理権を授与されたDの委任において，その夫人によりなされた預金引き出しを任意代理権が濫用されたので，自己に対して妥当させる必要がないと言うことを顧みなかった」と述べ，まず，任意代理権濫用から本人はどのような場合に保護されるかについて次のような判断が示された。すなわち，「BGHの確定した判例によれば，原則として，本人は任意代理権濫用のリスクを負担しなければならない。；契約相手に次のような調査義務は帰属しない。すなわち，代理人が内部関係において，彼の外部へ無制限の代理権を限定された使用をなすように拘束されているか否か，そして，それはどの程度か。本人は知りうる代理権の濫用に対して，契約相手との関係において，けれども次のような場合，保護されている。すなわち，代理人が明らかに（ersichtlich）疑わしい方法で代理権を濫用し，その結果，契約相手方に，本人に対する代理人の忠実違反が存在するか否かについての根拠のある疑念が生じた筈であった場合である。その際，実質的な（massive）疑念要素を前提とする客観的な濫用の明白性が不可欠である……。客観的な明白性は，わけても次のような場合，存在する。すなわち，所与の諸事情によれば，本人のところへの取引相手の再度の問い合わせ（Rückfrage）の必要性が直ちに湧き出てくる場合である……」（S.2883）。

(b) 以上のような判断を前提に，BGHは，概ね次のように詳しく述べて，本判例における事案において濫用の「客観的な明白性」が存在したと判断している。すなわち，「……①原告の貯蓄銀行預金は，消費貸借により20万マルクに高められていたということを被告は知っていた。②原告はそのかかりつけ医D（家族構成員（Familienangehörigen）にではない）に包括的な処分任意代理権

248

第6章　本人に「有責性」ある場合の考慮

を授与した。③包括的な処分任意代理権は，口座の開設後，短期間後，そして，15万マルクと言う主たる額の入金後，2～3日で，代理人Dの自分自身の消費貸借上の債務を被告のところで弁済するために，貯蓄銀行預金を解消する（auflösen）ことに，用いられた。④控訴審裁判所が適切に強調したように，原告が貯蓄銀行預金で，そのかかりつけ医Dの個人的な債務を弁済することを欲していたであろう場合には，より単純な方法が存在したであろう。⑤ここでは，銀行取引における日常的なそして通常の行為が扱われているのではない。」[70]と。

以上のことから，「状況は，むしろ，不審であるので，被告に原告の契約当事者として任意代理権濫用の疑念が湧き出てきたはずであろう。任意代理権の利己的な使用は，通常，注意のきっかけを与える。ここで与えられた諸事情のもとで強力な疑念要素が存在していた。これらの疑念要素は，おろされた金額の流用（本来の目的からそれた使い方）（Zweckentfremdung）を証明し，そして，代理人がこれを本人から任意代理権濫用のもと奪うことを欲していたということを証明する。被告はわけても，次のような理由で不信感を持つようになったに違いなかった。すなわち，多大な貸付金額で増額された銀行預金が扱われたからである。これを権利者は，通常，自己の投資目的（Anlagezweck）の為に用いることを欲するのであり，口座の代理人の債務の弁済のために用いることを欲さない。この疑念は原告のところでの再度の問い合わせ（Rückfrage）を強いた」（S.2884）という判断が示され，「客観的な明白性」が認定されている。

以上のように詳細に述べて，任意代理権濫用の問題が存在し，代理権の存立に対する被告の信頼は保護に値せず，原告の銀行預金の支払いを求める請求権は処分代理人による預金の引き出しにより消滅せず，存続している旨，の判断を示している。

(c)　更に，続けて，この判例は，本人である原告の代理人に対する監督義務違反に関する判断を示している。すなわち，「特殊ケース（Einzelfall）において主張された，任意代理権濫用の場合に，BGB254条の法思想を適用して代理行為の損失的な効果を各々の側に存在する過失（Verschulden）に従って分配されるべきであると言う見解（BGHZ50, 112〔114〕に従われるべきか否かは留保

---

(70)　NJW1999, 2884. 判決文中の①～⑤の番号は，内容を把握しやすくするために，シェフリン説を参考にしながら，本稿で付した（Vgl. Martin Schöpflin, a.a.O. (Fn.67), S.2.）。

第Ⅱ編　代理権濫用論

されうる（offen bleiben）」と述べ，前掲のBGH1968年3月25日判決を引用しつつ，概ね，次のような理由を挙げて，原告の監督義務違反の存在を否定し，結果的に過失相殺的処理を行わなかった。

すなわち，①原告による処分任意代理権の授与は，それ自体としてはなお，任意代理権濫用への有責な共働（schuldhafte Mitwirkung）として評価されえないこと（ちなみに，原告は，任意代理権を信頼に値する職能集団（Berufsstand）の構成員Dに授与した）。そして，代理権が授与されたD博士の人物に関して代理権授与の時点において，このような信頼に反する諸事情は知られていなかったことが挙げられている。そして，②代理人Dは，原告を2年以上の期間の利息の支払いにより，彼は金銭を原告のために投資したと信頼させていたので代理人に対する監督義務の懈怠（unterlassene Kontrolle）を非難できないという点も挙げている。

このように，本件では，Dへの代理権授与自体は，任意代理権濫用への有責な共働として評価されないということと，代理人Dは本人を利息支払いにより信頼させていたことを理由に本人の代理人に対する監督が怠られたことを非難できないという判断を示している。

(C)　既述のごとく，このBGH1999年6月29日判決は，BGH1968年3月25日判決に従われるべきか否かについての判断を留保した。その理由は，本人の代理人に対する監督義務の懈怠が，前述のごとく否定され，従って，相手方との過失相殺的処理を行う必要がなかったからである。しかし，監督義務違反を否定する根拠を具体的に示した点に特色がある。

この判例の事案においても，任意代理権の利己的な利用，本来の目的外使用に関する強力な疑念要素が示されていたとされながらも，本人の代理人に対する監督義務違反の有無に関する判断を示している。このことから，このBGH判例は（本件では，本人の代理人に対する監督義務違反がなかったため過失相殺的処理はなされなかったが），もし，本人の代理人に対する監督義務違反を認めていれば，被告たる相手方との過失相殺的処理の判断へと進んでいたはずであり，相手方に軽過失を超える有責性がある事案においても，過失相殺的処理の可能性がある事を示すものであるともいえるのではなかろうか[71]。

---

(71)　本文で述べたように，もし，本人である原告に「過失」があれば，濫用が明白であったため，代理人に対する預金の払い戻しが無効とされた相手方は，過失相殺の処理により，払い戻しの一部が有効とされた可能性が否定できない。ただし本稿注(44)参照。

第6章　本人に「有責性」ある場合の考慮

(ウ)　OLG München1995.4.25 判決[72]

　1995年4月25日のミュンヘン上級地方裁判所（OLG München）の裁判例は，履行請求権の平面での過失相殺的処理の可能性を示したと解される前掲のBGH1968年3月25日判決を引用しつつ，実際に履行請求権の平面で過失相殺的処理を行ったと解されるものである。

(A)　事実の概要

　X・Y間で，総計364965,70マルク（DM）の価格の6台の自動車の引渡しに関する売買契約が成立したか否かについて争われた。本質的な争点は，①Aは被告Yを契約締結の際に代理することを欲していたか否か，そして，②原告Xのところで，販売員（Verkäufer）として雇われていて，販売交渉を取り扱っていたBは，自動車が，被告Yのためではなく，某Rのために，決定され（bestimmt），被告Yの業務執行機関（Geschäftsfürung）が契約について知らなかったということを承知していたか否かであった。

　地方裁判所は，なお係争中の99100,65マルクの額に関する訴えを退け，原告に訴訟の費用を負担させた。控訴は一部，理由があるとされた。

(B)　判　　旨

(a)　まず，概ね，「利害関係人により，被告Yが自動車の買主となるということが本気で（ernsthaft）望まれ，虚偽行為（Scheingeschäft）は存在しない。……仮に契約の際に，被告Yが証人Aにより契約当事者として前面に押し出されただけであっても（いわゆるわら人形），虚偽行為の要件は満たされていない……このことは，契約相手方がわら人形という属性（Strohmanneigenschaft）を知っていた場合にも妥当する……」という判断が示され，この契約がRのための，Yの代理人Aによる，いわゆる，わら人形の行為（Strohmanngeschäft）[73]であっても，虚偽行為にならず有効であり，被告Yは代理人Aによりなされた行為に基づき人的に（persönlich）責任を負う旨の判断が示された。

(b)　代理人Aの行為により責任を負うYは，代理権濫用の抗弁をXに対し，

---

(72)　OLG München1995年4月25日判決の所収は，OLGR München1995, S.133f.であり，本稿の本文中での，この判決の引用の際，示す頁数は，この判例集のものである。
(73)　Strohmann（わら人形）とは，「真に権利を取得し，または義務を負担すべき者が表面上，他人（実在しない人であることもある）に権利を取得させ，または義務を負担させる場合に，表面に立てられた者」をいう（山田晟『ドイツ法律用語辞典』608頁（大学書林，改訂増補版，1993）参照）。わら人形については，Vgl. Münchner Kommentar/Schramm, a.a.O.(Fn.34), Vor§164Rn25ff;.

251

主張することによって，責任を免れうる。この点に関し，「本人は代理権の知りうる濫用に対して契約相手との関係において，代理人がその代理権を明らかに疑わしい方法で使用し，他方の契約相手が，代理人がその代理権の限界を超えているということ知らなければならなかったであろう場合に保護されている（BGH NJW 1994, 2082, 2083; 1988, 3012, 3013）」が，このことは，「……代理人が本人に，それを知れば契約を締結しなかったであろう事実を本人に知らせていないのではないかということを契約相手が知っているか，または，心の中で考えなければならなかった場合も妥当する（BGH NJW1984, 1461, 1462）」旨の判断が示された。

その上で，「……証人Bに，Rが自動車をその引渡し後，直ちに受取る（abnehmen）であろうということが知られていた。この諸事情の下で，証人Bは，被告の業務執行機関がそれを了解していたかどうかということを問い合わせなければならなかったであろう……。証人Bの認識は原告XにBGB166条1項(74)により帰せしめられる。それゆえ，被告Yは代理権濫用を引き合いに出すことができるであろう……」旨の判断を示す。

（c）しかし，本件では，更に，「本人が代理人の必要な監督を怠ったことを理由として代理権濫用に帰着しえたということを契約相手が証明できる場合，本人の保護は全部又は一部BGB242条により失われる」という判断が示され，被告は代理権濫用を引き合いに出すことが242条，254条により一部拒まれた。この際，前掲（本稿Ⅱ2(1)(ア)）のBGH1968年3月25日判決（BGHZ50, 112, 114f）の言い回しが，判決文中でほぼそのまま引用され，行為の損失的な効果を各々の側に存在する過失に応じて分配することになる旨の判断が示されている（S.133）。

続けて，「……両当事者は，代理人による商取引への参加の可能性により，彼らが共同で負担しなければならないリスクを成立させた。それゆえ，行為に基づく請求権が割り前に従い（nach Bruchteilen），分割されるとすれば（BGHZ50, 112, 115），BGB254条により行われるべき考慮のもとで適切である

---

(74) BGB166条（意思の瑕疵；認識による瑕疵）は，「(1)意思表示の法的な効果が意思の瑕疵またはある事情について知っているかまたは知らなければならないことにより影響されるとき，本人の立場ではなく，代理人の立場が考慮される。……」という規定である（条文の翻訳は，デイーター・ライポルト原著，〔円谷峻訳〕・前掲注(67)457頁による）。

第6章　本人に「有責性」ある場合の考慮

(sachgerecht)」という判断が示されたうえで,「原告に,両方の（beide 2台の),引き渡され,未払いの（nicht bezahlten）自動車に関する,なお,未解決の(offen) 売買代金の半分を認めることが当面（vorliegend),利害関係に適う(interessengerecht)」と述べられている。判決のこの部分にBGB254条により,行為に基づく請求権が分割される旨の判断が示されていると解される。

(d)　そして，双方にどのような「過失」があるかにつき，次のような見解が示されている。すなわち，まず，原告の側について,「……その代理人Bが,どのような意図が車の購入の背後に隠れているかということが彼に明らかになった後で,取引を断念せず,または,本人への再度の問い合わせにより,その危険または損害を阻止しなかったということが考慮されるべきである」と述べ,更に,「原告に,購入価格の支払いが確実であることが確定されていない前に,自動車が引き渡されることを阻止するために適当な監督措置を取り入れなかったことが非難されるべきである。このことは,被告が原告の営業所のところで新たな取引先であっただけになおさら,妥当する。原告が証人Bの監督のために適切な措置を採りいれていれば,代理権濫用は損害へと帰着しなかったであろう」と述べている。

このように,原告の側では,被告への問い合わせ義務違反等と併せて,原告の代理人Bへの監督義務違反も併せて斟酌されている。

そして,被告の側については,「被告の側では,被告の業務執行者(Geschäftsführer）は,証人Aの代理権濫用を阻止するためにどのような措置も講じなかったということが考慮されるべきである。証人Aは車両を注文する可能性を有していた。業務執行者は1992年の初頭に証人Aの代理権を制限したとき,更に監督措置をとらなければならなかったであろう。Aが代理権を濫用することを不可能にするために」(S.134)と述べられ,代理権の範囲を制限しただけでは監督義務を尽くしたことにならない旨が述べられ,代理人に対する濫用防止について,どのような措置をも講じなかったという点に監督義務違反が認められている。

(C)　この下級審裁判例は,既に見たようにBGH1968年3月25日が履行請求権の平面での過失相殺的処理の可能性を示していたが,実際に事案に適用し,履行請求権（自動車の売買代金債権）の平面で過失相殺的処理をしたものであると解される。

既にみたBGH1968年3月25日判決とBGH1999年6月29日判決では,濫

253

用の抗弁をなす当事者側の代理人に対する監督義務違反が問題とされている。他方，本裁判例は，契約当事者双方とも代理人による取引の場合であるが，それぞれの代理人に対する監督義務違反が指摘され，過失相殺的処理がなされ，その結果，履行請求権（未解決の売買代金）の半分が原告に認容されている事案であると解される。

　㈢　小　　括

　以上，ドイツのBGHの判例及び下級審の裁判例を少数であるが，概観したところによれば，BGH1968年3月25日判決によれば，代理行為の相手方からの本人に対する代理行為に基づく履行請求権の主張に対し，本人は，取引相手に本人に対する忠実違反があるのではないかという疑念が相手方に生じたはずである場合には，濫用の抗弁を立てることができる。これに対し，代理行為の相手方は，本人に対し，本人の過失（＝代理人に対する監督義務違反）に着目し，過失相殺的処理をすべき旨の再抗弁を主張することができ，場合によっては，相手方・本人間の「過失」割合に応じた，履行請求権が一部，相手方に認められうる旨の判断が示されている。この判例の下では，本人から相手方に対する濫用の抗弁の根拠は信義誠実の原則（BGB242条）であり，代理人に対する監督義務違反ある本人から有責な相手方に濫用の抗弁を立てることを認めて，全部，代理権濫用から発生する損害を相手方に負わせることは，信義誠実の原則に反するから，BGB254条によって，本人・相手方双方の「過失」割合に応じた履行請求権の平面での過失相殺的処理をすべきであるという判断が示されたと解される。

　BGH1968年3月25日判決の事案においては，取引相手に濫用に関する重大な疑念要素が示されている事案であるにもかかわらず，以上のような判断が示された。つまり，相手方が軽過失の場合にのみ，本人の監督義務違反との過失相殺的処理をなしうるのではなく，この判例においては，それを超える「過失」が相手方にある場合も可能であるということが示されているとも解されうる。

　BGH1999年6月29日判決は，BGH1968年3月25日判決に言及しながら，相手方の代理権に対する信頼が保護に値しないと判断した上で，本人の代理人に対する監督義務違反との過失相殺的処理を行う前提として，本人の代理人に対する監督義務違反の存否を検討したものであると解される。この判例の事案においても取引相手に強力な疑念要素が示されていた。そして，2点根拠を示して，本人の代理人に対する監督義務違反の存在を否定している。

第6章 本人に「有責性」ある場合の考慮

　そして，下級審である OLG München1995 年 4 月 25 日判決においては，実際に履行請求権の平面で過失相殺的処理が行われたと解される。また，濫用行為を阻止するため代理権の制限をしただけでは監督義務を尽くしたといえないという旨の判断も示されている。そして，この下級審裁判例では，濫用の抗弁を主張された代理行為の相手方も代理人による場合で，その代理人に対する監督義務違反が問題とされ，売買契約当事者双方の代理人に対する監督義務違反を認めたうえで過失相殺的処理がされている(75)。

　また，BGH1968 年 3 月 25 日判決は，不可制限の支配権濫用で，手形金請求に関するものであり，BGH1999 年 6 月 29 日判決は，貯蓄預金口座に関する処分任意代理権濫用で，預金債権の払い戻しに関するものであり，1995 年 4 月 25 日の OLG München の下級審裁判例は，自動車の販売員の代理権濫用で，売買代金債権に関するものである。このように履行請求権の平面での過失相殺的処理に関する判断が示される範囲は拡大されて来ているといえる。

　管見の及ぶ限り，以上が，ドイツにおける履行請求権の平面での代理権濫用と過失相殺的処理に関する，検討が必須の重要な判例である(76)。このテーマに関する判例，裁判例は以上に見たように多くはなく，また，やや年月を経ている。しかし，このテーマに関し，研究書，論文，コンメンタール，Lehrbuch 等にも，最初にあげた，BGH1968 年 3 月 25 日判決が現今においても，賛否両説から，まず第 1 に引用されることが多い(77)。それ故，現今のドイツ学説においても参考にされうる判例として存在するのだということはできよう。学説において，この履行請求権の平面での過失相殺的処理を支持するものとして，例

---

(75) ちなみに中島秀二説は，この判例が現れる前に，この判例とは法的構成を異にすると解されるが，すでに，わが国で，「双方に代理人がいる設例」を念頭において過失相殺的処理の問題を詳細に検討されている。中島・前掲注(13)77 頁以下参照。

(76) なお，付言するならば，また，本稿で検討した以上の 3 つの判例には，代理権濫用行為をなす代理人の義務違反に関し，本人は BGB31 条（機関に関する社団の責任）又は 278 条（履行補助者の過失）により責任をおわなければならないかにつき学説では争われている点についての言及は見当たらない。BGB278 条による本人の責任に関して，カナリス説参照（Vgl, Canaris, a.a.O.(Fn.45)，Rn.172.）。BGB278 条は，「債務者は，法定代理人及び義務の履行のために使用する者の過失について，自己の過失と同一の範囲において責任を負う。……」という規定である（椿寿夫＝右近健男編・前掲注(60)135 頁参照）。

(77) Vgl. Werner Flume, a.a.O.(Fn.35), §45 II 3 (S.788). Anm25; Larenz/Wolf, a.a.O.(Fn.27), §46Rn.144 Anm 168;(S.866). DieterMedicus, a.a.O.(Fn.64), Rn.118 (S.67).

255

えば，タンク説，メルテンス説はこの判例を理論的に解き明かし，敷衍する。これらの学説のより一層の検討については別稿を予定している(78)。

　履行請求権の平面での過失相殺的処理は，後述のごとく批判されることも多い。次に，履行請求権の平面での過失相殺的処理をなす判例に対する批判を概観する。

(2)　判例に対する学説からの批判

　以上に概観したように，履行請求権の平面での過失相殺的処理に関して，その可能性を示す BGH1968 年 3 月 25 日判決及び本人の代理人に対する監督義務違反の存否の判断をする BGH1999 年 6 月 29 日判決そして下級審裁判例ではあるが，実際に履行請求権の平面で過失相殺的処理を行っていると解される OLG München1995 年 4 月 25 日判決が存在する。これに賛意を示し，あるいは，これを敷衍し，更に発展させる学説(79)も幾つか存在する。他方，履行請求権の平面での過失相殺的処理という手法には諸学説から多くの批判も受けている(80)。これらの批判は，この手法のリーデイングケースとされる BGH1968 年 3 月 25 日判決に向けられることが多い。これらの批判の中でも，この判例が出された直後のヘッケルマン説による批判がまず取り上げられるべきであろう。ヘッケルマン説(81)は 1970 年のものであり，年月を経ているが，現在に至るまで，BGH1968 年 3 月 25 日判決に対する批判の際には学説により参照され

---

(78)　タンク説およびメルテンス説等，履行請求権の平面での過失相殺的処理に賛意を表する説については，本稿注(62)参照。〔補注〕本章第 2 節参照。

(79)　〔補注〕本書に所収するにあたり，注を整理した。前掲注(78)参照。

(80)　BGH1968 年 3 月 25 日判決に対する批判については，青野・前掲注(5)39 頁以下，拙稿・前掲注(7)158 頁以下，拙稿・前掲注(46)199 頁，溝渕将章「代理権濫用における本人保護の法的構造(2)——ドイツ法の展開を手がかりに——」阪大法学 61 巻 5 号 (2012)（通巻 275 号）148 頁注(60)等参照。本稿では，拙稿・前掲注(7)「代理権濫用行為と過失相殺」公刊後，20 年近く経過しているので，その後のドイツの文献を補足して，BGH1968 年 3 月 25 日判決等がなす履行請求権の平面での過失相殺的処理に対する学説による批判の状況を整理する。

(81)　Heckelmann, a.a.O.(Fn.40), S.62ff. ヘッケルマンの見解については，青野説が前掲注(5)論文 39 頁で言及されている。また，拙稿でも，既に概観した（拙稿・前掲注(7)「代理権限濫用行為と過失相殺」158-163 頁参照）が，本文中で述べたように，BGH1968 年 3 月 25 日判決等が可能性として示す履行請求権の平面での過失相殺的処理に対する批判を検討する際には必須の重要文献であるので，批判部分を中心に本稿で，再度，検討する。

ることが多く，それ故，判例に対する批判をなす説を検討する際には必須の重要文献であると解される。ヘッケルマン説は，BGH1968年3月25日判決と異なり，契約締結上の過失責任に基づく「損害賠償請求権の平面」での過失相殺的処理を示す[82]。ヘッケルマン説自体については，別稿で更に詳しく再検討[83]する予定である。

以下で，ヘッケルマン説のうち，BGH1968年3月25日判決に向けられた批判部分を中心に概観し，更に，その他の学説からの諸批判を概観する。

(ア) BGH1968年3月25日判決に対するヘッケルマン説の批判

(A) ヘッケルマン説は，まず，BGH1968年3月25日判決が，過失相殺的処理のために用いた共働過失に関するBGB254条[84]の文言は，損害賠償請求権に関することは明らかであると述べる。そして，判例[85]及び学説[86]は，この

---

(82) ヘッケルマン説は次のような2つの解決を提案する。すなわち，①代理人と締結された契約の無効（無権代理（BGB177条））。しかし，それに対し，有責に行為をする本人に対する契約締結上の過失に基づく第三者の損害賠償請求権。その際，賠償の範囲はBGB254条によって確定される。または，②代理人により締結された契約は有効である（たとえ，濫用的であっても，──代理権の範囲内で行為をしたから）。それに対して，第三者に対する本人の損害賠償請求権が生ずる。その際，賠償の範囲はBGB254条により割り当てられるべき。以上のうち②の方が，体系的に正しいとする（Vgl. Heckelmann, a.a.O.(Fn.40), S.65f.）。BGB254条の内容については，本稿注(60)参照。

(83) 本稿注(81)，(82)参照。

(84) BGB254条（共働過失）については，本稿Ⅱ2(1)(ア)(C)(b)参照。

(85) ヘッケルマンは，RGZ141, 287(290); RG JW1937, 3104; BGHZ25, 300(311) 等を引用する（Vgl. Heckelmann, a.a.O.(Fn.40), S.63.Anm.38.）。

(86) BGB254条の原理を履行請求権の場合，顧慮する事を拒否する学説として，ヘッケルマン説は，当時のNastelski in RGRK-BGB，§254Anm.22; Staudinger-Werner, §254Anm.22; Soergel-Siebert-Reimer Schmidt, §254Anm.6 等を引用している（Heckelmann, a.a.O.(Fn.40), S.63Anm.39）。以上のうち，例えば，Soergel-Siebert-Reimer Schmidt(1967), §254Rn.6 には，「……その性質及び目的規定によれば254条は，履行請求権に原則として対抗して持ち出されえない。；比較考量原理は，ここでは，通常，適合しない」と述べられている。

現在のコンメンタールをみると，例えば，シュタウディンガー・コンメンタールには，「履行請求権へ254条は，通常，適用できない」という記述に続けて，「解雇された者の請求権が例えば，BGB615条，HGB87条2項に基づく履行請求権として生じる限りで，解雇された者は解雇を共働して引き起こしたということは異議として申し立てられない」という例などが挙げられている。また，代理権濫用事例で履行請求権の平面での過失相殺的処理の可能性を示すBGH1968年3月25日判決が引用され，「これは全く曖昧で，判例において継承を見出せない」という記述などがなされている（STAUDINGER/SHIEMANN(2005), §254Rn.24）。しかし，すでに述べたように，少数ながら，

判決と対照的に，契約の履行を求める請求権の場合は，BGB254条の原理を顧慮することを拒絶していたことを指摘する(87)。そして，BGH1968年3月25日の見解からは，BGB254条の原理は，給付義務の根拠のあらゆる種類に，準用により，転用されうるほど一般的な性質を実際に有しているのかという疑問が出てくる旨，述べる(88)。

そして，「BGB254条類推が従来，認められた諸事例は，専ら法律上の請求権に関するものである」(89)ことを指摘し，「BGB254条が，文言およびBGB249条以下にあるという体系的な位置付けにより規律する損害賠償請求権は，それが，不法行為から生ずるものであれ，危険責任（Gefährdunghaftung）から生ずるものであれ，給付障害（Leistungsstörung）から生ずるものであれ，同じく，常に，義務者に，法律に基づき課される請求権である」(90)旨，述べる。そして，「例えば，BGB426条1項による補償請求権（Ausgleichsanspruch）のような，その他の法律上の請求権が，これらの損害賠償請求権に契約上の履行請求権よりも近い位置にある」(91)と述べる。

続けて，「法律上の請求権（Gesetzliche Ansprüche）は，当事者に意思を欠いた状態で，そして，たいてい，それどころか，その意思に反して課される。その請求権の発生に，権利者が有責に，または少なくとも原因に関して共働した場合に，BGB254条の準用によって，義務者に，一面的に完全に負担させるこ

BGH1968年3月25日判決を継承する関連判例及び下級審裁判例は存在すると解されることは，本稿（(2)下関55巻2号13頁以下）〔本章Ⅱ2(1)〕で示しているところである。

(87) Vgl. Heckelmann, a.a.O.(Fn.40), S.63.
(88) Vgl. Heckelmann, a.a.O.(Fn.40), S.63f.
(89) Heckelmann, a.a.O.(Fn.40), S.64.
(90) Heckelmann, a.a.O.(Fn.40), S.64.
(91) Heckelmann, a.a.O.(Fn.40), S.64. なお，ヘッケルマンは判例によるBGB254条の準用例を挙げている(S.63)。例えば，BGB426条1項による連帯債務者間の補償（Ausgleich）に関してBGB254条が引き合いに出されることが挙げられるという。連帯債務者が，例えば不法行為の行為者および幇助者（Gehilfe）として責任を負う場合には（BGB§§823, 830, 840），BGB426条1項（これは，損害賠償請求権ではなく連帯債務関係に基づく，規定である）に従い，BGB254条の準用により，異なった過失の割合（Verschuldensmass）は，等しくない割当分（Teilen）による義務へと帰着しうるという。BGB426条は，連帯債務者の求償義務に関する規定であり，「①連帯債務者は，別段の定めがないかぎり，その相互関係においては平等の割合で義務を負う。連帯債務者の一人からその負担部分を取り立てることができないときは，求償につき義務を負う他の債務者がその欠損を負担する。……」旨の規定である（椿寿夫＝右近健男編・前掲注(60)398頁参照。

とは修正されうる。修正の基礎をその場合，それぞれの場合に原因となる行動（Verhalten）または過失（Verschulden）の程度が形成する」と述べた上で，「この考慮は，法律行為による履行請求権へは転用され得ない」という見解を示す。その理由として，「この請求権は，法律に基づくものではない。そうではなくて，法律関係を合意により形成し，それでもって義務を理由あらしめる，法的取引に関係する者の自由に基づくのである。義務の内容および範囲は，その際，一致する形で表示された当事者の法律行為的な意思に主に基づく。惹起（Verursachung）および過失（Verschulden）の考慮について余地はないのである。BGB254条の類推はここでは問題にならない」[(92)]と述べている。

(B) そして，「……原告の一部請求の根拠づけのために連邦通常裁判所により選択された構成は，方法論的に理解しにくい」と述べ，「……次のような場合には，代理権の不可制限性を第三者は引き合いに出すことは出来ない」（BGHZ50, 112(114)）というBGHの言い回しは，契約の無効を前提としていることを推測させるが，その場合，BGB254条は，請求権の基礎を形成するのか。または，支配人の代理権はBGB254条の原理の適用のもとで，原告の請求権が正当と思われる限度でのみ及ぶということをBGHは前提としているのか。いずれも法律と一致しない」旨など述べて，問題点を指摘し，「……何故，原告が履行請求権の一部についてのみ根拠があるのか，ということについての適切な根拠は見出されない」等と批判する[(93)]。

---

(92) 以上，Heckelmann, a.a.O.(Fn.40), S.64. ユンクスト説も，ヘッケルマン説を引用して同様の理由をあげつつ「……契約締結の際の一方当事者の責めのある形で損害を与える態様を顧慮することをBGBは例えばBGB123, 138, 242条の規定，または「契約締結上の過失責任」の原理の適用により可能にしている。これに対して，第一次的な義務（Primärpflicht）の内容の確定の為に，過失を考量する事は，BGBにとっては異質のことである。BGB254条は，契約上の履行請求権には適用できない……」旨述べ，批判をする（Vgl. Jüngst, a.a.O.(Fn.14), S.87.）。レプティーエン説は，「取引に基づく請求権への254条の適用——更に準用であれ——に対して，重大な（gravierend）体系上の疑念が存在する」と述べるが，ほぼ，ヘッケルマン説と同旨の批判であると解される（Soergel/Leptien, a.a.O.(Fn.20), §177Rn.19.）。更に，ヘッケルマン説の批判と同旨のものと解される批判として，以下の諸説が挙げられよう。Vgl.Uwe John, Der Mißbrauch organschaftlicher Vertretungsmacht, in: Festschrift für OTTO Mühl. 1981. S.362; Anwk-BGB/Stoffels, 2005, §164Rn.94.; Schöpflin, a.a.O.(Fn.67), S.3.；Staudingers Kommentar/Schilken, a.a.O.(Fn.19), §167Rn.104.

(93) Heckelmann, a.a.O.(Fn.40), S.64.
　グリゴライト／ヘレスタール（Herresthal）説も，「……BGB254条は，損害賠償請求

第Ⅱ編　代理権濫用論

(C)　実際的な問題として，概ね，「金銭請求権の場合には，割り前（Bruchteil）を過失（Verschulden）の程度および惹起（Verursachung）の程度に従って算定し，それによって金銭請求権を割り当てることは可能だが，この方法は，しかし，給付の目的が不可分である給付請求権を第三者が有する場合などには実行できない」[94]旨，指摘する。

(D)　また，ヘッケルマン説は，BGHの見解は，物権の帰属に関する明確な関係の要求に反することになる旨，批判する。すなわち，ヘッケルマン説は，概ね，「連邦通常裁判所により取り扱われた問題点は，それに加えて，債務負担行為（Verpflichtungsgeschäft）の範囲においてだけではなく，更に，その都

権の減縮に関係する。他方，代理権濫用は行為の（浮動的な）無効という結果になる。BGB254条の規律は，請求権の有効な発生を根拠付ける十分な基礎を形成しない」と述べる（Hans Christoph Grigoleit/Carsten Herresthal,BGB Allgemeiner Teil, 2006, Rn.460.）。なお，ヘッケルマン説は，契約が有効である場合の問題点も述べているが本稿では，省略する。

(94)　Heckelmann, a.a.O.(Fn.40), S.64.
　　ユンクスト説は，不可分給付が問題になる場合について，不明確さが生ずる具体例として，例えば，次のような例を挙げている。すなわち，「有限会社の業務執行者（Geschäftsführer）が，第三者に対して知りうるかたちで機械を故意に価格より非常に安く売却し，第三者が引き渡しを求めた場合，第三者は履行請求権を主張し，これに対して会社は，連邦通常裁判所の判例によれば，代理権の濫用を引き合いに出すことができる。本人が業務執行者を合法的に監督しなかったので濫用という事態になったのであれば，BGB254条が介入することとされる。機械の給付義務は可分のものではない。はっきりしないのは，どのように連邦通常裁判所がその種の給付の場合に共働過失（Mitverschulden）の考慮をなすのかである。第三者は引き渡し請求権が与えられるのか，それとも濫用の故に与えられないのか。……」（Vgl. Jüngst, a.a.O.(Fn.14), S.85.）。
　　ヘッケルマン説の給付の目的が不可分である場合に，実行できないという批判と同旨の批判をなすと解される説として，以下の諸説がある。Vgl. Herbert Wiedemann, Gesellschaftsrecht ein Lehrbuch des Unternehmens-und Verbandsrechts Band Ⅰ・Grundlagen, 1980, §10Ⅱ1(S.530f); Heymann/Sonnenschein/Weitemeyer, HGB, 2Aufl (1995), §50Rn.29（なお，ゾンネンシャイン／バイテマイヤー説は，「代理人の行為は代理権の範囲を考慮して有効か無効かでのみあり得る」ことも併せて理由として挙げる；Soergel/Leptien, a.a.O.(Fn.20), §177Rn.19; Medicus, a.a.O.(Fn.64), §5Rn.118.；Grigoleit/Herresthal, a.a.O.(Fn.93), Rn.460.；Claus-Wilhelm Canaris, Handelsrecht, 24., vollständig neu bearbeitete Auflage, 2006, §12Rn.42.
　　なお，シュミット説は，「履行請求権の賢明な分割は存在しない。BGB242条に基づく法効果の導出と金銭債務が問題となったという事実がBGHをしてこの誤った道に運んでいった……」旨の指摘をしている（Karsten Schmidt, Handelsrecht, 5. Auflage, 1999, §16Ⅲ4）。

第6章 本人に「有責性」ある場合の考慮

度，それに必要な給付遂行行為（Leistungsvollzugsgeschäft）の場合にも出され，代理権濫用は，両方の行為に等しく関係する」ことを指摘し，「物権の帰属（Zuordnung）に関して明確な関係を要求するまさに物権法において，「代理権濫用」という問題点のところでBGB254条を適用することは，不明確さへと帰着することが明らかになる」旨，述べる。そして，「第三者の取得が有効であるか，または否かということの確定だけが重要であるが，BGHの見解は，処分行為（Verfügungsgeschäften）の場合には，BGB254条による比較較量のもとで，持ち分（Bruchteilen）に従った所有権の取得へと帰着しなければならないであろう（！）」旨，述べている[95]。

(E) 加えて，ヘッケルマン説は，BGHが，「（本人の保護は，）全部または部分的にBGB242条によって問題となりえない」と述べ，「BGB254条の法思想は」「信義誠実の原則の特別な顕現」であると述べていることから，BGB242条（信義誠実の原則）にも依拠している旨を指摘した上で，「……なるほど，信義誠実の原則の顧慮の下では，履行請求権は部分的にのみ理由があるものと見なされることができるであろう」という理解を示すが，続けて，「その場合，契約が有効であることが前提とされなければならず，そして，原告に対して，原告に形式的に帰属する請求権の主張は，BGB242条によって部分的に拒絶されなければならない」という解決になることを示し，この解決に対して，「不可分給付の場合および物権法上の処分行為に関して，BGB254条の準用と同じく適切でない。不可分給付の場合には，請求権が存在するのかしないのかだけが問題となりうる。同じく物権法においては，取得が有効であるかまたは無効

---

[95] Heckelmann, a.a.O.(Fn.40), S.64. なお，ヘッケルマン説が，参照している（Heckelmann, a.a.O.(Fn.40), S.64. Anm.45）ヴェスターマン説は，物権法上の帰属問題にBGB242条の適用があるかに関し，概ね，「……今日，すべての物権法上の給付関係に242条を適用し，これに対して，帰属問題（Zuordnungsfragen）には適用しないことが支配的な見解とみなされうる。……」と（Westermann, Sachenrecht, 5. Auflage, 1966, S.11f）。このヘッケルマン説の批判にユンクスト説も賛意を表する（Vgl. Jüngst, a.a.O.(Fn.14), S.85f）。

この処分行為の際の問題点を考慮に入れて，タンク説が，BGB254条による損害の調整を「個々の事例がそれに適する限りで」のみなすことに賛成した（Gerhard Tank, a.a.O.(Fn.62) S.11）ことに対し，ユンクスト説は，「本人の有責な行為は，常に考慮されるべきか，または全く考慮されるべきでないか，のどちらかである。BGB254条がこのことを可能にしないのならば，この点に於て，その解決方法の疑わしさが明らかになる」と更に批判を加えている（Jüngst, a.a.O.(Fn.14), S.86.）。

であるかという判断だけが必要なのである」[96]と批判する。
　(F)　以上のように，ヘッケルマン説は，法的取引に関与する者の自由に基づく義務の内容及び範囲は，惹起及び過失について考慮する余地はないことなどを根拠に，法律行為による履行請求権へのBGB254条の類推は不可能であること，給付の目的が不可分である給付請求権を第三者が有する場合には実行できないこと，処分行為の場合に，BGB254条の適用は，物権の帰属に関して明確な関係を要求する物権法の要請に反すること，そして，BGHの解決はBGB242条にも依拠しているという理解を示した上で，BGB242条による解決に対してはBGB254条による解決に対すると同じ疑念が生じ，不可分給付の場合及び物権法上の処分行為に関して適合的でないこと等を指摘して，BGBの履行請求権の平面での過失相殺的処理を批判する[97]。
　(イ)　その他の学説からの批判
　以上に概観したヘッケルマン説による批判に多くの学説が賛意を表するが[98]，ヘッケルマン説が挙げる以外の根拠が，その他の批判説により挙げられている。以下に概観する。
　(A)　ミュンヘナー・コンメンタール第6版（2012年）のシュラム説は，概ね，「BGHが提案した，254条の法思想による本人と取引相手への濫用の危険の分配は拒絶されるべきである。法律行為の有効性が問題である限り，全体的な効果のみが可能である。なぜなら，履行請求権は不可分であるからである。損害賠償請求権についてのみ効力のある254条の準用における，たとえば，履行請求権の制限による有効部分及び無効部分への分裂は法体系的な疑念に遭遇する。履行請求権への254条の準用は判例及び学説において拒絶される……」旨[99]

---

(96)　Heckelmann, a.a.O.(Fn.40), S.64. 信義誠実の原則を根拠にすることに対する批判に賛意を表する説として，John, a.a.O.(Fn.92), S.362; Staudingers/Schilken, a.a.O.(Fn.19), 167Rn.104. ; Münchener Kommentar/Schramm, BGB: 6 Aufl, (2012), §164Rn.122.
(97)　以上，概観したBGH1968年3月25日判決に対する批判の後，ヘッケルマン説は2つの解決方法を提示している。Heckelmann, a.a.O.(Fn.40), S.64ff.〔補注〕本稿注(82)及び第Ⅲ編注(14)参照。
(98)　本稿注(92)，(93)，(94)及び(95)参照。
(99)　Münchener Kommentar/Schramm, a.a.O.(Fn.96), §164Rn.122.　同旨の見解として，シュトッフェルス (Stoffels) 説がある (Anwk-BGB/Stoffels, a.a.O.(Fn.92), §164Rn.94.)。ただし，「……履行請求権は，──それが，金銭の支払いに向けられていない場合，──通例 (regelmäßig)，不可分であり，法律行為の有効性 (Gültigkeit) は，全体的に (einheitlich) のみ評価されうる……」とあり，法律行為の効力が全体的にのみ評されね

第6章　本人に「有責性」ある場合の考慮

述べている。

　シュタウディンガー・コンメンタール（2009年）のシルケン（Eberhard Schilken）説は，「……254条の分配思想は，……履行請求権には適用されえない。履行請求権それ自体は，不可分のものであ」る[100]旨，述べる。

　これらの批判説は，概ね，「履行請求権」が不可分であることを根拠とする。これについて，特に詳しい理由は示されていない。なお，ヘッケルマン説は，前述のごとく，給付の目的が不可分である場合に，履行請求権の平面での過失相殺的処理は貫けないことを批判の根拠の1つとしている（本稿Ⅱ2(2)(ア)(C)参照）のであり，以上の2説と全く同一の根拠とは解されない。

　(B)　パルム（Palm）説は，「本人の共働過失は，BGH50, 114に反して，直接に254条により，考慮されえない。なぜなら，法律行為の有効性はそれに応じた分割を受け入れやすくないからである」[101]と述べ，また，ハーベルマイヤー説は，概ね，「……代理人の監督の懈怠（Vernachlässigung）は，場合によって，本人の保護の必要性が，代理人により締結された法律行為が有効であるという効果を伴って欠落するということに帰着しうる。本人の保護の必要性に応じて，法効果として，法律行為の有効又は無効が顧慮される。有効性はしかし，分割を受け入れやすくない……」[102]という見解を示し，いずれも，法律行為が分割を受け入れやすくないことを理由に履行請求権の平面での過失相殺的処理を批判する。

　(C)　ヒューブナー（Heinz Hübner）説は，BGH1968年3月25日判決を1974年の論文で，「……履行請求権を損害賠償請求権と混淆すること（Verquickung）は単に体系に反するばかりでなく，長期にわたった発展において作り出された信頼保護の領域における解決を破棄するものである……」[103]と批判していた。

　　ばならないのは，金銭請求権以外の場合に限られるとも読める（Anwalt Kommentarの継続版であるNomos Kommentarにも，同様の記述がある。Vgl. NK-BGB/Stoffels (2012) §164Rn.94.)。
(100)　Staudingers Kommentar/Schilken, a.a.O.(Fn.19), §167Rn.104. この他の点についても批判を加えていることについては，前掲・注(92), (96)参照。
(101)　Ermann/Palm, BGB, 11. Aufl, 2004, §167Rn.50.
(102)　Bamberger/Roth/Habermeier: Kommentar zum Bürgerlichen Gesetzbuch, Bd. 1, 2. Auflage, 2007, §167Rn.52. 同様に，法律行為が分割できないことを理由に批判する説として，Vgl. PWW/Frensch, 2006, §164Rn.72.
(103)　Heinz Hübner, Die Prokura als formalisiertrer Vertrauensschutz——zugleich eine kritische Würdigung von BGHZ 50, 112ff., in: Festschrift für Ernst Klingmüller, 1974,

その後のBGBの教科書で，更に，「……242条を経る（über）解決は，更に，本人の共働過失を考慮することを承認すべきである。……この場合において，場合によっては，損害の分配へと帰着すべきである（vgl. BGHZ50, 112, 115）」という見解を示しつつも，「損害の分配の事実上の困難は別として，可分給付の場合でさえ，明確さ（Klarheit）という理由から，法律行為の有効または無効は受け入れられなければならない」と述べていることから，結論として，可分給付の場合でも「明確さ」を根拠に「全か無か」の解決に賛意を表していると解される[104]。

(D) 商法領域の学説として，ユンクスト説は，機関代理権（organschaftliche Vertretungsmacht）の濫用について考察をしているが，履行請求権の平面での過失相殺的処理への批判と解される部分を中心に[105]概観すれば以下のとおりである。すなわち，ユンクスト説は，ヘッケルマン説と同旨の批判をするほか[106]，「法律行為的行為が，本人について利益および不利益に効力を生ずるかどうかについてもっぱら基準となるのは，代表機関の代表権と第三者のこれに対する保護に値する信頼とである」（S.92）と述べ，この観点から第三者保護のために，本人の過失の考慮をなすことが不必要である旨を詳細に論証している。

すなわち，「法秩序が法的取引における信頼保護を認める限りでは，法秩序

S.183. なお本文で引用した前の箇所で，ヒューブナーは，「……利益較量の不確実性（Unsicherheit）は，場合によっては，信頼する第三者（der vertrauenden Dritten）の側でも，主観的な構成要素が非常に重大な注意違反（Sorgfaltsverstoß）を示し，その結果，法律により予め規定された保護効ももはや正当化されないように見えるところでは甘受されうるであろう。その場合，法律行為的効力が問題とならなければ，契約締結上の過失責任に基づく第三者の請求権が考えられうるであろう。これは，けれども給付領域の範囲外にあるであろう（そして信頼利益の喪失による損害の範囲内にある）。；この二次的な領域（Sekundärbereich）においてのみBGB254条による損害の分配が考慮されうるであろう。……」と述べている。以上の記述からヒューブナー説は契約締結上の過失責任に基づく損害賠償請求権の平面での過失相殺的処理に賛意を評していると解される。

(104) Heinz Hübner, Allgemeiner Teil des Bürgerlichen Gesetzbuches., 2. neubearb. Aufl. 1996, §49 Rn.1302.
(105) Jünget, a.a.O.(Fn.14), S.84-94. 本稿の本文中でユンクスト説を引用する際，示す頁数は，前掲ユンクスト説の著書の頁である。ユンクスト説の概観については，以前，拙稿で行った（拙稿・前掲注(7)165-168頁参照）。本稿では，本稿のテーマに即し，履行請求権の平面での過失相殺的処理への批判部分を中心に，再度，概観する。
(106) ユンクスト説がヘッケルマン説と同旨の批判をしていることについては，本稿注(92)，(94)，(95)参照。

は明確な境界線を引き，中間的解決（Zwischenlösungen）を避けるということも注目されなければならない」旨，述べ，例えばBGB932条における取得者が，悪意であったのみならず，たとえば所有権者もまた，無権利者によるその譲渡を共に引き起こした（mitverursacht hat）かどうかということは，法的確実性の原理から全く顧慮されなくてもよいこと[107]などを例として挙げ，その上で，「第三者の信頼が保護されるべきかどうかの問題は，信頼要件を信頼する者の視点からのみ審査される」（S.93）と述べている。そして，「たとえば，利害関係人の共働過失のような，ある事例の特別の諸事情は，その特別の諸事情が，第三者の信頼に影響を及ぼすのに適する限度でのみ影響を及ぼす」という見解を示す。

以上のことから，「取引相手に，機関が故意に会社の損失になるように行為をしているということが，あからさまに疑念として湧き出てこない限りでは，代理人の行為は，本人の利益・不利益に法効果を取得し，これに反して，濫用の諸要件がある場合には，法律行為に基づく請求権の主張に濫用の異議が対抗するが，たとえば本人に，監督上の過失（Kontrollverschulden）があるか否かはこれに関しては問題ではない」旨の見解を示す。

そして，「この解決は，「硬直した全か無か（starres Alles oder Nichts）」を何ら意味するものではなく，明確に境界線を引くことは，法的取引における信頼保護の特徴であり，権利の外観は，第三者が信頼して良いほど強力であるか，否かのいずれかである」という見解を示す。

ユンクスト説は，更に，「本人の，監督上の過失（Aufsichtsverschulden）の存在は完全に評価外に留まるものではなく，……いかなる監督行動も機関に対してなされていないことを第三者が認識している場合には，第三者は，本人が代理人の具体的な行動を無制限に認容し（dulden），かつ承認（billigen）して

---

(107) ユンクスト説は，BGB892条1項1文（登記簿の公信力），HGB15条3項（商業登記簿の真正への信頼保護）の例なども挙げている（Jüngst, a.a.O.(Fn.14), S.92f）。本文中のBGB932条（無権利者からの善意取得）は，「①929条（物権的合意と引渡）により生じた譲渡によって，取得者は，物が譲渡人に属さないときにも，所有者となるが，取得者が本条の規定によれば取得するであろう時点で善意でないときは，このかぎりでない。しかし，これは，929条（物権的合意と引渡）2文の場合においては，取得者が譲渡人から占有を得たときのみ，適用される。②取得者は，物が譲渡人に属さないことを知っているとき，または重大な過失で知らなかったときには，善意ではない」というものである（BGB932条の訳は，デイーター・ライポルト原著〔円谷峻訳〕・前掲注(67) 476頁による）。

いることをおそらく信頼することができ，相手方から見て，故意に損害を与える代理行為ではないかという疑念が，この場合には，場合によっては，生じない。この場合には濫用の異議は排除される」(S.93f) という旨の見解を示している。

更に，ユンクスト説は，機関代理権の領域の特殊性による問題を指摘している。すなわち，この場合，法律行為により与えられた任意代理権の場合とは違って，本人の自分自身の監督上の過失（ein eigenes Aufsichtsverschulden）を想定するのは，より困難であることを指摘する。すなわち，会社法における機関代理の場合は，本人は，法人もしくは，これに類似する合名会社または合資会社であるが，法人そのもの（Die juristische Person als solche）は，固有の監督またはコントロール義務（eigene Aufsichts-oder Kontrollpflicht）に違反することは不可能であること，法律により明文をもって代理機関の監督が割り当てられ，その義務違反が会社に帰せしめられうる機関が欠けている場合についての実際的な困難さが指摘されている[108]。

(E) ヨーン説は，履行請求権の平面での過失相殺的処理の実際的な難点として，機関代理の場合を念頭に置きつつ，損害賠償法上の規定であるBGB254条を代理法上の問題へ適用することについて，ヘッケルマン説とほぼ同旨の批判をするほか[109]，概ね次のように批判する。すなわち，前述のBGH1968年3月25日の判決の場合，「……このような効果の分割は，代理人が権限の濫用のもとで第三者に物を求める請求権（ein Anspruch auf eine Sache）または請負仕事をすること（Werkleistung）を求める請求権を与えた場合には，どのように行われるべきか。第三者はその場合，この給付を一部のみ得るべきか」[110]など述べ，請負契約の場合の不都合などを指摘する。

(F) 更に，商法領域の学説に，代理法（Vertretungsrecht）においては，リスクの分配を許容しない，いわゆる「全か無か原理（Alles-oder-nichts-Prinzip）」が妥当することを理由にBGH1968年3月25日判決の見解に異を唱える説が

---

(108) ユンクスト説は，1981年当時の法状況においてであるが，「……合名会社，合資会社および監査役会を欠く有限会社の場合には……法律により明文をもって代表機関の監督が割り当てられ，その義務違反が会社に帰せしめられうる機関が欠けているのである。しかし，考えられるのは，他の社員または社員総会による代表機関の監督に関してである」旨の記述をしている（Jüngst, a.a.O.(Fn.14), S.86）。
(109) John, a.a.O.(Fn.92), S.362. 本稿注(92)，(96)参照。
(110) John, a.a.O.(Fn.92), S.362.

存在する(111)。

(G) なお，近時，ヴェッダー（Vedder）説によっても信頼保護と「全か無か原理」の結びつきが示されている。すなわち，ヴェッダー説は，おおむね，「……信頼保護は，まさに過失の比較考量（Verschuldensabwägung）の帰結としてではなく，取引相手は意思表示の有効性を信頼してよかったという唯一の要件の下で与えられる。それゆえ，更に，必然的に》全か無か原理（Alles-oder-Nichts-Prinzip）《による任意代理権授与者の責任ということになる。なぜなら，信頼は保護に値するか否かであるからである……」等と述べ，任意代理権授与者の個人的な過失は取引相手の有利になるような責任の拡張へと帰着しない旨，述べている(112)。

(H) 以上に概観したほか，フルーメ説は，過失相殺的処理について，注の中で，「連邦通常裁判所は民法254条の適用により本人と第三者との過失を狙う。これには従えない。」(113)(114)と簡潔に述べるのみである。

---

(111) MünchkommHGB（3.Aufl）/Krebs（2010）Vor§48Rn.73.
(112) Karl Christian Vedder, Missbrauch der Vertretungsmacht: Der Schutz der Selbstbestimmung durch die Anfechtbarkeit vorsätzlich interessenwidriger Vertretergeschäfte. 2007, S.67f. ヴェッダー説については，既に，臼井豊説が詳細な研究において紹介・検討されている。（臼井豊「代理権濫用法理に関する序章的考察──ヴェッダー（Vedder）による「本人の利益状況分析アプローチ」を中心に──」立命館法学329号27頁以下（2010）参照）。ヴェッダー説の全体の概観を踏まえた上での履行請求権の平面での過失相殺的処理に関するヴェッダー説についての，より詳細な検討については，他日に期したい。
(113) Vgl. Werner Flume, a.a.O.(Fn.35), S.788Anm.25. 拙稿「代理権濫用と相手方保護範囲」椿寿夫＝伊藤進編『代理の研究』350頁（日本評論社，2011）〔本書第Ⅱ編第3章Ⅱ2(1)〕参照。
(114) なお，ラーレンツ／ヴォルフ説は，代理権濫用項目の中の損害賠償請求権（本人の取引相手に対するそれ）という小項目で，概ね，「……取引相手に対する損害賠償請求権は，例えば刑法（StGB）263条とともに823条2項に基づいて，又は826条に基づいて，発生しうる。更に，損害賠償請求権は，契約交渉の際の過失を理由として，または，すでに，債務関係が成立している場合には，積極的な契約侵害に基づいて可能である。それらは，けれども，取引相手の故意の行為に限定される。代理権濫用を過失により認識しない取引相手の責任は，代理権における信頼保護及び取引における法的安定性をあまりにも強力に危険に陥れるであろう。連邦通常裁判所はそれゆえ，正当にも次のようなことを前提とする。すなわち，このような損害賠償請求権は次のような場合にのみ考慮される。すなわち，代理権濫用がはっきりしている（offenkundig）場合である……。連邦通常裁判所がなすような……，254条による損害の分配は，これに対して適切ではない。……」と述べている(Karl Larenz/Manfred Wolf, a.a.O.(Fn.27), §46Rn.144

(ウ) 判例に対する批判の小括

以上に，概観したように，わけても，ヘッケルマン説が，履行請求権の平面での過失相殺的処理に詳細に批判を加えている。このヘッケルマン説による批判を支持する説は現在に至るまで少なからず存在し[115]，ヘッケルマン説が現在に至る学説に大きな影響を与えていることは否定できないであろう。更にヘッケルマン説以外の説からも，諸々の理由が挙げられ，批判されている。例えば，履行請求権の不可分性（シュラム説，シリケン説），法律行為の不可分性（パルム説，ハーベルマイヤー説），明確さ（Klarheit）を根拠とする「全か無か」解決の必要性（ヒューブナー説）などである。また，法的取引における信頼保護の特徴（ユンクスト説），信頼保護と「全か無か原理」の結びつき（ヴェッダー説）なども理由として挙げられている。更に，実際的な難点として，ヘッケルマン説が挙げる以外の点として，機関代理権の領域の特殊性（ユンクスト説）や，請負契約の場合等の不都合（ヨーン説）なども挙げられている。

Ⅲ　おわりに

1　履行請求権の平面での過失相殺的処理に関して，その可能性を示すBGH1968年3月25日判決は以上に概観したように，学説から様々に批判されているものの，この判決の趣旨は，代理権濫用事例以外の領域である小切手担保証の濫用的な使用の事例について準用されている[116]。また，この判決は，批判されながらも現今の代表的なコンメンタール，教科書等で代理権濫用と履行

(S.866)）。

(115)　本稿注(92)，(93)，(94)，(95)，(96)参照。

(116)　代理権濫用に関する規律が小切手担保証の濫用的行使の場合にも準用されることになっている（Vgl. AnwK-BGB/Stoffels, a.a.O.(Fn.92), §164Rn.95.；NK-BGB/Stoffels, a.a.O.(Fn.99), §164Rn.95.)。この準用に関するBGHの判例として，BGH1975.3.6 BGHZ64, 79がある。これは，小切手担保証（Scheck-karte）の濫用的な使用の事例である。この判決において，「……この場合において，BGB254条の法思想は，取引の不利となる効果を小切手受取人と銀行とに双方の側に存在する過失に従い分割することに帰着しなければならないであろう（vgl. BGHZ50, 112, 124)」という判断がBGH1968年3月25日判決を引用しつつ示されている（他に小切手担保証に関する判例として，学説において，BGHZ83, 28, 33; NJW1982, 1513, 1514が挙げられている（Vgl. AnwK-BGB/Stoffels, a.a.O.(Fn.92), §164Rn.95Anm.291; NK-BGB/Stoffels, a.a.O.(Fn.99), §164Rn.95Anm.300.）。

第6章 本人に「有責性」ある場合の考慮

請求権の平面での過失相殺的処理の判例として第1に，引用されている[117]。

2　しかし，以上に概観したように，ドイツにおける諸学説からBGHの判決に対して，BGB254条は履行請求権へ適用できるかという問題，処分行為の場合にBGB254条を適用することは，物権の帰属に関して明確な関係を要求する物権法の要請に反するのではないかという問題，BGB254条の適用は，代理法の領域，更には，信頼保護における「全か無か原理」に反するということ等が批判として出されている。実際的な問題としては不可分給付の場合にどのように解決するのかという問題，請負契約の場合どのように解決するのかという問題，機関代理権の領域の特殊性の問題なども批判として出されている。

3　以上のような，ドイツにおける代理権濫用と履行請求権の平面での過失相殺的処理に関する判例の状況そしてこれに対する学説からの批判等を踏まえ，現時点で，この代理権濫用における履行請求権の平面での過失相殺的処理というテーマについての検討課題を示せば以下の通りであると考えている。すなわち，まず第一に，BGH1968年3月25日判決の「本人が必要な監督を怠った(der Vertretne die gebotene Kontrolle des Vertreters unterlassen hat) ために，代理権濫用という事態に至った」(BGHZ50, 114)という表現をみると，この判決で，本人の代理人に対する「監督義務」というものが想定されているか否か，そして，その内容については，なお，検討の余地があるのではなかろうかということである。そして，もし，代理人に対する本人の「監督義務」が肯定されるとすれば，その「監督義務」は，本人・代理人間の委任契約のような内部関係から生ずるものであるのか，あるいは，代理権授与行為に伴うものであるのか，あるいは信義誠実の原則に基づくものであるのかなどが検討されなければならないであろう。

4　また，過失相殺的処理の順序として，まず履行請求権の平面での処理の可能性がまず検討されるべきであろう。その際には，学説からBGH1968年3月25日判決等に向けられた上述の批判を考慮に入れ，BGB254条は履行請求権へ適用できるかという問題，処分行為の場合にBGB254条を適用することは，物権の帰属に関して明確な関係を要求する物権法の要請に反するのではないかという問題等が検討されるべきであろう。そして，代理法の領域，更には，信頼保護における「全か無か原理」との関係なども検討されなければならない

---

(117)　Münchener Kommentar/Schramm, a.a.O.(Fn.96), §164Rn.122Anm.406；
Staudingers Kommentar/Schilken, a.a.O.(Fn.19), §167Rn.104.

であろう。また，法律行為の一部無効法理との関係などの検討も必要になろう。実際的な問題としては不可分給付の場合にどのように解決するのかという問題，請負契約の場合どのように解決するのか，法人代表において，どの機関に代表者に対する「監督義務」を負わせるのかという問題などが検討されるべきことになろう[118]。

5　履行請求権の平面での過失相殺的処理が不可能な場合には損害賠償請求権の平面での過失相殺的処理が行われる可能性もある。このような場合の解決の参考になるものとして，ドイツの判例・学説には，契約締結上の過失責任に基づく損害賠償請求権の平面での過失相殺的処理を行うものが存在する[119]。これらの説の詳細な紹介，検討も必要である。今後は，以上の検討課題について，引き続き検討を加えていく予定である。

　　（初出：本章第1節Ⅰ～Ⅱ1：2010年5月；本章第1節Ⅱ2～2(1)：2011年9月；
　　　　　　本章第1節Ⅱ2(2)：2012年5月）　なお，初出一覧参照。

---

[118]　伊藤進説は，代理権濫用と過失相殺的処理の問題に関し，「履行責任での過失相殺的処理について，可分給付の場合は可能であるが，不可分給付や処分給付，あるいは役務提供給付の場合，過失相殺的処理に適するものかどうか問題になる」旨，述べられ，問題点を示された上で，「今日，契約責任における過失相殺的処理の主張が多々みられることから，一般論としての議論が求められる，この点の検討は今後，詰められなければならない課題である」と述べられ，履行責任での過失相殺的処理についての一般論としての議論の必要性を示される。更に，「ここでは，損害賠償上の処理に転化することによって処理できる可能性のあることから，直ちに否定すべきではないであろう」という見解も示されている（伊藤進・前掲注(38)608頁参照。

[119]　ドイツにおける契約締結上の過失責任に基づく損害賠償請求権の平面での過失相殺的処理を行う説について，青野・前掲注(5)39頁以下参照。わが国にも，すでに損害賠償請求権の平面で過失相殺的処理を行う説が存在する（青野・前掲注(5)40頁以下，中島・前掲注(13)79頁以下参照。更に，「履行請求権の平面での過失相殺的処理を行う見解（拙稿・前掲注(113)354頁以下参照）には，たとえ部分的にであっても，実質的には本人の過失だけを根拠に代理行為の効果帰属を認めることになるから，従えず，本人の過失に基づく損害賠償請求を相手方に認める解決方法の方が，相手方の賠償請求に対して，本人は相手方にも重過失があることを理由に過失相殺を主張できるから，理論的な問題に妨げられることなく当事者の公平を図り得る」旨述べ，損害賠償請求権の平面での過失相殺的処理に賛意を表する見解がある（溝渕将章「代理権濫用における本人保護の法的構造（3・完）——ドイツ法の展開を手がかりに——」阪大法学61巻6号182頁以下（2012）参照）。〔補注〕ドイツにおける損害賠償請求権の平面での過失相殺に関する学説状況については，本書第Ⅲ編総括注(14)参照。

第6章 本人に「有責性」ある場合の考慮

第2節 代理権濫用論における履行請求権の平面での「柔軟な解決」肯定説の概観──タンク説及びメルテンス説を中心に──

I はじめに

　代理権濫用とは，形式的には，授与された代理権の範囲内ではあるが，代理人が，故意に[1]本人の利益に反し，従って，本人の意思に反する[2]代理行為をいうと解する。代理権濫用の場合，これを「知りえた」相手方から本人に対する代理行為に基づく履行請求権の行使は拒まれる。この履行請求権行使拒絶のための法的構成が代理権濫用論[3]である。この理論については，我が国において多様であるが，いずれの法的構成の根底にも，代理人の背任的意図について相手方が「知りうべき」であるにもかかわらず，代理人と代理行為をなし，その効果を本人に主張することが信義則に反するという「基本的判断」があると思われる[4]。

　しかし，本人が一定事項につき，代理人に代理権を授与したが，その後，本人が代理人に対する監督措置をとる機会があったにもかかわらず，代理人に対する必要な監督をしなかったために，代理人が，本人の損失になるような代理行為を故意に行うに至ったのだという場合に，監督措置をとらなかった本人が，相手方からの代理行為に基づく履行請求権の行使を「全部」拒むという態度もまた，事情によっては，信義誠実の原則（民法1条2項）に反するという判断もなされうる。

　本人に，代理人に対する監督措置不作為が非難に値するという「有責性」があり，相手方にも，代理人との行為時に代理権濫用を知りえたのに代理人と代

---

(1) 代理権濫用につき，代理人に背任的意図の様な主観的要件が必要であるか否かにつき，検討したものとして，拙稿「代理権の客観的濫用に関する一考察」獨協法学46号233頁以下（1998）〔本書第II編第5章所収〕，臼井豊「代理権濫用法理に関する序論的考察」立命329号27頁以下（2010）ほか参照。

(2) 代理権濫用は，本人の意思に反する行為であることについて，さしあたり，拙稿「ドイツ代理法」椿寿夫＝伊藤進編『代理の研究』613頁（日本評論社，2011）〔本書第I編第1章III〕，拙稿「キップの代理権濫用論の検討」『中四国法政学会誌』第2号33頁（2011）参照。

(3) 代理権濫用論については，さしあたり，拙稿「代理論史」水本浩＝平井一雄編『日本民法学史・各論』41頁以下（信山社，1997）〔本書第II編第1章所収〕参照。

(4) この基本的判断については，拙稿・前掲注(1)276頁〔本書第II編第5章IV 2(3)〕参照。

理行為を行ったという「有責性」がある場合に,「全か無か(all or nothing)」的解決を避けるべきであるという判断もありうる。これに関しては,ドイツの連邦通常裁判所(BGH)1968年3月25日判決(BGHZ50, 112ff)[5]が,履行請求権の平面での「過失相殺的処理」[6]を行い,本人と相手方との「過失」割合に応じ,相手方の履行請求権を一部,(または全部)認める解決をなす可能性を示した。この判決に言及し,任意代理人に対する本人の非難に値する監督措置不作為の存否についての判断を示したのがBGH1999年6月29日判決(NJW1999, 2883f)であり,実際に履行請求権の平面で「過失相殺的処理」がなされたと解されるのがOLG München1995年4月25日判決(OLGR München 1995, 133f)である[7]。

---

(5) この判例については,青野博之「代理権の濫用と過失相殺的処理——西ドイツ・連邦裁判所1968年3月25日判決を参照して——」判タ671号38頁(1988),伊藤進『代理法理の探求』553頁(日本評論社,2011),福永礼治「代理権の濫用に関する一試論(一)」上智法論22巻2号155頁以下(1978),拙稿「代理権限濫用行為と過失相殺——本人に監督義務違反ある場合——」獨協法学37号153頁以下(1993),吉川吉樹『履行請求権と損害軽減義務 履行期前の履行拒絶に関する考察』268頁以下(東京大学出版会,2010)他参照。なお,吉川説は,ドイツにおける履行請求権へのBGB254条の適用可能性をめぐる諸議論の一環としてBGH1968年3月25日判決を紹介・検討されている。〔補注〕BGH1968年3月25日判決については,本章第1節Ⅱ2(1)(ア)参照。

(6) 損害賠償請求権に関するBGB254条を履行請求権へ(類推)適用して「柔軟な解決」を図る手法を本稿では「過失相殺的処理」と呼ぶことにする。この語は,青野博之説が,青野・前掲注(5)論文で用いられている。

(7) BGH1968年3月25日判決と併せて本文中に示したBGH1999年6月29日判決及びOLG München1995年4月25日判決を概観し,BGH1968年3月25日判決に対し,代理権濫用論の領域において向けられている批判を概観して,これらの判例の「過失相殺的処理」が有する理論的・実際的問題を拙稿で示した(拙稿「ドイツにおける代理権濫用と過失相殺的処理に関する判例の概観(1),(2),(3・完)——代理権濫用と過失相殺的処理再論序説——」下関市立大学論集54巻1号19-26頁(2010),55巻2号13-25頁14-16頁(2011),56巻1号17-26頁(2012)参照)。〔本章第1節参照〕

なお,BGH1968年3月25日判決は,「……本人が,代理人に対する必要な監督をしなかったために,代理権の濫用という事態に至りえたことを契約相手が証明しえた場合には,本人の保護は全部または一部,BGB242条により失われる。……」(BGHZ50, 114)と述べている。この判決は,本人と相手方双方に「過失」ある場合,場合によっては,相手方に「過失」があるにもかかわらず,本人の「過失」を重く見て,相手方が100％保護されることがありうることを示す。

学説において,フィッシャー,ティエレ,ユンクスト,レプティーエン,シュラム説等も,それぞれ法的構成は異なるが,同様に,本人に監督措置不作為ある場合,場合によっては,100％相手方が保護されることがありうることを認める見解である(拙稿・

第6章　本人に「有責性」ある場合の考慮

このような判例と同旨と解される学説が，ドイツに，少数であるが，存在する。これらの学説は，やや，年月を経てはいるが，本稿のテーマに関し，検討が必須の重要な説であるにもかかわらず，我が国において，簡単に言及されることはあるが，全体的な概要が明らかにされていない(8)。そこで，本稿で，これらの説を概観，整理し，我が国における，本人と相手方，双方の「有責性」に着目した，履行請求権の平面での「柔軟な解決」の可能性を探るための基礎的な資料としたい。

本稿では，タンク（Gerhard Tank）説，メルテンス（Hans-Joachim Mertens）説を主として，概観する。タンク説は，「代理権と処分権限（Verfügungsbefugnis）の濫用」というテーマで，BGH1968年3月25日判決が出た翌年である1969年に論文を公刊している(9)。公刊後，かなり年月を経ているが，現在においてもドイツにおいて代理権濫用論に関する著書，コンメンタール，教科書等多くの文献により，BGH1968年3月25日判決と同旨の説として紹介されている。履行請求権の平面での「過失相殺的処理」などにより「柔軟な解決」をなすことを肯定する学説は少数であるが，その中にあって，タンク説は，相手方要件，代理人の主観的要件等の問題も併せて検討を加えている。本人に「有責性」ある場合についての記述は多くはないが，代理権濫用論をめぐる主要な論点とあわせて総合的に検討を加えているという意味で，代理権濫用における「柔軟な

前掲「ドイツにおける代理権濫用と過失相殺的処理に関する判例の概観(2)」24頁注(29)〔本章第1節注(66)〕参照）。これらの説は，個々の行為から発生する履行請求権を分割することによる「柔軟な解決」ではないが，例えば，ユンクスト説が自ら，「本人の，監督上の過失の存在は完全に評価外に留まるものではない……いかなる監督行動も機関になされていないことを第三者が認識している場合には，第三者は，本人が代理人の具体的な行動を無制限に黙認し，かつ同意（billigen）していることをおそらく信頼することができる。相手方から見て，故意に損害を与える代理行為ではないかという疑念が，この場合には，場合によっては，生じない。この場合には濫用の異議は排除される」と言うように，本人の事情を濫用の抗弁の成否にかからせるものであると解される（Vgl. Ulrich Jüngst, Der Mißbrauch organschaftlicher Vertretungsmacht, S. 93f. ユンクストの見解については，拙稿・前掲注(5)165頁以下及び拙稿・前掲注(7)の（3・完）19頁以下〔本章第1節Ⅱ2(2)(イ)(D)〕参照）。

(8) タンク説については，拙稿で，客観的濫用について検討する際，その角度から，若干の検討はした（拙稿・前掲注(1)242頁以下〔第Ⅱ編第5章Ⅱ2(1)〕参照）。その他，青野説も論文中で引用している（青野・前掲注(5)41頁注(5)参照）。

(9) Gerhard Tank, Der Mißbrauch von Vertretungsmacht und Verfügungsbefugnis, in : NJW1969, S.6ff. なお，タンク説を概観する際，本稿で示すドイツの法律の条文は，タンク説公刊時（1969）のものである。

273

解決」を探る際には，検討が必須な重要文献であると解される。そして，メルテンス説は，ユンクスト説[10]などにより批判を受けながらも，現在の我が国における解釈論の参考となしうる重要な説であると思われる。以上の2説を主として，以下で，順次概観，整理する。

II　タンク（Tank）説

1　代理権濫用論の前提問題

(1)　相手方保護法理

タンク説は，論文の冒頭で，「法律に基づいて，または法律行為に基づいて代理する者，または権利を他人に自己の名をもって処分する者の取引相手は，他方当事者の内部関係を配慮する必要がないことは，我々の法生活上の原則である。代理権および処分権能（Verfügungsbefugnis）の範囲について確認することで一般的には十分なのである。他人の名で行為をし，または，他人の権利を処分する者が内部関係において制限に服する場合には，代理人または他人の権利を処分する者が，内部関係において設定された制限を踰越しても，原則として，締結された取引の有効性が侵害されることはない。外部関係において存在する権能は無因的（abstrakt）なものであると見なされるのが常である……」[11]と述べ，法定代理，任意代理などにおける相手方保護法理について，自己の見解を示している。

すなわち，タンク説は，代理権及び処分権能の範囲について相手方が確認することで十分であり，また，代理権及び処分権の内部関係における制限踰越は，原則として取引の有効性に影響を与えないという立場に立つことを明らかにしている。この立場は，ラーバント説[12]に由来する「代理権の無因性」概念を踏まえたものであると解される。

(2)　代理権の範囲・代理権の制限の問題

タンク説は，両親（Eltern），後見人（Vormund），遺言執行者

---

(10)　Vgl. Ulrich Jüngst, a.a.O.(Fn.7), S. 93.
(11)　Tank, a.a.O.(Fn.9), S. 6.
(12)　Paul Laband, Die Stellvertretung bei dem Abschluss von Rechtsgeschäften Nach dem allgemeinen Deutschen Handelsgesetzbuch, in : ZHR, 10. Band, S.203ff. Laband の理論については，高橋三知雄『代理理論の研究』170-175頁（有斐閣，1976）他参照。

第6章　本人に「有責性」ある場合の考慮

(Testamentsvollstrecker)，株式会社の取締役会，有限会社の業務執行機関(Geschäftsführung)については，部分的に多数の法律上の制限が存在することは別として，代理権及び処分権能は，完全に無制限であることが一般的に認められているが，HGBの人的会社の状況は，一義的ではないという[13]。

そして，本稿のテーマである代理権濫用論を検討する前提問題として，当時のHGB上の会社等における代理権の範囲・代理権の制限の問題について詳しく検討している。代理権濫用論を検討の対象とする本稿では，代理権・代表権の範囲と制限についてタンク説が検討する部分[14]の概観は割愛する。しかし，タンク説が代理権の制限の問題として取り上げている諸問題のうち一つを例として挙げれば，例えば，社団の目的（Vereinszweck）による代表権の範囲の制限について，理事会（Vorstand）の代表権が，知りうる（erkennbar）社団の目的によって対象的に（gegenständlich）制限されているとする見解に対しては，このような見解は実際的ではなく，利害関係人の利益という観点からも必要ではないと批判し，「……理事会が社団の目的の範囲外で行為をした事案は，代表権の濫用に関する原理の適用によって事物に適った解決へと導かれうるのである。つまり代表権に関する疑わしい制限を採用することは余計なことなのである。能力外の理論は，社団法においても受け入れられるべきではない。……」[15]という見解を示し，社団の目的は理事会の代表権を制限せず，従って，理事会の目的外の行為は代表権濫用の問題となる旨の見解を示している。

2　代理権濫用論

(1)　代理人と相手方との共同（Zusammenwirken）の事案

続いて，代理権濫用の問題の検討へとタンク説は進む。「……代理人が本人の損失において行為をした危険を原則として本人が負うが，判例および学説は

---

(13)　Vgl. Tank, a.a.O.(Fn.9), S.6.
(14)　タンク説が，代理権濫用を検討する前提問題として，当時のHGB上の人的会社等における代理権の範囲・代理権の制限の問題について検討している例として，本文中に挙げたもののほか，例えば，第三者への会社事業（Unternehmens der Gesellschaft）の売却，事業全体の賃貸（Verpachtung des Unternehmens in ganzen）は，個人的に責任を負う社員の代理権の範囲外か，などというような問題などが検討されている。検討の結果，代表権（代理権）の範囲内とされた行為が，代理権や処分権限の濫用の問題となる（Vgl. Tank, a.a.O.(Fn.9), S.6f.）。
(15)　Tank, a.a.O.(Fn.9), S.8.

275

多くの事例において例外を認め，代理権が濫用された場合には，取引相手は一定の要件のもとに代理権の存在を引き合いに出すことは出来ない」旨，述べ，まず，本人の損失になるように代理人と取引相手とが故意に共同する事案において，契約はBGB138条により無効であるとする(16)。

(2) 相手方の要件

タンク説は，第三者の意識的な共同，つまり，第三者の故意が必要であるという見解が存在していたことに対し，適切ではないと述べる。しかし，「……本人の損失になる行為または他人の名前で権利が処分される者の (dessen) 損失になる行為であることについての過失ある不認識が，BGB242条に基づく抗弁 (Einwand) を根拠づけることは，自明のことであるとは思われない」と述べ，「信頼は法的取引において様々に強力に保護される。一部，権利滅却的 (rechtsvernichtend) な諸事情についての積極的な認識 (positive Kenntnis) のみが不利益になり (BGB892条)(17)，一部，すでに重過失が (BGB932条)(18)，一

---

(16) Tank, a.a.(Fn.9), S.8. BGB138条は，善良な風俗に違反する法律行為，暴利行為に関する条文であり，「(1)善良な風俗に違反する法律行為は，無効である。(2)とくに，ある者が他人の急迫，無経験，判断能力の欠如または意思の重大な薄弱に乗じて，自らまたは第三者に，給付と対立した不均衡にある財産的に有利な給付について約束または保証させる法律行為は，無効である」というものである（訳については，デイーター・ライポルト著 円谷峻訳『ドイツ民法総論』455頁 (成文堂，2008) 参照）。

なお，タンク説等，ドイツの代理法の文献では，代理行為の相手方を第三者 (Dritte) で表すことが多い。本稿で，原典が，der Dritte と表記している場合，原則として，「相手方」と訳さず，原典に忠実に「第三者」と訳す。それ故，「相手方」と「第三者」という訳語が混在することについて，ご容赦願う。なお，以上の点に関し，中田邦博「ヨーロッパ代理法」椿寿夫＝伊藤進『代理の研究』623頁以下（日本評論社，2011）参照。

(17) BGB892条は，登記簿の公信力に関する条文である。すなわち，「不動産登記簿の内容は，法律行為によって，不動産物権またはその権利上の権利を取得したる者の利益のために，これを正当なものとみなす。ただし，正当なることに対し，異議の登記あるかまたは取得者がその正当ならざることを知りたるときは，この限りにあらず。……」と規定される（条文の訳については，神戸大学外国法研究会編『現代外国法典叢書(3) 独逸民法〔Ⅲ〕物権法』58頁以下（有斐閣，昭30）を参照したが，ひらがな表記にするなどした）。なお，BGB892条の要件として「善意」が問題となるが，取得者が登記が正当でないことを消極的に知らないことで足り，積極的に信頼したことを必要としないとされ，また，重過失も妨げとならず，善意は，登記自体の正当性のみに関し，不正の原因たる事実の知・不知は問題とならないとされる（神戸大学外国法研究会編・前掲書60頁参照）。

(18) BGB932条は，無権利者からの，善意取得の条文である。すなわち，「(1)929条（物

部，（例えば，債権または代理権の存続に対する）信頼はそもそも正当な評価がされない」とする。そして，「どこまで広く信頼が及ぶかは，信頼の特定の接点（いとぐち）（Anknüpfungspunkt）に依存し，物権的な法状態と登記簿への登記との間の食い違いは，動産の場合の占有と所有権との食い違いよりもはるかに稀であるから，土地登記簿への登記は，正当にも動産の場合の占有よりも高く評価される」[19]とする。

このように，信頼保護の範囲は，信頼の接点（いとぐち）に依存するという観点を示したうえで，「考究された問題の接点（いとぐち）は，法律上有効に根拠づけられた代理権または処分権という事実（Tatsache）である。どのような範囲で，この場合，紛争状況が発生しうるのかをはっきりと理解すれば，わけても，本人の利益と代理人の利益との間の衝突の持続的な危険が重要問題になっている。この衝突が現われうる多様性を考慮に入れると，第三者にとって，そして，それでもって法律行為的取引にとって，一定の注意を要求し，この注意の不遵守の場合に，BGB242条に基づく抗弁を認めることを要求できないことではないように思える」[20]という見解を示す。

そして，「単純なまたは重大な形式における過失ある場合に，任意代理権の濫用の抗弁を認める者の一般的な思想は，過失をもって行為する者は，任意代理権の無因性（Abstraktheit）により与えられた保護に値しないというもの」[21]であること，そして，「部分領域（支配人，個人的に責任を負う社員，株式会社の取締役会）について故意ある行為だけが十分とさせることを欲する者もまた，原則として，それを（この思想を）支持するようにみえ，例えばヴュルディン

―――――――――
　　権的合意と引渡）により生じた譲渡によって，取得者は，物が譲渡人に属さないときにも，所有者となるが，取得者が本条の規定によれば取得するであろう時点で，善意でないときには，このかぎりではない。しかし，これは，第929条（物権的合意と引き渡し）2文の場合においては，取得者が譲渡人から占有を得たときにのみ適用される。(2)取得者は，物が譲渡人に属さないことを知っているとき，または重大な過失で知らなかったときには，善意ではない」（条文の訳については，デイーター・ライポルト著　円谷峻訳・前掲注(16)476頁参照）。

(19)　Tank, a.a.O.(Fn.9), S.8.
(20)　Tank, a.a.O.(Fn.9), S.9. BGB242条は，「信義誠実に従った給付」に関する規定である。すなわち，「債務者は，取引の慣行を考慮し，信義及び誠実が求めるように給付を行うことを義務付けられる」（訳は，デイーター・ライポルト著　円谷峻訳・前掲注(16)461頁参照）。
(21)　Tank, a.a.O.(Fn.9), S.9. の注(17)は，Ennecerus-Nipperdey. S.1125Fußn.25を引用する。

ガー（Würdinger）は，故意ある行為だけが十分であるという観点を支配人に関連してのみ主張するが，問題の一般的な考究の際には，重過失が抗弁の根拠づけのために十分であると考えている」[22]ことを指摘する。

そして，「確かに，第三者を保護する必要が大きくなればなるほど，代理権はより包括的になることは確かである。そのことから，しかし，過失の範囲（Rahmen）が異なって定められ（stecken）なければならないということだけが導かれるのであり，しかし，過失が，第三者に不利益を与えることは出来ないということが導かれない」とも述べている。

更に，「代理権の不可制限性をあらわす HGB50 条，126 条，AktG82 条の文言を指摘することも決定的ではなく，代理権の不可制限性は商法の特質ではなく，同じことが，両親，後見人そして遺言執行者の処分権にも妥当し，判例を追及すると，第三者に対して制限されえない，法律上与えられた代理権または処分権能を有する代理人が行為をなす諸事例に基いて問題が生じた」ことを指摘し，「まさに，代理権および処分権能（Verfügungsmacht）が効力をもって外部へ制限されえないとされているところで，本人を知りうる代理権の濫用から保護することに特別の利益があるという考え方は間違っていないように思われる」[23]という見解も示し，第三者の故意の諸事例への濫用の抗弁の制限は適切ではない旨，述べている。

以上のように，信頼保護の範囲は，信頼の接点に依存するという観点を示したうえで，代理権の範囲が包括的であることや不可制限性は，相手方要件を故意に限定することの理由にならないことなどを述べている。

(3) 代理人側の要件[24]

BGH1968 年 3 月 25 日判決が，「法律上，代理権の制限が許されない場合，代理人が故意に本人の損失になるように行為をし，このことが第三者に有責に知られなかったときだけは代理権は効力を有すべきではない」旨の判示をしていることにつき，「何故，代理人が故意にまたは無意識に本人の損失になるように行為をするかどうかが重要であるべきなのかということを連邦通常裁判所

---

(22) Tank, a.a.O.(Fn.9), S.9.
(23) Tank, a.a.O.(Fn.9), S.9.
(24) 代理人側の要件について，拙稿・前掲注(1)論文で，タンク説も含めて検討した（タンク説については，拙稿・前掲注(1)242-243 頁〔本書第Ⅱ編第 5 章Ⅱ2(1)〕参照）。

は説明しない」[25]と批判する。そして，「……信義誠実違反に関していうと，第三者の人格（Person）が問題なのであり，代理人の人格は問題ではない。第三者が必要な注意を用いていれば，契約相手が代理の実行によって損害を被るであろうことを認識しえたであろうから，第三者の態度は，正当な帰結のための理由を与える」と述べる。更に，「本人の利益に関して不注意な態度のことで，第三者が非難される場合，代理人自身が故意にではなくて，軽率に（leichtfertig），無分別に（töricht），または，より良い洞察の可能性が欠けているため行為したときは，他の評価に値しない。代理人の無思慮な行動（Dummheit）から利益を引き出す第三者は，代理人の加害意図を認識しなかった者よりも，より良くない」と述べ，第三者が非難される所以は，本人の利益に対する不注意な態度であり，代理人の無思慮などから利益を引き出す第三者も非難に値する旨，主張する[26]。

そして，法律上，代理権が不可制限の場合には，考究された意味における代理人の故意による行為だけが重要であるべきであるという連邦通常裁判所第2部の見解は，その場合，当然の帰結として，代理人の故意がない行為の場合には，第三者の側の故意すら，不利益を与えないであろうことをも理由として疑わしいように思える」[27]と述べ，BGHの見解を批判する。

更に，「BGB138条2項による絶対的無効（Nichtigkeit）は，この場合には，第三者が，他方当事者に現存する窮境（Notlage）を利用尽くした場合，または，代理人が軽率にまたは無経験に基づいて行為をした場合にのみ問題となるのである」[28]と述べ，代理人に故意がない場合に，暴利行為[29]が問題となりうることも指摘している。

---

(25) Tank, a.a.O.(Fn.9), S.9.
(26) Tank, a.a.O.(Fn.9), S.9. タンク説は，本文で見たように，代理人の故意の要否につき，相手方の非難可能性に着目して立論している。これに対してキップ説は，故意に本人の利益に反する代理行為は本人の意思に反するという理由で，代理人の故意を要求する（拙稿「キップの代理権濫用論の検討」中四国法政学会誌第2号33頁（2011）参照）。このように，代理人の故意を要件とすることについて，タンク説とキップ説とでは，観点が異なる。これは，代理権濫用の法的構成の差異に由来するのであろうか。タンク説はBGB242条説であり，キップ説は，本人に損害を与える代理権が授与されていないことを基本的立場とし，相手方が，有過失の場合に無権代理となる説に立つ。
(27) Tank, a.a.O.(Fn.9), S.9.
(28) Tank, a.a.O.(Fn.9), S.9.
(29) BGB138条2項の条文については，本稿注(16)参照。

(4) 相手方の過失の程度

前述したように((2)参照)，相手方の要件として，故意ある場合だけに濫用の抗弁を認めることは適切でないことを論証したタンク説は，相手方の要件としての「過失」の程度について検討する。タンク説は，代理権の無因性と相手方の注意との関係に言及し，「第三者が内部関係において存在する同意規定 (Zustimmungsvorschriften) に注意する必要はないということは，法律上，特別に言及された代理権の不可制限性から導かれるのではなく，代理権の無因性 (Abstraktheit)，すなわち，その（代理権の）成立の基礎となっている法律行為からの分離から導かれる」[30]と述べる。

続けて，フィッシャー説[31]及びヘック説[32]に賛同しつつ，概ね，「内部関係

---

(30) Tank, a.a.O. (Fn.9), S.10.

(31) タンク説は，この箇所で，フィッシャーの文献を引用しないが，タンク論文7頁の注(5)で，Fischer in Grosskomm. HGB, 3. Aufl., §126 Anm.3 を引用する。おそらくこの文献を参照しているものと思われるが，この文献は手許になく，本稿では，フィッシャーの他の代理権濫用に関する論文に拠らせていただくが，本文に述べられていることと関係する記述としては，「……取引相手に，代理人の行為が本人に対する関係において，どのように個々に評価されるか，そして代理人の行為は代理人に課された指図と一致しているかについての一般的な調査義務を課すことは出来ない。なぜならば，それでもって代理権の包括的な範囲を強制的に確定し，契約相手方をして，この方向でのあらゆる調査を免除した法律上の規律は，広範囲に取り消され，それどころか間違った方向へ向けられるからである……」等という記述が見当たる (Vgl. Robert Fischer, Der Mißbrauch der Vertretungsmacht auch unter Berücksichtigung der Handelsgesellschaft, Fest. für W. Schilling 1973 S.19)。

(32) ヘック説についても，タンク説は，参照箇所を明示しないが，タンク論文の7頁注(6)で引用されている，Hueck, Das Recht der OHG（手許にある4版，1971年刊の296頁）には，タンク論文の本文中の記述と関連すると思われる記述として，次のようなものがある。すなわち，「……代表権のある社員が，例えば会社定款の中であらかじめ予定されたその他の社員の同意を得ず，または取り引きを他の社員の異議に反してなしたというように，業務執行権能の制限を踰越したことを第三者が認識しえたであろう場合にも，第三者は保護される。行為をする社員が，会社の真の利益を侵害したということを第三者が知らない限りでは，これについての積極的な認識すら第三者に対して異議として唱えられることはできない。第三者は，内部関係について注意をする必要はない。第三者は，他の社員に，業務執行の踰越から身を守ることを委ねることができるのである。異論を唱える社員が，後からその異論を撤回し，そして行為をする社員によってなされた意思表示を承認するか否か，又は，取り引きが，問い合わされなかった社員によって事後に追認されるか否かということを第三者は，確信をもって知ることはできないことがそれに加わる。それに対して，行為をする社員が合名会社の利益を侵した場合は，事態が異なるのである。……」。

第6章　本人に「有責性」ある場合の考慮

について調べることを第三者に期待できない。第三者が同意の必要性について知っている場合でも，行為がすでに，本人により承認されているか，事後的に，承認されるのかどうかは第三者にはわからない。これらの問題は，定款が部分的に閲覧されうる商事会社の法律上の代理人の場合よりも，第三者にとって，通常の任意代理権の場合には，より困難に判断されえる」[33]旨の判断を示す。

以上のことから，「内部関係において与えられた権能の，知られたまたは知りうる（erkennbnar）踰越が十分でないとみなされうる一方で，一般的に本人の損失になるような行為であることが知りうる場合にだけBGB242条に基づく抗弁が認められることは正当であるように思える。その際，内部関係において与えられた権能（Befugnis）の知られた踰越は，損害に関する高められた注意をする義務を第三者に負わせるヘックの考え方に躊躇なく同意されうる」[34]と述べ，本人の損失になるような行為であるということを知りうる場合にだけBGB242条に基づく抗弁を基礎づけ，また，内部関係の権能踰越はそれ自体，濫用の抗弁を基礎づけないが，権能踰越についての相手方の認識は，相手方に本人の損害に関する注意義務を生ぜしめる旨の判断を示す。

そして，過失について，「単純なまたは重大な過失に決めるかどうかは，重要ではなく，第三者の義務である注意義務をはっきり示すことがより重要である」旨，述べ，「信頼についての一定の程度が許されていなければならず，法律上，有効に基礎付けられた代理権，処分権に対しては，特別の事情が本人の不利益になる行為を暗示する場合だけ疑念に関する理由が存在し，このような事情がなければ，第三者の確認義務（Nachprüfungspflicht）は存在しない」という見解を示す。

---

(33)　Tank, a.a.O.(Fn.9), S.10.
(34)　Tank, a.a.O.(Fn.9), S.10. ここでも，タンク説は，ヘック説の参照箇所を明示しないが，本文中に示されたヘックの考え方と関連する記述として，ヘック前掲注(32)において「……この観点において業務執行権能の踰越についての認識も意味を持ちうる。行為する社員が契約を他の社員の異議にもかかわらず，または定款にあらかじめ予定された他の社員の同意なくしてなしたということを第三者が知っている場合，または第三者が，異常な取り引きが問題となっていると思わなければならない場合，そして，第三者が，その他の社員が116条2項に反して問い合わせられていないことについて知っている場合には，代理権濫用の疑いが本質的に容易に思いつくのである。そして，それゆえこのような場合には，行為をする社員が合名会社の利益を故意に侵害していないかどうかという吟味のきっかけが存在する。……」(Hueck, a.a.O.(Fn.32), S.297f.) という部分がある。

そして,「確認義務は,第三者にとって,決して,原則(Regel)なのではなく,例外的に承認されうることが確認されるべきである」と述べ,続けて,「代理のいろいろな種類に関する必然的な段階的差異もまた生ずる。重要な取引契約が結ばれるべきときに,単純な任意代理人の場合には,支配人または法律上の代理人の場合よりも,むしろ疑念がふさわしいことは自明」であり,「法律上の代理人の類型の範囲内でも,尚,区別されるべきことは,はっきりしている……」(35)と述べる。

(5) 本人に過失ある場合

タンク説は,過失ある相手方(第三者)に対しては,BGB242条に基づく抗弁を本人がなすことを認めるが,「判例および学説における従来の帰結に欠陥がある。第三者の人格(Person)だけが狙われ,本人の人格は狙われなかった」(36)と述べ,「過失相殺的処理」の必要性を指摘する。そして,「代理人が本人の不利益に行為をすることを第三者が知っている限りでは,これ(本人の人格を狙わないこと)は受け入れられるかもしれない。しかし,第三者の側の過失(Fahrlässigkeit)のみが存在する場合,利益の衝突が生じる可能性がある」と述べ,第三者悪意の場合は,「過失相殺的処理」をなしえず,第三者に過失のみある場合には「過失相殺的処理」が必要である旨,述べている。

そして,「第三者が,彼の過失に基づいて,代理権の無因性(Abstraktheit der Vertretungsmacht)の保護に第三者が値しないことが証明される場合,それでもって,なお,本人はBGB242条の保護に値するとはいわれえない。代理権濫用は,わけても,しばしば,本人が特に不注意(besonders sorglos)であるようなところで行われるのが常である。つまり,しばしば,本人の自分自身の過失(Fahrlässigkeit)が,本人の損失になる代理人の行為を可能にする」と述べ,過失ある第三者が保護に値しないからと言って本人がそれだけで保護されることにはならないことを指摘する。

そして,「本人の利益と第三者の利益との互いの比較検討は,BGH1968年3月25日の第二部の判決により,BGB254条の考え方が用いられ,発生した損害の第三者と本人との分配を可能にしたが,裁判のこの継続形成(Fortentwicklung)は歓迎されるべきである。なぜなら,利益の較量を必要と

---

(35) Tank, a.a.O.(Fn.9), S.10.
(36) Tank, a.a.O.(Fn.9), S.10.

する状況において，この裁判は，硬直した全か無か（Alles-oder-Nichts）を回避し，調整の余地を残すからである」旨，述べ，BGH1968年3月25日判決を歓迎している。

しかし，実際の適用は，必ずしも簡単ではないとする。すなわち，連邦通常裁判所が判決しなければならなかった事案においては，損害の分配は実行できたが，代理人が本人に損失を生ずる給付交換契約（Austauschvertrag）を締結する場合は異なるという。タンク説は，「例えば，本人の財産を構成する目的物（Gegenstand）が，有する価値より著しく低い値段で売却されるとき，BGB242条は，買い手に対して，事情によって，可能な部分的な追加払いを請求する理由とはなりえず，抗弁が認められるための要件が買主の人格において存在するときは，交換的な給付の返還だけが考慮にいれられる」[37]旨，述べる。

ここでいう，給付交換契約とは，「当事者一方の給付に対して他方が給付を約する私法上の契約であり，売買及び交換など大部分の双務契約はいずれにせよ給付交換契約である……」[38]旨の説明が，一般的にはされている。

---

(37) Tank, a.a.O.(Fn.9), S.10. 給付交換契約の部分的な有効が認められず，無効と言うことになり，本人による目的物の返還請求が認められるという趣旨であろう。更に，続けて，タンク説は，買主が取得した目的物を再譲渡した場合について言及している。

(38) 使用賃貸借契約，雇用契約，請負契約その他の若干の契約もまた給付交換契約であるが，組合契約は給付交換契約ではないと説明される（山田晟『ドイツ法律用語辞典』64頁（大学書林，改定増補版，平5）参照）。タンク説が念頭に置く給付交換契約もこのようなこのものだとして，たとえば，売買契約において売買の対象とされた物について，「過失」割合に応じた本人と相手方との共有になるという見解はとられていないようである。

なお，Palandt, 67Aufl（2008）の事項索引で「Austauschvertrag」をみると，Einf v § 320Rn.5を指示し，その箇所を読むと，概ね，「双務契約の場合，双方の義務は依存的な関係において互いに相対して存在する。各契約当事者は，給付を反対給付ゆえに約束する。；一方の給付は，他方の給付の対価である。双務契約は，それ故，必然的に，有償契約であり，そして，決して，無因（abstrakt）ではありえない。それに関して特質的であるのは，双方の給付義務の相互債務関係的な結合（Synallagmatishe Verknüpfung）である。すなわち，「do ut des」の原理に基づく相互の目的拘束（Zweckbindung）である。双務契約は，……双方の給付の交換に向けられている。無関心であるのは，誰に給付がもたらされるべきかである。第三者のためにする契約も双務契約でありうる……。可能であるのは，更に，輪形給付交換（ringformiger LeistungsAustausch）に関する多面的な双務契約及び給付交換契約である（LarenzⅠ§15Ⅱほか）。双務契約と給付交換契約（Austauschvertrag）の概念は，しかし，部分的にのみ一致する（deckungsgleich）……」とある。

(6) 要　　約

　以上が，タンク説の概要である。そして，タンクは，自身の見解を要約し，次のように述べている。すなわち，「代理人または他人の権利を処分する者の職務範囲の観点からの代理権と処分権限（Verfügungsbefugnis）の内在的な制限は拒絶されるべきである。それでもやはり，代理人（Vertreter (sic)）または権利が処分される者は，損失となる行為に対して完全に無防備ではない。彼の利益が，彼にとって損になる方法で配慮され，このことを取引相手が認識し，または有責に（schuldhaft）認識しなかった場合には，彼に対してBGB242条に基づく抗弁が認められている。その際，代理人または他人の権利を処分する者が，意識的にまたは無意識に損害を与えつつ（schädigend）行為をするかどうかは問題ではありえない。本人または権利が処分される者の損害を受けること（Beschädigung）を示唆する特別の事情の存在にもかかわらず，あっさり取引の締結に着手する取引相手は過失がある（fahrlässig）。第三者の特別の調査義務は存在しない。代理人または処分行為者（Verfügende）が内部関係において制限に服しているという事情についての認識は，それ自体として見れば（für sich gesehen），何ら確認義務（Nachprüfungspflicht），又は問い合わせ義務（Erkundigungspflicht）を根拠付けない。

　取引は成立しない（nicht zustandegekommen）と見なされることが根拠のある抗弁（Einwand）の帰結である。本人自身が注意を欠いた態度および監督の不作為（Unterlassen）によって，彼の不利益となる（zu seinem Nachteil）行為を可能にした場合には，個々の事案がそれについて適する限度で，発生した損害の本人と相手方間での調整が，BGB254条の法思想に従って，なされうる」と[39]。

3　小　　括

　タンク説は，自ら，自説を要約しているので，ここに繰り返し，小括することは屋上屋を架すことになるが，注目すべき点を再度，ここに示すと以下のようになる。すなわち，タンク説は，代理権および処分権能の両方を念頭に置き，多様な代理権に配慮し，BGB上の代理の場合まで幅広く念頭に置いて検討を進めている。

---

(39) Vgl. Tank, a.a.O. (Fn.9), S.11. なお，引用文4行目の「代理人（Vertreter）」は，「本人（Vertretener）」が正しいと思われる。

第6章　本人に「有責性」ある場合の考慮

　相手方保護法理は，代理権等の無因性（Abstraktheit）によっている。そして，信頼保護の範囲は信頼の接点に依存するという観点のもと，本人と代理人との間の利益の衝突の多様性を考慮に入れ，過失ある第三者に対しBGB242条に基づく抗弁を認める。

　第三者の故意へ濫用の抗弁を制限することは適切でないとする。なお，内部関係において与えられた権能の知られた，または，知りうる踰越は十分でなく，本人の損失になるような行為につき知りうる場合だけ，BGB242条に基づく抗弁が認められる。ただし，内部関係の踰越の認識は，本人の損害の発生についての相手方の注意義務を高めるという。そして，過失の程度について，単純な過失または重大な過失と決定することが重要なのではない，と述べていることにも注目されるべきであろう。タンク説は，第三者の注意義務をはっきり示すことが，より重要であることを述べて，特別な事情が本人の不利益になる行為を示す場合だけ，第三者の確認義務が発生する旨，述べている。

　BGB242条に基づく濫用の抗弁の効果につき，「取引は成立しないものと見なされることが根拠のある抗弁（Einwand）の帰結である」と述べ，信義則説に立ちつつ，効果を取引の不成立としている。

　以上のことを前提に，本人に過失ある場合について言及している。第三者が故意の場合，第三者が全面的に保護されない帰結は，受け入れられるが，第三者に過失（Fahrlässigkeit）あるにすぎない場合は，本人との利益の衝突が生じうるという。

　過失相殺的処理の対象となる本人の態様としては，「……代理権濫用は，しばしば，本人が特に不注意（besonders sorglos）であるようなところで行われるのが常である。つまり，しばしば，本人の自分自身の過失（Fahrlässigkeit）が，本人の損失になる代理人の行為を可能にする」と述べ，そして，更に，「本人自身が注意を欠いた態度（sorgloses Verhalten）および監督の不作為（Unterlassen von Kontrollen）によって，彼の不利益となる（zu seinem Nachteil）行為を可能にした場合」とも表現している。本人の有責性につき，過失（Fahrlässigkeit）[40]とも表現していることにも注目されるべきであろう。

---

(40)　「Fahrlässigkeit」は，「過失」と訳され，「民事法では，社会的往来において必要な注意を顧慮しないことをいう。過失は責任ある当事者に損害賠償の義務を生じさせる」という説明がなされている（田沢五郎『独＝日＝英ビジネス経済法制辞典』290頁（郁文堂，1999））。

第Ⅱ編　代理権濫用論

　タンク説は，本人の過失と第三者の過失とを互いに比較検討するBGH1968年3月25日判決を基本的に支持するが，この解決に実際上の不都合がありうることを認識し，「個々の事案が適する限度」でのみ「過失相殺的処理」を行うことを主張する。どのような場合が，履行請求権の平面での「過失相殺的処理」に「適する」のかについては，金銭請求権の場合は，適するが，給付交換契約の場合は「適さない」と言う一応の基準が示されている。

　タンク説が，なぜ，BGH1968年3月25日判決に賛意を表するのか，その理由を最後に，再度確認すれば，「利益の較量を必要とする状況において，この裁判は，硬直した全か無か（Alles-oder-Nichts）を回避し，調整の余地を残す」ということが挙げられていたのであった。

Ⅲ　メルテンス（Mertens）説

1　代理権濫用論の位置づけ

　メルテンス説[41]は，「会社法における法律上の代理権の制限」をテーマにし，BGH1968年3月25日の判例を考察する。この論文では，(A)合名会社，有限会社，株式会社などの会社法上の代表権の不可制限性の原則とその限界，(B)業務執行権能の制限可能性の原則，(C)業務執行の制限の代理権能（Vertretungsbefugnis）への影響が論じられている。そして，代理権濫用論は，(C)において，「不誠実な第三者に対する，代理権濫用の場合の会社の保護」という項目で論じられている。

2　相手方保護法理

　メルテンス説は，「代表権の不可制限性（Unbeschränkbarkeit）と業務執行権能の制限可能性から緊張の場が生ずる。代理人は外部に向かって会社の負担で，内部関係においてはしてはいけない法律行為をなすことができる。原則として，内部的な禁止は，無制限の代表権のゆえに取引相手に対して効力を発揮しない。……代理権の不可制限性の原理は，取引利益に資するべきことが前提とされるべきである。法的取引は，法律上の代理人（gesetzliche Vertreter）が，有効に

---

(41)　Hans-Joachim Mertens, Die Schranken gesetzlicher Vertretungsmacht im Gesellschaftsrecht（unter besonderer Berücksichitigung von BGHZ 50, 112）in : JurA1970, S.466-478.

会社のために行為をなしうることを信頼してもよい。局外者は，このような代理人の内部的な制限を配慮する必要はない。……）」[42]と述べ，取引利益の保護（取引相手の保護）は，「代理権の不可制限性」によると解している。

3　代理権濫用の場合の会社の保護

そして，「代理権の範囲の限定を禁ずる諸規範が，法的取引の保護を目的とする場合，他方で，次のような問題が生ずる。すなわち，取引相手が，業務執行権能の制限を知り，または，知りえたであろう場合に，代理権の知りうる濫用の問題が生じ，業務執行権能の制限を知りえた相手方保護の程度が問題となる旨，述べている[43]。

メルテンス説は，ライヒスゲリヒトと，BGHの判例[44]を整理し，「……次に掲げることは今日，確定したものと見なされる。：(a)代理人と第三者とが本人の損失になる形で悪意に共同した法律行為は公序良俗違反で無効である。；第三者は，このような行為によってBGB826条により本人に対して損害賠償義務を負う。(b)取引相手は，本人に対して，法律行為の有効性をすでに次のような場合には引き合いに出すことは出来ない。すなわち，取引相手が代理人による代理権濫用を認識し，または認識しえたであろう場合である。それに関して，代理人が彼の代理権を明らかに疑わしい方法で行使し，その結果，契約相手に，本人に対する代理人の忠実違反（Treueverstoß）が存在するかどうかという理由ある疑念が生じなければならなかったことが要件とされる，取引相手が軽過失で（leicht fahrlässig）行為をする場合で十分である」[45]旨，述べる。

---

(42)　Mertens, a.a.O.(Fn.41), 469f.

(43)　メルテンス説は，「代理権の不可制限性の原理」は，2つの方向で，制限されるべきであるとし，一つは，本文中で述べる，取引相手が内部的な業務執行権能の制限を知り得た場合である。もう一つは，会社に直接に関与する人的領域の範囲内で，取引保護は，機関の業務執行権能を限定する会社の利益の背後に退く必要はないのか（誰が会社に対して第三者であるかの問題）（Mertens, a.a.(Fn.41), S.470）である。後者の問題の検討については，割愛する。

(44)　メルテンスは，BGH1968年3月25日判決（BGHZ50, 112, 114）を引用している（Mertens, a.a.O.(Fn.41), S.472）。

(45)　Mertens, a.a.O.(Fn.41), S.472. なお，BGB826条（良俗違反の故意による加害）は，次のような規定である。すなわち，「善良の風俗に反する方法で，他人に対し，故意に損害を加えた者は，その他人に対し，損害を賠償する義務を負う。」（訳については，E. ドイチュ／H-J. アーレンス／浦川道太郎訳『ドイツ不法行為法』「付録」337頁（日本評論社，2008）を参照した）。

しかし，メルテンス説は，BGH1968年3月25日判決が，法的取引の利益において法律により確定され，法律行為によって制限されえない代理権により代理人が行為をする事例の場合は，代理権の不可制限性は，代理人が故意に本人の損失になる形で行為をし，このことを第三者に責めに値する形で知られずに留まった場合にだけ引き合いに出されえないと強調することについて，賛意を表する。更に，この判例が業務執行の制限のあらゆる踰越に関して軽過失で十分であるとしているのでなく，忠実違反（Treuwidrig）の行為の疑念に結び付けていることを正当とする。

メルテンス説は，法律行為上（rechtsgeschäftlich），確定された代理権の濫用に関して言及し，決定的であるのは，この場合，代理人が，彼の任意代理権を明らかに疑わしい方法で行使しなければならなかったことであり，その限りでは既に，代理人が彼に内部関係において割り振られた権限（Kompetenz）を踰越しているという疑念で十分であるとする。この疑念は，取引相手に，法律上，明確に規定された代理権の濫用の事案と対照的に，既に，その背後に忠実違反（Treueverstoß）が潜んでいる可能性があるかどうかについての考慮のきっかけであるべきであるという。取引相手に，権限踰越が，この場合，法律上，明確に確定された代理権の場合よりも，しっかりといろいろと考えさせることは，理解されうるという。その理由として，取引相手は，それでもって，実際に，同時に，外部に知りうる，内部関係での権限の制限は，代理人に帰属する任意代理権の，対応する——制限的な——解釈へと帰着するには及ばないかどうかという問題に直面するからであるという[46]。

以上のように，メルテンス説は，法律により確定され，法律行為によって制限されえない代理権の場合と，法律行為上，確定された代理権の場合とを分け，論じている。

4　本人の側の「共働過失（Mitverschulden）」の顧慮

(1)　メルテンス説は，「取引相手に契約を引き合いに出すことを全面的に拒むことは，本人が代理権の濫用を代理人の必要な監督（gebotene Kontrolle）の不作為（Unterlassung）によって可能にした場合には不適当であるように思われる」と述べる。BGHが，「……信義誠実の原則によれば，本人が自己に期待

---

(46) Mertens, a.a.O.(Fn.41), S.472f.

第6章　本人に「有責性」ある場合の考慮

される代理人に対する監督処置を講じなかった（unterlassen hat）ことによって，本人が自己の利益の要請（die Gebote）を法的取引において無視した場合にも，任意代理権濫用から生ずる損害が全部，取引相手の負担になるということは許されることは出来ない……。信義誠実の原理の特別な刻印であるBGB254条の法思想は，取引の損害となる効果は，このような場合においては，本人と契約の相手方とに各々の側に存在する過失の割合に従って分配されるべきことに帰着する」旨の判断を示したことを正当であると評価する[47]。

(2)　その際，契約締結上の過失責任に基づく損害賠償請求権の平面で過失相殺をするヘッケルマンの見解を詳細に検討しつつ，解決を示している[48]。

すなわち，ヘッケルマンは，第1の解決で代理権濫用の事案にBGB177条以下を準用することに反対するのであるが，メルテンスはこれと同調して，「取引保護という理由から，民法177条以下は，代理権濫用の事案に関しては，準用的に引き合いに出されるべきではないであろう。第三者に対する代理権の不可制限性という法思想（Rechtsgedanke）は，そのことによって，かなり強力に，必要以上に破られるであろう」[49]と述べる。

更に，メルテンスは，次のようなことは疑わしいという。すなわち，取引相手の過失（Verschulden）が，この場合，不当にでなく（nicht zu Unrecht），二重に考慮に入れられるかどうか。まず第一に，それが，他方当事者が有効に代理されたにもかかわらず，取引の無効へと帰着し（第1の制裁），そして，次に，――履行請求権に比べて，通常，劣った（minder）――契約締結上の過失責任に基づいて，本人に対して取引相手に帰属するべき賠償請求権の削減へと帰着す

----

(47)　Mertens, a.a.O.(Fn.41), S.474.
(48)　Mertens, a.a.O.(Fn.41), S.475f.
　　なお，ヘッケルマンの見解（Dieter Heckelmann, Mitverschulden des Vertretenen bei Mißbrauch der Vertretungsmacht, in : JZ 1970. S.62ff.）については，以前，拙稿で概観した（拙稿「代理権限濫用行為と過失相殺」獨協37号158頁以下（1993）参照）。なお，青野教授もヘッケルマン説に言及されている（青野博之「代理権の濫用と過失相殺的処理」判タ671号39頁（1988）参照））。〔補注〕ヘッケルマンは，2つの解決方法を示す（本書第Ⅱ編第6章注(82)及び第Ⅲ編注(14)参照）。
(49)　Mertens, a.a.O.(Fn.41), S.475f.
　　BGB177条1項は，無権代理に関する規定であり，次のような規定である。すなわち，「代理権を有しない者が他人の名において契約を締結した場合において，その契約が本人の利益及び不利益において効力を生ずるや否やは本人の追認に係る」（BGB条文の翻訳については，神戸大学外国法研究会編『現代外国法典叢書(1)独逸民法〔Ⅰ〕』261頁（有斐閣，昭30）を参照した。

ること（第2の制裁）(50)。

　また，本人の監督上の過失（Kontrollverschulden）は，代理権濫用のすべての事例類型の中において，契約締結上の過失責任に基づく責任を根拠付けることができるわけではないことを指摘する。BGB831条(51)を越える，代理人に関する本人（Vertretenen）の責任は，本人（der Vertretene）が，取引相手との契約交渉（Vertragsverhandlung）に入ることを承認した（billigen）場合，または――代理権濫用へのBGB177条以下の準用の際に――取引上の接触の準備（die Anbahnung des geschäftlichen Kontakts）自体が，なお代理人の業務執行権能の範囲内にあった場合（Fall）についてだけ受け入れられるという(52)。

　更に，ヘッケルマンの解決は，本人が法人であり，代理人（der Vertreter）がその業務執行機関（Geschäftsfürungsorgan）であった場合にも，うまくいかないと指摘する。この場合，代理人と監督義務者とが同一である。株式会社の取締役会が，その代表権能（Vertretungsbefugnis）を濫用し，監査役会が監査義務を合法に履行しても（bei ordnungsmässiger Erfüllung），濫用（dies）を避けることができなかったであろうということが想定されると言う。そして，代理人自身による代理権濫用に基づく契約締結上の過失による本人の責任はないが，不十分な監督に基づく責任はあるという，注意深い区分は，ここではうまくいかない旨，指摘する(53)。

---

(50) Mertens, a.a.O. (Fn.41), S.476.

(51) BGB831条（使用者責任）は次のような規定である。「(1)ある事業のために他人を使用する者は，その他人が事業の執行につき第三者に対して違法に加えた損害を賠償する義務を負う。使用者が被用者の選任に際し，かつ，使用者が設備若しくは器具を供給し，又は事業の執行を指揮しなければならない限り，供給若しくは指揮に際し，取引に必要な注意をしたとき，又は，この注意をしても損害が発生したであろうときは，賠償義務は生じない。(2)契約により使用者のために前項第2文が定める業務の管理を引き受けた者も，前項と同一の責任を負う」（E. ドイチュ／H-J. アーレンス／浦川道太郎・前掲注(45)338頁の訳による）。ドイツでは，不法行為について，他人の生命・身体・健康・自由及び例えば，物権，氏名権，著作権，特許権などの「絶対権の侵害」が要件である。（山田晟『ドイツ連邦共和国法の入門と基礎』168頁（有信堂高文社，改訂版，1991）参照。

(52) Mertens, a.a.O. (Fn.41), S.476.

(53) Mertens, a.a.O. (Fn.41), S.476. 〔補注〕ヘッケルマンの第1の解決方法は，おおむねつぎのようなものである。すなわち，「知りうる代理権濫用の場合には，債務負担行為及び処分行為（Verpflichtungs-und Verfügungsgeschäft）はBGB177条（無権代理）準用により無効（Unwirksamkeit）。本人自身が，代理人に対する監督を怠り，相手方に対する契約締結前の従たる義務（vorvertragliche Nebenpflicht）に有責に（shuldhaft）

第6章　本人に「有責性」ある場合の考慮

　最後に，契約締結上の過失という基礎に基づいて，取引相手は——ヘッケルマンが認容するように——まさに履行利益（Erfüllungsinteresse）ではなくて「信頼利益」（Vertrauensinteresse）だけを論拠として持ち出すことができる旨，指摘する(54)。

　ヘッケルマンの第2の解決(55)に対しては，「……契約締結上の過失責任に基づく責任が，しかし，潜在的な（potentiell）契約当事者の間の配慮義務違反から生ずる限りでは，義務違反がなければ発生しなかったであろうすべての損害が賠償されるべきである……」ことを指摘し，「BGB242条の適用は，これに対して，自由に（zwanglos），履行請求権の喪失に制裁を制限することを可能にする」(56)と述べている。この部分は，ヘッケルマンの第2の解決をとると，相手方の責任範囲が拡大しすぎる不都合を指摘しているものと解される。それに対して，BGB242条による場合は，相手方の「過失」に対する制裁は，履行請求権の喪失にとどまり妥当である旨，述べているものと解される。

　(3)　メルテンス説は，「過失相殺的処理」に関して，「……BGB242条以下および254条の枠内で制裁規律（Sanktionsordnung）は発展した。この制裁規律は，……しかし，請求権の実行を請求権者の特別な，「社会的に公正（sozialgerecht）」でない態様を考慮して制限するものである。……この制裁規律は，契約締結上の過失の枠組の中へ詰め込まれるべきではないであろう。それ（この制裁規律）は，BGB242条および254条の一層の明確化の中で，すでに独自の類型を形成した。そして，その独自の類型を更に発展させることが肝要である。BGB242条による請求権の拒絶へと帰着する制裁に，その際，更にBGB254条

　　　反した場合には，相手方は，契約締結上の過失に基づいて，本人に対する損害賠償請求権を取得し，賠償の範囲は，BGB254条によって確定する。しかし，§278BGB（履行補助者の過失）による，代理人の従たる義務（Nebenpflicht）違反を理由とする，本人に対する損害賠償請求権は認めない。」（Heckelmann, a.a.O.(Fn.48), S.64f）。このような解決方法に対して，メルテンス説は批判を加えていると解しうる。

(54)　Mertens, a.a.O.(Fn.41), S.476. メルテンスは，続けて，「本人が彼の組織義務（Organisationspflicht）に違反していなければ，本人との契約は成立しなかったであろう」と述べる。そして，「連邦通常裁判所は，これに対して，その解決において，正当にも，次のような損害に本人を関与させる。すなわち，その損害は取引相手に関して，取引相手がBGB242条によって履行を求めることができないということから生ずる損害に本人を関与させる」と述べる。

(55)　Vgl. Dieter Heckelmann, a.a.O.(Fn.48), S.65. ヘッケルマン説の第2の解決については，拙稿・前掲注(48)161頁以下〔本書第Ⅲ編注(14)〕参照。

(56)　Mertens, a.a.O.(Fn.41), S.477.

という制裁の限定もまた異議として唱えられうる。BGB254条は，その限りでは表面的な視点でのみ履行請求権に拡張される。；BGB254条は，むしろ，次のような制裁の制限に資する。すなわち，履行請求権の拒絶の中にその本質が存在する制裁の制限に奉仕するのである……」旨，述べる[57]。

メルテンス説は，BGB254条により，履行請求権を分割することを正面から認める説ではないようである。つまり，BGB254条適用の本質は，BGB242条による濫用の抗弁の制限にあり，結果として，履行請求権が分割されることを認めることと同様になる説であると解される。

更に，「勿論，BGB254条に，ここで，そもそも言及することは必要ではないだろう。；同様に，履行請求権の部分的な拒絶は，242条による妥当な制裁であろうと主張されうるであろう。これは，しかし，表現の問題でしかない」[58]とも述べ，あえてBGB254条を持ち出す必要もなく，BGB242条による妥当な制裁として履行請求権の部分的な拒絶をなしうる旨も述べている。

そして，BGB242条を適用することを欲する者は，「彼は，不明確な，衡平裁判（Billigkeitsrechtsprechung）を法律外の基礎に基づいて行う」という異議にさらされるように思える，と批判を想定するが，この異議は，契約締結上の過失という法形象を——これは，ちなみに，最終的にはBGB242条に基づく——「カデイ裁判の虎の巻（Eselsbrücke der Kadijustiz）」[59]という地位へと高めるという企てに対しても申し立てられると切り返している。これは，BGB242条による解決は，不明確であるという非難がありうるが，これは，契約締結上の過失責任による解決に対しても同様に言われうることを指摘するものと解される[60]。

---

(57) Mertens, a.a.O.(Fn.41), S.477f.
(58) Mertens, a.a.O.(Fn.41), S.478.
(59) Mertens, a.a.O.(Fn.41), S.478.「Kadijustiz」とはヴィーアッカー著・鈴木禄弥訳『近世私法史』（創文社，1961）401頁以下注398によれば，マックスウエーバーが，純粋に具体的妥当性の判断に基づいてなされる裁判を指すに用い，これを先例の類推に従ってなされる「経験的裁判」と対立させているという。
(60) メルテンスは，続けて，「これに加えて，BGB242条の適用は，我々の関連においては，その法政策的に，より明確に表現することの枠内において，つまり，制度的な権利保障（Rechtsgarantien）と，必然的に同時に現れる，形式の独立性に関する修正原理としての枠内にある。」と述べている。vgl. Mertens, a.a.O.(Fn.41), S.478. メルテンス説は，Soergel-Siebert-Knopp §242BGB, Anm.4を引用している。手許にある10版（1967）のその箇所には，概ね，「242条は一般的な，すべての新たな法律の問題の解決

第 6 章　本人に「有責性」ある場合の考慮

更に，「……どのように履行請求権が不可分給付に関する法律行為の場合に，経済的な帰結において短縮されるべきかは，BGB242, 254 条の適用の際に，個別事例ごとに（im Einzelfall），状況に応じて（nach dem Umständen），適切に（angemessen）解決される」(61)と述べている。

そして，「処分行為（Verfügungsgeschäft）の有効性は常に疑問の余地がないままである（ausser Frage bleiben）」(62)と述べているが，これは，処分行為の場合，「過失相殺的処理」を行わない旨，述べているものと思われる。

メルテンス説は，難解であるが，本人に「過失」がある場合，BGB242(254) 条により，濫用の抗弁を過失割合に応じて制限する趣旨の見解であると解される。

5　小　　括

メルテンス説は，代理権濫用の法的構成については，BGB242 条の信義誠実の原則によるようである。代理人の主観的要件につき，代理人の故意を要件とする。本人の態様につき，「本人が代理権の濫用を代理人の必要な監督（gebotene Kontrolle）の不作為（Unterlassung）によって可能にした場合」を問題としている。また，契約締結上の過失責任説を批判する過程で，監督上の過

が取り出されうる衡平規範（Billigkeitsnorm）ではない。信義誠実の原則は，独立の法制度を創造するために定められているのではない。BGB242 条の適用は常に，特定の法規または特定の法律関係を前提とする。わけても，それを用いて，形式的な外観の背後に内在する法思想が明らかになり，有効とされるという手法で。補足的付随義務の領域において，BGB242 条は，契約上の関係の構造を明らかにする。；権利行使の不許容の際，権利及び規範の限界が明らかになる。；行為基礎の喪失論は，有意義な契約正義の実現に資する。BGB242 条はつまり，裁判官の法創造の「最終的な」源泉または「虎の巻（Eselsbrücke）」（Wieacker）ではなく，制度的な権利保障と必然的に同時に現れる形式の独立性に関する修正原理のために申し立てられた調整である（そのように，Esser, Grundsatz und Norm 151, 衡平に関して）。規定は，スイス ZGB2 条（権利濫用）に対応し，1 条（裁判官の法創造の権限付与）に対応しない」と述べられている。

(61)　Mertens, a.a.O.(Fn.41), S.478.
(62)　Mertens, a.a.O.(Fn.41), S.478. メルテンスは，続けて，「……民法において発展した，請求権の付与の下方に位置している制裁は，例外諸事例においては，更に新たな請求権の基礎へと帰着する可能性があるかもしれない。；つまり，もし，制裁が，目的を貫徹されないのであれば，BGB242, 254, 351, 818 条（Saldotheorie !）の枠内における部分的な手掛かりの連なりに基づいて，この制裁の体系を発展させることは，私には重要な法学上の任務であるように思われる」という記述で締めくくられている。この部分の解釈については今後の検討課題とする。

失（Kontrollverschulden）という語を用いている。本人が法人である場合，代理人と監督義務者とが同一である場合の不都合，監査役会の監督の限界などを指摘する。不可分給付に関する法律行為の場合に，どのように履行請求権が経済的帰結において短縮されるべきかについては，個別事例ごとに状況に応じて適切に解決されると述べ，必ずしも不可分給付の場合を「過失相殺的処理」の対象から除外する趣旨ではないようである。

6　メルテンス説に対する批判

メルテンス説に対しては，ユンクスト説により，「本人に帰せられる濫用の共同原因（Mitverursachung）を考慮することは，BGB254条を履行請求権へ適用することと同程度には体系的な疑念に行き当ることはない。債務法上の請求権の存在と範囲が信義誠実の諸原則によって判断されるべきことは疑わしいことではない」[63]と評価されている。しかし，「メルテンスも，どの様に不可分給付の場合に，彼により提案された，「適当な」解決が為されることとなるのかということを解き明かすことは出来ない」[64]と批判されている。

Ⅳ　その他の説

「柔軟な解決」肯定説の主要なものは，上述の，タンク説とメルテンス説であるが，その他，肯定説に関連する参考に値する学説として，以下のような説もある。

1　シェフリン（Schöpflin）説

(1)　この説は，前述のBGH1999年6月29日判決の解説において，「……学説の主要な部分（ein bedeutender Teil）は，代理権濫用の解決を代理法の中に探求する……。濫用の場合，代理権が欠け，その結果，BGB177条以下が類推適用されるべきであるという。本人はこの見解によれば，BGB177条1項により，契約を追認しうる」と述べる。

代理権濫用行為をした代理人の責任につき，「取引相手は，もっとも，BGB179条1項により，代理人に対して請求権をもたない。なぜならば，

---

(63)　Ulrich Jüngst, a.a.O.(Fn.7), S.91f.
(64)　Ulrich Jüngst, a.a.O.(Fn.7), S.92.

第6章　本人に「有責性」ある場合の考慮

BGB179条1項に基づく責任は常に，BGB179条3項で失敗するからである。なぜなら，代理権濫用は，明白であらねばならないからである。BGB179条は，つまり適合しない」[65]という見解を示す。そして，「これは，BGB177条による追認の可能性に関しても妥当する」[66]と述べる。

そして，「……代理権濫用に関する全体的な書かれていない制度は，結局，信義誠実の原則の思想に依拠するので，判例に従い，BGB242条による許されざる権利行使の抗弁（Einwand der unzulässigen Rechtsausübung）で研究することが，より首尾一貫する」と主張する。

また，法効果とBGB254条の適用可能性も関連すると述べ，「共働過失（Mitverschulden）の思想をBGB177条の範囲内で関係させることはできない」ことを指摘する。

(2)　「柔軟な解決」については，「BGB254条は，それ自体としては，損害賠償請求権のみに適合し，履行請求権に適合しないことを考慮しなければならない」と述べるが，「履行請求権（Erfüllungsanspruch）は，不承不承の（unwillig）本人に対し，しばしば，不履行を理由とする損害賠償請求権に転化される」ので，「BGB254条の適用は，それ故，BGHと同調して，規定を信義誠実の原則の刻印とみなす場合，考慮するに値するように思われる」と述べている。

そして，「濫用リスクの分配（Verteilung）は，任意代理権濫用に関する本人の有責な共同原因（Mitveranlassung）がある場合，最も正しい帰結でありうる。BGHの解決は，取引相手に契約締結上の過失に基づき，損害賠償請求権を本人に対して承認し，その損害賠償請求権のところで，254条が考慮されるべき

---

(65)　Martin Schöpflin, JA2000Heft1, S3. BGB179条は，代理人の責任に関する規定であり，その内容は，次の通り。すなわち，「代理人として契約を締結したる者がその代理権を証明せず，かつ，本人が契約の追認を拒みたるときは，相手方の選択に従い，これに対して，履行又は損害賠償の義務を負う。代理人が，代理権なきことを知らざりしときは，相手方が代理権を信じたるがために受けたる損害のみにつき，その賠償の義務を負う。但し，相手方が契約の有効なることにつき，有する利益の額を越ゆることなし。相手方が代理権なきことを知りまたは知るべかりしときは，代理人は責めを負わず。代理人が行為能力の制限を受けたるときまた同じ。但し，法定代理人の同意を得てなしたるときは，この限りにあらず。」（翻訳は，神戸大学外国法研究会編・前掲注(49)262頁を参照した）。

(66)　Martin Schöpflin, a.a.O.(Fn.65), S.3.

295

第Ⅱ編　代理権濫用論

という対案（Alternative）よりも単純である」[67]ことを指摘する。

（3）　この説は，相手方が有過失の場合，無権代理になるという，いわゆる「内因的解決」に反対する。内因的解決は，共働過失の思想を関係させることもできないことをも指摘する。

この説は，「履行請求権（Erfüllungsanspruch）は不承不承の（unwillig）本人に対し，しばしば，不履行を理由とする損害賠償請求権に転化される」と述べていることから，損害賠償請求権の平面で柔軟な解決をなす説であるようにも思われる。しかし，BGHの解決は対案より単純であるとメリットを認め，BGHの解決に一定の理解も示している。

2　リーゼッケ（Liesecke）説

契約締結上の過失責任に基づく原状回復を求める賠償請求権により，行為に基く履行請求権の一部の解消を肯定する説として，前述のヘッケルマンの第2の解決がある。これは，履行請求権へBGB254条を類推適用しうるかという理論的な問題を避けつつ，実質的には，履行請求権の平面での過失相殺的処理を行うことと同様の解決を志向する説であるとも考えられる。ヘッケルマンの第2の解決については，すでに，かつて，拙稿で概観したので，ここで再度，概観することはしない。リーゼッケ説[68]は，ヘッケルマンの第2の解決とほぼ同旨の説であると思われる。

リーゼッケ説は，BGH1968年3月25日判決を検討するが，この判決の事案

---

(67) Martin Schöpflin, a.a.O.(Fn.65), S.3. ここでいう「対案」として，この論文の注19で引用されているのは，Staudinger-Schilken の §167Rn104 である。執筆者が同じである同書2009年版（同箇所）によれば，次のような説である。すなわち，BGHの解決に対して，「……すでに過失思想（Verschuldensgedanke）は適合しない。これとは無関係に，しかし，BGB254条の分配思想は，任意代理権濫用に基いて発生する損害賠償請求権に適用されうる。しかし，履行請求権には適用されえない。履行請求権そのものは，不可分のものであり，それゆえ，BGB242条により，全体として，貫徹しえないままでなければならない（undurchsetzbar）……。BGB254条もまた，信義誠実の原則の特別の刻印を示すという反論（たとえば，BGHZ50, 112, 115）に，この疑念に鑑みて，従われえない。……もっとも，代理人または本人の態様に基づき，契約締結上の過失に基く損害賠償責任が生じる場合には（§278, 311条2項，iVm §278），254条の適用もまた，考慮される……」というものである。

(68) Liesecke, LM §50HGB Nr.1. なおリーゼッケ説は，民事第7部（Ⅶ. ZS）が，すでに，1960年2月18日の判決が，許されざる権利行使の判定の際に，本人の自身の行動が，重要でありうることを指摘していたと述べている。

296

において，BGB254 条の法思考から，異議を唱えられるべき行為に基づく，過失ある第三者の請求権は，本人が代理権濫用を代理人の適当な監督により阻止しえたか，または，抑止しえたであろう場合には，完全には失われる必要がないことが引き出されたと述べる。そして，例えば，事業主は，彼が銀行支店の経営を委ねた支配人の業務執行を監督し，第三者を危険にさらす不都合を是正する義務があると述べる。相手方の利益を配慮することについての，契約交渉に基づく義務に反し，本人に，契約締結上の過失に基づく損害賠償責任があることが受け入れられる場合，BGB254 条の適用は直接に正当化されるという。損害の賠償はその場合，双方に過失あるとき，行為の一部（ein Teil des Geschäfts）が解除されることにその本質が存在するであろうと述べている。

V　おわりに

　本稿で概観した説が，管見の及ぶ限り，肯定説のほとんどである。個々の代理行為から発生する履行請求権を何らかの方法で分割する手法での，柔軟な解決については，特に BGH1968 年 3 月 25 日判決に，多くの批判が向けられている。しかし，肯定説のうち，メルテンス説に向けられうる批判は，不可分給付の場合の難点のみで，他には決定的な難点はないようにも思われる。説の古さは問題ではなく，説の内容が正しいのであれば，参考にすべきであろう。メルテンス説は，不可分給付の場合を除き，現在でも参考にしうる説と評価しうるのではなかろうか。

　とはいえ，BGH1968 年 3 月 25 日判決に対する，現在に至る，多くの批判説は，契約締結上の過失責任に基づく損害賠償請求権の平面で，本人と相手方の過失を評価する手法をとる。これには 2 つの方法があり，これらの原型をヘッケルマンが提唱した。

　現在の契約締結上の過失責任に基づく損害賠償請求権の平面で過失相殺をする説の中に，ヘッケルマンの第 2 の解決と同旨の説があるかどうかにも配慮しつつ，今後は，契約締結上の過失責任に基づく損害賠償請求権の平面での過失相殺をなす諸学説の整理・検討へと進みたい。

（初出：2013 年 9 月）

第Ⅱ編　代理権濫用論

第3節　本人による監督措置不作為の場合についての若干の考察——ドイツ法における議論を参考にして——

Ⅰ　問題の所在

　いわゆる「代理権濫用」に関する解釈学的諸問題のうち，任意代理の場合を念頭に置いて，本人による代理人に対する監督措置不作為がある場合につき，ドイツ法における議論を参考にして，若干の考察を行うことを目的とする。

　代理権濫用事例として，わが国では，代理権の範囲内で背任的意図をもってなされる代理行為が共通に念頭に置かれる。例えば，本人から商品の仕入れについて代理権を授与されている代理人が，相手方から買い入れた商品を第三者に横流し，本人に損害を与えた場合の法的処理である。

　代理人の背任的意図の存在は，代理権の存在にも，代理人の顕名の要件にも影響を与えず，代理権濫用の場合，民法99条が適用され（大判明38年6月10日民録11輯919頁他），本人は，相手方に対して，代理人と相手方とでなされた代理行為に基づく責任を負う。ただし，リーディングケースである最判昭和42年4月20日民集21巻3号697頁は，代理人が，自己または第三者等の利益を図るため権限内の行為をしたときは，相手方が，代理人の右意図を知り，または，知りうべきであった場合に限り，民法第93条ただし書の規定を類推適用して，本人は，その行為について責めに任じない旨，判示した。

　ところで，本人が代理人に対する必要な監督をしなかったために，代理人が，代理権を濫用した場合の解決が問題になる。前述の，最判昭和42年4月20日の法理は，本人の監督措置不作為が，非難に値するものであった（＝「有責性」あり）としても，相手方が有責であれば，本人からの代理権濫用の抗弁を認め，本人を代理法上100％保護し，反面，相手方を全く保護しない，不公平で「硬直的な解決」である。

　しかしながら，本人にも「有責性」がある場合には，本人の濫用の抗弁の主張が，本人の有責性の程度に応じて制限され，相手方の代理行為に基づく履行請求権が，（結果として）一部，又は，場合によっては，全部，認められることになる，より「柔軟な解決」がとられるべきであろう。具体的には，本人と相手方とで，有責性の割合が1対1であれば，相手方の代理行為に基づく履行請

求権が半分，認められるような解決である。

　そもそも，従来の理論は，個別・一回的な取引関係における代理権濫用を想定したものであり，一定期間，継続する代理関係の場では，別個の考慮が必要ではないかとも考えられる。

　以下では，ドイツ法における，判例・学説の議論の状況を概観し，そこでの議論から示唆を得て，わが国における，本人の「有責性」にも着目した「柔軟な解決」の可能性を検討する。

II　ドイツにおける議論の状況

1　相手方保護法理としての「代理権の無因性」

　ドイツにおいて，「任意代理権（Vollmacht）が委任（Mandat）から解放され，本人の利益を実質的に促進するか否かを問わず，相手方に対し，本人の権利を行使する権限が，代理人に与えられて」おり（「代理権の無因性」（die Abstraktion der Vertretungsmacht），代理人が，故意に本人の利益に反し，本人の意思に反する代理行為（以下，「代理権濫用行為」という）をした場合でも，代理権濫用行為の相手方は保護される。

2　ドイツ代理権濫用論の概観

　しかし，代理権濫用行為であることを相手方が，知りうべき場合にも，「代理権の無因性」が貫かれ，相手方が保護されることを修正する代理権濫用論が登場してきた。ドイツ代理権濫用論は多様であるが，なかでも，キップ説が1929年に初めて内因的解決を示した。この説は，故意の代理権濫用であることを相手方が知り，または過失により知らない場合には，無権代理となる旨の見解である。キップ説は，フルーメ説など，現今の有力なドイツの学説に影響を与えている。他方で，判例については，RG（ライヒスゲリヒト）においては，BGB施行前から，例外はあるが，本人は，「悪意の抗弁（exceptio doli, Einrede der Alglist）」を悪意の相手方に対して主張して，代理の効果を否認した（RG1886年1月19日判決（RGZ15, 206ff他））。BGH（連邦通常裁判所）の判例も，RGの判例を承継するが，信義則理論を重視する（BGH1966年2月28日判決（WM1966, 491ff）他）。

3 「過失相殺的処理」を行う判例

それらの中でも，BGH1968年3月25日判決（BGHZ50, 112ff.）が，本人の「有責性」にも着目し，注目すべき判断を示した。すなわち，同判決（以下，BGH68年判決という）は，銀行支配人等が，銀行取引に反する手形に署名した事案で，信義誠実の原則（BGB242条）に従い，有責な相手方の手形金額の請求が禁じられる旨の判断を前提に，本人にも有責性がある場合には，BGB242条，254条により，相手方に，履行請求権が一部，認められる解決（以下，「過失相殺的処理」という）の可能性を示した。すなわち，第1に，代理人に対し，監督措置をとる機会があったのに，本人が，代理人に対する必要な監督を行わなかった（unterlassen hat）ために，代理権の濫用という事態に至りえたことを相手方が証明しうる場合には，本人の保護は，全部または一部，BGB242条により，失われる旨の判断を示し，第2に，信義誠実の原則の特別な刻印であるBGB254条により，行為の損失的な効果は，本人と契約相手方とに，各々の側に存在する過失（Verschulden）の割合によって分配され，取引から生ずる本人に対する請求権は，場合によっては，一定の割前（Bruchteil）についてのみ理由がある旨の判断を示した。この判断のために用いられたBGB254条は，損害賠償請求権に関するものであるが，代理行為から発生する履行請求権に類推適用することが，この判決により認められた。

更に，BGH1999年6月29日判決（NJW1999, 2883f）は，このBGH68年判決に言及して，貯蓄銀行の預金者である本人が，代理人に預金口座に関する処分任意代理権（Verfügungsvollmacht）を授与した後，預金が，復代理人により引き出され，代理人自身の債務の弁済にあてられた事案で，「過失相殺的処理」を行う前提として，本人の有責性の存否を検討し，①信頼に値する職能集団の構成員に，任意代理権を授与した時点において，代理人の人物に関し，この様な信頼に反する諸事情は知られておらず，代理権授与自体は，任意代理権濫用への有責な共働（schuldhafte Mitwirkung）として評価されないこと，②代理人は，2年以上の利息の支払いにより，金銭を本人のために投資したと本人を信頼させていたことなどを理由に，本人の有責性を否定した。

また，近時の下級審判決であるミュンヘン上級地方裁判所（OLG München）1995年4月25日判決（OLGR München1995, 133-134）は，車両の販売契約で，売主，買主双方が，それぞれ代理人を使用し，買主の代理人が第三者の利益を図るため権限を濫用した事案で，BGH68年判決が，ほぼ，そのまま引用され，

売主，買主のそれぞれの代理人に対する監督上の有責性について判断が示された。

売主（原告）の有責性については，買主が，原告の営業所にとって，新たな取引先であり，購入価格の支払いが確実である前に，車両が引き渡されることを阻止するため，代理人に対する適当な監督措置を取り入れなかったことが非難されるべきであるとされた。買主（被告）の有責性については，代理人が車両を注文する可能性を有していたので，業務執行者が，代理権（Vertretungsmacht）を制限したとき，代理権濫用を不可能にするために，更に，監督措置を講じるべきであったことが指摘されている。そして，BGB254条により，従来，試みられることのなかった（引き渡された車両の未解決の）売買代金の半分を原告に認める旨の解決がなされた。

現今のドイツの多くの文献において，BGH68年判決は引用され，学説および裁判実務において参考にされうる判例として認められている。また，近時の下級審裁判例（OLG Stuttgart 2008年12月16日判決（DB, S.445ff））においても，「過失相殺的処理」は言及されている。

4　判例に対する批判

しかしながら，BGH68年判決は，①法的取引に関与する者の自由に基づく義務の内容及び範囲は，原因（Verursachung）及び過失（Verschulden）について考慮する余地はなく，法律行為による履行請求権へのBGB254条の類推は不可能，②給付の目的が不可分である給付請求権を相手方が有する場合には「過失相殺的処理」を実行できない，③処分行為の場合に，BGB254条を適用することは，物権の帰属に関して明確な関係を要求する物権法の要請に反する（以上，Heckelmann），④履行請求権の不可分性（Schramm），⑤法律行為の不可分性（Palm;Habermeir），⑥ all or nothing 原理などを理由として，学説から批判されている。

5　学説の展開

BGH68年判決以後の学説の対応については，まず，タンクは，BGH68年判決に賛意を表しつつ，実際の適用上の難点として，給付交換契約（売買及び交換など大部分の双務契約）の場合を挙げ，BGB242, 254条により，「個々の事案が適する限度」で，本人の有責性にも着目した解決を行うべきことを主張する。

第Ⅱ編　代理権濫用論

　ヘッケルマンは，BGH68年判決を批判したが，契約締結上の過失責任に基づく損害賠償請求権の過失相殺の効果として，過失割合に応じて，履行請求権の一部解消を認める手法を提示した。BGB254条を履行請求権へ類推適用しうるかという理論的な問題を回避しつつ，実質的には，履行請求権の平面での解決を狙った説であると解される。

　このヘッケルマン説に対しては，損害賠償の範囲が，過大になりうるなどの点でメルテンスが批判した。メルテンス説は，BGB254条適用の本質は，BGB242条による濫用の抗弁を制限することにある（表面的な視点での履行請求権への拡張）と述べ，更に，あえてBGB254条を持ち出す必要もなく，BGB242条により，履行請求権の部分的な拒絶をなしうることを示唆した。

　更に，メルテンス説をユンクストが，不可分給付の際の解決の不明確さなどを理由に批判する。ユンクストは，不可分給付の場合の難点を指摘するが，信義則による解決を根底から批判するものではないと思われる。ユンクスト説は，商法上の機関代表権の事例を念頭に置き，機関（Organ）への監督行動不作為を相手方が認識している場合には，相手方は，本人（Geschäftsherr）が，代理人（Vertreter）の具体的な行動を無制限に認容（dulden）し，かつ，承認（billigen）していることを信頼でき，このような場合には，相手方に，濫用の疑念が生ぜず，本人による相手方に対する濫用の抗弁が排除される旨，主張する。

　その他，メディクス説は，取引の反復と履行のための支払いが，本人の承認（Billigung）を推測させる場合には，以後，「濫用の明白性」が欠け，相手方に濫用の抗弁がなされえない旨の継続的な取引における時間的区分による解決を主張する。

　このメディクス説を参照して，最近，シュラム説は，BGH68年判決を引用し，BGB242条を適用する際には，個々の事例の全体的な状況が評価されるべきであると主張し，この全体的な評価の際には，更に，本人が任意代理権濫用をたとえば，彼に期待できる（zumutbar）代理人に対する監督措置を行わなかったことによって促進したか，可能にしたことをも考慮すべきであり，これによって，BGB242条に基づく抗弁（Einwand）は，事情によっては，完全に問題にならないと主張する。

III　我が国における議論

1　理論の現状

　以上のドイツ法の状況を踏まえて，わが国の理論の現状に眼を向けると，わが国の代理権濫用論は多様であるが，本人の態様を法的処理，理論構成に反映させる流れも看取される。福永礼治教授は，代理人に関与して濫用の危険を阻止できる「任意代理・機関代理」の類型とこのような関与可能性のない，「法定代理」とに類型化し，それぞれ，別異に，法的処理，理論構成する見解を主張する。また，中島秀二教授は，代理人と本人との関係ないしかかわりあい方が，特に帰責性ないし代理危険の観点から考慮されるべきことを指摘し，付随義務違反に基づく損害賠償請求権の平面での過失相殺等を提唱する。ただし，両説とも個々の代理行為に基づく履行請求権を一部，認める手法ではない。

　また，本人の有責性に着目する手法ではないが，相手方の信頼が，正当性を欠く程度に応じた割合で，効果帰属を免れる手法を橋本佳幸教授が主張し，また，伊藤進教授が，相手方が「信認関係」違背を知らなかった「過失」の程度に応じて，「履行責任」が軽減されると解するのが妥当と主張する。

　そして，本人の有責性にも着目する手法については，森泉章教授が，93条ただし書類推適用説に立ちつつ，「本人が代理人の背信的意思ないし濫用の事実を知りえなかったことに過失があった場合は，本人が一切の責任を負うが，過失の程度によっては，共働過失として，それぞれの過失の程度に従って，損失を分担するというような理論を構成すべき」と言及する。

　これと対照的なのが，青野博之教授であり，契約が一部有効であるとして履行請求権を一部分だけ認めるのは，理論的に困難であることなどを理由に，個別の行為ごとでの，本人の有責性にも着目した「柔軟な解決に」は否定的である。その他，本人の過失を効果帰属意思に代替しえないなどを理由に批判する見解も見られる。

　他方で，最近，実務家サイドから，野上誠一裁判官は，契約責任や法的責任等における割合的解決の可能性を探った論文で，学説上，代理権濫用に関し，割合的解決の可能性が指摘されていることに触れ，また，「……信義則や権利の濫用，衡平の観念等は一般的な規律であって，契約責任や法的責任にも適用されうるものであるから，これらを根拠とする割合的減額の余地を否定することはできない……」旨も，述べており，肯定的な見解を示す。

要するに，代理権濫用の事例を念頭に置き，本人の有責性にも着目して，履行請求権の平面での「柔軟な解決」に肯定的な立場をとるのは，管見の及ぶ限り，なお，少数説にとどまっている。

2 検　討

わが国において，代理権濫用事例において，個別の行為ごとで，本人の有責性にも着目し，「柔軟な解決」をとる可能性につき，検討されるべき代表的な見解としては，次の3つが重要であろう。

(1)　「権利濫用，信義則，悪意の抗弁説」による場合

権利濫用（民法1条3項）を根拠とする説は，竹田省説（昭13（1938））に由来し，この流れをくみ，権利濫用，信義則，悪意の抗弁を根拠にする説は多数，存在する。これらの説は，本人が代理権を授与したことに基づき，代理権の範囲内で，代理権濫用のリスクを負うが，代理権濫用につき「知りうべき」相手方が，本人に代理の効果を主張することは，信義則に反するという判断が根底にあるものと思われる。

効果について，高橋三知雄教授は，相手方が，故意・有過失である場合も，代理権そのものは依然として存在し，有権代理であると主張する。これに対し，四宮和夫教授は，任意代理の場合は，代理行為は，一応，本人に帰属し，悪意または重過失の相手方は，信義則上，本人への効果帰属を主張しえない旨，主張する。

ところで，信義誠実の原則を根拠として持ち出す場合，従来のこの立場の中には，かならずしも明言するものはなく，また，異論もあるが，相手方だけの信義則違反のみに着目するのでなく，本人にも信義則違反がある場合には，これにも着目すべきであろう（タンク説参照）。

そこには，次のような判断がある。すなわち，代理人に対する監督措置をとる機会があったのに，必要な監督措置を講ぜず，それが非難に値し，信義に反する程度に至る場合もありえる。そのような場合においても，有責な本人が，有責な代理人の背後に隠れ，濫用の抗弁を100％相手方に主張しうるのでは，不公平である。代理制度に対する信頼を維持するためにも，代理制度内で，すなわち，代理権濫用の抗弁の主張の段階で，本人の有責性を考慮すべきである。相手方が，本人にも「有責性」があることを証明しえた場合には，相手方に対

する，本人による濫用の抗弁の主張を信義則上（民法1条2項），本人と相手方，双方の「有責性」の割合に応じて制限する手法で「柔軟な解決」を行うことが考えられる。

　ドイツの判例では，金銭債権（手形金請求，預金債権，車両の売買代金債権）の事案で「過失相殺的処理」が問題となった。わが国においても，金銭給付のような，給付を分割して実現できる可分給付を目的とする場合には，「柔軟な処理」を検討しうるのではなかろうか。

　これに対して，性質上の不可分給付（例：家屋一棟，自動車一台の給付）のように，給付の目的物を分割して給付できない場合，前述のごとく，ドイツでは，多くの学説により，実際には，柔軟な解決は実行できないと批判されている。しかし，メルテンス説は，「履行請求権が不可分給付に関する法律行為の場合に，どのように経済的な帰結において短縮されるべきかは，個々の事案に応じて適切に解決される」と述べ，柔軟な解決が絶対に不可能であるとは考えていない。

　我妻栄教授は，性質上の不可分給付について，1個の物の所有権の譲渡を目的とする債務の場合，分割して給付することは絶対に不可能ではないが，取引の実際から見れば，所有権は不可分と考えられており，判例も同旨（大判大12・23民集2・127）である旨，述べられる（我妻栄『新訂債権総論』396頁参照。なお，給付がその性質上，可分か不可分かにつき，椿寿夫・著作集I 370頁以下参照）。土地，建物などの売買契約の場合，共有関係の発生を導くことになり，物権の帰属に関して，明確な関係を要求する物権法の要請に反する旨の批判も想定され，「柔軟な解決」と相容れないように思われる。

　なお，青野博之教授が，前述のメディクス説による時間的区分による解決を参照し，このような解決の可能性に言及する。これを敷衍すると，非難に値する監督上の責任が，本人に向けられうるのは，BGH68年判決やミュンヘン上級地方裁判所95年判決にみられるように，代理人が，本人との雇用関係に基づく代理権が授与されている場合など，一定期間，継続する代理関係の場合であると思われる。そのような場合において，代理人により，相手方と継続的に取引が行われているとき，当初，相手方から見て，本人の不利益になるように見え，濫用の疑念がある取引であったが，取引が繰り返されても履行のための支払いに応ずるなどして本人が異議を唱えないので，本人の利益に合致し，本人の意思に反しないように見え，相手方が「濫用」でないと信ずるに至る場合，

その時点以後，濫用の疑念が消失し，以後の取引について，原則として本人は，濫用の抗弁を相手方に主張できなくなる旨の解決であると思われる。これもまた，信義則説と親和性ある考え方といえ，検討する余地があると思われる。

(2) 心裡留保規定（民法93条ただし書）に依拠する立場による場合

ドイツにおいて，代理権の要件に着目した「内因的解決」をとるキップ説が，まだ，現れていない，我が国におけるドイツ的解釈法学全盛期に，代理権濫用を顕名主義との関係で解決する，嘩道文芸説，石坂音四郎説が登場した（昭5(1916)）。これらの説は，代理人行為説（代表説）に立ち，代理効果の発生は，代理意思とその表示によると解し，代理人が，背任的意図をもってなす代理権濫用行為は，この代理意思の表示についての心裡留保の問題であると捉えた。しかし，現在の多くの説は，代理権濫用の場合であっても，代理意思が存在することを否定せず，代理人の顕名行為の部分に心裡留保はないことを前提とする。

於保不二雄教授は，民法93条ただし書の規定を類推適用する最判昭和38年9月5日を評して，「判例の見解は，……相手方が知り，または，知りうべきときは無効である，という一般法理をとりあげ，これを単に民法93条但書に擬律したにとどまる」と評する。この於保教授の判例の理解が支持を受け，心裡留保説の中で主流を占めている（ただし，於保教授は，「権限冒用行為を無効ならしめる本体は「権限」の問題にある」と述べる）。森泉説は，この主流に属すると思われるが，「相手方が悪意・重過失の場合，本人は，相手方ないし第三者に悪意の抗弁で対抗しうるが，具体的な理論構成として，心裡留保類似の関係が成り立つので，心裡留保に関する規定の趣旨を類推適用する」と述べたうえで，前述のごとく，柔軟な処理について言及する。

心裡留保説は，一様ではなく，その中には，森泉教授が述べるように，柔軟な処理に肯定的な説もあり，この説によれば，上に述べた，権利濫用，信義則，悪意の抗弁説による場合と同様な，「柔軟な解決」をとる可能性が肯定されよう。

(3) 代理法理における解決による場合

浜上則雄教授は，前述のキップ説由来のドイツにおいて有力な「内因的解決」と同様の見解を主張する。すなわち，代理権の独自性と無因性を前提とし，

代理権濫用行為は，原則，有権代理であるが，相手方が有過失のときに，代理行為の独自性・無因性は，その限定を受け，無権代理となる説である。この解決のもとで，有責性の割合に応じて，一部，代理権を肯定するなどの手法で，柔軟な解決を図ることは困難であると思われる。相手方有責の場合，行為全体として無権代理になり，本人の追認が得られないときは，無権代理人の責任の規定（117条）の類推適用が問題となりえ，相手方が履行責任を選択する場合，ここで，代理人の有責性と相手方の有責性とに着目し，ある意味，柔軟な解決の可能性を検討する余地はありえる。

Ⅳ 結 論

信義則規定に基本的に依拠し，相手方が有責な場合にも，代理行為は全体として有権代理である立場を前提に，前述のような，信義則による濫用の抗弁の主張の制限による柔軟な解決の可能性を探る立場が妥当と考える。なお，わが国の判例法理である民法93条ただし書を類推する立場のもとでも，同様の解決が可能なのではないかという見解も示したが，これに対する最終的な評価はなお，後日に期することにしたい。

参考文献

「ドイツにおける代理権濫用と過失相殺的処理に関する判例の概観(1), (2), (3・完)──代理権濫用と過失相殺的処理再論序説──」下関市立大学論集54巻1号（2010年5月），55巻2号（2011年9月），56巻1号（2012年5月），「代理権濫用と相手方保護範囲」椿寿夫＝伊藤進編著『代理の研究』（日本評論社，2011），「「民法（債権関係）改正における「代理権濫用」の明文化の検討の覚書」清水元他編『財産法の新動向　平井一雄先生喜寿記念』（信山社，2012）所収

（初出：2014年4月）

〔補注〕参考文献に挙げた拙稿は，それぞれ，本書に所収されている（初出一覧参照）。また，本節の初出論文（『私法』76号190-197頁）には注記を付さなかった。本文中に引用された各学説は，以下のとおりである。

- Bamberger/Roth/Habermeier:kommentar zum Bürgerlichen Gesetzbuch; Bd.1;2. Auflage, 2007,
- Dieter Heckelmann, Mitverschulden des Vertretenen bei Mißbrauch der Vertretungsmacht, in : JZ 1970.

第Ⅱ編　代理権濫用論

- Ulrich Jüngst, Der Mißbrauch organschaftlicher Vertretungsmacht. 1981.
- Theodor Kipp, Zur Lehre von derVertretung ohne Vertretungsmacht, in: Die Reichsgerichtspraxis im deutschen Rechtsleben, Bd. Ⅱ, 1929, S.273-292.
- Dieter Medicus, Bürgerliches Recht, 23. Aufl, 2011.
- Hans-Joachim Mertens, Die Schranken gesetzlicher Vertretungsmacht im Gesellschaftsrecht（unter Berücksichitigung von BGHZ 50,112）in: JurA1970,
- Ermann/Palm, BGB, 11. Aufl., 2004.
- Münchener Kommentar/Schramm, BGB: Allgemeiner Teil. 6. Auflage 2012.
- Gerhard Tank, Der Mißbrauch von Vertretungsmacht und Verfügungsbefugnis, in: NJW1969.

- 青野博之「代理権の濫用と過失相殺的処理——西ドイツ・連邦裁判所1968年3月25日判決を参照して——」判タ671号38頁以下（1988）
- 石坂音四郎「判批」法協34巻12号129頁以下（1916）
- 伊藤進『代理法理の探究』（日本評論社，2011）
- 於保不二雄「判批」民商50巻4号60頁（1964）
- 曄道文芸「判批」京都法学会雑誌11巻4号80頁以下（1916）
- 四宮和夫『民法総則』240頁（弘文堂，第4版，1986）
- 高橋三知雄『代理理論の研究』（有斐閣，1976）
- 竹田省「判批」民商7巻2号160頁以下（1938）
- 中島秀二「濫用代理論批判」幾代通先生献呈論集『財産法学の新展開』79頁以下（有斐閣，1993）
- 野上誠一「契約責任や法定責任等における割合的解決（中間的解決）の可能性——裁判上の和解における解決内容への正当性付与という視点も考慮しつつ——」名古屋ロー・レビュー第4号21頁以下（2012年10月）
- 橋本佳幸「取引的不法行為における過失相殺」ジュリ1094号147頁以下，わけても134頁，136頁注(16)
- 浜上則雄「代理人の権利濫用の行為と民法93条」ジュリ増刊『民法の判例』（第2版，1971）24頁以下
- 福永礼治「代理権の濫用に関する一試論(1)，(2・完)」上智法論22巻2号129頁以下，22巻3号177頁以下（1978，1979）
- 森泉章『公益法人の現状と理論』112頁（勁草書房，1982）

第7章　成年後見人の代理権濫用

I　はじめに

　家庭裁判所そして後見監督人が，必要な監督を行わなかったために，成年後見人が，背任的意図を有するに至り，代理権を濫用し，たとえば，成年後見人名義あるいは被後見人名義の預貯金口座から出金し，着服横領したような場合[1]，どのように，被後見人に生じた損害を塡補しうるか。
　まず，代理権を濫用し，預貯金を着服横領した成年後見人等に，被後見人は，善管注意義務違反等を理由に損害賠償請求することは可能である[2]（民法869条，644条，415条）。
　次に，被後見人は，家事審判官による後見事務の監督の違法性を主張し，国家賠償法1条1項に基づく損害賠償請求をするか[3]，後見監督人が選任されて

---

(1) 成年後見人等の不正をめぐる現状等について，平田厚「成年後見人等の不正をめぐる現状と対応策」実践成年後見30号30頁以下（平成21年），神野礼斉「日独における後見監督制度の比較」実践成年後見30号16頁以下（平成21年），志村武「成年後見人の権利義務と民事責任──成年後見人による横領の事例を中心として」田山輝明編『成年後見　現状の課題と展望』189頁以下（日本加除出版，平成26年）等参照。
(2) 村田彰＝星野茂＝池田惠利子編『わかりやすい成年後見・権利擁護』76頁〔星野茂〕（民事法研究会，平成21年）および広島高判平成24年2月20日判タ1385号148頁参照。なお大阪地裁堺支部判平成25年3月14日においては，成年後見人および事実上，後見事務を担当していたその長女を被告として，不法行為に基づく損害賠償訴訟が提起されている（金融・商事判例1417号35頁参照）。
(3) 広島高判平成24年2月20日判タ1385号141頁は，成年後見人らの着服，横領行為を認識した担当家事審判官が，これを防止する監督処分をしなかったことは，家事審判官に与えられた権限を逸脱し，著しく合理性を欠くと認められる場合にあたり，国家賠償法1条1項の適用上，違法になり，また，担当家事審判官らに過失があったことも明らかであるとして，国の損害賠償責任を認めた（評釈として，藤原正則・実践成年後見43号93頁（平成24年）等がある）。
　他方，大阪地裁堺支部判平成25年3月14日金融・商事判例1417号36頁は，担当家事審判官が監督を強化するため，専門職の後見監督人を選任しており，本件裁判所が不正行為等の兆候に特別接していない状況下では，家事審判官らが能動的に調査等の権限を行使しなかったことをもって，甚だしく不当とはいえない旨等を理由とし，国の損害賠償責任を否定した（金融・商事判例1417号32頁以下，37頁参照）。この裁判例に対して批判的な説として，周作彩・実践成年後見46号86頁（平25年），西島良尚・成年

309

いる場合には，後見監督人の成年後見人に対する監督義務（民法851条1号，852条，863条，644条）違反を捉えて，損害賠償請求をすることも可能であろう[4]。

しかし，以上のような，損害賠償請求によっても，完全に損害が填補されない場合[5]において，もし，成年後見人による預貯金の払い戻しの相手方である金融機関も成年後見人等の着服横領の意図を「知り得べき」であったにもかかわらず，漫然と成年後見人等に払い戻したようなときには，このような払い戻しの有効性を「代理権濫用法理[6]」によって否定し，成年被後見人から相手方

後見法学会誌11号130頁以下（平成26年）等参照。肯定的な説として，平田厚『私法判例リマークス48（2014年）〈上〉』73頁参照。

[4] 大阪地裁堺支部判平成25年3月14日金融・商事判例1417号36頁参照。事案は，後掲注(5)参照。

[5] このような場合について，たとえば，前掲注(4)の大阪地裁堺支部判平成25年3月14日の事案が参考になる。この裁判例において，原告である被後見人Xは，全面介助が必要であり，平成12年4月から障害者支援施設Iに入所している。Xの19口座の預貯金（合計9187万9245円）について，障害基礎年金が入金され，Xの施設I入所に要する費用をまかなう一口座（130万9318円）は，主にIが管理し，その他はAが管理していた。担当家事審判官Dは，平成15年6月18日，Xにつき，成年後見を開始し，成年後見人として，AおよびB（Aの長男）を選任した。平成17年3月25日に，弁護士Y1が後見監督人に選任された。A・B・C（Bの長女で，事実上，後見事務を担当）は，平成15年8月8日から20年8月1日までの間に，X成年後見人A・B名義の預金口座およびX名義の預貯金口座から合計9197万7000円を出金し，そのうち，7451万2918円を不正に着服した。B，CらはXとの和解で，既払い金1200万円を控除した6251万2918円の損害賠償金支払い義務を認めたが支払い能力はなかった。そこで，Xにより，家事審判官Dによる後見事務の監督の違法性が主張され，国家賠償法1条1項に基づく損害賠償請求がY2(国)に対し，なされたが，この請求は認められなかった。しかし，不正に着服された7451万2981円のうち，4094万円1404円の後見監督人Y1の賠償責任が認められた。以上のことより，2157万1514円は，填補される見通しのない額であろう。さらに，成年後見人の横領に関する刑事事件における被後見人の損害の回復の状況について，本稿II 2(1)参照。

[6] 東京高判昭和59年3月29日判時1113号68頁は，会社の代表取締役社長と銀行との間で定期預金契約が解約され預金が支払われた事案で，「……本件定期預金契約は，控訴会社の代表取締役二郎と被控訴銀行との間で合意解約され，二郎に預金が支払われたものであるところ，かかる場合においても，二郎の右行為が代表権の濫用であり，かつ，被控訴銀行にこれについての悪意もしくは知らなかったことについて重過失があるときは，右合意解約は無効であると解される。……」と述べ，定期預金解約および預金の払い戻しにも代表権濫用法理の適用があることを前提とする（評釈として，大西武士『判例金融取引法〔上〕──預金，貸出・管理回収』180頁以下（ビジネス教育出版社，平成2年）がある）。なお，代理権濫用法理一般については，拙稿「代理論史」水本浩＝

たる金融機関への払い戻し請求を認めることによって、被後見人に生じた損害を塡補できないであろうか。これが本稿の問題意識である。

本稿は、このような問題意識のもと、さらに、検討するための端緒として、まずは、紙幅の制約上、成年後見人の代理権濫用に対象を限定する[7]が、これまでの判例・学説の状況を概観し、今後の検討課題を示すことを目的とするものである。

なお、本人の財産の適切な管理・利用のための1つの制度として、後見制度支援信託が平成24年度から開始されているが、この制度がすべての成年被後見人により、利用されているわけではないことなどから[8]、前述の問題意識に基づき基礎理論を検討することには、なお、意義があると考える。

Ⅱ 成年後見人の代理権濫用の法的構成

成年後見人は、成年被後見人の財産管理に関する包括的な代理権を有する(民法859条1項[9])。しかし、形式的には、成年後見人の代理権の範囲内の行為であっても、成年後見人に自己または第三者の利益を図る等の背任的意図がある場合に、かかる背任的意図を知り得た相手方が、代理行為の効果を成年被

　平井一雄編『日本民法学史・各論』41頁以下（信山社、平成9年）参照〔本書第Ⅱ編第1章所収〕。私見としては、代理権濫用論について信義則説に立つ（さしあたり、拙稿「代理権濫用論」私法76号190頁以下（平成26年）参照〕〔第Ⅱ編第6章第3節参照〕。
(7)　親権者及び未成年後見人の代理権濫用との関係については、紙幅の制約上、本稿ではできず、他日に期す。
(8)　後見制度支援信託により、多額の横領は防止されうる（藤原・前掲注(3)98頁以下参照）が、すべての事件について利用されるわけではない（家庭裁判所『後見制度において利用する信託の概要』（最高裁判所、平成23年12月）参照。なお、利用状況は、最高裁判所事務総局家庭局「成年後見関係事件の概況——平成25年1月～12月——」によれば、「後見制度支援信託を利用するために、後見人が代理して信託契約を締結した成年被後見人及び未成年被後見人の数は532人（前年は98人）であり、信託した金銭の平均額は約3700万円である。」とある。さらに、杉山春雄「後見制度支援信託の運用状況」月刊司法書士497号66頁以下（平成23年）等参照。
(9)　小林昭彦ほか『新成年後見制度の解説』139頁（金融財政事情研究会、平成12年）参照。成年後見人の財産管理権と法定代理権について、赤沼康弘「成年後見人の財産管理権と法定代理権」赤沼康弘編著『成年後見制度をめぐる諸問題』142頁以下（新日本法規出版、平成24年）、成年後見人の職務について、村田彰＝星野茂＝池田惠利子編・前掲注(2)76頁以下〔星野茂〕参照。

後見人に主張することが認められるべきであろうか。このような主張を封ずるための法的構成（成年後見人の代理権濫用論）につき，以下に，禁治産制度（旧法）の下でのものと平成12年4月施行の現行の成年後見制度下のものとに分けて概観する[10]。

1 旧法下の判例・学説

(1) 判 例

旧法下における，禁治産者の後見人の代理権濫用に関する判例としては，管見の及ぶ限りでは，大判昭和15年12月24日新聞4664号7頁[11]が存在する。

㈎　原審（宮城控訴院昭和15年6月3日）の認定によれば，被上告人Yは，早発性痴呆患者（ママ）として7年間加療を続けたが，治療の見込みがなかった。相当の資産（300筆を超える不動産など）を擁していた父親Aの死後，Yの精神異常（ママ）

---

[10] 後見人の代理権濫用に関する判例・学説については，柳勝司「法定代理権限の範囲とその濫用」名城法学48巻1号115頁（平成10年），於保不二雄＝中川淳編『新版注釈民法［25］親族(5)〔改訂版〕』409頁〔中川淳〕（有斐閣，平成16年）等に紹介・検討されている。

[11] 大判昭和15年12月24日は，米倉明「判批」法協113巻3号118頁（平成6年），於保不二雄＝中川淳編・前掲注(10)444頁，柳・前掲注(10)131頁，田尾桃二「判批」NBL525号53頁にも，簡単に引用されている。この判例は，大判昭和14年5月13日大審院判決全集6輯22号14頁の差戻審と思われる宮城控訴院昭和15年6月3日判決の上告審である。他に，後見に関する判例として，①大判明治30年10月7日民録3輯9巻21頁，②大判明治33年6月27日民録6輯6巻155頁，③大判昭和7年8月9日大審院裁判例6巻民事243頁等がある。①の判例は，「幼者」が被後見人であり，「後見人カ被後見人名義ニテ金員ノ借入ヲ為シタルトキハ其行為ハ他ニ特別ノ理由ナキ限リハ当然無効ナリト謂フヲ得」ない旨の判断を示す。時に，金員借り入れは，（他人のために被後見人の財産を担保に供することとは異なり）被後見人のために必要不可欠であることを理由とする。②は，未成年後見人が，本家，分家の関係がない他人のために未成年者の財産を無償で「譲與」した事案で，後見人の職務は未成年者保護にあり，「……何等ノ事情何等ノ原因ノ存スルコトナキニ他人ニ未成年者ノ財産ヲ譲與スル如キハ固ヨリ不適法ノ行為ナル」旨の判断を示した。③は，未成年者の後見人が，銀行との取引により入手した金員を自己の用途に費消したが，このことは，被後見人との内部関係にとどまり，被後見人の銀行に対する責任に何らの消長を及ぼさないが，相手方たる銀行において，後見人が，その実，自己のために効力を生ぜしむるの真意のあることを知り又は知りうべかりし場合には，被後見人に何らの責任なしに帰す旨の判断を示す。①～③において「禁治産」後見という文言は見当たらない。未成年後見と禁治産後見との違いについて，佐柳忠晴「未成年後見～成年後見との比較を中心に～」田山輝明編『成年後見　現状の課題と展望』31頁（日本加除出版，平成26年）など参照。

第7章 成年後見人の代理権濫用

に乗じ，何らかの利益を獲得しようとする徒輩の策謀があったので，実母Bは，昭和2年12月22日にYに対し，禁治産宣告を所轄裁判所に申請し，その宣告があった。その後，この宣告は取り消されたが，この取り消し前に，Bは，Yの後見人として，親族会の同意を得，Yの相続した不動産全部及び債権をすべてX（Yの弟）に贈与した。なお，Bは，この贈与に先立ち，親族会の同意を得て，Yのため，Xをして，①Yの生活費毎月35円，②療養費年額150円，③その他の雑費年額120円を支出させることとし，また，永久に，扶養看護を怠らないことを命じて，Xもまたこれを承諾した。以上のような認定事実の下で，原審は，Yのために，このような措置を講じただけでは，Yの療養看護および将来の生活保障につき，相当の措置をなしたといえないとして，Bのなした贈与は，Bが被後見人たるYのためにする意思なくしてなした無効の行為であると判示した。

　この原審の判断に対し，大審院は，ⓐ後見人は親族会の同意を得て，被後見人の財産の得喪を目的とする行為を有効になしうることは，民法が明定しているので，親族会の同意を得た後見人による被後見人の財産の全部または一部の贈与は無効であると即断できない(12)。ⓑ後見人の名にかこつけ，実は，全く被後見人のためにする意思なくしたことが明白であるような場合は，後見人の「資格の濫用」であり，有効ではない。ⓒ不法の目的に出た行為であると認めるべきかどうかは，後見人の意図，被後見人の心身の状況その他の被後見人をめぐる周囲の事情等諸般の状況を調査の上，これを判定するのが相当である旨の判断を示した。

　(イ)　この判例において，心裡留保規定（民法93条）に依拠する旨は，明言されていない。しかし，「……後見人ニ於テ名ヲ後見人ニ藉リ実ハ全然被後見人ノ為ニスルノ意思ナクシテ之ヲ為シタルコト明白ナルカ如キ場合ハ後見人タル

---

(12) 戦前の明治民法923条が，「後見人ハ被後見人ノ財産ヲ管理シ其財産ニ関スル法律行為ニ付キ被後見人ヲ代表ス……」と規定していた。そして，同929条は，概ね，「後見人カ被後見人ニ代ハリテ営業若クハ第十二條第一項ニ掲ケタル行為ヲ為シ又ハ未成年者ノ之ヲ為スコトニ同意スルニハ親族会ノ同意ヲ得ルコトヲ要ス……」と規定していた。この規定の趣旨として，梅謙次郎は，概ね，「……蓋シ後見人ハ第九百二十三条ニ依リ被相続人ノ財産ニ付キ概括的権限ヲ有シ……如何ナル重大ノ行為ト雖モ其一存ニテ之ヲ為シ又ハ之ヲ為サシムルコトヲ得ルモノトセハ其危険ニ言フヘカラス……特ニ後見人ノ専横ヲ防カンカ為メ……親族会ノ同意ヲ要スルモノトセリ」（途中省略は，筆者による）との説明をしていた（梅謙次郎『民法要義　巻乃四　親族編』479頁以下（有斐閣，復刻版，昭和59年〔初出　明治45年〕）参照）。

313

第Ⅱ編　代理権濫用論

資格ノ濫用ニ外ナラスシテ適法ナル後見行為ト目シ難キカ故ニ之ヲ有効ト為スニ由ナキモノトス……」という表現を見ると，この判決は，民法 93 条の規定に依拠する東京控訴院明治 44 年(ネ)119 号判決年月日不明新聞 812 号 16 頁（会社の専務取締役による手形行為の事案[13]）や大正 5 年の石坂音四郎説（村の戸長による公借名義での金員受領に関する判例評釈[14]）と同列のものであり，後見人の顕名行為に心裡留保があると判断していたとも考えられる。

(ウ)　大判昭和 15 年 12 月 24 日は，戦前の家制度の下での判例であり，禁治産者の後見人は親族会にも監督された[15]。本人保護の理念のみならず，これと自己決定の尊重，残存能力の活用，ノーマライゼーション等の新しい理念との調和が旨とされる現行の成年後見制度下[16]でもこの判例は参考にしうるかについては，なお，検討を要しよう。

(2)　学　　説

たとえば，戦前に，中川善之助『日本親族法』（昭和 17 年）で，前掲の大判昭和 15 年 12 月 24 日（そして大判昭和 14 年 5 月 13 日）が引用され，「被後見人の全財産を他に贈与する場合でも，後見の濫用と見られる場合もあり，また，正当有効と見られる場合もある」旨の記述がなされていた[17]。

また，昭和 22 年の親族編改正後の学説では，たとえば，中川淳説が，何らの事情がないのに，被後見人の財産を無償で第三者に譲渡するような後見人の権利を濫用する処分行為は無権代理行為となり，表見代理の規定の準用を認めるべき旨の見解を示していた[18]。他方，右近健男説は，後見人が，権限を濫用

---

[13] 東京控訴院明治 44 年(ネ)119 号判決年月日不明は，民法 93 条ただし書を類推適用する現在の最判の解決の源流ともいえるものである（拙稿・前掲注(6)55，58 頁〔第Ⅱ編第 1 章Ⅴ1(2)〕参照）。
[14] 石坂音四郎「判批」法協 34 巻 12 号 129 頁（大正 5 年）参照。大判大正 4 年 2 月 15 日民録 21 輯 3 巻 99 頁の評釈である。なお，石坂説について，拙稿「代理権濫用論と代理の法的構成との関係の検討」下関市立大学論集 48 巻 3 号 34 頁以下（平成 17 年）〔第Ⅱ編第 2 章Ⅱ4〕参照。
[15] 前掲注(12)参照。
[16] 小林昭彦ほか・前掲注(9)5，8 頁など参照。
[17] 中川善之助『日本親族法』401 頁（日本評論社，昭和 17 年）参照。
[18] 中川淳『改訂逐条解説』559 頁（日本加除出版，平成 2 年）参照。また，柳勝司説は，前掲注(10)論文において，「法定代理人が，自己又は第三者の利益を計り，それによって本人の利益を害する行為をした場合（代理権の濫用），その行為は代理権の伴わない無権代理行為となる」という見解を示している（143 頁参照）。

314

するときも当然にその代理行為は無効となるのではなく，相手方が濫用の事実を知っているときは，このような相手方を保護する必要はないから，93条を類推して無効とすべき旨の見解を示していた[19]。

2 現行成年後見法下における判例（裁判例）・学説

(1) 判例（裁判例）

　現行の成年後見制度下において，代理権濫用法理が適用され，代理行為の効力が否定される手法で，被後見人が保護されたものは管見の及ぶ限り見当たらない。なお，必要な額を超える預金の解約，払い戻しは代理権の濫用にあたる旨の主張がされた下級審裁判例は存在するが，代理権濫用法理による解決はなされていないようである[20]。

　また，参考までに，成年後見人の横領に関する刑事事件について概観すると[21]，管見の及ぶ限り，①前橋地判平成14年6月10日裁判所ウェブサイト掲載，②仙台高裁秋田支部判平成19年2月8日判タ1236号104頁（原審……③秋田地判平成18年10月25日判タ1236号342頁），④最判平成24年10月9日刑集66巻10号981頁（原審……⑤東京高判平成24年5月15日刑集66巻10号987頁，第一審……⑥さいたま地判平成24年1月26日刑集66巻10号985頁）がある。これらにおいて，代理権濫用法理の適用により被後見人が被害を回復した旨の記述は見当たらない。ちなみに②，③では，成年後見人が，普通預金口座から現金を引き出し，また，定期預金口座を解約し，被後見人の財産を着服横領し，被害総額は1800万円であるが，550万円の被害弁償金が支払われ，残債務に対する代物弁済としてその所有する土地が提供され，分割弁済が約束されている。しかし，なお多額の被害が残り，被害が完全に回復される見込みもない。④～⑥では，成年後見人が，被後見人のために業務上預かり保管していた預貯金から払い戻した金額のうち，約930万円を自己の用途に費消し，横領したが，月々5000円ずつ被害弁償の約束をし，1回目の支払いをしている。

　刑事事件に関する判例（裁判例）の事案を概観しても，成年後見人の横領に

---

(19) 林良平他『注解判例民法4』502頁〔右近健男〕（青林書院，平成4年）参照。
(20) 高松高判平成22年8月30日判時2106号52〔56，59〕頁参照。
(21) 未成年後見人も含む親族後見人による横領に関する刑事事件に関する裁判例の概観については，信太秀一「親族後見人による横領事件に関する刑事裁判例の概観──親族相盗例の準用問題を中心に──」実践成年後見44号96頁以下（平成25年）参照。

よる被後見人の損害が代理権濫用法理により回復されていることはうかがえない。

(2) 学　説

現行成年後見制度施行後，間もない時期の佐久間説，そして，近時の学説につき，成年後見人の代理権濫用について見解を示している部分を中心に概観する。

(ア) 佐久間毅説

（i） 佐久間説は，現行の成年後見制度施行後，間もない時期に，論文「代理法からみた法定後見・任意後見」で，任意代理と法定代理との区別に応じてなされてきた従来の議論が，新成年後見制度における任意後見・法定後見の区別には，単純に当てはまらない可能性を指摘して，任意代理と法定代理とでの異なる取り扱いの必要性に関する代表的な問題をいくつか取り上げて概括的に検討している。そして，それらに関する問題の一つとして，任意後見人・成年後見人等による代理権濫用の法的処理について，検討を加えている(22)。

佐久間説は，代理法における諸々の規律・制度の目的・根拠について，なおいっそう明確にする作業が必要であることを指摘する。そして，規律や制度の目的に立ち返った理論的検討が等閑に付されている場合として代理権濫用の問題などをあげている。また，新成年後見制度下で利用される代理の有する特殊性のもつ意味を明らかにする必要があることを指摘し，法定後見全般における代理に関しては，本人意思の尊重義務（民法858条等）が明定されたこと，代

---

(22) 佐久間毅「代理法からみた法定後見・任意後見」民商122巻4・5号55頁以下（平成12年）参照。紙幅の制約があり，本稿では，佐久間説を詳細に紹介・検討できないが，佐久間説の成年後見人に関する記述を中心に概観すると，新成年後見制度の下での成年後見人による代理権濫用事例が増えても，任意代理，法人の代表者，親権者による代理権濫用についての民法93条類推適用による処理という判例理論が変更される可能性が極めて小さいこと（前掲57頁参照）。そして，任意代理権濫用と法定代理権濫用を別異に扱うべきとの学説（四宮和夫『民法総則第4版』241頁（弘文堂，昭和61年），福永礼治「代理権の濫用に関する一試論（(2)・完）」上智法論22巻3号220頁以下（昭和54年）などがあげられている（前掲56頁以下，60頁参照））の主張は，新成年後見制度下では，その主張の基礎の一部を失うことはあっても，補強されることはないこと，さらに，「成年後見監督人等をつけること自体を本人保護という制度目的を実現するものと捉え，監督制度が実際にはうまく機能せずに代理権濫用行為が行われたとしても，個別行為の効力否定という形で本人を保護すべき必要はない，と考えることも可能であろう……」旨の見解などを示している（前掲58頁参照）。

理人を監督する制度が整備されたことなどが，個別問題の評価にいかなる意味を持つのかを明らかにすることが重要であるとしている[23]。

(ⅱ) 近時，佐久間説は，他論文で，「……成年後見制度における本人保護に関しては，保護者による権限の適正行使の制度的保障が十分とはいえないという，制度そのものの信頼性に関わる大きな問題がある。高齢化が進み，成年後見制度の利用が更に増えると見込まれるなかで，保護者の権限行使の適正を確保するための安価で実効性ある方策が強く求められている。……この問題の検討は極めて重要である」旨の見解を示している[24]。

(イ) 近時の見解

佐久間説後，近時，成年後見法領域の有力な見解が成年後見人の代理権濫用について言及する。

(ⅰ) 赤沼康弘説

赤沼説は，成年後見人が，権限を濫用する行為は，民法860条の利益相反行為とならない場合でも，権限濫用の事実を知りまたは知り得べき者まで保護する必要はない。したがって，そのような場合は民法93条ただし書を類推適用して被後見人に効果が及ばないと解されている旨，述べ，ただし，どのような場合に濫用になるかは必ずしも明確でないとし，親権者の代理権濫用に関する最判平成4年12月10日民集46巻9号2727頁などを参照しながら，「……成年後見人も，代理権の行使にあたっては，被後見人の利益の観点から諸般の事情を考慮することが必要である。被後見人に経済的な利益が全くない場合にも被後見人の利益となることがあり得る。遠方に居住する唯一の親族を療養中の被後見人に面会させるため，その親族に交通費や宿泊費を交付するなどはその例といえる[25]」旨，述べ，成年後見人の代理権濫用の概念につき，経済的利益の観点のみから判断できない旨を指摘する。

(ⅱ) 志村　武説

志村説は，新聞報道等に基づく成年後見人の横領の実態の分析と，また，ユタ大学で開催された「シンポジウム　アメリカ合衆国第3回全国後見サミット」（2011年10月）において採択された「あるべき成年後見人の義務の規準と

---

[23] 佐久間・前掲注[22]73頁以下参照。
[24] 佐久間毅・月刊法教375号117頁（平成23年）。
[25] 赤沼・前掲注[9]147頁参照。なお，赤沼康弘「法定後見制度」新井誠・赤沼康弘・大貫正男編『成年後見法制の展望』16頁以下（日本評論社，平成23年）も参照。

裁判所など関係機関への提案」を参考に，成年後見人による成年被後見人財産の横領防止策を示す論文を公刊している。その中で，財産管理権を濫用して，本人の預貯金を下して着服したりすることは，権利の観点から法律構成すれば，成年後見人による法定代理権の濫用となり，取引行為を装ってなされれば，判例法上，当該行為は原則として有効，取引上，相手方が不正行為であることを知り，または知ることをうべかりしときは民法93条ただし書類推適用により，無効となる旨の見解も示している[26]。

(iii) 熊谷士郎説

熊谷説は，現行の成年後見制度が発動された場合の本質的な効果としての代理権の付与による保護が，民法（債権関係）改正によりどのような影響が与えられるか，「中間試案[27]」を主な素材として，一定の分析を試みている。代理権濫用に関しては，保護される相手方の主観的要件に関する議論に着目し，中間試案が悪意・重過失を不保護要件とし，悪意・有過失を不保護要件とする従来の判例よりも，本人の保護が縮小される可能性があるが，中間試案の改正提案は，代理権濫用についても，現在よりも成年後見における本人の保護を縮小することを積極的に意図したものではなく，中間試案における理由づけや現在公表されている資料からは，解釈論上，法定代理について別異に解する可能性もないとは言えないし，少なくとも重過失の判断において一定の調整をすることは不可能ではない旨などを指摘している。そして，「……結局，問題はなお残されたままであり，一方で，代理権濫用・表見代理についての議論を深めつつ，他方で，成年後見において考慮される本人の同意や本人の意思をどのように理論的に位置付けるのか，公的機関による監督のしくみをどのように評価するのかといった，成年後見制度の本質にかかわる理解を深めながら，検討していく必要があろう」という見解を示している[28]。

---

(26) 志村武「成年後見人の権利義務と民事責任——成年後見人による横領の事例を中心として」田山輝明編・前掲注(11)189頁以下，とくに211頁以下参照。
(27) 商事法務編・別冊NBL143号13頁参照。
(28) 熊谷士郎「成年後見制度からみた民法（債権関係）改正」実践成年後見47号87頁以下（平成25年）参照。なお，熊谷説は，現在の成年後見法の理論的な展開の現状において，佐久間説の前掲の指摘（佐久間・前掲注(22)73頁以下参照）に着目している（91頁参照）。

3　小　　括

　これまでの判例・学説の状況を小括すれば，戦前の家制度の下での判例ではあるが，大判昭和15年12月24日が，禁治産者の後見人が全く被後見人のためにする意思がなくなしたことが明白である行為は不適法で無効である旨の判断を示し，中川善之助説も，『日本親族法』（昭和17年）で，この判例を引用していた。現行成年後見制度の下で成年後見人の横領・着服による被後見人の損害を代理権濫用法理で救済する判例（裁判例）は管見の及ぶ限りでは見当たらない。学説においては，佐久間説が，現行制度施行後，間もない時期に刊行した論文「代理法からみた法定後見・任意後見」での指摘が，今なお，着目されている。また，赤沼説，志村説など近時の有力な学説は，成年後見人の代理権濫用の場合も民法93条ただし書類推適用説をとることが前提となる記述をする。熊谷説は，一方で，代理権濫用について理解を深めつつ，他方で，成年後見制度の本質を深めながら検討していく必要性がある旨などを説き，今後の検討の方向性を示している[29]。

Ⅲ　今後の検討課題

　現在に至る成年後見人の代理権濫用論の概観を前提に，「はじめに」であげた問題意識のもと，さらに検討を進める際には，特に，次のような点が問題となりうるのではないかと思われる。
　すなわち，まず，着服横領の意図を有する成年後見人への金融機関による「預貯金の払い戻し」に代理権濫用法理の適用があるかである。すでに概観したように，成年後見人の代理権濫用の場合にも，民法93条ただし書を類推適用し，代理行為の効果は被後見人に及ばない旨の見解は，赤沼説等により示されている。また，本人の預貯金を下して着服したりすることは，成年後見人による法定代理権の濫用となり，判例法上，民法93条ただし書類推適用により無効となりうる旨の見解も志村説により示されている。そして，成年後見人の代理権濫用の事案ではなく，会社の代表取締役と銀行との間での定期預金解約

---

(29) 他に，民法93条ただし書類推適用説を前提として記述をする説として，鬼丸かおる「複数後見選任と権限」赤沼編著・前掲注(9)131頁参照。また，土肥説は，定期預金を利用することによる後見人による被後見人の預貯金の横領の防止策を提言する（土肥尚子「成年後見監督人の権限と職務」赤沼編著・前掲注(9)230頁以下参照。

および預金の払い戻しの事案においてであるが，東京高判昭和59年3月29日判時1113号68頁は，定期預金解約および預金の払い戻しにも代理権濫用法理の適用があることを前提とする(30)。

さらに問題は，着服横領の意図のある成年後見人への預貯金の払い戻しに代理権濫用法理の適用が仮にあるとすれば，相手方たる金融機関が，この着服横領意図を「知り得た」場合には，払い戻しは無効となりうるが，実際に，金融機関がこのような成年後見人の意図を「知り得る」場合はありうるのかという点である。たとえば，大阪地裁堺支部判平成25年3月14日の事案(31)においては，9187万9245円の金額が，19口座の預貯金に分けて，管理されていた。このような管理の下では，約5年間にわたり各口座から，少しずつ払い戻されたのであれば，各口座からの払い戻し額全部を総計すれば，後見事務に必要な額をはるかに超え，過大な額の払い戻しになるとしても，金融機関がこれに気付くことは困難であり，したがって，代理権濫用であることは「知り得ない」ことになるのであろうか。また，キャッシュカードによる払い戻しの場合はどうであろうか。

成年後見人による不正の現状(32)に鑑みれば，金融機関により，着服横領の意図が「知られ得」，払い戻しが無効となる可能性があるほうが，被後見人の保護になる。それではどのようにすれば良いのであろうか(33)。この点について，金融実務等(34)をも踏まえ，さらなる検討を慎重に進めたい。

（初出：2014年12月）

---

(30) 前掲注(6)参照。

(31) 前掲注(5)参照。

(32) 前掲注(1)参照。

(33) 成年後見人に対する，家庭裁判所や後見監督人による監督が行き届かないところにも，成年後見人による不正の原因があろう。西島説は，家庭裁判所の現状の人員やシステムに限界がある旨を述べて，さらに，「裁判所の負担を軽減するような行政等の関係諸機関あるいは地域社会の連携を強化するシステムを創設するなどの積極的な努力が急がれるべきである」と述べている（西島・前掲注(3)149頁）。金融機関に限らず，成年後見人と代理行為を行う相手方には，被後見人の利益が損なわれないために，行動する努力が求められていると思われる。なお，村田彰「法定後見制度とガバナンス」村田彰＝大塚祚保編『現代とガバナンス』12頁以下（酒井書店，平成20年）参照。

(34) 実務について，日本弁護士連合会「「成年後見制度に関する取り扱いについてのアンケート」集計結果，分析と考察」（平成21年10月8日），佐藤勤「銀行における成年後見人等への対応」実践成年後見34号14頁（平成22年），吉田智「後見実務における金融機関の対応」実践成年後見34号45頁（平成22年）などが参考になる。

第8章　民法(債権関係)改正における「代理権濫用」の明文化の検討の覚書

1　はじめに

　民法(債権関係)の改正作業が法務省法制審議会「民法(債権関係)部会(部会長・鎌田薫早稲田大学総長)」において進行中である。本稿執筆時点での進行状況は，平成23年4月12日に部会第26回会議で決定された，「民法(債権関係)の改正に関する中間的な論点整理」[1]に対し団体，個人から寄せられた意見の概要が公表され[2]，審議が第2ステージへ移行しつつある状況[3]である。そして，第2ステージで中間試案の取りまとめを行う目標の時期は平成25年2月目途とされている[4]。本稿は，このような，審議が第2ステージに入りつつある時点での，代理制度の改正に関する学界からの改正試案，基本方針，提言等と法制審議会「民法(債権関係)部会」における代理制度に関する改正作業の状況，そして，これに対する学説，弁護士会等からの反応を概観し，現時点での若干の検討をすることを目的とする。

　このように，現在の民法(債権関係)の改正の動きを整理しておくことは，今後，わが国において代理理論の検討を進めていくためにも不可欠且つ有益なことであろう。他方，代理に関する検討事項は多岐にわたるが，紙幅は限られているので，代理制度の改正全体を広く本稿の対象とする事は困難である。そ

---

(1)　「民法(債権関係)の改正に関する中間的な論点整理」(平成23年5月10日；補訂版6月3日)については，本稿Ⅲ2(3)(i)で概観する。
(2)　代理の検討事項について寄せられた意見の概要は，法制審議会民法(債権関係)部会(以下，注記では「部会」と表記する)第35回会議(平成23年11月15日開催)の民法(債権関係)部会資料33-5にまとめられている。これは法務省ウエブサイト上で公表されている。本稿Ⅲ2(3)(ii)で概観する。
(3)　部会第30回会議(平成23年7月26日開催)で，今後の手続きの進め方が議題になり，第30回会議から第2ステージの審議を開始したうえで，パブリック・コメント手続きの結果報告の際に，その時点ですでに，審議が行われていた論点について，補充的な審議をするという議事がされた旨，法務省ウエブサイト上で公表されている。
(4)　部会第30回会議(平成23年7月26日開催)の議事概要(法務省ウエブサイト上で公表)参照。

こで，わけても，「代理権濫用[5]の明文化」に関連する事項を主として検討の対象とし，代理制度に関するその他の事項の検討は他日に期したい。論題は，本稿執筆時点で，法制審議会「民法（債権関係）部会」での改正作業は完了していず，途中の段階であるので，「「代理権濫用」の明文化の検討の覚書」とする。

記述の順序として，法制審議会に「民法（債権関係）部会」が設置（第1回会議：平成21年11月24日）される前の時期から今の民法改正に向けて様々な活動を行ってきた民法改正研究会の改正試案，民法（債権法）改正検討委員会の債権法改正の基本方針を概観（本稿項目Ⅱ）し，続いて，「民法（債権関係）部会」設置後の部会における法務省ウエブサイト等で公表されている諸資料，すなわち，「民法（債権関係）部会」資料と部会の会議議事録，「民法（債権関係）の改正に関する中間的な論点整理」及びこの補足説明とこれに対して寄せられたパブリック・コメント，第二ステージにおける審議等を概観する（本稿項目Ⅲ）。更に以上の，民法（債権関係）部会での改正作業等に対する学説，弁護士会からの反応を概観する（本稿項目Ⅳ）。以上のように，民法改正をめぐる状況を概観，整理し，現時点での代理権濫用の明文化をめぐる若干の検討[6]をし（本稿項目Ⅴ），おわりにで本稿を締めくくる（本稿項目Ⅵ）。

Ⅱ　民法改正研究会の改正試案及び民法（債権法）改正検討委員会編「債権法改正の基本指針」の概観

ここでは，法務省法制審議会民法（債権関係）部会で，平成21年11月24

---

[5]　代理権濫用は，例えば，債権取り立ての代理権を授与された代理人が，背任的意図をもって，自己の借金の弁済に充てる目的で債権を取り立てるような場合が一般的には念頭に置かれる。代理権濫用問題の概観については，平井一雄「代理権の濫用」法セ385号40頁以下（昭和62年）参照。また，法制審議会民法（債権関係）部会の委員，幹事の代理権濫用に関する研究として，松本恒雄「代理権濫用と表見代理」判タ435号18頁（昭和56年），道垣内弘人「利益相反行為と代理権の濫用」道垣内弘人・大村敦志『民法解釈ゼミナール親族相続』100頁以下（有斐閣，平成11年）などがある。

[6]　代理権濫用の明文化について，平成21年11月開催の中四国法政学会（第51回）（於：海上保安大学校）の民法（債権法改正）に関するシンポジウムの際に意見を寄せた（シンポジウムの当日の配布資料『民法（債権法）改正に関する意見』に所収）。本稿は，これを基礎にして，改正に関するその後の諸資料の概観を加え，若干の検討をなすものである。

第 8 章　民法（債権関係）改正における「代理権濫用」の明文化の検討の覚書

日に第 1 回会議が開かれる前の時期から現在の民法（債権関係）改正に向けて様々な活動を行ってきた民法改正研究会の改正試案及び民法（債権法）改正検討委員会の基本方針の代理権濫用の明文化に関する部分を概観する。

1　民法改正研究会の改正試案

　民法改正研究会（代表：加藤雅信（上智大学教授・弁護士））は平成 17 年 10 月に立ち上げられた。民法改正研究会は，幾つかの案を公表し，「民法改正　国民・法曹・学界有志案」に至っている[7]。公表された案につき，順次概観する。

（1）『日本民法改正試案（仮案〔平成 20 年 10 月 13 日案〕）』（私法学会提示案）
　代理行為の要件および効果につき，現行 99 条 1 項および 2 項と同じ規定がこの試案の 60 条①および②として規定されている。その上で，代理権濫用に関する規定がこの 60 条③に新設されている。
　60 条③：「代理人がその権限を本人の利益に反して自己または第三者の利益を図るために行使しても，代理行為の効力は妨げられない。ただし，代理行為の相手方がその事情を知り，または知らないことについて重大な過失があったときはこの限りでない。」[8]というものである。
　解説によれば，この条文案の趣旨は，次の通りである。すなわち，「……代理権濫用の問題につき，心裡留保の規定である現行民法 93 条ただし書を類推適用するという判例[9]が採用している構成が仮託的なものであることは，学界におけるほぼ共通した認識である。60 条 3 項ただし書において第三者[10]の主観的要件を故意・重過失としていることについては，代理権の濫用的行使であっても権限の客観的範囲に含まれていることを考慮して，信義則違反説と同

---

[7]　民法改正研究会の活動の概要については，民法改正研究会（代表・加藤雅信）編『法律時報増刊　民法改正　国民・法曹・学界有志案』はじめに（日本評論社，平成 21 年 11 月）に述べられている。〔補注〕この研究会組織の経緯につき，岡孝「近時の民法（債権法）改正事業の問題点」下森定先生傘寿記念論文集『債権法の近未来像』260 頁以下（酒井書店，平成 22 年）参照。

[8]　民法改正研究会／代表・加藤雅信『日本民法改正試案第 1 分冊』66 頁以下，わけても 68 頁以下（有斐閣，平成 21 年 10 月）参照。

[9]　最判昭 38 年 9 月 5 日民集 17 巻 8 号 909 頁，最判昭 42 年 4 月 20 日民集 21 巻 3 号 697 頁が引用されている。民法改正研究会／代表・加藤雅信・前掲注[8]68 頁＊21 参照。

[10]　「第三者」とあるが，60 条③項ただし書の文言は「……代理行為の相手方……」となっているので，「相手方」が正しいと思われる。

様に軽過失の相手方を保護すべきであるとする趣旨によっている。また，この規定を設けることは，代理権濫用＝無権代理説をとらないことを前提としている。なお，前段で紹介した判例は，相手方が代理人の真意を知り，又は知りうべきことを要求しており，文言上は軽過失まで要求したものとなっている。ただ，これらの判例における事案の実質は，いずれも相手方に悪意が認められるものであった。そこで，(新)60条3項ただし書では，その射程を重過失に限ることとした」[11]と。

(2) 『日本民法改正試案・仮案（平成21年1月1日案）』（平成21年新年案）

これは，(1)で概観した，私法学会提示案の改良版である。私法学会提示案と比較すると，代理行為の要件および効果に関する条文案が61条になったが，内容に変更は見られない。代理権濫用に関する61条3項も変更はない[12]。

この平成21年新年案に対する意見として，中舎寛樹教授は，「民法改正フォーラム・学界編——椿寿夫教授企画：全国，民法研究者の集い」における報告「改正案「法律行為」についての意見」において，代理の取り扱いについて，「……改正案では，むしろ，代理法の単純化，平準化が図られている。たしかに，規定の配列の整序は制度全体の見通しのよさに寄与しており，代理権濫用や自己名称の使用許可など新たな規定も設けられている。しかし，他方では，表見代理の三類型における相手方保護要件が同一とされ，……多くの問題のうち，立法化に熟しているものは何かの判断は微妙であるが，あまりに規定を単純化，平準化すると他人による法律行為の多様性と効果の相関関係を無視することになる。……」[13]と述べられる。

また，「Ⅴ民法改正フォーラム・実務家編　弁護士会との対話」において，早川尚志弁護士より，代理に関しては，「代理権濫用と代理権限踰越は，実務上，区別が困難であるところ，改正試案では，第三者が保護されるためには，代理権濫用の場合には善意のみで足りるのに対し，代理権限踰越の場合には善意無過失が要求されることになるが，主観的要件を統一すべきではないか」と

---

(11) 民法改正研究会／代表・加藤雅信・前掲注(8)68頁参照。〔補注〕本文中の「前段で紹介した判例」については，本稿注(9)参照。
(12) 判例タイムズ1281号5，52頁（平成21年1月1日）参照。
(13) 中舎寛樹「Ⅲ民法改正フォーラム・学界編2——全国，民法研究者の集い　改正案「法律行為」についての意見」民法改正研究会（代表・加藤雅信）編・前掲注(7)10，37頁参照。

第 8 章　民法（債権関係）改正における「代理権濫用」の明文化の検討の覚書

の疑問が呈されたが，これに対して，加藤教授は，「代理権授与の内容が不明確な場合に，代理権濫用か代理権限踰越かを判断することが困難であることはたしかであるが，結局，原則規定をどのように修正して適用するかが問題となる。原則規定を善意と善意無過失に分けるかどうかでなく，本人と第三者の両者のバランスを図ることが重要である」[14]と回答されている。

(3)　『日本民法典財産法改正　国民・法曹・学界有志案』
　　（仮案・〔平成 21 年 10 月 25 日国民シンポジウム提出案〕）

代理行為の要件及び効果に関する条文は 62 条①および②になったが，これは，私法学会提示案，平成 21 年新年案と変わらず，現行 99 条 1 項，2 項に同じとされている。

代理権濫用に関しては，この案では任意代理と法定代理の場合とを分けて規律する提案がなされている。すなわち，62 条：③「代理人がその権限を本人の利益に反して自己または第三者の利益を図るために行使しても，代理行為の効力は妨げられない。ただし，任意代理にあっては，代理行為の相手方がその事情を知り，又は知らないことについて重大な過失があったとき，法定代理にあっては，代理行為の相手方がその事情を知り，又は知らないことについて過失があったときは，この限りでない」[15]という規律を提案している。

(4)　小　　括

私法学会提示案 60 条 3 項が，射程を重過失に限る根拠は，信義則違反説と同旨であることと，この規定が，代理権濫用＝無権代理説をとらないことを前提としていること等が示されていることには注目されるべきであろう〔補注〕。

2　民法（債権法）改正検討委員会編「債権法改正の基本方針」

民法（債権法）改正検討委員会（平成 18 年 10 月 7 日発足，全体会議委員長：鎌田薫（早稲田大））は，民法（債権法）改正に関して，「債権法改正の基本方針」

---

(14)　伊藤栄寿「弁護士会との対話」民法改正研究会（代表・加藤雅信）編・前掲注(7) 96，99 頁参照。
(15)　民法改正研究会（代表・加藤雅信）編・前掲注(7)126 頁参照。
　〔補注〕本稿「(4)小括」につき，本稿を本書に収めるにあたり，初出時の記述を整えた。

を平成21年3月末にとりまとめ、公表した[16]。以下では、代理権濫用の明文化に関係する限度で、内容を概観する。

(1) **任意代理と法定代理、代理の基本的要件について**

【1.5.D】で、「現民法と同様に、「代理」においては、任意代理と法定代理をあわせて規律し、必要に応じて、それぞれに特有の規律を定める」[17]と提案された。代理の基本的要件について、【1.5.24】で、「〈1〉代理人が本人の名で法律行為をする権限（以下「代理権」という。）を本人から与えられた場合（以下、この場合の代理を「任意代理」、この場合の代理権を「任意代理権」という。）または法律の規定によって有する場合（以下、この場合の代理を「法定代理」、この場合の代理権を「法定代理権」という。）において、代理人がその代理権の範囲内において本人の名ですることを示してした法律行為は、本人に対して直接にその効力を生ずる。

〈2〉〈1〉は、第三者が代理人に対してした法律行為について準用する。」[18]と提案されている。

(2) **代理権の濫用について**

【1.5.33】で、「〈1〉代理人が自己または他人の利益をはかるために相手方との間でその代理権の範囲内の法律行為をすることにより、その代理権を濫用した場合において、その濫用の事実を相手方が知り、または知らないことにつき重大な過失があったときは、本人は、自己に対してその効力が生じないことを主張できる。

〈2〉〈1〉において、代理人が濫用した代理権が法定代理権である場合は、その濫用の事実を相手方が知り、または知らないことにつき過失があったときに、本人は、自己に対してその行為の効力が生じないことを主張できる。

〈3〉〈1〉〈2〉の場合において、第三者がその濫用の事実について善意であり、かつ、重大な過失がなかったときは、本人は、自己に対してその行為の効力が

---

(16) 「債権法改正の基本方針」は、別冊NBL/No.126（平成21年5月）に所収されている。本稿では、「債権法改正の基本方針」の内容の概観については、これに詳細な解説が付された、民法（債権法）改正検討委員会編『詳解・債権法改正の基本方針Ⅰ——序論・総則』（商事法務、平成21年9月）によった。

(17) 民法（債権法）改正検討委員会編・前掲注(16)179頁参照。

(18) 民法（債権法）改正検討委員会編・前掲注(16)184頁参照。

生じないことを主張できない。」[19]と提案されている。

　(ⅰ) 明文化の必要性として、まず、概ね「代理権濫用は、本人と代理人の内部関係において、代理人に忠実義務が認められるとすると(【3.2.10.04】)、この忠実義務違反としてとらえられる」旨[20]解説され、代理権濫用は代理人の忠実義務違反であると位置付けられている。そして、忠実義務は、「あくまでも本人と代理人の内部関係における義務であり、代理権の範囲はそれとは別に客観的に確定されると考えるのが一般であるが、代理人が内部関係上の義務に違反しているかは、外部から容易にうかがいしれない場合が多く、そのような義務によって代理権の範囲が画されるとするならば、円滑な代理取引が害されるおそれがある。また、本人もみずから認めた行為が客観的に行われているのだから、その行為に対する責任を問われてもやむを得ず、代理人が背信的な行為をするリスクは、そのような代理人を選んだ本人が負担すべきである」旨[21]解説され、代理権濫用も有権代理であり、原則として本人にその効果が帰属するとされている。しかし、「代理人が内部関係上の義務に違反していることが外部からうかがいしれるような場合にまで、同様に考えるべき必要性はない」[22]とする。「このような場合には、背信行為をされた本人を代理行為の拘束から解放する可能性を認めてよい」[23]と、解説されている。

　そして、代理人の忠実義務違反の行為については、利益相反行為に関する規定【1.5.32】[24]を置くが、利益相反行為は「行為の外形」から定型的・客観的

---

(19) 民法（債権法）改正検討委員会編・前掲注(16)238頁参照。
(20) 民法（債権法）改正検討委員会編・前掲注(16)241頁以下参照。受任者の忠実義務に関する【3.2.10.04】は、「受任者は、委任者のため忠実に委任事務を処理しなければならない」というものである（民法（債権法）改正検討委員会編『詳解・債権法改正の基本方針Ⅴ』97頁（商事法務、平成22年6月）参照）。
(21) 民法（債権法）改正検討委員会編・前掲注(16)242頁参照。
(22) 民法（債権法）改正検討委員会編・前掲注(16)242頁参照。
(23) 民法（債権法）改正検討委員会編・前掲注(16)242頁参照。
(24) 民法（債権法）改正検討委員会編・前掲注(16)226頁以下参照。【1.5.32】（利益相反行為）は、「〈1〉代理人が次に掲げる法律行為をしたときは、本人は、自己に対してその行為の効力が生じないことを主張できる。ただし、代理人が当該行為をすることについて本人が許諾したとき、または本人の利益を害しないことが明らかであるときは、この限りでない。〈ア〉本人を代理してみずからと行為をすること〈イ〉本人および相手方の双方を代理して行為をすること〈ウ〉〈ア〉〈イ〉のほか本人と代理人またはその利害関係人との利益が相反する行為　〈2〉代理人が〈1〉の行為（〈1〉〈ア〉〈イ〉に該当する行為を除く。）をしたことについて、相手方が善意であり、かつ、重大な過失がなかった

に判断され，この規定に該当せずもれる場合にも背信的な行為をされた本人を一定の限度で保護することを可能にするため代理権濫用に関する規定を新設する，旨解説されている[25]。

(ii) そして，効果の構成に関し，「代理権濫用の場合は，……それ自体としては有権代理であり，原則として本人にその効果が帰属すると考えられる。その上で，相手方の信頼を害さない限りにおいて，代理権濫用を理由に例外的に本人への効果帰属を否定しようとするわけであるから，これはまさに，効果不帰属主張構成と親和的である。そこで，本提案では【1.5.32】と同じく，所定の要件がそなわる場合に，「本人は，自己に対してその行為の効力が生じないことを主張できる」と定めることとしている」[26]と解説されている。

(iii) 効果不帰属の主張を認める要件については，まず第1に，「代理権の濫用」であるとされ，これは「代理人が自己または他人の利益をはかるために相手方との間でその代理権の範囲内の法律行為をすること」と定義されている。その趣旨は，現在の判例法理は，任意代理と法定代理の場合とを区別し，親権者の代理権濫用についてみられるように（最判平成4年12月10日民集46巻9号2727頁），法定代理の場合に代理権濫用が認められる場合を限定的に解しているが，親権者をはじめ，法定代理人による代理権の行使にどれだけの裁量が認められるべきかは，それぞれの法定代理制度の趣旨によって異なりえ，代理権濫用を規定するにあたっては，そのような法定代理制度の趣旨による解釈を許容するような定め方をするのが望ましく，本提案は，そのような解釈を許容する趣旨である旨，解説されている[27]。

(iv) 相手方の主観的要件について，提案【1.5.11】（心裡留保）[28]を手がかりにしている。すなわち，この提案は，「……表意者が真意を有するものと相手方に誤信させるため，表意者がその真意でないことを秘匿して行う狭義の心裡留保については，相手方が悪意のときに限り，意思表示の無効を認めることとしている……」が，「……代理権濫用の場合は，相手方からみれば，代理人は

ときは，本人は，自己に対してその行為の効力が生じないことを主張できない。〈3〉省略」というものである。

(25) 民法（債権法）改正検討委員会編・前掲注(16)242頁参照。
(26) 民法（債権法）改正検討委員会編・前掲注(16)242頁以下参照。
(27) 民法（債権法）改正検討委員会編・前掲注(16)239，243頁以下参照。
(28) 心裡留保【1.5.11】については，民法（債権法）改正検討委員会編・前掲注(16)91頁以下参照。

第8章　民法（債権関係）改正における「代理権濫用」の明文化の検討の覚書

本人側に属する者であり，そのような者が背信的な意図を秘匿して代理行為を行なっているため，狭義の心裡留保に類する……」とし，「……93条類推適用説を前提として，【1.5.11】に即して考えるならば，相手方が悪意のときに限り，本人は効果不帰属の主張を行える……」とする。そして，「これは，代理人に対しては，通常，本人のコントロールを期待することができ，本人は代理人の行為によって利益を得ている以上，その背信的行為によるリスクは本人が負担すべきであるという考え方に基づく」[29]と述べられている。その上で，「…代理権濫用の場合は，狭義の心裡留保の場合と異なり，本人がみずから相手方を誤信させる行為をしているわけではない。このような本人との関係では，少なくとも濫用の事実について善意であっても，重大な過失のある相手方は，本人による効果不帰属の主張を否定できると考えるべきではない」[30]と述べ，重過失ある相手方を保護しない態度を示す。

　法定代理について，「……本人は，みずから代理人を選んでいるわけではなく，代理人をコントロールすることも期待できない以上，その背信行為のリスクを負担するのが原則であるとはいえない……」ので任意代理と同様に考えることはできないが，「……代理権濫用の事実を相手方がまったく知りえなかったような場合にまで本人を保護することは，内部的義務によって代理権の範囲が画されている——しかも表見代理も認めない——と考えることに等しく，相手方をいちじるしく不安定な地位に置くことになる…」ので，「法定代理の場合でも，少なくとも相手方に過失があるときに，本人の保護，つまり，効果不帰属の主張を認めるべきである」[31]として，前掲の提案【1.5.33】〈2〉を行った旨，解説されている。

　(v)　第三者の保護につき，効果不帰属主張構成を採用し，代理行為の効果は本人に帰属することを原則とし，第三者の信頼保護は善意取得，94条2項類推適用法理などの一般法理に委ねられず，「……この問題は【1.5.32】で述べたように，第三者の側からみれば，本人側の内部的な事情を理由に効果不帰属の主張が認められることになるため，意思表示の無効・取消しに関する問題と同様の問題としてとらえることができる」とし，非真意表示・狭義の心裡留保・虚偽表示については，善意の第三者保護であるが，代理権濫用の場合も，

---

(29)　民法（債権法）改正検討委員会編・前掲注(16)244頁参照。
(30)　民法（債権法）改正検討委員会編・前掲注(16)244頁参照。
(31)　以上，民法（債権法）改正検討委員会編・前掲注(16)244頁以下参照。

第Ⅱ編　代理権濫用論

第三者からみれば，代理人は本人の側に属する者であり，そのような者が背信的な意図を秘匿して代理行為を行なっている以上，この系列に属すると考えるべきであり，「第三者の保護要件として，善意に加えて無過失まで要求することはできない……」が，「代理権濫用の場合は，本人自身は知りつつそのような行為をしたわけではないため，重大な過失のある第三者」は保護されない旨，解説されている(32)。

(vi)　以上の提案に対し，伊藤進説から，代理権濫用と利益相反行為の規律のすみわけに関する提案，効果に関する「効果不帰属構成」案などは適切であると賛意を表されている（本稿Ⅳ1(5)参照）一方で，代理権濫用は，内部関係における忠実義務違反としながら「心裡留保」規律を用いていること（本稿Ⅳ1(3)参照）及び転得者等の第三者に関する提案が，意思表示の無効・取消に関しての第三者の規律と同様の問題と捉えて提案していることは妥当でないとされ，新たな見解が示されている（本稿Ⅳ1(6)参照）。また，他の論者からは，効果としての，効果不帰属主張構成の提案に対して，判例法の考え方を重視すべきで，当該行為を無効とするべきである旨，そして，要件について任意代理の場合であっても相手方が悪意又は有過失の場合に本人を保護すべきであり，また，第三者保護要件について，判例法理の94条2項類推適用の考え方を重視し，善意「無過失」を要件とすべき旨の反対意見が示されている(33)。

3　小　括

ここでみた，民法改正研究会の改正試案（国民・法曹・学界有志案等）と民法（債権法）改正検討委員会編「債権法改正の基本指針」の代理権濫用に関する部分の異同等について整理すると以下のようである(34)。すなわち，両者とも，

---

(32)　以上，民法（債権法）改正検討委員会編・前掲注(16)245-246頁参照。
(33)　東京弁護士会法友全期会債権法改正プロジェクトチーム編『債権法改正を考える〜弁護士からの提言〜』61頁以下（第一法規，平成23年）参照。また，条文案として，この書で，「1．代理人が自己又は第三者の利益を図るために相手方との間でその代理権の範囲内の行為をすることにより，その代理権を濫用した場合において，その濫用の事実を相手方が知り，又は知らないことにつき過失があったときは，代理人の意思表示は，無効とする。2　前項の規定による意思表示の無効は，第三者が善意かつ過失のない第三者に対抗することができない」という規定を新設すべきと提言している。
(34)　両者の整理については，既に，臼井豊「代理権濫用法理に関する序章的考察――ヴェッダー（Vedder）による「本人の利益状況」分析アプローチを中心に――」立命館法学329号44頁以下（2010）でされているが，本稿でも両者の客観的な整理という観

330

第 8 章　民法（債権関係）改正における「代理権濫用」の明文化の検討の覚書

代理権濫用は有権代理であることを出発点とする。また，両者とも，任意代理と法定代理とを分け，任意代理では本人の不利益において自己又は第三者の利益を図り代理人が代理権を行使しているという事情または濫用の事実につき相手方に重過失ある場合に本人を保護する。重過失とする根拠は，それぞれ異なる。前者は，信義則違反説と参照する最高裁の判例（の事案の実質）を手がかりにし，後者は，狭義の心裡留保の規定を手がかりにする。法定代理については，いずれも，相手方に過失があれば，本人を保護する。前者においてはその根拠は不明であるが，後者においては，法定代理の場合，代理人の選任責任がなく・コントロールも期待できないことと相手方保護が根拠として挙げられている。更に，前者にあっては，代理行為の相手方からの転得者（第三者）保護について不明であるのに対し，後者では，重大な過失がない第三者に対して本人は保護されない旨の基本方針が示されている。そして，効果の構成に関し，前者は，信義則違反説に賛意を表し，無権代理説をとらないことを前提としている。後者は，「効果不帰属主張構成」をとる旨を明言する。

III　法務省法制審議会民法（債権関係）部会の改正作業の概観

ここでは，法務省法制審議会「民法（債権関係）部会」の審議にあたり配布され，法務省ウエブサイト上で公表されている「民法（債権関係）部会」資料と部会の会議議事録，「民法（債権関係）の改正に関する中間的な論点整理」とこの補足説明，中間的な論点整理に対する団体，個人からの意見の概要，第2ステージでの審議の議事録等を概観する。

1　判例等を踏まえた明確化の方向

平成 21 年 10 月 28 日開催の法制審議会第 160 回会議で，法務大臣からの民法（債権関係）の改正に関する諮問（第 88 号）を受け，法制審議会総会で，「民法（債権関係）部会」（以下，本稿では「部会」と表記する）を設置することが決定された[35]。部会第 1 回会議で，民事局長の原委員より民法関係の諸規定

点からする。
(35)　法務省法制審議会民法（債権関係）部会設置の状況については，法務省ウエブサイト上で公表されている，部会第 1 回会議議事録 1 頁以下（商事法務編『民法（債権関係）部会資料集第 1 集〈第 1 巻〉』5 頁（商事法務，平成 23 年 8 月））参照。

につき，その内容を社会・経済の変化に対応させるとともに判例法理を踏まえて規定を明確化し，民法を国民一般に分かりやすいものとするなどの観点から，国民の日常生活や経済活動にかかわりの深い契約に関する規定を中心として早急に見直しを行う必要性が述べられている(36)。

そして，部会第1回会議での部会資料2「民法（債権関係）の改正検討事項の一例（メモ）」に31の検討事項が示されているが，その05に代理権の濫用が挙げられている。すなわち，「代理人がその代理権を濫用して自己または他人の利益を図る行為をした場合については，現行法上，特段の規定は設けられていないものの，判例は，心裡留保に関する民法第93条ただし書を類推適用することにより，一定の場合に背信行為をされた本人の保護を図っている。このように，条文から容易に導くことはできないが実務的に確立している重要な判例法理については，できる限り条文に明記する方向で検討する必要があるのではないか」(37)というものである。このように，部会における代理権濫用の明文化の発端は，実務的に確立している重要な判例法理を条文に明記することにより，国民一般に分かりやすいものとするということにある。

そして，部会第2回会議（平成21年12月22日開催）で，部会資料4に基づき「判例法理等を踏まえた規定の明確化について」の部分につき筒井幹事により説明がなされた。その際，錯誤の効果と代理権濫用の場合を対比すると，条文の情報量が増えることと「分かりやすい民法」との緊張関係というテーマでは，両者は異なり，代理権濫用のところは，確立された判例法理であるが，現行法にはない規律なので，新しい条文を一つ書き下ろすことになるので，「……代理権の濫用について明文規定を新設することが支持されるのかどうか，このあたりの感触が……」(38)尋ねられている。

これに関し，野村委員は，概ね，「確立された判例法理という概念は，非常にあいまいなところがあり，こういう考え方自身には大きく反対ではないが，こういう形で条文を変えていくと，従来の反対説，あるいは少数説を切り捨てることになるが，判例は，場合によっては変更されるという可能性もある。今

---

(36) 部会第1回会議議事録1頁参照（商事法務編・前掲注(35)5頁以下参照）。
(37) 部会資料2（2頁）（商事法務編・前掲注(35)358頁）参照。部会資料は法務省ウェブサイト上で公表されている。
(38) 部会第2回会議議事録42頁（商事法務編・前掲注(35)94頁以下（部会資料4（7頁）は381頁））参照。

第 8 章　民法（債権関係）改正における「代理権濫用」の明文化の検討の覚書

後の解釈の変更を封ずるのがいいのかどうかということで，条文として議論するときに慎重に議論していただきたい。……」(39)旨の見解を示され，また，「判例は，現行法の枠に縛られた議論であるが，立法による合理化・刷新も考えた検討も念頭に置いて議論すべき」（松岡委員）(40)，「……一般論として，出発点として確立された判例法理を分かりやすい形で提示をするようなたたき台が出てくるのはよいのではないか」（道垣内幹事）(41)，「判例法理があり，それで実務が動いているという現実を踏まえる必要があり，その上で，そのとおりで本当によいのかどうかをここで改めて議論すべきであり，いずれにしても，そのかぎりで，判例法理を無視することはできない。それを確認しておけばよいのではないか……」旨（山本（敬）幹事）(42)等の見解が示された。

以上のような意見を踏まえ，鎌田部会長は，「この部分では，判例法理等を踏まえて明確化する方向というのはあり得る方向である。事務当局としては，確立した判例法理というものがあるとすれば，それを一つの手掛かりにして，こういうものが考えられるという素案を作る。しかし，それに我々が従う必要は別にないというようなことは御確認いただけたのだろうと思います……」(43)と述べている。

2　代理権濫用に関する改正作業の概観

(1)　部会資料「民法（債権関係）の改正に関する検討事項(8)」の概観

部会第 12 回会議（平成 22 年 7 月 20 日開催）での代理権濫用に関する審議は部会資料 13－2「民法（債権関係）の改正に関する検討事項詳細版」に基づき行われたが，この代理権濫用に関する部分（89 頁以下）(44)を概観すると以下の

---

(39)　部会第 2 回会議議事録 42 頁（商事法務編・前掲注(35)95 頁）参照。
(40)　部会第 2 回会議議事録 42 頁以下（商事法務編・前掲注(35)95 頁）参照。
(41)　部会第 2 回会議議事録 43 頁（商事法務編・前掲注(35)96 頁）参照。
(42)　部会第 2 回会議議事録 44 頁（商事法務編・前掲注(35)97 頁）参照。
(43)　部会第 2 回会議議事録 45 頁（商事法務編・前掲注(35)98 頁）参照。
(44)　部会資料 13－2 の 89 頁以下は，商事法務編『民法（債権関係）部会資料集第 1 集〈第 3 巻〉』387 頁以下（商事法務，平成 23 年 11 月）に所収されている。この検討事項について，大阪弁護士会から意見書が出されている（大阪弁護士会編『民法（債権法）改正の論点と実務〈上〉——法制審の検討事項に対する意見書』867 頁以下（商事法務，平成 23 年））。これによれば，規定を設けることに賛成で，代理権濫用に関する規定を設けるに際しては，任意代理の場合と法定代理の場合とを区別して規定すべきであるが，任意代理の場合の相手方の信頼要件として，「重過失」とする点については，現行民法

333

とおりである。

　まず、「現行民法には、代理人がその代理権を濫用して自己又は他人の利益を図る行為をした場合についての直接的な規定は存在しないが、判例は、心裡留保に関する民法第93条ただし書を類推適用して、本人は悪意又は過失のある相手方に対して無効を主張することができるものとすることにより、背信行為をされた本人の保護を図っている。そこで、このような判例法理に従って代理権の濫用に関する規定を新設することが考えられるが、学説上は、単なる過失があるに過ぎない相手方まで保護されないというのでは取引の安全が害されるとして、悪意又は重過失のある相手方に限って、代理行為の効果が本人に帰属することを主張することが許されないと解すべきだとの見解が有力であり、このような見解に沿って規定を設けるべきであるとの考え方が提示されている。このような考え方について、どのように考えるか。」と、検討事項が示されている。

　そして、（補足説明）が付されているが、そこでは、代理権濫用の問題の所在と、判例、学説の状況が示された後、「立法提案としては、代理権の濫用について悪意又は重過失の相手方を保護しないことを原則としつつ、法定代理の場合には、単なる過失があるに過ぎない相手方であっても保護しないとする考えが提示されている（参考資料1［検討委員会試案］・49頁、参考資料2［研究会試案］・126頁）。このような考え方について、どのように考えるか。」と、本稿Ⅱで概観した、前掲の改正試案及び債権法改正の基本方針を示しつつ、述べられている。

　そして、【関連論点】として、代理権濫用の効果について、「効果不帰属主張構成」を採用し、この考え方から善意無重過失の第三者に対して本人は効果の不帰属を主張できないことになるという「債権法改正の基本方針」の提案の考え方をどのように考えるか、と述べられている。

　更に、（比較法）としてフランス民法草案（カタラ草案1119-3条と司法省草案41条）が示されている。

と異なる立場を採用することになるし、あまりに本人に酷ではないか疑問が残ることを理由に慎重な検討を要するという旨の意見が付されている。更に、福岡弁護士会からも意見が出されているが、これについては、本稿Ⅳ3で取り上げる。

第 8 章　民法（債権関係）改正における「代理権濫用」の明文化の検討の覚書

(2)　部会第 12 回会議（平成 22 年 7 月 20 日開催）における審議の概観[45]
(i)　審議の状況
概ね以下のとおりである。
①　まず，利益相反行為と代理権の濫用について，山本(敬)幹事は，概ね次のような意見を述べられている。すなわち，どちらも，本人と代理人との間の内部的な義務違反であるという意味で共通した側面を持ち，関連論点の「利益相反行為の効果」や「代理権濫用の効果」につき，原則として代理行為の効果は本人に帰属するが，本人がそうした内部的な義務に違反して代理権が行使されたことを理由に，その代理行為の効果は，自分には帰属しないという主張を認めるという構成がこの場合に適合的であるという旨の見解を示される。その上で，相手方保護要件について，前掲（Ⅲ 2(1)参照）の部会資料 13-2 の 89 頁を示し，判例の 93 条ただし書類推適用の考え方を基礎として，93 条について非真意表示と狭義の心裡留保を区別する考え方[46]を支持して，代理権濫用の場合は，相手方からみて代理人は本人側に属する者であり，そのような本人側に属する者が背信的な意図を隠して代理行為を行っていることになるので，狭義の心裡留保に対応し，相手方悪意が要求される旨の見解を示される。ただし，心裡留保の類推で考えるとしても，代理権濫用の場合は，背信的行為をしているのは代理人自身であって，本人自身ではなく，一種の被害者でもある本人との関係では重過失がある相手方は保護されない旨の見解を示される。また，法定代理については，なお，検討の余地が残っていることを指摘する（部会第 12 回会議議事録 59 頁以下参照）。
②　相手方保護要件について，部会資料 13-2 の検討事項で示されている悪意・重過失説に反対する見解が示されている。すなわち，高須幹事は，規定を設けることに賛意を表するが，従前民法 93 条ただし書で判例上，善意・無過失という形で処理してきており，必ずしも，取引の安全が害されているかというとそうでもないという認識のあること，代理人に裏切られる人が結構いて，本人側にとっても結構気の毒という印象があり，帰責事由は本人側にそれほど大きくはないことなどから，善意・無過失というところでバランスをとってもよい旨の意見を述べている（前掲議事録 59 頁参照）。岡委員も，

---

(45)　部会第 12 回会議議事録 59-61 頁（商事法務編・前掲注(44)147-150 頁）参照。
(46)　部会第 10 回会議議事録 26 頁以下（商事法務編『民法（債権関係）部会資料集第 1 集〈第 2 巻〉』230 頁以下（商事法務，平成 23 年））参照。

代理権濫用と利益相反行為の効果のところでは，従前の無過失でそう問題は生じてなく，悪意・重過失のように取引の安全をそこまで広げなくてよく，本人と代理人の関係もいろいろあるので，一律広げ，悪意・重過失にすることに反対する旨の意見もかなり強くあり，弁護士会の意見は真っ二つに分かれている旨の意見を表明する（前掲議事録60頁以下参照）。

鎌田委員長は，相手方保護要件につき，従来の判例で実際に軽過失の例はあるかという旨の質問を発し，これに対し，高須幹事は，「過失が問題になって，その過失が軽過失だったということは経験したことはあるが，それが一般的かというと，ただ1回のことで，あまり数としてそうだということまではいえない」旨の回答をされている（前掲議事録61頁参照）。

③ 第三者保護規定について，高須幹事が，規定が必要であり，転得者で保護されるべき第三者は善意・無過失の第三者といった形で調整を図っていくべき旨，意見を示されている（前掲議事録59頁参照）。

(ii) 若干の検討

山本（敬）幹事の，相手方保護要件及び効果についての見解は，本稿Ⅱ2(2)(ii)，(iv)で概観した，民法（債権法）改正検討委員会編の「債権法改正の基本方針」で示された提案と同趣旨のものであると解される。

また，本人について，代理人に裏切られ，気の毒な場合のように，本人側に帰責事由が大きくないことが指摘されて，重過失説に反対する意見（高須幹事）があるが，これについては，代理人に対する監督義務違反があるなど，代理権濫用惹起につき本人側にも大きな帰責性がある事案が生ずることも想定されうることを指摘しえよう。本人と相手方（又は第三者）双方に帰責性がある場合は，「過失相殺的処理」の問題へと帰着しうる（本稿Ⅴ2参照）。

(3) 『民法（債権関係）の改正に関する中間的な論点整理』の概観

(i) 「民法（債権関係）の改正に関する中間的な論点整理のたたき台(3)」（部会資料23）が公表され，部会第23回会議（平成23年2月8日開催）の審議[47]

---

[47] 代理権濫用については，山本（敬）幹事より，効果について，本人の効果の不帰属を主張することができるものとする案を採用する場合には，転得者などの第三者が出てきたときの主観的要件について明文で定める必要があるという追加の論点の指摘があった（「部会第23回会議議事録」14頁以下参照）。これが，部会資料26（97頁以下）に反映され，部会第26回会議（平成23年4月12日開催）で審議を経て（部会第26回会議議事録を見る限り，代理権濫用についての意見はみられなかった），「民法（債権関係）の

第8章　民法（債権関係）改正における「代理権濫用」の明文化の検討の覚書

を経て、『民法（債権関係）の改正に関する中間的な論点整理』（平成23年5月10日；補訂版6月3日）が公表された[48]。代理権濫用の明文化については、以下のとおりである。すなわち、「判例は、代理人がその代理権を濫用して自己又は他人の利益を図る行為をした場合に、心裡留保に関する民法第93条ただし書を類推適用して、本人は悪意又は過失のある相手方に対して無効を主張できるものとすることにより、背信行為をされた本人の保護を図っている。このような判例法理に基づき代理権の濫用に関する規定を新設するかどうかについては、代理行為の効果が本人に及ばないのは相手方が悪意又は重過失のある場合に限るべきであるなどの見解があることも踏まえつつ、規定を新設する方向で更に検討してはどうか。また、代理権の濫用に関する規定を新設する場合には、その効果についても、その行為は無効となるものとする案や、本人は効果の不帰属を主張することができるものとする案などがある。そこで、これらの案について、相手方からの転得者等の第三者の保護をどのように図るかという点も含めて、更に検討してはどうか【部会資料13-2第3、2(7)〔89頁〕、同（関連論点）〔90頁〕】」と、これまでの議事の概況等が、『民法（債権関係）の改正に関する中間的な論点整理の補足説明』（平成23年5月25日；補訂版6月3日）[49]で示されつつ、述べられている。

(ii)　パブリック・コメントの概要

この中間的な論点整理に寄せられたパブリック・コメント（実施期間は平成23年6月1日から同年8月1日まで）の概要が公表されている[50]。部会資料33-

---

改正に関する中間的な論点整理」となった。
(48)　法務省ウエブサイト上で公表されている（NBL953号付録105頁（平成23年5月）及び商事法務編『民法（債権関係）の改正に関する中間的な論点整理の補足説明』278-279頁（商事法務、平23年6月）に所収）。
(49)　法務省ウエブサイト上で公表されている（商事法務編・前掲注(48)279頁所収）。
(50)　部会資料33-5（288頁以下）参照。なお、「民法（債権関係）の改正に関する中間的な論点整理」が決定された部会第26回会議（平成23年4月12日開催）後、第27回会議（6月7日開催）、第28回会議（6月21日開催）、第29回会議（6月28日開催）において、関係団体からのヒアリングが実施されている。これらの中で、代理権濫用に関係するのは、部会第29回会議での日本弁護士連合会（消費者問題対策委員会）のヒアリングの参考人説明資料としての、日本弁護士連合会（消費者問題対策委員会）説明資料「民法（債権関係）の改正に関する中間的な論点整理に対する意見書～消費者の観点から～」（97頁参照）である（法務省ウエブサイト上の部会第29回会議の「議事録等」の資料として公表されている）。これは、その題目を見ると、中間的論点整理に対する意見書である（なお部会資料33-5（292頁）参照）。

337

第Ⅱ編　代理権濫用論

5の288頁から293頁に代理権の濫用に関する27の意見が羅列されている。「民法（債権関係）の改正に関する中間的な論点整理」に即して，以下に整理[51]すると，概ね，以下のようになろう。

① 明文化については，公表されている意見を見る限りでは，賛意を表するものが多数であり，明文化の必要がないというのは2件であった。

② 相手方保護要件について，悪意・重過失ある場合に限定することについて，意見は一致せず，軽過失とすべき意見も多数ある。任意代理と法定代理など類型化する意見も複数ある。注目すべき意見として，軽過失説，重過失説いずれとも明言せず，任意代理人または法定代理人が代理権を濫用して法律行為をした場合，相手方が，代理人の真意を知り又は知ることができる状態にあった場合に，本人が保護されることができるとするものがある（福岡弁）。また，法定代理・任意代理を問わず，本人が代理人の監督を十分にできる場合と本人が未成年者や意思無能力者など代理人の監督が困難である場合とを分ける立場もある。そして前者の場合，相手方は善意無重過失の場合に限って保護されるとする。そして，「各種法人制度の多様化，高齢化社会の進行による成年後見制度の利用増加など，現代社会においては代理の態様も様々なケースが考えられるため，相手方の保護要件についてはそれぞれの事案に応じてできるだけ柔軟な解釈が可能となるような規定ぶりにするという考え方を検討すべき」とする（青司協）。なお，善意・無重過失とすることに相応の合理性があるが，民法レベルの問題であることを踏まえ，なお慎重に検討すべき旨のものがある（愛知県弁）。

③ 効果については，効果不帰属主張構成説に賛意を表する意見が複数寄せられているが，無効説，無権代理説，抗弁説の存在も示されている。注目すべき意見として，「無権代理となるものとするか，効果不帰属とするかにつき，具体的な差異を意識して検討するのが相当とする意見，抗弁とする場合には，当該主張の法的性質や要件を明確にすべきとする意見があった」旨のもの（最高裁）がある。

---

(51) 法務省ウエブサイト上で公表されたパブリック・コメントの概要は，寄せられた意見の要約であり，その要約が必ずしも適切でない可能性が指摘されている（部会第35回会議録1頁参照）。原資料ではなく，要約を参考にして，紙幅の制約もあり一定の観点から更に要約しつつ整理しているにすぎないことを予めお断りしておく。また，法務省ウエブサイト上で用いられている略称をそのまま用いるが，団体名等は，部会資料33-1を参照。

第 8 章　民法（債権関係）改正における「代理権濫用」の明文化の検討の覚書

④　転得者保護については，意見の表明は少数であり，転得者等の第三者の保護について「重過失」と規定することに賛意を表する意見（大阪弁），第三者保護については民法94条を準用する旨，明文化すべきとする意見（福岡弁），民法93条における議論を参照しつつ，代理権濫用をされた本人と心裡留保の表意者とは要保護性（帰責性）が異なることに留意しつつ，今後さらに検討するべきとする意見（東弁）がある。

　　ここでは省略させていただくが，他の論点についての意見も表明されている。

⑤　公表されたパブリック・コメントについての審議が，部会第35回会議（平成23年11月15日開催）でなされているが，審議に先立つ関係官からの説明の際，代理権濫用に関する説明はなく，代理権濫用に関する意見についての審議も見あたらない[52]。

　　なお，一般論として，パブリック・コメントと大学紀要，雑誌論文等の媒体に載せられた意見との関係につき，優劣関係はなく，同等であり，また，パブコメで多数だから少数説を切ってよいということにはならないと思うという旨の発言が，道垣内幹事よりなされている[53]。

(4)　第 2 ステージの審議の概観

　審議は，第 2 ステージへ進み，部会第33回会議（平成23年10月11日開催）において部会資料29（部会第31回会議（平成23年 8 月30日開催）で配布。法務省ウエブサイト上で公表）に基づき，代理権濫用についても審議されている 。なお，パブリック・コメント手続きの結果報告の際に，その時点で第 2 ステージの審議が行われていた論点については，補充的な審議をすることとされている（部会第30回会議議事概要の 1 参照）。本稿Ⅲ 2 (3)(ii)⑤でみたように，パブリック・コメントについての審議が部会第35回会議（平成23年11月15日開催）で行われている。この第 2 ステージでの審議は日程的に，パブリック・コメントについての部会への報告及び審議が前提とされていないと解されるので，代理権濫用については，補充的な審議が行われるものと思われる。

　(i)　部会資料29（67頁以下）の概要は以下の通りである。すなわち，明文の規定として，【甲案】「代理権濫用行為は，相手方が代理権濫用の事実につき悪

---

[52]　部会第35回会議議事録19頁以下参照。
[53]　部会第35回会議議事録35頁参照。

意又は有過失であるときは，その法律行為が無効とされる旨の規定を設けるものとする。」

【乙案】「代理権濫用行為は，相手方や第三者が代理権濫用の事実につき悪意又は重過失であるときは，本人は相手方や第三者に対して効果不帰属の主張をすることができる旨の規定を設けるものとする。」という両案が提案されている。

（比較法）として，フランス民法改正草案（カタラ草案）第1119-3条，フランス民法改正草案（司法省2008年草案）第41条，フランス民法改正草案（司法省2009年草案）第35条が示されている。

（補足説明）として，概ね，甲案は代理権濫用行為の効果について，判例法理（無効構成）に基づく提案であり，乙案は，代理権濫用行為は，有効な法律行為として本人に効果帰属することを原則とする見解に基づき，相手方や第三者の主観的態様によって，本人が相手方や第三者に対して効果不帰属の主張をすることができるとする考え方（効果不帰属主張構成）に基づく提案である旨，述べられている。

無効構成（甲案）からは，第三者の保護は，民法94条第2項の類推適用や同法192条の即時取得等の既存の制度によることが想定されるが，本人が相手方の悪意又は重過失を主張立証した場合に限り代理権濫用行為を無効とする考え方もありうると述べられている。効果不帰属主張構成（乙案）からは，第三者については，本人が相手方の悪意又は重過失を主張立証した場合にのみ本人は第三者に対して効果不帰属の主張をできるとしつつ，その場合にも，第三者が自己の善意かつ無重過失を主張立証したときは本人は第三者に対して効果不帰属の主張をすることができないものとすることが提案されている旨，述べられている。その理由として，ⅰ代理権濫用の事実は，代理人が本人の利益のために行動する義務に違反したという内部的な事情に過ぎないこと，ⅱ本人自身が代理権濫用行為をしたわけでないこと，ⅲ代理権濫用行為に当たるかどうかは，外形的・定型的・客観的に判断しえず，これを容易に認識しうるとは言い難いことなどが挙げられている，旨，述べられている。第三者の保護規定が必要となるのは，効果不帰属主張構成のもとでは，代理権濫用行為であっても原則として本人に効果帰属するため，民法第94条第2項の類推適用などの既存の制度が働かなるためである旨，述べられている。なお，乙案の下では，特に制限行為能力者の法定代理人による代理権濫用に関し，本人が代理人を選任し

第 8 章 民法（債権関係）改正における「代理権濫用」の明文化の検討の覚書

たのでなく，また，法定代理人に対するコントロールを期待し難いので，本人保護のための相手方や第三者の主観的態様を「悪意又は有過失」とすべきか，検討する必要があると述べられている。

(ⅱ) 審議の概要

金関係官により，部会資料29(7)「代理権濫用」について，概ね，「規定を設けること自体にはおおむね異論がないと思うが，甲案，乙案いずれを採るかという問題と，相手方又は第三者の主観的要件をどのように定めるかという問題は，論理的にはそれぞれ独立したものであり，相互に連動するものではなく，その点にも留意しつつ御審議いただきたい」旨の説明がなされている（部会第33回会議議事録22頁参照）。

この審議では，第1ステージ（1巡目）における審議（部会第12回会議（平成22年7月20日開催）（本稿Ⅲ2(2)参照））よりも多くの意見が出されている。規定を設ける点については概ね賛意が表されている（山本(敬)幹事（前掲議事録33頁参照），高須幹事（34頁参照），中井委員（35頁参照））。その他の問題について審議の中から，①甲案側の意見，②乙案側の意見，③相手方又は第三者の主観的要件の問題についての意見，④その他と分けて意見をとり出し，以下に整理して概観する。

① 甲案側の意見

効果につき，中井委員が，弁護士会の多くの意見としては，従来，代理に関連しては多くの裁判例があり，それで実務は動いていて，それに変更を加える必要性があるかが基本的な背景にあり，判例法理の明文化で足りるとされ，無効構成に賛意を表され，第三者保護は94条2項の類推適用で対応可能というのが多くの意見であると述べられる（前掲議事録35頁参照）。

また，岡委員から，甲案に関し，「「無効」は，効果不帰属ということか，その場合は，無権代理になり，表見代理の問題も起きうるのか，相手方が悪意・有過失である時のみ効果不帰属なので，第三者の保護を94条2項等で考えればよいという整理になるのか」という旨の発言があり，これに関して，高須幹事は，「今までの判例法理の枠組みは，無権代理構成にした上で，94条2項という構成であった」旨の理解を示されている（前掲議事録35頁以下参照）。

② 乙案側の意見

山本(敬)幹事が部会第12回会議の際に表明した見解（部会第12回会議議事録59-60頁，本稿Ⅲ2(2)(ⅰ)①参照）と同旨の見解を示して，乙案に賛意を表してい

341

る。また，この案では，第三者から本人に対し，一定の請求がきたときに，代理人が相手方とした代理行為の効果は本人には帰属していないという本人側の主張の可否が問題になり，このときに，相手方の主観的態様に照らして効果不帰属の主張ができるか，更に第三者の主観的要件も考慮して，効果不帰属の主張ができる場合，できない場合が出てくるかという問題があるが，そこを外観法理の問題として処理する考え方はありそうだという見解を示されている（部会第 33 回会議議事録 39 頁以下参照）。

乙案に関する意見として，松岡委員から，代理権濫用について問題になるのは，原則として代理行為の当事者間のみであって，第三者の問題は一般的な無権利者からの転得者保護の問題として整理しておかしくない旨の意見が出されると，これに関連して，松本委員が，乙案の効果不帰属構成は，相手方との関係で本人に効果が帰属するか否かが決まれば，次の第三者はまたもういちど，振り出しに戻り，効果帰属か不帰属かを考えるという，いわゆる相対的無効というか，「新たな登場人物の善悪でころころ変わるというものではないのではないか……」と述べられ，「効果帰属・不帰属という考えでいく限りは，まず相手方との間で確定をした上で，あとは無権利の法理で処理をするというのが，一番論理的な考えになるのだろう……」という見解を示されている（前掲議事録 40-41 頁参照）。

なお，甲案による場合は，利益相反行為と代理権濫用との関係について，両者を質的に異なるものとして位置付けることになるという問題があると山本（敬）幹事から指摘されている（前掲議事録 36 頁以下参照）。

③　相手方又は第三者の主観的要件の問題

高須幹事が，部会第 12 回会議におけると同じく（部会第 12 回会議議事録 59 頁参照，本稿Ⅲ 2(2)(i)②参照），重過失説に異を唱えている。その理由として，ある人を見損ない，裏切られることはあり得ることであり，そのときに必要以上に帰責性を認めるのは結論の妥当性においてややすわりが悪いので，相手方の保護事由は軽過失まで含めてその軽過失の判断の中である程度の柔軟な解釈ができれば結論的には座りのよい考え方になる旨の見解を示される（部会第 33 回会議議事録 34 頁参照）。この意見に多くの弁護士会の意見も同じであると，中井委員から賛意が表されている（前掲議事録 35 頁参照）。

また，利益相反行為と代理権濫用について，概念的な整理よりも実質を考えると，相手方の保護要件についてバランスが取れていることが必要であり，弁

第8章 民法（債権関係）改正における「代理権濫用」の明文化の検討の覚書

護士会は，代理権濫用で甲案を採るときは，利益相反行為について一般の表見代理での処理が前提か，あるいは，そうでなくても，善意・無過失であることが前提となると理解してよいかという旨の道垣内幹事からの確認に対し，中井委員が多くの弁護士会はそういう理解であると回答している（前掲議事録40頁参照）。

乙案側から，山本（敬）幹事が，法定代理について，代理権濫用の場合は，定型性を欠くので，代理人の背信的な意図について個別具体的に知りえたかどうかが問題となり，常に重過失があると言えず，本人が簡単に権利を失う恐れが大きくなるので，要件を「悪意又は有過失」に加重すべき旨の意見を述べられている（前掲議事録34頁参照）。

④ その他

松本委員から，追認の可能性をなお残すような感じの代理権濫用の効果があり得ないかという見解が示されている（前掲議事録35頁参照）。

また，鹿野幹事から，効果不帰属の主張という新しい概念を採用する場合，それをめぐる様々な法律問題につき，取消の効果を第三者に対して主張できる場合とできない場合のような取消をめぐる法律関係との異同やバランスも考慮に入れながら，ここでの効果不帰属の主張がどういうもので，この場合に，どのような形で関係した第三者をどれだけの主観的な要件の下で保護すべきかということを整理，検討する必要がある旨の見解が示されている（前掲議事録32,40頁参照）。

そして，鎌田部会長から，「信義則説的発想から，代理権濫用は有権代理であり，代理人の内心の意図を知っている人間がそれを援用することはできないが，その人間に対してだけは効果不帰属の主張ができ，それ以外の人にはできないという構成がありうる，それを一旦相手方に効果不帰属の主張ができる以上は，あとは無権利の法理で全部やっていこうというと94条2項類推適用の世界にはいっていくけれども，代理権の濫用というのは一体どういう法理なのかというところを見直していくと，主張できる相手方が最初から制限されているという構成は十分にあり得ると思います」（前掲議事録40-41頁参照）という旨の見解が示されている。更に，鎌田部会長から，「……相手方が代理人の濫用的意図を知りながら，代理権の範囲内の行為だと主張すること自体がけしからんというだけの話だと考えれば，権利がどこにあるかという話とは違う次元の問題として，代理権の濫用は処理できるということはあり得る」という意見

343

が示されると，松本委員が，正にそれは最高裁判決における大隅裁判官の意見[54]である旨，指摘し，鎌田部会長が「そういう考え方もあり得るので。」（前掲議事録41頁参照）と述べている。

なお，鎌田部会長から，転得者保護の問題に関し，「……確固たる判例法理が確立しているとまで言えるのか。余り重要な論点として従来議論が詰められてきたような感じはしない」（前掲議事録39頁参照）という旨の意見も示されている。

(iii) 小　　括

岡委員から甲案の下での効果である「無効」について示された「整理」をきっかけに，「無効」の意味内容について，「無権代理」であるか，第三者保護は94条2項によるのか，一般的な権利外観法理によるのか，また，その保護要件は善意・無過失か等の問題が議論された。乙案に山本(敬)幹事が賛意を表するが，この案の下での第三者の問題について，松本委員から無権利の法理での処理が一番論理的という見解が示されたと解される。相手方または第三者の主観的要件の問題は高須幹事により乙案に異論が示され，軽過失説が唱えられている。また，鎌田部会長から信義則的発想に立つ見解が示されていることには注目されるべきであろう。なお，判例法理における転得者保護については，幾つか文献がある[55]。

3　部会の改正作業の小括

第2ステージでの審議までを概観し，効果につき無効説にたつ場合，その「無効」の意味内容につき，なお，検討の余地があるように思われる。効果不帰属主張構成に立つ場合，第三者保護の法的構成について，今後も審議がなされるであろう。いずれの立場に立っても，相手方そして第三者の保護要件については，今のところ一致を見ないので審議が継続されると思われる。

---

[54] 大隅健一郎裁判官の意見は，概ね，「代理人が背任的意図をもって行為をしても権限内の行為であり，悪意の相手方がそのことを主張して契約上の権利を行使することは，法の保護の目的を逸脱した権利濫用ないし信義則違反の行為として許されない」旨のものである（最判昭和42年4月20日民集21巻3号697頁〔701頁〕，最判昭和44年4月3日民集23巻4号737頁〔742頁〕参照）。

[55] たとえば，田邊光政「代理権の濫用と手形抗弁」『セミナー法学全集9 商法Ⅲ』144頁（日本評論社，昭和49年）参照。

第8章　民法（債権関係）改正における「代理権濫用」の明文化の検討の覚書

Ⅳ　学　説　等

　管見の及ぶ限りでは，学説では，伊藤進説と臼井豊説が，代理権濫用の明文化につき意見を表明されている。また，福岡県弁護士会の意見の表明にも注目されるべきであろう。

1　伊藤進説

　伊藤進説は，法制審議会民法（債権関係）部会での改正作業が始まる前から活発に代理の分野に関して改正に関する提言をされてきた[56]。本稿では，それらの中でも「「代理」規律改正のための基本コンセプト私案──1人の「代理」研究者からの提案」[57]に主として依拠して，紙幅の制約上，「代理権濫用の明文化」に関係すると解される箇所に限定して概観させていただく。

　(1)　伊藤説は，現代および将来の取引社会を見据え，「代理」規律は，「代理」を1つの「ビジネスモデル」として規律するとの理念が必要であり，このためには，例えていえば，現行「代理」建造物を取り壊し，A本人〔意思〕・B代理人〔意思〕・C相手方〔意思〕の3本の柱が対等に3角形に，直立してたつ「代理」建造物に建て替えて新築しなおすのでなければ対応できない旨の見解を示される。そこで，伊藤説は，「代理」を「ビジネス利益」と「ビジネスリスク」の生ずる〈代理「取引モデル」〉として規律するとの理念の下で，改正規律することを提案される。この見解は，概ね，「A・B・C3者に生ずる「ビジネス利益」と「ビジネスリスク」を念頭においた上で，「〈代理「取引モデル」〉の安心安全化と活用促進のために，3者の「ビジネス利益」の享受

---

(56)　管見の及ぶ限りでも，以下の意見を表明されている。伊藤進「有権代理に関する総則的規定に改正すべき点はあるか」椿寿夫・新美育文・平野裕之・河野玄逸編『法律時報増刊　民法改正を考える』83頁以下（日本評論社，平成20年），同「「代理・授権」規定案の検討──代理の法的構成論からみて──」円谷峻編著『社会の変容と民法典』58頁以下（成文堂，平成22年），同「「代理」規律改正のための基本コンセプト私案──1人の「代理」研究者からの提案」法時83巻1号69頁以下（平成23年），同「「代理」規律改正のための基本コンセプト──民法（債権関係）改正論議を契機として──」明大法科大学院論集9号233頁以下（平成23年），同「「代理」規律改正のためのデッサン──民法（債権関係）改正論議を契機として──（上）」法論83巻6号17頁以下（平成23年），同論文〈中〉法論84巻1号111頁以下（平成23年），〈下〉は法論84巻4・5合併号151頁以下（平成24年）に所収。

(57)　所収は，法時83巻1号69頁以下（平成23年）。

を保障するとともに，〈代理「取引モデル」〉の「適正規律基準」を探索し，それに則して，「ビジネスリスク」配分のための規律を行う」ものであるとされる。そこでは，単に「相手方保護」のみが「適正規律基準」ではなく，〈代理「取引モデル」〉を用いた取引に関与した本人・代理人・相手方三者の「利益」と「ロス」を勘案して適正規律することが必要であり，「三者協働関係法理」形成の工夫が必要とされる[58]と述べられる。

(2)　また，かつて，解釈規律として，仮定的に提言されていた「三当事者法律行為」形象構成に立って，「代理」規律を改正することを提案されている[59]。

(3)　そして，「債権法改正の基本方針」の代理権濫用に関する提案【1.5.33】(本稿Ⅱ2(2)参照) について，概ね，代理権濫用は「内部関係における忠実義務違反としながら，「心裡留保」規律を用いてA・C間当事者効果帰属に影響する規律を提言しており，これは，「代理」規律が〔内部的関係〕規律の影響をもろに受け，不安定な危険規律と化することを意味するとされ，〈代理「取引モデル」〉のために構築するときは，このような極めて不安定で危険な規律化は許容されるものではない」旨の見解を示される。伊藤案としては，「まずA・B対Cの構図を改めA・B・C三者協働の構図の下で，A・B間の〔内部的個別関係〕規律とA・B・C相互間の外部関係を区別した上で，後者は「代理」規律で，前者は独立して契約規律に委ねるだけで，両者は全面的に「無因」と構築することを提案」[60]されている。そして，「A・C間当事者効果発祥帰属のように〔第一規律課題〕次元における規律については三当事者〔効果意思〕に基づき規律し，これらの「効果意思」に基づく規律では律しきれないか，不都合が生じたり，とくにリスク負担の分配を必要とするような〔第二規律課題〕次元における規律では「適正規律準則」に則し，「関与意思」に基づくものとして規律する」[61]旨の見解を示される。

(4)　また，「代理」建造物をビジネスモデルの1つとしての〈代理「取引モデル」〉に組み換えることを意図する場合，A・B・C三者相互間の「信認関係」要素を「代理」規律にとって，基本的要素として位置付けることが不可欠

---

[58]　伊藤・前掲注(57)71頁参照。なお，「法定代理」については，包含規律できず別に規律することを提案される（前掲72頁参照）。
[59]　伊藤・前掲注(57)74頁参照。伊藤進「わが国における代理の法的構成論──『三当事者法律行為』形象の提言」明大法科大学院論集1号1頁以下（平成18年）参照。
[60]　伊藤・前掲注(57)76頁参照。
[61]　伊藤・前掲注(57)77頁参照。

第8章　民法（債権関係）改正における「代理権濫用」の明文化の検討の覚書

とされ，伊藤案としては，「信認関係」違背が生じた場合には，「代理」規律の基本的要素が欠落する場合とみて，そのことによって生ずるリスクの配分を予め規律しておくことを提案されている[62]。

(5)　更に，伊藤説は，近時，『代理法理の探究――「代理」行動様式の現代的深化のために』（平成23年）を著され，その中の第6部第2章において代理権濫用論を展開されておられる。すなわち，「代理権の濫用」理論は，内部関係から分離・独立・無因の外部関係である「代理なる法律行為を代理人と相手方双方によって濫用されることに伴って本人に生ずるリスク処理のための規律と捉えるべきと指摘し，その上で代理権の濫用は代理人による主観的「信認関係」違反行為として構成し，本人に生ずるリスクの適正配分のための準則につき検討されている[63]。そして，代理権濫用事例におけるリスク分担基準について，代理人と相手方とが通謀している場合，代理人の背任的意図につき相手方悪意の場合は相手方への全面的リスク転換であるが，知り得べき状況であったのに知らなかった相手方「重過失」の場合，「軽過失」の場合，背任的意図が「明白」であった場合については，それぞれに相当する部分についてのリスク転換が妥当という旨の理論を展開しておられる[64]。伊藤説は，「代理リスク」配分準則によるC（相手方）へのリスク転換の法的効果について，A（本人）に発祥帰属している当事者効果の不帰属を主張させる構成である，民法（債権法）改正委員会案【1.5.33】（本稿Ⅱ2(2)(ii)参照）を妥当とされる。「主観的信認関係違背」＝代理権の濫用の場合の法的効果については，直接の規定が存在するわけではないこと，本人が実際に自己の利益が害されると判断した場合に限って効果の不帰属を主張できることからも許容される旨，述べられる[65]。そして，伊藤説は，履行責任での「過失相殺的処理」をされる。例えば，本人は相手方が「信認関係」違背を知らなかったことにつき「過失」があることを主張立証した場合には，その過失の程度に応じて「履行責任」が軽減されるもの

---

(62)　伊藤・前掲注(57)78頁参照。
(63)　伊藤進『代理法理の探究――「代理」行動様式の現代的深化のために』（日本評論社，平成23年）。代理権濫用に関する部分は，第6部「有権代理濫用リスク」への対応法理　第2章「代理許諾意思表示」＝代理権の濫用（547-610頁）である。本文中の伊藤説の内容の概観については，伊藤・前掲『代理法理の探究』748頁以下を参照した。
(64)　伊藤・前掲注(63)604頁以下参照。
(65)　伊藤・前掲注(63)606頁以下参照。

347

と解するのが妥当とされるという見解を示される(66)。そして，このような「過失相殺的処理」は，可分給付については可能であるが，不可分給付，処分給付，役務提供給付の場合，適するかが問題であり，今日，契約責任における過失相殺的処理の主張が多々見られることから，一般論としての議論が求められ，この点の検討は，今後詰められなければならない課題であるが，ここでは，損害賠償法上の処理に転化することによって処理できる可能性があることから，直ちに否定すべきではないという見解を示されている(67)。

(6) 代理人の「主観的信認関係」違反の場合のＣ（相手方）からの転得者等の第三者とのリスク分配に関しては，民法（債権法）改正検討委員会案（本稿Ⅱ2(2)(v)参照）が意思表示の無効・取消に関しての第三者の規律と同様の問題と捉えて提案していることは妥当でなく，本人の効果不帰属主張の結果として転得者等の第三者に生ずるリスク配分の問題として処理すべきとされる。すなわち，「代理なる法律行為」が〈本人・代理人・相手方三者「代理システム」利用〉行動様式であることから，かかる行動様式を用いての取引の安心安全を保障するため，かかる行動様式に内包するリスクを第三者に拡散させないことが要請されるが，ただ，第三者が，相手方が「通謀」ないし「悪意」で代理行為を行ったことを「知っている」場合までかかる要請に従う必要はないとされる。そして，本人が第三者に対して「悪意であったこと」を主張立証したときに限り「効果不帰属」を主張できる旨，述べられる(68)。

2 臼井豊説

臼井説は，「代理権濫用法理に関する序章的考察——ヴェッダー（Vedder）による「本人の利益状況」分析アプローチを中心に——」（2010年6月）で，当時公表されていた，『民法改正を考える』（発起人：椿寿夫博士）の中での伊藤進試案，加藤雅信教授代表の民法改正研究会21年案，改正検討委員会の提案を紹介・比較整理し分析，検討をされている(69)。また，近時，ドイツでVedder

---

(66) 伊藤説は，代理人の背任的意図が「明白」である場合の「過失相殺的処理」についても，見解を示されている。伊藤説の履行責任での過失相殺的処理の詳細については，伊藤・前掲注(63)607-609頁参照。
(67) 伊藤・前掲注(63)607-609頁参照。
(68) 伊藤・前掲注(63)609頁以下参照。
(69) 臼井・前掲注(34)44頁以下参照。

第 8 章　民法（債権関係）改正における「代理権濫用」の明文化の検討の覚書

説(70)が，代理権濫用問題の本質を「本人の自己決定侵害」と捉え直し，意思表示法に還元して解決するという新たな方向性を模索しており，この方向性はわが国における判例・通説の心裡留保類推構成やこれを発展的に継承した委員会試案【1.5.33】のそれと通ずるものがあり，また，取消的発想は，本人に代理効不帰属主張の可能性を認めてその選択的判断に委ねようとするわが国の委員会試案【1.5.33】の方向性と軌を一にしていると述べられている(71)。そして，利益相反行為に関する委員会試案【1.5.32】と代理権濫用に関する【1.5.33】との関係に触れられている。すなわち，「委員会試案【1.5.32】が自己契約・双方代理にとどまらず利益相反行為を問題としていることから，代理権濫用を定式化した規定と解しうることなどに鑑み，自己契約・双方代理と代理権濫用は「利益相反行為」概念を介し，「代理人による本人の利益侵害（客観的な忠実義務違反）」という共通項において急接近する。もし委員会試案【1.5.32】が，本人の利益保護をより前面に押し出して第三者の利益をはかる行為をも包含する意味で「利益相反」行為の枠組を超えて，「利益侵害」概念を導入した上で，修正(72)を行い，そして，代理人の背信的意図を濫用抗弁要件から除外すれば，利益相反行為と代理権濫用を密接に関連づけてその条文を前後に配置する委員会試案をより発展させて「本人の利益侵害」を基軸に一纏めにすることも不可能ではない」旨の見解を示される。そして，「それだけにいっそう，「代理権濫用」は「客観的濫用」なのか，「主観的濫用」（主観的な忠実義務違反）に限定されるのかなどは，今後重要な検討課題として意識されるべきである」旨の見解を示される(73)。

---

(70) Vedder, Karl Christian : Missbrauch der Vertretungsmacht: Der Schutz der Selbstbestimmung durch die Anfechtbarkeit vorsätzlich interessenwidriger Vertretergeschäfte. 2007.
(71) 臼井・前掲注(34)55 頁以下参照。
(72) 臼井説は以下のような修正案を示される。「〈1〉代理人が本人の利益を侵害する法律行為をし，そのことについて相手方が知っているか，明らかに知ることができたときは，本人は，自己に対してその行為の効果が生じないことを主張できる。……〈2〉本人の利益侵害は，代理人が次に掲げる法律行為をした場合に推定する。〈ア〉本人を代理してみずからと行為をすること〈イ〉本人および相手方の双方を代理して行為をすること〈ウ〉〈ア〉〈イ〉のほか本人と代理人またはその利害関係人との利益が相反する行為」（臼井・前掲注(34)58 頁以下参照）。
(73) 以上，臼井・前掲注(34)57 頁以下参照。

349

3 福岡県弁護士会の提案

福岡県弁護士会からも意見が出されている[74]。これは部会資料「民法（債権関係）の改正に関する検討事項」の各論点について福岡県弁護士会の平成22年12月の時点での意見をまとめたものとされる[75]。同書は検討事項(8)部会資料13（本稿Ⅲ2(1)参照）について、提案として、「(1)この考え方に反対である」として、「(2)任意代理人または法定代理人が代理権を濫用して法律行為をした場合、相手方が代理人の真意を知りまたは知ることができる状態にあった場合には、本人は当該法律行為の効果が自己に帰属しないことを主張することができる」と提案している。理由として、概ね、「相手方が代理人の背任的意図につき、悪意・重過失の場合は相手方は保護されず、使用者責任も否定し、相手方軽過失の場合、代理制度の範疇で本人を保護し、有過失の場合、使用者責任を追及し、過失相殺により適切な処理を図るべき」とされ、最判昭和42年4月20日民集21巻3号697頁を引用している。そして法定代理のうち、会社代表者による代理権限濫用の場合も同様とし、親権者等の法定代理人の背任的意図につきその真意を知ることができる状態にあった相手方との関係で未成年者本人を保護することにつきほとんど異論はないと思われるとする[76]。

そして、「(1)代理権濫用の効果につき、本人が自己に効果が帰属しないことを主張した場合に、その効果が生じる。(2)代理権濫用に伴う第三者保護については、民法94条を準用する」旨の提案をしている。(1)については、検討事項の提案に賛成の立場と解される。(2)について、転得者などの第三者が生じた場合、利益状況は、民法94条2項と同一なので、代理人が権限濫用行為を行い、第三者に移転登記がなされたことを知りながら放置するといった本人に帰責性が認められ、第三者が善意で取引の安全を保護する必要があれば、保護されうる旨の理由付けがされている。これについては、最判昭44年11月14日民集23巻11号2023頁が参考判例として引用されている[77]。

---

(74) 福岡県弁護士会編『判例・実務からみた民法（債権法）改正への提案』（民事法研究会、平成23年）参照。
(75) 福岡県弁護士会編・前掲注(74)の(40)、(45)頁参照。
(76) 福岡県弁護士会編・前掲注(74)477頁参照。
(77) 福岡県弁護士会編・前掲注(74)479頁以下参照。

第 8 章　民法（債権関係）改正における「代理権濫用」の明文化の検討の覚書

4　小　　括

　伊藤説は，論文「「代理」規律改正のための基本コンセプト私案」において，現代および将来の取引社会を見据えた「代理」規律を提案された。また，近時，著された『代理法理の探究』においては，効果不帰属主張構成を許容され，検討課題を示されているものの，履行責任での「過失相殺的処理」をされるなど，きめ細かなリスク配分をされている。転得者等の第三者の問題については，本人は，悪意の第三者に対してのみ，「効果不帰属」を主張できるとされる。臼井説は，利益相反行為と代理権濫用を「本人の利益侵害」概念を基軸に一纏めにする可能性とこれに関連して，代理人の主観的要件の検討の重要性を示される。福岡県弁護士会案は，相手方との関係では，効果不帰属主張構成をとる。そして，代理制度の範疇で相手方軽過失の場合，本人を保護し，使用者責任の平面で相手方との過失相殺をし，第三者保護は 94 条 2 項準用による。

　ここでは，伊藤説および福岡県弁護士会により，履行請求権の平面または損害賠償請求権の平面での過失相殺（的処理）が提言されていることに注目されるべきであろう。また，相手方保護要件について，福岡県弁護士会が「知ることができる状態にあった場合」と表現し，「重過失」あるいは「軽過失」と条文案の文言上，明言しない手法をとることにも注目されるべきであろう。

V　若干の検討

　以上の概観を踏まえて，現時点での若干の検討をしておきたいと思う。以上，概観した限りでは「代理権濫用の明文化」をめぐる問題点は，効果について，「効果不帰属主張構成」か「無効」か「無権代理」か「取消」か「抗弁」かという争いと，相手方保護要件につき，わけても，任意代理の場合，軽過失説か重過失説か，同様に，第三者（転得者）の保護要件およびその法的構成等が主として問題となっていると言えるであろう。また，代理人の主観的要件も問題となりうる。「代理権濫用の明文化」に際しては，すべての問題が解決されなければならないであろうが，本稿では，対立が最も際立つ相手方保護要件の問題とこれに関連する「過失相殺的処理」の可能性について若干の検討をしておきたい。他の論点については他日に期したい。

351

第Ⅱ編　代理権濫用論

1　相手方保護要件について

現時点での本稿の意見としては，相手方保護要件として，軽過失，重過失等の明確な要件を設定するのは避けたほうが良いと解する。これは，軽過失，重過失，更にドイツで有力な，「明白性の基準」[78]いずれが妥当かという点につき，なお，慎重な検討を要すべきであることと，最高裁判所の判例の表現を見ても，代理人の背任的意図などを「知り得べきものであったとき」（最判昭38・9・5民集17・8・910；同旨のものとして，最判昭42・4・20民集21・3・697；最判昭44・4・3民集23・4・737；最判昭51・10・1金判512号33頁；最判昭51年11月26日判時839号111頁；最判昭53・2・16金判547号3頁；最判平4・12・10民集46巻9号2727頁）という表現が用いられていることが多く，「過失」，「重過失」という文言が用いられることは最判昭44年11月14日民集23巻11号2023頁（2026頁）を除いて見あたらないことを理由とする。一旦，「重過失」あるいは「軽過失」と明文化されてしまうと今後の解釈の変更を封ずることにもなりかねない[79]。代理権濫用の事実につき「知りうべきとき」と明文化し，慎重にその内容の明確化を今後の学説の進展と判例の発展に委ねるべきではなかろうか。

2　過失相殺的処理について

代理権濫用事例における相手方保護範囲は，代理人と相手方との事情だけにより決定されるのではないのではなかろうか，本人の代理人に対する監督義務違反がある場合には，「個々の事案が適する限度で」過失相殺的処理を履行請求権の平面で行うことも可能性としては存在する[80]。「過失相殺的処理」については，前述の伊藤進説も提唱されている（本稿Ⅳ1(5)参照）。過失相殺的処理

---

(78)　ドイツにおける相手方保護要件としての「明白性の基準」について，拙稿「代理権濫用と相手方保護範囲」椿寿夫＝伊藤進編『代理の研究』346頁以下（日本評論社，平成23年）ほか参照（第Ⅱ編第3章Ⅲ2参照）。

(79)　前述の，部会第1回会議での野村委員の意見参照（本稿Ⅲ1参照）。

(80)　青野博之「代理権の濫用と過失相殺的処理——西ドイツ・連邦裁判所1968年3月25日判決を参照して——」判タ671号39頁以下（昭和63年），拙稿「代理権濫用と相手方保護範囲——ドイツにおける過失相殺的処理の諸議論を対象に——」比較法研究72号199頁（平成23年），拙稿「ドイツにおける代理権濫用と過失相殺的処理に関する判例の概観(1)，(2)」下関54巻第1号19頁以下（平成22年），55号2号13頁以下（平成23年），拙稿・前掲注(78)354頁以下〔本書第Ⅱ編第3章Ⅲ4，第6章，第Ⅲ編Ⅰ2(2)，Ⅱ2〕参照。

第 8 章　民法（債権関係）改正における「代理権濫用」の明文化の検討の覚書

は代理人に対する監督義務違反ある本人から代理人の背任的意図を知りえた相手方あるいは第三者に対して代理権濫用の抗弁を主張することを信義則により制限する手法によっても可能であろう[81]。このことにより，代理人の背任的な意図を知りえた相手方（第三者）から，代理行為に基づく本人に対する履行請求権が本人・相手方双方の「過失」割合に応じて一部，認められることになろう。

　わが国の最高裁の代理権濫用に関する判例は 10 件程度存在する[82]が，履行請求権の平面での過失相殺的処理をなすものは存在しない。今後，売買契約に基づく代金債権や，金銭消費貸借契約に基づく貸金債権などのような可分債権が問題となる事案で，代理人に対する本人の監督義務違反が立証されるような場合には履行請求権の平面での過失相殺的処理がなされる余地もあるのではなかろうか。また，土地の売買契約に基づく物（例えば土地）の引き渡しが問題となる場合，物権の帰属の明確性の要請から，過失相殺的処理は不可能であるとする見解もありうる[83]が，なお，過失相殺的処理を検討する余地はあろう。しかし，親権者が未成年の子を代理して，第三者の債務の担保に子の所有する土地に根抵当権を設定することを承諾した事例（最判平 4・12・10 民集 46・9・2727）のように，親権者の代理権濫用においては，未成年者には親権者に対する監督義務違反を観念し得ないので「過失相殺的処理」は不可能であると解す

---

(81) 拙稿・前掲注(80)比較法研究 72 号 199 頁参照。
(82) 登記簿上会社の代表権限があるのを幸い，辞任した代表取締役が自己の利益のために，会社所有の建物を売り渡し，建物所有権の帰属が問題となった事例（最判昭 38・9・5 民集 17・8・910）；株式会社の主任が他に転売してその利益を私する意図のもとに練乳を注文し売掛代金請求権が問題となった事例（最判昭 42・4・20 民集 21・3・697）；株式会社の表見代表取締役が自己の利益を図るため約束手形を振り出した事例（最判昭 42・7・6 金判 67 号 16 頁）；農業協同組合の参事による約束手形の振り出し（最判昭 44・4・3 民集 2・4・737）；信用金庫専務理事が自己の利益を図る目的をもってした手形上の保証（最昭 44・11・14 民集 23・11・2023）；信用金庫の表見支配人が持参人払式小切手を振り出した事例（最判昭 51・10・1 金判 512 号 33 頁）；農業協同組合の理事が約束手形を振り出した事例（最判昭 53・2・16 金判 547 号 3 頁）；信用金庫の支店長が個人的な負債の返済資金を捻出するため持参人払式自己宛先日付小切手を振り出した事例（最判昭 54 年 5 月 1 日判時 931 号 112 頁）；親権者が未成年の子を代理して，第三者の債務の担保に子の所有する土地に根抵当権を設定することを承諾した事例（最判平 4・12・10 民集 46・9・2727）など。
(83) Vgl. Heckelmann, Dieter: Mitverschulden des Vertretenen bei Mißbrauch der Vertretungsmacht, in : JZ 1970, S. 64.

る。

　建物の引渡しのような不可分給付が問題となる場合のように，履行請求権の平面での過失相殺的処理が不可能であるときには，不法行為に基づく損害賠償請求権の平面での過失相殺的処理になるであろう（709，715，722条等）（福岡県弁護士会意見（本稿Ⅳ 3）参照）。なお，ここで，双方の「過失」割合による履行請求権の平面での過失相殺的処理という手法を示すのは，任意代理，法定代理等の類型化と「軽過失」，「重過失」という相手方保護要件設定による all or nothing 的解決ではなお硬直的で，本人側の監督義務違反がある場合にはそれも考慮して，事案を解決する方が，より柔軟な解決となるのではないかと考えたことによる。ただ，伊藤説より，過失相殺的処理については，前述のごとく課題が示されており（本稿Ⅳ 1(5)参照），また，法人代表権濫用の場合，どの機関に監督義務を認めるべきか等の問題[84]も残っている。過失相殺的処理の問題については，なお一層の検討を進める予定である。

Ⅵ　おわりに

　以上，代理権濫用の明文化の状況について整理し，若干の検討をした。その動機は，今次の民法（債権法）改正に際し，代理権濫用が明文化される流れにあるが，代理の中でも代理権濫用論を主たるテーマとして研究を続けて来た以上，何らかの意見表明をする必要があると考えたところにもある。以上概観した限りでは，明文化に強い反対意見は示されていないが，わが国において代理権濫用の規定を設けることには疑問がなくはない。代理権濫用論の本場であるドイツにおいてさえ，ドイツ普通商法典（1861年）（ADHGB）制定の際，代理権濫用（代表権濫用）規定は設けられず，将来の法の継続形成に解決が委ねられたと指摘されている[85]。そして，現在に至るまでドイツ民法典（BGB）には明文化されていない。ドイツにおいて現在なお，相手方保護要件，代理人の主観的要件，本人に過失ある場合等について議論があるとされる[86]。代理権濫用

---

(84)　Vgl. Jüngst, Ulrich: Der Mißbrauch organschaftlicher Vertretungsmacht, 1981, S. 86.

(85)　Vgl. Jüngst, a.a.O.(Fn. 84), S. 47-54. 拙稿・前掲注(78)348頁〔本書第Ⅱ編第3章Ⅱ1〕参照。

(86)　Vgl. Staudingers Kommentar/E. Schilken: BGB. Buch 1: Allgemeiner Teil. Paragr. 164-240（Allgemeiner Teil 5）. 2009. §§167Rn91ff.；Münchener Kommentar/Schramm,

第 8 章　民法（債権関係）改正における「代理権濫用」の明文化の検討の覚書

について，相手方保護要件，代理人の主観的要件，過失相殺的処理いずれの論点についてもドイツにおけるほど深く，また，一般的に議論がされていないわが国において，少なくともドイツに先んじて，明文化することには，やや疑問を抱いたのである[87]。

　しかし，そのような疑問を抱きつつも，代理権濫用を明文化するのが趨勢である以上，無効か，効果不帰属主張構成か，無権代理か抗弁かという効果の問題，転得者保護の問題などについても念頭に置きつつ，今後の部会における代理権濫用の明文化の作業に注目しつつ，代理権濫用の明文化についての検討を進めていきたい。

（初出：2012 年 3 月）

BGB: Allgemeiner Teil. 6. Auflage 2012, §164Rn106ff. なお，ドイツ代理権濫用の研究として，伊藤・前掲注(63)『代理法理の探究』548-570 頁，高橋三知雄『代理理論の研究』205 頁以下（有斐閣，昭和 51 年），福永礼治「代理権の濫用に関する一試論，(1)(2・完)」上智法論 22 巻 2 号 129 頁以下（昭和 53 年），22 巻 3 号 177 頁以下（昭和 54 年），臼井・前掲注(34) 27 頁以下等がある。ちなみに PECL でも，代理権濫用については特別の準則を置かず権利濫用の法理で処理するようである（川角由和・中田邦博・潮見佳男・松岡久和『ヨーロッパ私法の展開と課題』（日本評論社，平成 20 年）354 頁の潮見佳男作成「PECL・日本民法対照表」参照）。

(87)　部会において，代理権濫用の明文化について，実務的に確立している重要な判例法理を条文に明記することにより国民一般にわかりやすくすることが挙げられているが（本稿Ⅲ1 参照），部会資料には代理権濫用に関するフランス民法草案が示され（本稿Ⅲ2(1)及び(4)(i)参照），フランスにおいて代理権濫用の明文化が進んでいることも示されている。フランス民法において何故，代理権濫用が明文化されつつあるのかの検討については他日に期したい。

第Ⅲ編
総　括

I　私見及び私見と改正法第107条等との関係

以上の所収論文等に基づく,「現行法」下での代理権濫用に関する現時点での私見及び私見と改正法第107条等との関係は,概ね,次の通りである。

1　原則としての相手方保護のための判例

明治民法の立法の過程（第9回帝国議会衆議院民法中修正案委員会（明治29年3月4日）で,富井政章政府委員が,代理人が自ら消費する等,自己の利益を図るような代理行為の効果も,民法99条により本人に及ぶ旨の見解を示していた（第Ⅱ編第1章Ⅳ1参照）。判例中にも,これと同じく,代理人が地位を濫用し,不正に自己の利益を図ろうとする場合であっても民法99条の適用がある旨の判断を示す判例が多数ある（大判明38年6月10日,大判明治39年3月20日,大判大正4年2月15日,大判大正6年7月21日等；第Ⅱ編第1章Ⅳ2,Ⅴ1(1),Ⅵ1(2),第5章Ⅳ1等参照）。例えば,大判明38年6月10日民録11輯929頁は,この判断の理由として,概ね,「代理人の意思いかんによりその権限内でした意思表示の効力に影響を及ぼすべきものとすれば,一方においては第三者（相手方）が不測の損害を危惧して代理人と取引をすることができなくなり,他方において,代理人と本人との通謀によって第三者に不測の損害を被らせる結果を発生させる」[1]旨のことを挙げている。また,大判大正9年7月3日民録26輯1561頁は,産業組合の理事が手形を振り出した事案において,概ね,「理事の真意如何により代表権限の有無を定め,その効力を決すべきものとすると,第三者は不測の損害を蒙る」[2]旨のことを理由として挙げている。更に,大判昭和9年5月15日民集13巻1123頁は,組合の専務理事が,手形の裏書をした事案で,「内部関係」,「外部関係」という文言を用いるなどして[3],代理

---

[1]　第Ⅱ編第5章Ⅳ1注(74)参照。銀行支店の支配人が個人として振り出した手形を支配人として裏書譲渡した事案についての判例であるが,判決文によれば,民法上の代理の法理として一般化されて判断が示されていると解しうる。

[2]　第Ⅱ編第5章Ⅳ1注(77)参照。

[3]　第Ⅱ編第5章Ⅳ1注(78)参照。なお,本件判批の大濱信泉説は,「……本件手形は,振出人……が同時に受取人たる組合を代表し,相手方代理（自己契約）の形式を以て振り出されたるものであるから,産業組合第35条又は民法第108条の適用上振出の効力自体が既に疑問であり……」という見解を示している（大濱信泉「判批」民商第1巻第2号64頁以下（1935）。

第Ⅲ編　総　　括

権の（範囲の）無因性という概念[4]になじむ構成で相手方を保護する。

　これらの判例の根底には，「代理人と本人とのところにある事情により相手方に不測の損害を与えてはならず，このことから，代理人が背任的意図をもって代理行為をしたとしても原則としてその損失は本人が負担すべきである」旨の判断があると考えられ，この相手方保護のための法的構成として判例により民法99条が用いられている（第Ⅱ編第5章Ⅳ1参照）。以上のようなことを確認できた[5]。

　上述の現行法下で相手方保護のために形成されてきた判例は，代理人が背任的意図をもってなす代理行為であっても，原則として有権代理[6]であるという改正法第107条の立場をも支えうるものであると解しうる。

2　代理権濫用の基本的法的構成について

(1)　相手方が代理人の背任的意図を「知りうべき場合」（相手方に「有責性」がある場合）

　1で述べた如く相手方保護のための判例により，代理人が背任的意図をもってなした代理行為の相手方も「有権代理」（99条）として保護される。ただし，代理人の背任的意図につき「知りうべき」であるにもかかわらず，代理行為に着手した「有責」な相手方が，本人に対して代理の効果を主張することは，権利の濫用になり，信義則違反（1条2項）となると解する。このことを代理権濫用に関するいずれの説も前提としていると解しうる（第Ⅱ編第5章Ⅳ2(3)）。現行法下の解釈としては，私見は，相手方に「有責性」がある場合でも，代理行為は有権代理であることを貫く立場である（第Ⅱ編第6章第3節Ⅳ等参照）。

---

(4)　「内部関係」と「外部関係」という用語と代理権の独立性，無因主義との関係につき，第Ⅱ編第6章第1節Ⅱ1(5)参照。

(5)　代理権濫用事例につき，現行法下で最高裁の判例（第Ⅱ編第1章Ⅶ1(1)参照）は，相手方保護を99条によりはかっていると解することができ，相手方が代理権濫用を「知りうべき場合」には，本人保護を93条ただし書を類推適用することにより図っていると解しうる。

(6)　潮見佳男説は，改正法第107条について，「……①代理権の濫用がされた場合でも，代理人は代理権の範囲内で行動しているから，相手方との関係では代理行為の効果が本人に帰属することを認めるのを不文の原則……」とする（潮見佳男『民法（債権関係）改正法案の概要』18頁（金融財政事情研究会，2015）参照）。

Ⅰ　私見及び私見と改正法第107条等との関係

(2)　本人の「有責性」の考慮

　そして，信義誠実の原則を根拠として持ち出す場合，相手方だけの信義則違反のみに着目するのでなく，本人にも信義則違反がある場合（＝「有責性」がある場合）には，これにも着目すべきであろう。特に，このことは，代理人が本人との雇用契約に基づく代理権が授与されている場合など，一定期間継続する代理関係の場合には妥当するであろう。すなわち，第Ⅱ編第6章第3節Ⅲ2(1)で述べたことをここで繰り返せば，「代理人に対する監督措置をとる機会が（本人に）あったのに，必要な監督措置を講ぜず，それが非難に値し，信義に反する程度に至る場合においても，有責な本人が，有責な代理人の背後に隠れ，濫用の抗弁を100％相手方に主張しうるのでは，不公平であり，代理制度に対する信頼を維持するためにも，代理制度内で，すなわち，代理権濫用の抗弁の主張の段階で，本人の「有責性」を考慮すべき」と考える。相手方が，本人にも「有責性」があることを証明しえた場合には，相手方に対する，本人による濫用の抗弁の主張を信義則上（1条2項），本人と相手方，双方の「有責性」の割合に応じて制限する手法で「柔軟な解決」を行うべきである。現行法下においては，金銭給付のような，給付を分割して実現できる可分給付を目的とする場合には，「柔軟な解決」を検討すべきではなかろうか[7]。ただし，この「柔軟な解決」は，相手方に「有責性」がある場合にも，代理行為は，全体として「有権代理」であることを貫く立場を前提とする。この私見の立場は，相手方が代理人の背任的意図を「知ることができた」場合には代理行為を無権代理行為とみなす改正法第107条とは相いれない。

　なお，メデイクス説の「時間的区分による解決」（第Ⅱ編第3章Ⅱ2(4)参照。青野博之説もメデイクス説の示す時間的区分による解決の可能性に言及する）を敷衍し，次のような解決の検討の余地があることも示した。すなわち，再度，ここで繰り返すと，非難に値する監督上の責任が，本人に向けられうるのは，代理人が，本人との雇用関係に基づく代理権が授与されている場合など，一定期間，継続する代理関係の場合が多いと思われ（BGH1968年3月25日判決，ミュ

---

[7]　私見は，有責な本人からの代理権濫用の抗弁の主張を「信義則により制限」することが代理制度に対する信頼維持の観点から重要であると解する。代理行為に基づく「履行請求権」の平面での「柔軟な解決」のために，「損害賠償請求権」の場合の過失相殺に関する民法418条を履行請求権に類推適用するという手法はとらない。ちなみに，代理権濫用事例を念頭に置いていないが，履行請求権に民法418条を類推適用しうる旨の主張をする学説は存在する（第Ⅱ編第6章第1節注(6)参照）。

ンヘン上級地方裁判所1995年4月25日判決等〔第Ⅱ編第6章第1節Ⅱ2(1)(ア),
(ウ)〕参照)，このような場合において，代理人により，相手方と継続的に取引
が行われているとき，当初，相手方から見て，本人の不利益になるように見え，
濫用の疑念がある取引が，それらが繰り返されても履行のための支払いに応ず
るなどして本人が異議を唱えないので，本人の利益に合致し，本人の意思に反
しないように見え，相手方が「濫用」でないと信ずるに至る場合，その時点以
後，濫用の疑念が消失し，以後の取引について，原則として本人は，濫用の抗
弁を相手方に主張できなくなる旨の解決であり，信義則説と親和性ある解決と
いうるものである（なお，ユンクスト説も参照のこと（第Ⅱ編第6章第1節2(2)(イ)
(D))参照))。改正法第107条の下で，このような解決がなしうるかについて，
更なる検討が必要である（本編Ⅱ2参照)。

3 相手方（不）保護要件

　代理人の背任的意図を行為時に「知りうべき」（＝「有責性」ある）相手方が
本人に対し代理行為の効果を主張することが「信義則」に反する場合には，相
手方は本人との関係で保護されない（第Ⅱ編第5章Ⅳ2(3)参照)。そして，その
「知りうべき」の内容については，現行法下の判例・通説である心裡留保規定
に依拠する説だけを見ても多様である。すなわち，善意・有軽過失の相手方不
保護説，善意・有重過失の相手方不保護説，「知りうべかりしとき」は「知っ
ていたとき」の認定を志向した認定判断のための安全弁的機能を持つに過ぎな
いと解する説など様々に主張されている（第Ⅱ編第4章参照)。また，ドイツに
おいては「明白性の基準」がフルーメなど多数の有力説により採用されている
（第Ⅱ編第3章Ⅱ2，Ⅲ2参照）が，この基準をわが国で採用しうるかの詳細な
検討も必要である。更に，最高裁の判例の表現をみても代理人の背任的意図を
「知り得べきものであったとき」（最判昭和38年9月5日）あるいは，「知るこ
とをうべかりし場合」（最判昭和42年4月20日等多数）という表現等が用いら
れていることが多い（第Ⅱ編第1章Ⅶ1(1)参照)。以上のことから，民法（債権
関係）改正における代理権濫用の明文化について，「軽過失」，「重過失」など
明確な要件を設定することを避け，慎重にその内容の明確化を今後の学説の進
展と判例の発展に委ねるべき旨を主張した（第Ⅱ編第8章Ⅴ1参照)[8]。

---

　(8)　第Ⅱ編第8章所収の論文は，法制審の民法部会の公開されている議事録等の資料（第
　　33回会議（平成23年10月11日開催）あたりまで）及び関連の学説を検討したものである。

改正法第107条は，相手方の（不）保護要件について，代理人が自己又は第三者の利益をはかる意図を有していることを「……知ることができたときは……」無権代理行為とみなす旨，規定しており，相手方（不）保護要件として，過失または重過失等を明記していない。この点については改正法に賛意を表しうる。

4 客観的濫用論

代理人に背任的意図がない「客観的濫用」の場合，代理行為により本人に「損失」が生ずることを知りえた相手方が，本人に対して代理の効果を主張することが権利の濫用になり，信義則違反となる場合があるのかということが問題となる。代理人の背任的意図は，これについて知りうべきであるにもかかわらず，代理行為に着手した相手方が，本人に代理の効果を主張することが，権利の濫用になり，信義則違反になるか否かを判断する際の一つの判断要素に過ぎないと解する。本人に代理人の選任責任が強く認められる任意代理の場合において，代理人を介しない二当事者間取引とのバランスを考える必要がある。代理人が介入しない二当事者間取引の場合には，取引の当事者の各々は，相手方の利益を配慮する義務を負担しないことが原則とされるのに，代理人を選任し，これにより相手方と取引をする場合には，相手方に自己の利益についての配慮義務を負わせることはバランスを失する。代理権の客観的濫用の場合，客観的濫用を知り得た相手方が代理行為の効果を本人に対して主張することは，原則として，権利濫用・信義則違反にならないと解する（第Ⅱ編第5章Ⅳ3参照）。

改正法第107条には，「代理人が自己又は第三者の利益を図る目的で」と規定されており，「客観的濫用」は念頭に置かれていないと解しうる。任意代理の場合には，現行法下における私見の立場と概ね一致すると解しうる。

5 代理権を濫用する代理人の相手方に対する責任

現行法下での現時点での解釈としては，相手方が代理人との行為時に代理人の背任的意図を知りうべきであった等，相手方に「有責性」がある場合にも，有権代理であることを貫く立場である（第Ⅱ編第6章第3節Ⅳ参照）ので，代理人が背任的意図を有していたとしても，かかる代理人に対して無権代理人としての責任（現行法117条）を負わせる余地はない。代理人に対する無権代理人の責任の追及の余地がある改正法第107条及び改正法第117条の立場（下記Ⅱ

3参照）と相容れない。

II　今後の検討課題

　私見が確認した，相手方保護のための判例の法的構成は，改正法第107条の立場を支えうる。また，相手方（不）保護要件，代理権の客観的濫用の問題については，上述のごとく，私見と改正法第107条とは調和しうる。

　しかし，基本的法的構成については，私見は，現行法下における現時点での解釈としては，相手方に「有責性」ある場合でも「有権代理」を貫く構成をとるので，相手方が代理人の背任的意図を「知ることができた」場合には，無権代理とみなす改正法第107条とは調和しない。

　改正法第107条の解釈に関する今後の検討課題を述べると以下のとおりである。

1　原則としての相手方保護のための理論の検討

　現行民法は，代理の法的構成につき，代理人行為説に立っていると解しうる（第II編第2章III 2参照）。ドイツにおける代理人行為説の下では，代理権授与行為と代理行為とは分離・独立させられる。更に，代理権授与行為と委任などの内部関係も分離・独立させられる。そして，それぞれ，相互に無因であると考えられている（第I編第1章II注(33)，第II編第6章第1節II 1等参照）。我が国における相手方保護のための前述の判例（本編 I 1参照）は，代理人行為説の下での以上のような考え方により合理的に説明されうるのではなかろうか。ただし，BGB下での代理権の分離・独立・（範囲の）無因性の根拠として，例えば，1912年のStaudingers Kommentarでは，①BGB167条において，任意代理権授与行為は原因行為（Kausalgeschäft）から完全に分離されているように見えることと，②体系的に任意代理権（BGB166条以下）が委任（BGB662条以下）から遠く隔たって分離されていること等が理由として挙げられている（第II編第6章第1節II 1(4)参照）。これに対し，日本民法典においては，上記①について，そもそも任意代理権につき，現行法下に代理権授与行為の明文の規定が置かれておらず，また，我が国の学説においては委任などの内部関係から任意代理権が発生する旨の説が有力である（第I編第2章I 2）。更に，いわゆ

る外部的代理権が，通説的には肯定されていない[9]。そして，改正法においても代理権授与行為の明文化は見送られている（序論4〜5頁参照）。BGB及びこれに関する学説とわが国の民法典及び民法学との間には，以上のような相違点などがある。よって，我が国においても代理権の分離・独立・（範囲の）無因性概念が肯定されうるか，そして，それが認められる場合は，どのような場合であるか等についての検討を，更に，慎重に，進めていく必要があろう[10]。

2　履行請求権の平面での本人の「有責性」の考慮の可能性の検討

現行法下での私見は，「有責性」がある本人が相手方に対して濫用の抗弁を主張することを本人・相手方双方の「有責性」の割合に応じて信義則上，制限することが，代理制度に対する信頼を維持するためにも必要であると解したが，このことが改正法第107条の下でも可能であるか否かの検討がされる必要があろう。ちなみに，ドイツの学説においては，履行請求権の平面で本人の「有責性」を考慮する解決（＝「過失相殺的処理」＝「柔軟な解釈」）に批判を加える説（第Ⅱ編第6章第1節Ⅱ2(2)参照）のうち，多くは無権代理（BGB177条以下）として本人保護を図るものが多いと見受けられる（この分析も今後の検討課題である）。また，すでに見たように，シェフリン説は，「共働過失（Mitverschulden）の思想をBGB177条（無権代理規定）の範囲内で関係させることはできない」と述べている（第Ⅱ編第6章第2節Ⅳ1(1)参照）。

そして，メディクス説は，明白性の基準と関連させる「時間的な区分」による解決という，履行請求権の分割という手法とは異なる「柔軟な解決」を示す（第Ⅱ編第3章Ⅱ2(4)，第6章第3節Ⅱ5参照）し，ユンクスト説は，代理人に対する監督措置不作為を相手方が認識している場合には，濫用の疑念が生じない旨の見解を示している（第Ⅱ編第6章第1節2(2)(イ)(D)，同章第3節Ⅱ5，本章注

---

[9]　ただし，通説と異なり，明治民法の代理の節の起草担当者である富井政章は，109条を当時のBGB草案にならい，第三者に対する意思表示による代理権授与に関する規定としていたことにつき第Ⅰ編第2章注(5)参照。また，その後の展開につき，同注(14)参照。更に，任意代理権授与行為独自性否定説の問題点については，第Ⅰ編第2章Ⅰ3参照。

[10]　代理権の無因性概念を確立したとされるラーバント説（第Ⅱ編第6章第1節Ⅱ1(1)等参照）の更なる検討，そしてラーバント説がBGB及びドイツ学説に与えた影響などの更なる検討，現今の学説の更なる検討等が必要になる。

第Ⅲ編　総　　括

(14)参照)[11]。履行請求権の分割による「柔軟な解決」とは異なるこれらの手法が改正法第107条の下でも参考にされうるかも検討される必要がある。

このような履行請求権の平面での「柔軟な解決」が不可能である場合には，「損害賠償請求権」の平面での「柔軟な解決」を探らざるを得ないことになる。

損害賠償請求権の平面での過失相殺については，現行法下においても，青野博之説そして中島秀二説等により，すでに示されているところである[12]。

ドイツ代理権濫用論においては，ヘッケルマン説[13]が，このような解決を詳細に示しており，また，現在では，多くの学説が，契約締結上の過失責任に基づく損害賠償請求権の平面での「柔軟な解決」を行っている[14]。そこで，更

---

(11) なお，近時の裁判例に，ユンクスト説（第Ⅱ編第6章第1節2(2)(イ)(D)等参照）あるいはメディクス説（第Ⅱ編第3章Ⅱ2(4)；なお，第Ⅱ編第6章第3節Ⅱ5及びⅢ2(1)参照）等との関係の検討をする必要性を示すものがある（長野地判平成30年5月25日金融・商事判例1546号45頁，金融法務事情2094号62頁）。この裁判例の事案においては，原告である法人の出納員（事務長）が，着服横領する意図で5年間余りの間に，数十回にわたり原告名義の被告銀行に対する預金の払戻請求を行い，被告銀行がこれに応じていた。そして，払い戻しに応じた額が多額にのぼった。原告は，被告銀行に対し，主位的に，払い戻した預金債権の一部の支払いを求めた。払い戻しの際に，相手方である被告銀行は，当該出納員の着服意図を「知ることができた」といえるか等が争点とされたが，裁判所により「……本件各払戻しが繰り返されても，理事長等の原告の関係者から，不正な払戻しであるなどの指摘もなく，最終的に約5年間にわたり現金による払戻しが常態化していたことに照らせば，被告が，本件各払戻しは，原告において当然に容認しているものであり，不自然なものではないと認識してもやむを得ない状況であった……」旨の判断等が示された。そして，結論として，被告である銀行が当該出納員の着服意図を「知っていた又は知ることができた」といえず，本件各払戻の効果は，原告に帰属する旨の判断を示す（金融・商事判例1546号58頁，金融法務事情2094号76頁参照）。この裁判例も含めた，従来のわが国における判例・裁判例の更なる検討も今後の課題である。

(12) 青野説及び中島説については，第Ⅱ編第6章第1節Ⅰ2及び第3節Ⅲ1参照。私見については第Ⅱ編第3章Ⅱ4及び第8章Ⅴ2参照。

(13) Heckelmann, Dieter, Mitverschulden des Vertretenen bei Mißbrauch der Vertretungsmacht, in JZ 1970, S.62ff. ヘッケルマン説については，拙稿「代理権限濫用と過失相殺──本人に監督義務違反ある場合──」獨協法学37号158頁以下（1993年），本書第Ⅱ編第6章第1節Ⅱ2(2)(ア)及び本編注(14)等参照。

(14) 2010年6月5日に愛媛大学で開催された比較法学会総会の大陸法部会にて「代理権濫用と相手方保護範囲──ドイツにおける過失相殺的処理の諸議論を参考に──」という題目で，代理権濫用に関する履行請求権の平面での過失相殺的処理と損害賠償請求権の平面での過失相殺についての研究報告を行った（本書「はしがき」注(2)参照）。

その際，ドイツにおける学説の詳細を紹介し，若干の検討を行った。研究報告当日に配布したレジュメに依拠して，報告時点での学説状況を示せば，概ね，以下の通りであ

Ⅱ　今後の検討課題

に，この様なドイツにおける解決の詳細を検討し，参考にして，改正法第107条の下での解釈を改めて提示する必要があろう。

3　無権代理人の責任に関する改正法第117条の適用可能性の検討
(1)　民法改正の法制審議会民法（債権関係）部会における代理権濫用の明文

る。すなわち，「損害賠償請求権」の平面での過失相殺につきヘッケルマン説は，2つの解決方法を提言する。それらのうち，改正法107条の解釈につき参考になりうる，第2の解決方法は，概ね，次のようなものである。すなわち，「知りうる」代理権濫用の場合は，債務負担行為及び処分行為（Verpflichtungs-und Verfügungsgeschäft）は，BGB177条（無権代理）準用により無効（Unwirksamkeit）である。本人自身が，代理人に対する監督を怠り，相手方に対する契約締結前の従たる義務（vorvertragliche Nebenpflicht）に有責に（shuldhaft）反した場合には，相手方は契約締結上の過失に基づいて，本人に対する損害賠償請求権を取得する。賠償の範囲はBGB254条によって確定する。そして，§278BGB（履行補助者の過失）による，代理人の従たる義務（Nebenpflicht）違反を理由とする，本人に対する損害賠償請求権は認めない（Vgl. Heckelmann, a.a.O.(Fn.13), S.65)。

このヘッケルマン説後の見解は，次のように，大きく2つに大別できる。まず，(A)類型である。これは，本人に対する契約締結上の過失に基づく損害賠償請求権（BGB241条2項，280条1項，311条2項1号等）と併せて代理人の義務違反に関しても本人にBGB278条（履行補助者の過失）により責任を負わせ，これにBGB254条を適用する説である。これらの説は，濫用が客観的に明白である場合等，相手方が保護に値しない場合，無権代理となることを概ね出発点とする。これらの説のうち，「明白性の基準」の採用により，故意との境界にある相手方の共働過失があり，現実の賠償請求は難しい旨の見解も一部（John；Grigokeit）示される（諸説，多様性がある）。この類型に属する説として，John, Der Mißbrauch organschaftlicher Vertretungsmacht, FS für O. Mühl. S.363f(1981)；Ermann/Palm, Bürgerliches Gesetzbuch, 1. Band, 11. Aufl, §167Rz.50 (2004)；Anwaltkommentar/ Stoffels, §164Rz94. (2005)；Bork, Allgemeiner Teil des Bürgerlichen Gesetzbuchs, 2. Aufl. §34 Rdnr. 1582(2006); Grigokeit/Herrsthal, BGB Allgemeiner Teil, Rn.460 (2006)；Staudinger/ Schilken, §167Rn.104(2009) 等がある。そして，次に（B）類型の説は，契約締結上の過失責任に基づく損害賠償責任の平面で過失相殺を行うことと併せて，例えば，ユンクスト説のように，「いかなる監督行動も機関になされていないことを第三者が認識している場合」，本人が相手方に濫用の抗弁を為すことを完全に封ずる場合がある事を認めるように，本人の「有責性」を代理行為に基づく履行請求権の平面で評価するのと同様の解決をする。この類型に属すると考えられる説として，Münchener/Thiele §164Rdn.122(1978)；Jüngst, Der Mißbrauch organschaftlicher Vertretungsmacht. S92ff(1981)；Soergel/Leptien. §177RdNr.19 (1999)；Bamberger/Roth/Habermeier, BGB §167Rn.52(2007)；Münchener / Schramm, §164 Rn.123(2006). 等がある。

今後は，比較法学会報告後の，ドイツにおける学説状況も補足しつつ，損害賠償の平面での「柔軟な解決」の検討をも進める予定である。

化の過程で，代理権を濫用する代理人が無権代理人としての責任（117条）を負いうることは，管見の及ぶ限りでは，部会第70回会議（平成25年2月19日）の部会資料58で示された「中間試案のたたき台(1)(2)(3)改訂版」の（概要）において初めて明言された[15]。無権代理人の責任規定（117条）の代理権濫用事例への適用可能性は，「民法（債権関係）の改正に関する要綱案のたたき台」「第2 代理 5」に関する部会資料や議事録[16]，そして，「要綱仮案」に関する議事録[17]等においても確認しうる。このことは，成立した改正法（107条，117条）にも引き継がれているといえよう[18]。

---

[15] 部会資料58の13頁及び16頁参照。

[16] 部会資料66A（23頁以下）及び部会第76回会議（平成25年9月10日開催）会議録36頁参照。

[17] 部会第90回会議（平成26年6月10日開催）では，「要綱仮案」の原案（第4代理 6代理権の濫用「代理人が自己又は第三者の利益を図る目的で代理権の範囲内の行為をした場合において，相手方が当該目的を知り，又は知ることができたときは，当該行為は，代理権を有しない者がした行為とみなす。」）が検討項目とされている。

　山本（敬）幹事が，この原案につき，概ね，「無権代理と擬制すると，無権代理に関するほかの規定の適用が認められるか。例えば，本人の追認は可能とみてよいか，相手方の催告権を認めてもよいか，相手方の取消権を認めるか，あるいは無権代理の責任に当たるものを認めるのかという一連の問いが出てくるが，これらも全て適用を認めるという理解なのか」という旨の確認をしている（部会第90回会議議事録26頁参照）。

　これに対する，無権代理人の責任の規定の適用についての金関係官による回答の部分をみると，概ね，「無権代理とみなすことによって無権代理に関する規定，民法113条以下の規定が適用されることを前提としている。……無権代理人の責任については，相手方の主観的態様について117条が要件を設けているので，当然その要件を満たす場合に限ることになる。例えば，代理権の濫用について相手方に過失があると認められたために無権代理とみなされた場合については，今回の117条の改正案では，無権代理人が悪意であれば，相手方に過失があっても無権代理人の責任を追及することができるとしているので，それを前提とすると，代理権濫用の場合の代理人は必ず悪意であるので，相手方は無権代理人の責任を追及することができる」旨，の見解が示されている（部会第90回会議議事録26頁以下参照）。

[18] 部会幹事でもあった潮見佳男教授は，改正法案の時点で，概ね，次のように述べて，代理権濫用事例へ無権代理人の責任に関する117条が適用可能になる旨の見解を示している。すなわち，改正法案107条は，「……改正前民法のもとでの判例法理（改正前民法93条ただし書の類推適用。最1小判昭38. 9. 5民集17巻8号909頁ほか）の結論命題を無権代理に擬制するという形で維持するものである」と述べ，そして，「代理権の濫用がされ，これについて相手方が悪意・有過失の場合を無権代理とみなした結果として，改正前民法下での判例・学説が認めていたのではない帰結，すなわち，無権代理に関する一連の規定（追認・追認拒絶に関する民法113条・116条），相手方の催告権に関する民法114条，相手方の取消権に関する民法115条，無権代理人の責任に関する

Ⅱ 今後の検討課題

　学説においても，管見の及ぶ限り，現在のところ，無権代理人の責任規定（改正法第117条）の適用に肯定的な説が多数である[19]。

　他方，部会の第76回会議（平成25年9月10日）の議事録によれば，「代理権濫用の場合，本来，権限はあるものの，自己または第三者の利益を図るという場合に，無権代理と同じ効果とするのが果たして相当なのか」[20]という意見も出されていた。

　(2) ドイツにおける現今の有力説（フルーメ説等（第Ⅱ編第3章Ⅱ2(1)））の源流と解しうる[21]キップ説は，「本人に悪意で損害を加えることについて代理権は授与されていない」[22]という基本的な見解を示す。キップ説は，更に，こ

　民法117条など」が，それぞれの定める要件を満たす限りで適用可能になる（部会資料66A・23頁）……」旨，述べている（潮見・前掲注(6)18頁以下参照）。

[19] 潮見佳男『民法(全)』79頁以下（有斐閣，2017年6月），日本弁護士連合会編『実務解説　改正債権法』36頁以下（弘文堂，2017年7月），大村敦志・道垣内弘人編『解説　民法（債権法）改正のポイント』〔幡野弘樹〕43頁以下（有斐閣，2017年10月），四宮和夫・能見善久『民法総則』358頁（弘文堂，2018年3月），石綿はる美・別冊ジュリスト239号101頁（2018年3月），佐久間毅『民法の基礎1総則』295頁（有斐閣，第4版，2018年4月），小野秀誠ほか〔良永和隆〕『新ハイブリット民法1』221頁以下（法律文化社，2018年5月），中舎寛貴『民法総則』316頁以下（日本評論社，第2版，2018年6月）参照。

　高秀成説も，概ね，次のように述べて，無権代理責任の規定そのものには肯定的である。すなわち，「例えば，任意代理においては，専ら本人の利益が問題となるため，本人にイニシアティブが認められる必要がある。このような効果を具体化する手立てとして，立法上，民法113条から117条までの無権代理に関する規定を準用することが十分に考えられる」とする。ただし，改正法案107条自体には批判的ではある。詳細は，高秀成「代理権濫用規制の基礎にあるもの（上）」法時89巻5号148頁（2017年6月）参照。

　なお，無権代理人の責任規定の適用可能性に言及しない説として，山野目章夫『新しい債権法を読みとく』52頁以下（商事法務，2017年6月），滝沢昌彦『民法がわかる民法総則』149頁以下（弘文堂，第4版，2018年3月），吉永一行・別冊ジュリスト237号54頁以下（2018年3月）等がある。

[20] 深山幹事による意見である（部会第76回会議事録37頁参照）。

[21] Vgl. Fischer, Robert, Der Mißbrauch der Vertretungsmacht auch unter Berücksichtigung der Handelsgesellschaft, Fest. für W. Schilling 1973. S.6. フルーメは，著書の代理権濫用項目の最初の注の一番目にキップの論文を引用している。Vgl. Flume, Allgemeiner Teil des Bürgerlichen Rechts zwiter Band Das Rechtsgeschäft vierte, unveränderte Auflage, 1992. §45Ⅱ3. Anm.23.

[22] Vgl. Kipp, Theodor, Zur Lehre von der Vertretung ohne Vertretungsmacht, in : Die Reichsgerichtspraxis im deutschen Rechtsleben, Bd. Ⅱ, 1929, S.286. キップ説については，高橋三知雄『代理理論の研究』206頁以下（有斐閣，1978）。福永礼治「代理

の説の効果について検討を進め，概ね，「代理人が彼のそれ自体としては与えられた代理権の故意ある濫用においてなした法律行為は，法律行為がなされた者（相手方）が，代理人が代理権を濫用していることを知っているか，または，過失により知らないときは，代理権により覆われない。つまり，それは，無権代理人の行為とみなされるべきであり，そして，従って，取引の種類に応じて，治癒できない形で（unheilbar）無効（unwirksam）である。または，——わけても契約の場合——，それは，本人の追認次第である」[23]旨の見解を示している。

そして，キップ説は，代理権を濫用する代理人の無権代理人責任（BGB179条）[24]について，概ね，第三者が，事情に通じていたり，共謀していた場合や，第三者が代理人の背信的悪意（Dolus）を過失により（fahrlässig）知らなかった場合，無権代理人の責任に関するBGB179条に基いて代理人に請求することはできない旨の見解を示していると解しうる記述[25]をなしている[26]。

　権の濫用に関する一詩論(1)」上智法論22巻2号156頁以下（1978），伊藤進『代理法理の探究』562頁以下（日本評論社，2011）等参照。キップ説については，2009年10月31日に広島大学で開催された中四国法政学会で学会報告（平山也寸志「キップの代理権濫用論の検討——代理権の範囲の有因性肯定説の検討序説——」）をした（拙稿「キップの代理権濫用論の検討——代理権の範囲の有因性肯定説の検討序説——」『中四国法政学会誌』第2号33-33頁（2011年5月）（中四国法政学会第50回大会部会報告要旨）参照）。

(23)　Vgl. Kipp, Theodor, a.a.O.（Fn.22），S.287. 訳については，高橋・前掲注(22)209頁を参照した。

(24)　BGB179条は，概ね，次のような条文である。「(1)代理人として契約を締結した者が，その代理権を証明しない場合に，本人が契約の追認を拒んだときは，相手方に対して，その選択に従い，履行または損害賠償の義務を負う。(2)代理人が代理権を有しないことを知らなかったときは，相手方が代理権を信じたことにより受けた損害のみにつき，その賠償の義務を負う。ただし，相手方が契約が有効であることにつき有する利益の額を超えることはない。(3)1　相手方が代理権を有しないことを知り，または知らなければならなかったときは，代理人は責任を負わない。2　代理人が行為能力の制限を受けていたときまた同じ。ただし，法定代理人の同意を得て行為をしたときは，この限りではない。」。条文の訳にあたって，神戸大学外国法研究会編『現代外国法典叢書(1)独逸民法〔1〕民法総則』262頁以下（有斐閣，昭30）を参照した。

　ドイツ民法では，第2項で，無権代理人が代理権の瑕疵について善意であった場合，「消極的利益の賠償義務」を負う旨，規定されており，無権代理人の主観的態様による責任軽減が認められているとされる（佐々木典子「無権代理人の責任についての一考察」姫路法学38号23頁（2003）参照）。

(25)　キップは，概ね，「第三者は，事情に通じ，共謀していた場合には，179条に基いて

Ⅱ　今後の検討課題

　ドイツにおける現今の学説においても，例えば，ミュンヘナー・コンメンタールの第7版（2015年）で，シューベルト（Schubert）は，「無権代理人の責任（BGB179条）は問題にならない」とする。理由として，「BGB179条3項による取引相手の負担での免責が，代理権の不存在につき知りまたは知りうべき場合，介入する」[27]旨を挙げている。そして，このような解釈についての問題点は管見の及ぶ限りでは特に指摘されていない[28]。

代理人に請求することはできない。なぜならば，その場合，彼は代理権の不存在を知っていたからである。または，これを断固として受け入れることを厭う場合，彼をそれ（代理権の不存在）をそれでも，認識しなければならなかったからである。後者は，しかし，第三者が代理人の背信的悪意（Dolus）を過失により（fahrlässig）知らなかった場合にも妥当する。彼が事案を建設的に（konstrukutiv）前もって考えておいたか否か，またはどのようにか，ということは問題ではない。代理人が本人に損害を加えることを意図していたことを知っていたか，または，知らなければならなかったということで十分である。法は，このような法的行為に効果を拒否する手段と方法を見出すであろうということを各々が知らなければならない。」旨，述べている。Vgl. Kipp, Theodor, a.a.O, (Fn.22), S.288. 訳については，高橋・前掲注（22）209頁を参照した。

(26)　更に，「BGB179条に基づく責任が成立するであろう第三者の責任がない（Unschuld）事例は，考慮の対象にならない。なぜならば，第三者に責任がない場合には行為は有効であるからである」旨も述べている。Vgl. Kipp, Theodor, a.a.O. (Fn.22), S.288. 訳については，高橋・前掲注（22）209頁を参照した。

(27)　Vgl. MuekoBGB/Schubert§164Rn.224. 著者のシューベルト説が参照するシュタウディンガー・コンメンタールをみると，「代理法という枠を維持し，キップの思考過程につながる説が優先に値する（vorzugswürdig）」とし，本稿の関心事については，概ね，「第三者は，認識ある（Kenntnis）場合，または明白である場合，保護に値しないので，代理人の責任が179条3項1文を根拠として，通例は，不成功に終わることは正当化される」旨の見解を示している（Vgl. Staudinger/Schubert(2014)，§167Rn.103 参照）。その他，シュトッフェルス（Stoffels）も，「……追認を拒まれる場合，通常，無権代理ゆえの代理人の負担（Inanspruchnahme）も179条3項のところで不成功に終わる」旨，述べる（NK-BGB/Stoffels§164Rn.88.）。なお，フルーメ及びラーレンツのLehrbuchの「代理権濫用項目」の個所には無権代理人の責任の言及が見当たらない（Vgl. Flume, a.a.O.(Fn.21)，§45 Ⅱ 3; Larenz/Wolf, Allgemeiner Teil des Bürgerlichen Rechts, 9. Aufl, 2004. §46Rn.139-144）。

(28)　なお，メディクス説は，概ね，代理人と相手方との共謀の場合以外では，「……行為は，一層，不届きなもの（anstößig）ではない。……ここでは，法秩序は，行為を完全には否定する必要はない。むしろ，その効力が本人に対し，妨げられ，または，その追認に依存されるのであれば，十分である。この点についての法技術的な手段は代理権の否定である。それは，しかし，第三の取引相手（dem dritten Geschäftspartner）から，本来的に追及された契約相手を引き離し，せいぜいのところ，179条による代理人に対する請求権を指示する……」旨，述べ，無権代理規定に言及している（Vgl. Medicus, Allgemeiner Teil des BGB, 10. Aufl（2010），§57Rn.967.）。

(3)　ドイツにおいて，保護に値しない相手方が代理権を濫用する代理人に対して無権代理人の責任（BGB179条）の追及はなしえない旨の見解が代表的なコンメンタールにおいて主張され，これに対する異論が，あまり見られないことなどに鑑みると，我が国においては，無権代理人の責任に関する117条の改正[29]により，相手方が有過失の場合でも代理権を濫用する代理人に対して無権代理人としての責任追及が可能となったと解されている[30]が，この帰結及び無権代理人の責任追及の可能性を明言することの妥当性につき，更なる検討が必要なのではなかろうか[31]。

4　その他

　以上が今後の主要な検討課題となる。その他，改正法第107条の「知ることができたとき」の解釈と関連して，前述のごとくドイツにおける「明白性の基準」の検討が必要となる[32]。

---

[29]　特に，改正法117条2項2号に関して，相手方が代理権の不存在につき善意・有過失の場合でも，無権代理人が自己に代理権がないことを知っていたのであれば，代理人は相手方に対して無権代理人の責任を負うこととされた（潮見・前掲注(6)24頁参照）。
　　このような改正の実質的な根拠は「故意に無権代理行為をした無権代理人が，相手方の過失を証明して責任を免れようとするのは，信義に反する」ことに求めてられているのであろう（民法（債権法）改正検討委員会編『詳解債権法改正の基本方針I——序論・総則』310頁（商事法務，2009）参照）。

[30]　本編注(17)参照。

[31]　我が国の「無権代理直接形成説」の下では，無権代理人の責任（117条）に基づき代理人に対する履行請求権を選択する場合，そこでの「柔軟な解決」を検討する余地がある旨を拙稿で指摘していた（第II編第6章第3節III 2(3)参照）。しかし，現時点では，代理権濫用事例において代理人に無権代理人の責任を負わせることの妥当性につき，比較法的にも更なる検討が必要であると解している。

[32]　改正法第107条に言う「知ることができたとき」を法制審の民法（債権関係）部会幹事でもあった潮見佳男教授は，「過失」と解釈するようである（潮見・前掲注(6)18頁参照）。また，部会の第76回会議（平成25年9月10日）議事録をみると，金関係官から「悪意・軽過失」を相手方（不）保護要件とする旨の説明がなされている（第76回議事録31頁以下参照）が，内田委員から，「……知ることができたというのが調査義務を前提としているという理解が，本当に不可避な解釈なのかということなのですけれども，周囲の状況からすると分かったはずだというような場面を意味しているわけで，知るべく調査をするということが必ずしも常に前提とされているわけではないかと思います。……」（第76回会議議事録34頁）との発言がされている。改正法第107条の下でも，「知ることができた」の解釈につき，多様な見解が主張されることが予測される（第II編第4章参照）。

更に，改正法第107条の成立過程をみると，自己契約・双方代理等に関する改正法第108条との関係に意を用いられている[33]。代理権濫用論と自己契約・双方代理等との関係の検討も必要となろう。

最後に，現時点での現行法下での私見は，代理の法的構成に関して，代理人行為説を前提にする。他説，例えば，ボイティーンの新本人行為説（第Ⅰ編第1章Ⅱ6参照）の下では，代理権濫用現象はどのように解決されることになるのか等の検討についても今後の検討課題である。

---

[33] 部会第76回会議（平成25年9月10日開催）の会議録31頁以下及び部会資料66A（22頁以下）等参照。

初出一覧

第Ⅰ編　代理権濫用の前提問題
第1章　「ドイツ代理法――代理の法的構成論を中心に」椿寿夫＝伊藤進編著『代理の研究』598-622頁（日本評論社，2011年3月）所収

第2章　「任意代理権発生原因論の民法学史的検討序説――ボアソナード来朝前までを中心に――」下関市立大学論集52巻1・2合併号11-26頁（2008年9月）

第Ⅱ編　代理権濫用論
第1章　「代理論史――代理権濫用論を中心として――」獨協法学40号447頁-514頁（1995年3月）〔水本浩＝平井一雄編『日本民法学史・各論』41頁-98頁（信山社，1997年4月）所収〕

第2章　「代理権濫用論と代理の法的構成との関係の検討――ドイツ的解釈法学全盛期の学説の検討を中心に――」下関市立大学論集48巻3号31-45頁（2005年1月）

第3章　「代理の研究――法律行為研究会《連載⑩》代理権濫用と相手方保護範囲」法律時報79巻3号75-79頁（日本評論社）（2007年3月）〔椿寿夫＝伊藤進編著『代理の研究』346-360頁（日本評論社，2011年3月）に加筆および表現上の若干の修正を行い所収〕

第4章　「代理権濫用論における相手方保護範囲の検討の覚書――心裡留保規定に依拠する説の検討を中心に――」松山大学論集15巻4号（高橋紀夫教授，三好登教授記念号）133-166頁（2003年10月）

第5章　「代理権の客観的濫用に関する一考察――代理人に背任的意図がない場合――」獨協法学46号233頁-286頁（1998年6月）

第6章第1節「ドイツにおける代理権濫用と過失相殺的処理に関する判例の概観――代理権濫用と過失相殺的処理再論序説――(1)〜(3・完)」下関市立大学論集54巻1号19-26頁（2010年5月），55巻2号13-25頁（2011年9月），56巻1号17-26頁（2012年5月）

　　　第2節「代理権濫用論における履行請求権の平面での「柔軟な解決」肯定説の概観――Tank説及びMertens説を中心に――」下関市立大学論集57巻2号1-16頁（2013年9月）

　　　第3節「〈研究報告〉代理権濫用論――本人による監督措置不作為の場合を念頭に置いて――」『私法』76号190-197頁（欧文抄録277-278頁）（日本私法学会，2014年4月）（日本私法学会第77回大会「研究報告」）

第7章　「成年後見人の代理権濫用に関する検討の覚書」村田彰先生還暦記念論文集編集委員会編『村田彰先生還暦記念論文集　現代法と法システム』47-62頁（酒井書店・育英堂，2014年12月）

初 出 一 覧

第 8 章 「民法（債権関係）改正における「代理権濫用」の明文化の検討の覚書」
　　　　清水元・橋本恭宏・山田創一編『平井一雄先生喜寿記念　財産法の新動向』601-636 頁（信山社，2012 年 3 月）所収
第Ⅲ編　総　　括（書き下ろし）

事 項 索 引

あ 行

相手方保護要件……………………………… 352
青野博之(説)………………………… 226, 303
赤沼康弘説………………………………… 317
石坂音四郎説…………………… 76, 121, 306
意思における代理……………………… 28, 29
意思理論(Willenslehre)………………… 15
伊藤進(説)………………… 100, 199, 303, 345
ヴェッダー(Vedder)説…………………… 267
臼井豊説…………………………………… 348
内田貴説…………………………… 166, 177
エルトマン(Oertmann)………………… 120, 126
大隅健一郎説……………………………… 84
大西耕三説…………………………… 85, 197
大浜信泉説………………………………… 82
岡松参太郎説……………………………… 72
於保不二雄(説)……………………… 92, 306

か 行

外因的解決………………………………… 98
外部的代理権……………………………… 147
外部的任意代理権授与をも肯定する説…… 36
過失相殺的処理…………… 149, 224, 235, 272, 282, 352, 365
嘩道文芸説…………………………… 120, 306
鎌田薫部会長………………… 321, 343, 344
キップ(Kipp)………………………… 299, 369
93条ただし書類推適用説………………… 91
共働過失(Mitverschulden)……………… 288
共同行為説(Vermittlumgstheorie)……… 23
契約締結上の過失責任………………… 237, 366
顕名主義…………………………………… 131
効果不帰属主張構成………………… 328, 340
皇国民法仮規則…………………………… 49

さ 行

債権法改正の基本方針…………………… 325
サヴィニー(Savigny)……………………… 17
佐久間毅説………………………………… 316
三当事者法律行為形象…………… 139, 346
シェフリン(Schöpflin)説………………… 294
時間的な区分(Differenzierung)による
  解決…………………… 146, 302, 305, 365
自己契約・双方代理……………………… 146
自己決定(Selbstbestimmung)… 15, 22, 24, 27
自己実行(Selbstvornahme)………………… 26
四宮和夫説…………………………… 227, 304
柔軟な解決………… 298, 304, 305, 307, 361, 365
シュラム(Schramm)説…………………… 302
心裡留保規定直接適用説………………… 81
末弘厳太郎説……………………………… 81
全か無か(all or nothing)的解決………… 223

た 行

第一草案理由書(Motive)………………… 231
第9回帝国議会衆議院民法中修正案委員
  会………………………… 70, 183, 205
第三者の保護……………………………… 329
代人規則…………………………………… 51
代表権の不可制限性……………………… 286
代理権の独立性………………………… 140, 229
代理権の(範囲の)無因性… 38, 64, 140, 229, 364
代理権の範囲の有因性…………………… 64
代理権の無因主義(Abstraktionprinzip)… 233
代理権濫用………………………… 175, 183
  ——の明文化……………………… 321, 337
  親権者の——………………………… 154
  成年後見人の——…………………… 309
代理と私的自治との関係………………… 27
代理人行為主義(Repräsentationsprinzip)

377

事 項 索 引

………………………………………	22
代理人行為説（Repräsentationstheorie）	
………………………………………	20, 130
代理人の選任責任………………………	218
代理の慣習………………………………	41
代理の法的構成…………	15, 112, 129, 150
高橋三知雄（説）………………	97, 198, 304
竹田省説…………………………………	83
タンク（Tank）…………………	274, 301, 304
単独行為説………………………………	36
忠実義務…………………………………	327
転得者保護………………………………	344
ドイツ普通商法典（ADHGB）………	229
統一要件論………………………………	24
遠田新一説………………………………	103

な 行

内因的解決………………………	98, 306
内部的代理権……………………………	147
中川善之助………………………………	314
中島秀二（説）…………	105, 198, 226, 303
中島玉吉「表見代理論」………………	39
中島玉吉説…………………………	77, 115
任意代理権授与行為の独自性を否定する	
説………………………………………	36

は 行

鳩山秀夫説………………………………	117
鳩山秀夫『法律行為乃至時効』………	76
パブロフスキー（Pawlowski）………	144
ヒューブナー（Heinz Hübner）説……	263
表見代理説………………………………	98
福永礼治（説）…………	101, 200, 227, 303
フルーメ（Flume）（説）……	27, 142, 194, 267
フロッツ（Frotz）………………………	193
分離主義（Trennungsprinzip）………	21
ヘック（Hueck）………………………	188
ヘッケルマン（Heckelmann）（説）……	257, 301, 302, 366

ボイティーン（Beuthien）説…………	28
法定後見…………………………………	226
法務省法制審議会民法（債権関係）部会…	331
星野英一説………………………………	94, 170
本人行為説（Geschäftsherrntheorie）…	17

ま 行

ミッタイス（Mitteis）…………………	23
ミュラーフライエンフェルス（Müller-Freienfels）………………………………	24
民法改正研究会…………………………	323
民法54条説……………………………	86, 104
民法108条説……………………………	103
民法（債権法）改正検討委員会………	325
民法判例研究会…………………………	81
無権代理直接形成説……………………	102
無名契約説………………………………	36
明治11年民法草案………………………	54
明白性の基準…………………	142, 145, 148, 237
メディクス（Dieter Medicus）（説）……	146, 245, 302, 361, 365
メルランス（Mertens）説……………	286, 302
森泉章……………………………………	303
森島昭夫「委任と代理」………………	39

や 行

薬師寺志光説……………………………	100
山本敬三説………………………………	166
融合契約説………………………………	37
ユンクスト（Jüngst）（説）……	190, 264, 302, 365

ら 行

ラーバント（Laband）…………………	229
ラーレンツ（Karl Larenz）……………	145, 193
リーゼッケ（Liesecke）説……………	296
利益相反行為……………………	327, 335, 349

わ 行

我妻栄説…………………………………	81, 93

判例索引

日 本

◇大審院・控訴院◇

大判明治 30 年 10 月 7 日民録 3 輯 9 巻
　21 頁·· *312*
大判明治 33 年 6 月 27 日民録 6 輯 6 巻
　155 頁··· *312*
大判明治 35 年 2 月 24 日民録 8 輯 2 巻
　110 頁······································ *71, 208*
大判明 38 年 6 月 10 日民録 11 輯 919 頁
　·················· *vi, 71, 120, 158, 164, 205, 298, 359*
大判明治 39 年 3 月 20 日民録 12 輯
　275 頁································ *71, 205, 359*
大判大正 3 年 4 月 22 日民録 20 輯 322 頁··· *75*
大判大正 4 年 2 月 15 日民録 21 輯 99 頁··· *73, 158, 205, 359*
大判大正 4 年 6 月 16 日民録 21 輯 953 頁··· *75, 208, 214*
大判大正 9 年 7 月 3 日民録 26 輯 1042 頁··· *78, 206, 359*
大判大正 6 年 7 月 21 日民録 23 輯
　1168 頁······························· *73, 205, 206, 359*
大判大正 9 年 10 月 21 日民録 26 輯
　1561 頁································ *205, 206*
大判大正 9 年 12 月 28 日民録 26 輯
　2122 頁······································· *204*
大判大正 10 年 1 月 21 日民録 27 輯 100 頁··· *80*
大判昭和 7 年 8 月 9 日大審院裁判例 6 巻
　民事 243 頁···································· *312*
大判昭和 9 年 5 月 15 日民集 13 巻
　1123 頁·································· *160, 206, 359*
大判昭和 10 年 3 月 10 日新聞 3833 号
　18 頁·· *80, 208*
大判昭和 13 年 2 月 7 日民集 17 巻 1 号
　50 頁··· *80*
大判昭和 15 年 12 月 24 日新聞 4664 号
　7 頁··· *312*
大判昭和 16 年 5 月 1 日新聞 4721 号
　14 頁······································ *79, 91, 209*
東控判明治 38 年 11 月 21 日新聞 323 号
　20 頁··· *71, 205*
東京控判明治 44 年(ネ)119 号判決年月日
　不明新聞 812 号 16 頁················· *73, 91, 314*
大阪控判大正 3 年 4 月 16 日新聞 951 号
　27 頁··· *74*
東控判大 12 年 6 月 29 日新聞 2176 号
　18 頁·· *79, 206*
東控判昭和 12 年 10 月 29 日新聞 4215 号
　13 頁·· *163*

◇最高裁判所◇

最判昭 38 年 9 月 5 日民集 17 巻 8 号
　909 頁··························· *88, 139, 154, 162, 170, 209, 210, 323, 352, 353, 362*
最判昭 42 年 4 月 20 日民集 21・3・697
　················· *vi, 63, 88, 111, 139, 154, 171, 184, 209, 223, 298, 323, 344, 350, 352, 353, 362*
最判昭 42 年 7 月 6 日金判 67 号 16 頁
　······································ *89, 154, 209, 353*
最判昭 43 年 12 月 25 日民集 22 巻 13 号
　3511 頁·· *105*
最判昭和 44 年 4 月 3 日民集 23 巻 4 号
　737 頁························· *89, 209, 344, 352, 353*
最判昭和 44 年 11 月 14 日民集 23 巻 11 号
　2023 頁······················ *89, 209, 350, 352, 353*
最判昭 51 年 10 月 1 日金判 512 号 33 頁··· *89, 352, 353*
最判昭 51 年 11 月 26 日判時 839 号
　111 頁································ *89, 209, 352*
最判昭 53 年 2 月 16 日金判 547 号 3 頁··· *89, 209, 352, 353*
最判昭和 54 年 5 月 1 日金判 576 号 19 頁,
　判時 931 号 112 頁···················· *89, 209, 353*
最判平成 4 年 12 月 10 日民集 46 巻 9 号

379

判例索引

2727頁…… *89, 139, 154, 209, 317, 328, 352, 353*
最判平成24年10月9日刑集66巻10号
　981頁……………………………………… *315*

◇高等裁判所◇
名古屋高判昭和28年8月20日高民集
　6巻586頁………………………………… *88*
高松高判昭和29年6月9日下級民集
　5巻6号844頁…………………………… *88*
大阪高判昭和35年5月14日判時229号
　38頁……………………………………… *90*
大阪高判昭和36年4月12日高民集
　14巻4号257頁…………………………… *90*
名古屋高判昭和51年11月29日判時
　851号198頁……………………………… *90*
東京高判昭52年7月25日判タ360号
　199頁…………………………………… *224*
東京高判昭和59年3月29日判時
　1113号68頁……………………………… *310*
仙台高裁秋田支部判平成19年2月8日
　判タ1236号104頁………………………… *315*
高松高判平成22年8月30日判時
　2106号52〔56, 59〕頁…………………… *315*
広島高判平成24年2月20日判タ
　1385号141頁…………………………… *309*

◇地方裁判所◇
東地判明治43年(ワ)935号及び同年(ワ)
　934号判決年月日不明新聞683号25頁
　………………………………………… *71, 205*
東京地判大正2年11月12日新聞911号
　21頁……………………………………… *73, 91*
前橋地判平成14年6月10日裁判所ウェ
　ブサイト掲載…………………………… *315*
大阪地裁堺支部判平成25年3月14日金
　判1417号36頁………………… *309, 310, 320*
長野地判平成30年5月25日金判1546号
　45頁……………………………………… *366*

ドイツ連邦共和国

BGH1966年2月28日判決（WM1966,
　491ff）…………………… *236, 237, 241, 299*
BGH1968年3月25日判決（BGHZ50,
　112ff）………… *9, 10, 235, 236, 237, 239, 252, 255,*
　　257, 272, 278, 282, 287, 288, 296, 300
BGH1999年6月29日判決（NJW1999,
　2883f）……………… *9, 236, 245, 246, 272, 300*
OLG München1995年4月25日判決
　（OLGR München 1995, 133f）………… *9, 236,*
　　251, 272, 300

〈著者紹介〉

平山 也寸志（ひらやま・やすし）

下関市立大学経済学部教授
1996年3月　獨協大学大学院法学研究科博士後期課程法律学専攻単位取得満期退学
　立教大学（社会学部・経済学部）非常勤講師等を経て，現職
2009年4月～同年9月　広島大学大学院社会科学研究科公立大学研修員

〈主要著作〉

『2ステップ民法　1総則』鳥谷部茂＝田村耕一編著（共著，信山社，2015年）
「代理論史──代理権濫用論を中心として」水本浩＝平井一雄編『日本民法学史・各論』（信山社，1997年）
「代理権濫用と相手方保護範囲」椿寿夫＝伊藤進編著『代理の研究』（日本評論社，2011年）
「ドイツ代理法──代理の法的構成論を中心に」椿寿夫＝伊藤進編著『代理の研究』（日本評論社，2011年）
「民法（債権関係）改正における「代理権濫用」の明文化の検討の覚書」清水元・橋本恭宏・山田創一編『財産法の新動向　平井一雄先生喜寿記念』（信山社，2012年）
「成年後見人の代理権濫用に関する検討の覚書」村田彰先生還暦記念論文集『現代法と法システム』（酒井書店・育英堂，2014年）

学術選書
177
民　法

❋ ❋ ❋

代理権濫用の研究

2018年（平成30年）12月20日　第1版第1刷発行
6777-8：P400　¥8800E　012-035-005

著　者　　平山也寸志
発行者　　今井　貴　稲葉文子
発行所　　株式会社　信山社
〒113-0033　東京都文京区本郷 6-2-9-102
Tel 03-3818-1019　Fax 03-3818-0344
henshu@shinzansha.co.jp
笠間才木支店　〒309-1611　茨城県笠間市笠間 515-3
Tel 0296-71-9081　Fax 0296-71-9082
笠間来栖支店　〒309-1625　茨城県笠間市来栖 2345-1
Tel 0296-71-0215　Fax 0296-72-5410
出版契約 2018-6777-8-01011　Printed in Japan

Ⓒ平山也寸志, 2018　印刷・製本／ワイズ書籍(M)・牧製本
ISBN978-4-7972-6777-8 C3332 分類324.101 民法

JCOPY　〈(社)出版者著作権管理機構　委託出版物〉

本書の無断複写は著作権法上での例外を除き禁じられています。複写される場合は，そのつど事前に，(社)出版者著作権管理機構（電話 03-3513-6969, FAX 03-3513-6979, e-mail: info@jcopy.or.jp）の許諾を得てください。

◆ 法律学の未来を拓く研究雑誌 ◆

民法研究 第2集　大村敦志 責任編集

民法研究　広中俊雄 責任編集

消費者法研究　河上正二 責任編集

憲法研究　辻村みよ子 責任編集
〔編集委員〕山元一／只野雅人／愛敬浩二／毛利透

行政法研究　宇賀克也 責任編集

メディア法研究　鈴木秀美 責任編集

環境法研究　大塚 直 責任編集

社会保障法研究　岩村正彦・菊池馨実 責任編集

法と社会研究　太田勝造・佐藤岩夫 責任編集

法と哲学　井上達夫 責任編集

国際法研究　岩沢雄司・中谷和弘 責任編集

EU法研究　中西優美子 責任編集

ジェンダー法研究　浅倉むつ子・二宮周平 責任編集

法と経営研究　加賀山茂・金城亜紀 責任編集

信山社

21世紀民事法学の挑戦　加藤雅信先生古稀記念　上・下
　加藤新太郎・太田勝造・大塚直・田髙寛貴　編

人間の尊厳と法の役割 ― 民法・消費者法を超えて
　廣瀬久和先生古稀記念
　河上正二・大澤彩　編

新債権総論Ⅰ・Ⅱ
　潮見佳男　著

プラクティス債権総論〔第5版〕
　潮見佳男　著

判例プラクティス民法Ⅰ～Ⅲ
　松本恒雄・潮見佳男　編

代償請求権と履行不能
　田中宏治　著

信山社

金融担保の法理
鳥谷部茂 著

非典型担保の法理
鳥谷部茂 著

所有権留保の法理
田村耕一 著

2STEP 民法 1 総則
鳥谷部茂・田村耕一 編著
〈執筆〉神野礼斉・堀田親臣・平山也寸志・村山洋介

物権法（民法講論2）
石口 修 著

不当利得法理の探究
平田健治 著

――――― 信山社 ―――――